日本の給料&職業図鑑
パーフェクトバイブル

給料BANK 著

宝島社

Prologue

「一億総かっこいい職業」
そんなコンセプトのもと、職業をRPG風のキャラクターで紹介するポータルサイト、「給料BANK」は生まれました。SNSでの反響はとても大きく、宝島社から『日本の給料&職業図鑑』として書籍が刊行され、たくさんの方々に読んでいただくことができました。ありがたいことに、続けて『日本の給料&職業図鑑Plus』『女子の給料&職業図鑑』『日本の給料&職業図鑑 業界別ビジネスマンSpecial』が発売され、ついに今回、"パーフェクトバイブル"としてシリーズ4作品がまとめられることになりました。

本書では、これまでのシリーズ4作品で取り扱った職業と、さらにウェブサイト「給料BANK」で紹介していて書籍未収録の職業、合わせて500種以上を掲載しています。それぞれの職業の平均給料とともに生涯賃金も算出し、どうやったらその職業に就けるのか、またどんな人が各職業に向いているのか、などを調べてわかりやすく解説しました。

「この職業のお給料はどのくらいなの?」
「自分の給料は適正なの?」
「この仕事に就くにはどうしたらいいの?」
職業への関心や悩みは、時代を超えて存在し続けています。
本書は、そんな職業に対するモヤモヤを解消するのに役立つことでしょう。もしかしたら、今まで想像したこともなかった職業への興味が生まれたり、"天職"と出会うことができるかもしれません。

シリーズを重ねるごとに参加していただいた絵師様や制作スタッフの数も増え、皆様のご尽力に感謝いたします。
「働く大人はかっこいい、そして子供たちがかっこよく働ける未来のために……」
この本を読む皆様の、将来を考える上での参考にしていただけると幸いです。今後も引き続き、職業への悩みや疑問、選択に対して役立つ情報を発信していければと思っています。

なお、本に掲載されている各職業の給料などの数値については、厚労省や人事院の実態調査や口コミ、求人情報の統計のほか、年収を公表している上場企業のIR情報や、国税庁が算出している民間給与実態調査などを参考に、給料BANK独自の視点で算出しております。これまでと同様に、職業によって、個人差、地域差があるものがほとんどで、統計から算出するのが難しいものもたくさんありました。掲載の数値はひとつの目安として読んでいただきたいと考えております。

給料BANK　山田コンペー

Prologue　002
本書の見方　006

chapter 1
IT系職業 007

chapter 2
公務員系職業 035

chapter 3
飲食・サービス・ファッション系職業 071

chapter 4
土木建築・体力・スポーツ系職業 137

chapter 5
士業・コンサルティング系職業 179

chapter 6
医療・介護系職業 217

chapter 7
芸能・マスコミ・クリエイティブ系職業 267

chapter 8
その他の職業 323

Column 企業戦士 I	「営業職」	034
Column 企業戦士 II	「企画職」	070
Column 企業戦士 III	「広報職」	136
Column 企業戦士 IV	「人事職」	178
Column 企業戦士 V	「一般事務職」	216
Column 企業戦士 VI	「経理職」	266
Column 企業戦士 VII	「マーケティング職」	322

Index 410

本書の見方

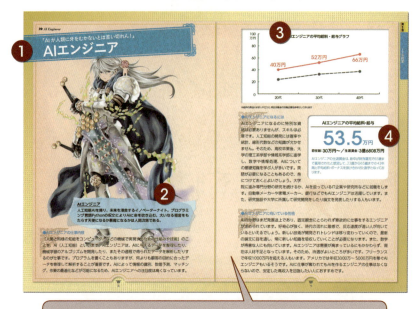

1. 職業名
2. 職業の紹介（※フィクションです）
3. この職業の平均給料と日本の平均給料
   （20代:23万円　30代:30万円　40代:36万円）との比較
   ●────── 各職業の平均給料　　●- - - - 日本の平均給料
4. この職業の平均給料・給与、初任給、生涯賃金

給料の金額は、厚生労働省の労働白書、口コミからの統計、IR情報、求人情報などをもとに算出しています。個人で調べているため、もし間違いなどがあれば、ぜひinfo@kyuryobank.com宛に、このぐらいだとご指摘いただければ幸いです。情報は常に更新されており、『日本の給料＆職業図鑑』『日本の給料＆職業図鑑 Plus』『女子の給料＆職業図鑑』『日本の給料＆職業図鑑 業界別ビジネスマンSpecial』に掲載された内容から更新されている職業もあります。

※本書は、給料・給与・月収まとめポータルサイト「給料BANK」に加筆し、再編集したものです。
※平均給料・給与は基本的に男女共通です。会社員については、年収を公表している上場企業のIR情報や、国税庁が算出している民間給与実態調査などを参考に、給料BANK独自の視点で算出しました。また、平均値の小数点第2位で四捨五入してあります。
※イラストはイメージです。各職業の資格情報やデータなどは2019年1月現在のものです。
※本書の掲載内容は変更される場合がございます。掲載情報による損失などの責任を給料BANKおよび宝島社は一切いかねますので、あらかじめご了承ください。

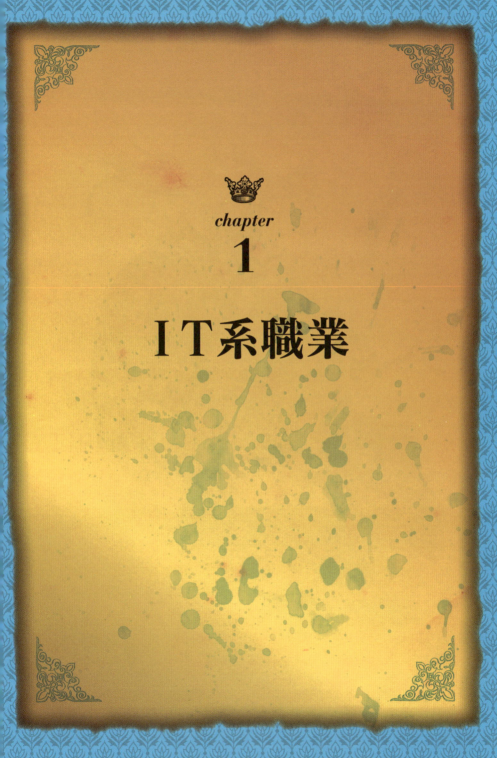

chapter
1

IT系職業

>> AI Engineer

「AIが人類に牙をむかないとは言い切れん！」
AIエンジニア

AIエンジニア
人工知能AIを操り、未来を浸食するイノベーターナイト。プログラミング言語Pythonの呪文によりAIに命を吹き込む。大いなる福音をもたらす天使になるか悪魔になるかは人間次第である。

●AIエンジニアの仕事内容
「人間と同様の知能をコンピューターなどの機械で実現するための仕組みや技術」のことを、AI（人工知能）といいます。AIエンジニアは、AIに与えるデータを整理したり、機械学習のアルゴリズムを開発したり、またその過程で得られたデータを解析したりするのが仕事です。プログラムを書くこともありますが、何よりも顧客の目的に合ったデータを管理して解析することが重要です。AIによって情報の識別、数値予測、マッチング、作業の最適化などが可能になるため、AIエンジニアへの注目度は高くなっています。

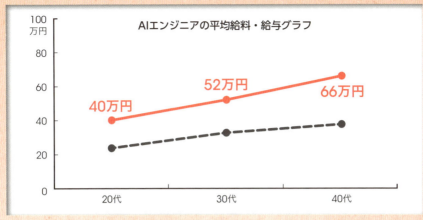

※給料の算出には求人や口コミ、厚生労働省の労働白書を参考にしております

●AIエンジニアになるには

AIエンジニアになるのに特別な資格は必要ありませんが、スキルは必要です。人工知能の開発には確率や統計、線形代数などの知識が欠かせません。そのため、高校卒業後、大学の理工系学部や情報系学部に進学し、数学や情報処理、AIについての基礎知識を学ぶ人が多いです。英語が必要になることもあるので、身につけておくとよいでしょう。大学院に進み専門分野の研究を続けるか、AIを扱っているIT企業や研究所などに就職をします。自動車メーカーや家電メーカー、銀行などでもAIエンジニアは活躍しています。また、研究施設や大学に所属して研究開発をしたり論文を発表したりする人もいます。

AIエンジニアの平均給料・給与

53.5万円

初任給：30万円〜 ／ 生涯賃金：3億6808万円

AIエンジニアの生涯賃金は、新卒が終身雇用で65歳まで雇用されたと想定して、22歳から65歳までの43年間と平均給料・ボーナスを掛け合わせた数字となっております。

●AIエンジニアに向いている性格

AIの分野はまだ発展途上であり、固定観念にとらわれず意欲的に仕事をするエンジニアが求められています。好奇心が強く、時代の流れに敏感で、反応速度が速い人が向いているといえるでしょう。新しい技術が開発されトレンドは移り変わっていくので、最新の論文に目を通し、常に新しい知識を吸収していくことが必要になります。また、数学が得意な人にも向いています。AIエンジニアは需要が高まっているにもかかわらず、現在は人材不足となっています。そのため、待遇がよいところが多いです。フリーランスで年収1000万円を超える人もいます。アメリカでは年収3000万〜5000万円を稼ぐAIエンジニアもいるそうです。AIに仕事が奪われてもAIを作るエンジニアの仕事はなくならないので、安定した高収入を目指したい人におすすめです。

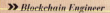

ブロックチェーンエンジニア

「私の鎖は不正も改ざんも許さぬ絶対的公正の鎖である！」

ブロックチェーンエンジニア
別名「鎖使い」。新しい技術「ブロックチェーン」を駆使し、真実のデータを鎖に縛りつけ、唯一無二の存在を作り上げることができる。不正改ざんを許さないジャスティスナイト。

●ブロックチェーンエンジニアの仕事内容

ブロックチェーンとは、仮想通貨ビットコインの誕生とともに生まれた技術です。取引履歴のデータ（トランザクション）を集めてブロックという塊を作り、それをつなげたものがブロックチェーンで、データの改ざんや多重支払いを防いで安全に取引ができるようにしています。ブロックチェーンは金融機関を通さず分散しており、ユーザー同士が管理している形になります。そのため、システム障害に強く低コストで運用することができます。このブロックチェーンを実装するのがブロックチェーンエンジニアです。

※給料の算出には求人や口コミ、厚生労働省の労働白書を参考にしております

●ブロックチェーンエンジニアになるには

ブロックチェーンの歴史はまだ新しく、その技術を学ぶスクールやカリキュラムは確立されていません。しかし、ブロックチェーンエンジニアの需要は非常に高く、人手不足となっているので、知識と技術があれば仕事に困ることはありません。ブロックチェーンそのものを研究する「コアエンジニア」や、ブロックチェーンを利用したアプリケーションを開発する「アプリケーション（スマートコントラクト）エンジニア」など方向性もいろいろあります。独学のほかオンラインスクールや講座に参加して、技術を学ぶとよいでしょう。論文を読む英語力も必須です。

ブロックチェーンエンジニアの平均給料・給与

73.3万円

初任給：30万円〜／生涯賃金：3億1519万円

ブロックチェーンエンジニアの生涯賃金は、新卒が終身雇用で65歳まで雇用されたと想定して、22歳から65歳までの43年間と平均給料を掛け合わせた数字となっております。

●ブロックチェーンエンジニアの求人

ブロックチェーンの技術は安全性や信頼性が非常に高く、インターネットで経済価値を送ることに初めて成功したという点で、革新的な変化を世界にもたらしました。現在は仮想通貨にとどまらず、オークションのシステムや金融機関の送金システム、海外とのビジネスにも利用されるようになり、世界中でブロックチェーンエンジニアの需要が高まっています。日本のメガバンクもブロックチェーンの利用を始めており、IT企業、仮想通貨の取引所などでブロックチェーンエンジニアを募集しています。得意な技術・専門領域によって活躍の場はさまざまです。世界中で人材不足という現状から給料も高騰し、アメリカでは平均年収1600万円以上ともいわれています。日本で大きく収入を伸ばすには、コアの暗号技術や分散技術に詳しくなるといいでしょう。

>> *Web Programmer*

「ソースコードはアート。すべてがそろった時、美しい音楽を奏でる」

WEBプログラマー

WEBプログラマー
サイトのバックエンドを担う重装騎士（ヘビーナイト）。サイト防衛や
システム構築を得意とする。前衛のWEBデザイナーと連携しながら、
指揮官のSEやWEBディレクターのサポートも行う後衛の要。

●WEBプログラマーの仕事内容

システムエンジニアが設計した仕様書に基づいて、プログラムを作成するのがWEBプロ
グラマーの仕事です。銀行などのオンラインシステムの構築や、管理システムの作
成、ネットワーク機器など通信関連のプログラム、家電製品の内蔵基盤、WEBページ
の作成、動的スクリプト、アプリ開発、WordPressのカスタマイズなど、仕事は多岐
にわたります。近年ではアプリ開発とWEB向け、どちらかに偏向する風潮があります。
す。最近流行しているブログサービスなどのシステム開発をするのも仕事です。

※給料の算出には求人や口コミ、厚生労働省の労働白書を参考にしております

●WEBプログラマーになるには
高校生くらいから工学系を学んで、プログラミング言語を最低1つくらいは習得してから大学や専門学校へと進学し、就職をするのが一般的です。WEBプログラマーは、コンピューターメーカーやソフト開発企業、銀行、証券会社、一般企業の情報処理関連部門や開発部門などで活躍しています。コンピューターがプログラム通りに作動するか何度もテストを行って修正を加えていく作業となるため、忍耐強く、集中力が要求されます。業界全体ではプログラマーの2～3割が女性で、男性の多い職業だといわれていますが、男女の違いがプログラマーとしての能力に差をつけることはありません。

WEBプログラマーの平均給料・給与
34万円
初任給：20万円～／生涯賃金：2億3392万円
WEBプログラマーの生涯賃金は、新卒が終身雇用で65歳まで雇用されたと想定して、22歳から65歳までの43年間と平均給料・ボーナスを掛け合わせた数字となっております。

●WEBプログラマーキャリアモデル
年齢的な体力の衰えや記憶力の低下などにより、WEBプログラマーとして定年まで働くのは難しいという噂もありますが、労働環境は改善傾向にあり、長期的に働くことも可能です。システムエンジニアとしてシステム全体を把握し、プロジェクトマネージャーとして開発全体を統括するなど、キャリアアップを図ることもできます。プログラマーは人材不足なので、技術さえあれば職には困ることはありません。スキルによっては年収800万～1000万円と、給料が高額になるといいます。また、比較的働き方を自由に選べるのも魅力の一つです。アルバイトや契約社員、派遣社員として登録することにより、希望の時間や短期間だけ働くことも可能です。機材さえあれば在宅でも仕事をすることもできるため、正社員であっても在宅ワークが認められていることもあります。

「俺が前線に出る時は最悪の時だけだ」
WEBディレクター

WEBディレクター
制作進行の要。別名「WEB司令官」。前衛職のデザイナーや後衛職のプログラマーをまとめる。己自身が前衛や後衛に出陣することも多々ある。

●WEBディレクターの仕事内容

WEBディレクターの仕事は、WEBサイトの構成要素全体の管理をするのがメインです。サイトのデザイン、文章のクオリティや長さ、スケジュールなどWEBサイトを作るにあたって考えなければならないものすべてを管理します。企画段階から、サイトの方向性を決めるという重要な仕事があります。限定された時間、メンバー、予算の中で、どのようにしてサイトを作るかを考えることが、この仕事の難しさであり、やりがいです。全体を見通す力があり、作業全体を管理するのが好きな方に向いています。

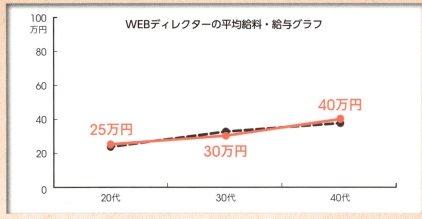

※給料の算出には求人や口コミ、厚生労働省の労働白書を参考にしております

●WEBディレクターの求人募集の探し方
WEBディレクターの求人は、WEBやIT系職業に強い転職サイトなどで検索すると見つかりやすいです。おもにWEB制作会社やサービス事業会社、システム開発会社などで募集が多くなっています。応募する会社の取引先や、過去に制作したWEBサイトなどの制作実績を確認すると、業界内でのポジションや得意とする分野などがわかるので、参考にするとよいでしょう。WEB制作の知識だけでなく、アクセス解析やマーケティングの知識など、幅広い知識を持っている人が求められています。職業柄、東京や大阪、名古屋、札幌といった都会に求人が集中しています。

WEBディレクターの平均給料・給与
31万円
初任給：20万円〜／生涯賃金：2億1328万円

WEBディレクターの生涯賃金は、新卒が終身雇用で65歳まで雇用されたと想定して、22歳から65歳までの43年間と平均給料・ボーナスを掛け合わせた数字となっております。

●未経験者がWEBディレクターになるには
求人広告を見てみると、未経験でもOKというところが多いです。採用する企業側からすれば、未経験者でも受け入れる体制が整っているということです。ただし、未経験から誰でもWEBディレクターになれるわけではありません。資格などを取っていればスキルを推察することはできますが、制作実績がないと不利になります。そこを補うのが、チャレンジ精神です。WEBのトレンドは日々移り変わるものですし、WEBサイトは星の数ほどあります。面接の時にチャレンジ精神をアピールできれば強みになります。また、コミュニケーションのスキルも重要です。WEBサイトの制作にはさまざまな職種の協力が欠かせません。WEBディレクターは、WEBデザイナーなど社内の人間に加え、WEB制作会社やクライアントなど社外ともコミュニケーションが必要です。

>> Web Producer

「やりたくない仕事にこそ勝機がある!!」
WEBプロデューサー

WEBプロデューサー
異名は「WEB大帝」。七星の大剣にはソフトのアイコンがすべて埋め込まれ、大帝のマントを広げると、売上がひと目でわかる。スキル「一声」により、方針転換も可能。WEB系最高クラス。

● WEBプロデューサーの仕事内容
WEBサイト運営から企画までを統括する総合的な責任者がWEBプロデューサーです。受注に際してクライアントの要望をヒアリングし、競合サイトの調査・分析や課題の提案、予算やスケジュール調整まで行います。マーケティング、法律、契約に関しても高度な知識を持ち、IT業界でも中核となる重要な職業といえるでしょう。平均的には約36万円がWEBプロデューサーの給料になります。30代中盤から後半くらいの年齢層がもっとも多く、地方在住でも日本人の平均年収である400万円以上を確保できているようです。

※給料の算出には求人や口コミ、厚生労働省の労働白書を参考にしております

●WEBプロデューサーになるには

特に必須の資格はありませんが、WEBサイトの企画と運営、制作まですべてに関わるので、システムエンジニアの資格などがあれば非常に好都合です。サーバーについての知識も必要で、営業力も求められます。また、プロジェクトに対して発展的な提案ができることも重要です。広告業界でキャリアを重ねてから、WEBプロデューサーになる人も多いです。求人を見ると、HTML、CSS、Photoshop、Illustratorなどの実務経験4年以上や、WEBサイト制作の実務経験などのスキルがある人が求められています。HTMLとSEOに関する予備知識があれば、専門学校修了からでもスタートできるようです。

> **WEBプロデューサーの平均給料・給与**
>
> # 36万円
>
> 初任給：22万円／生涯賃金：2億4768万円
>
> WEBプロデューサーの生涯賃金は、新卒が終身雇用で65歳まで雇用されたと想定して、22歳から65歳までの43年間と平均給料・ボーナスを掛け合わせた数字となっております。

●WEBプロデューサーとWEBディレクターの違いって何？

WEB制作会社であれば、WEBプロデューサーは企画と運営の進捗状況の管理を行い、管理職でも決裁権限を持つ、いわば会社役員です。WEBディレクターは、スケジュールや工程管理といった、プロジェクトの管理業務が主体となります。企画立案をする総合責任者がWEBプロデューサーで、実務遂行者がWEBディレクターであるといえるでしょう。WEBプロデューサーとWEBディレクターは兼業の場合も多いのですが、予算の管理と適正な配分、クライアントとの折衝を行うという面では、WEBプロデューサーがもっとも責任が重い立場になります。代理店と直接交渉したり、大きな案件を動かすことができたり、各業界に顔が利く、というのもWEBプロデューサーの特徴です。年収においても、職務の違いからWEBプロデューサーのほうが50万円以上高くなっています。

>> Web Designer

「最先端のクリエイティブにおける生存戦略は、多様な武器の入手だ」
WEBデザイナー

WEBデザイナー
インターネットにおける前衛の要でサイトのデザインやコーディングを行う。時代により移り変わるデザインを作り出す「芸術騎士（アートナイト）」。クラスチェンジはWEBディレクター、プログラマーへ。

●WEBデザイナーの仕事内容
WEBデザイナーはWEBサイト（ホームページ）のデザインをするのが仕事です。実際はホームページやサイト構築、HTMLの知識、画像編集、リッチコンテンツのコーディングなど、総合的なWEBサイト運営にまで関わることが多いです。単にホームページを作成・デザインするだけでなく、会社やショップなどホームページ制作を依頼してきた顧客の意向に沿って文字や画像をレイアウトし、時には動画や音声も効果的に使用しながらサイトのデザインを作ります。技術とともにセンスも求められる仕事です。

※給料の算出には求人や口コミ、厚生労働省の労働白書を参考にしております

●WEBデザイナーになるには
美術系の大学や短大、またはデジタル系の専門学校や養成講座などで技術を身につけ、WEBデザイン会社、広告制作会社、または一般企業のインターネット関連の部門に就職をします。WEBスクールなどに通い、高度なスキルを身につけている場合には即戦力として歓迎されます。基本的にはHTMLやCSS、Photoshop、Illustrator、Dreamweaverの使い方をマスターしデザインとコーディングできる技術を持っていることがWEBデザイナーとしての最低条件です。中途採用では正社員採用は少なく、派遣で経験を積んで、実力を認められて正社員登用される人も多いです。

WEBデザイナーの平均給料・給与

28万円

初任給:20万円～ / 生涯賃金:1億9264万円

WEBデザイナーの生涯賃金は、新卒が終身雇用で65歳まで雇用されたと想定して、22歳から65歳までの43年間と平均給料・ボーナスを掛け合わせた数字となっております。

●WEBデザイナーの仕事の面白さ・向いている性格
インターネットは世界中に広がり、強力な広告媒体として企業も力を入れています。今後ますますWEBデザイナーの需要は高まることが予測されます。WEBデザイナーの仕事の魅力は、そのデザインによって人の心を動かす、ということです。WEBデザインの良し悪しによって閲覧数が増減したり、消費行動に変化が表れることもあります。そうした点からも、最近ではWEBマーケティングも意識した仕事ができるWEBデザイナーが求められています。見た目のデザインだけでなく、WEBサイトの設計や方向性の提示、技術的な問題の解決やビジネス的な提案を求められることも増えているようです。WEBの世界は変化が激しく、常に最新の情報を入手し、技術を習得していかなければなりません。時代のトレンドスキルにも柔軟に対応できる人が向いています。

>> Social Media Planner

「ネットは目に見えないしがらみを生み、道を暗くすることもある！」
ソーシャルメディアプランナー

ソーシャルメディアプランナーはソーシャルメディア（ブログ・SNS・動画配信サイトなど）を媒体に、eマーケティングやデータ収集および分析、そしてレポーティング業務を行います。新しいSNSやモバイルコンテンツの知名度を上げるなど、ネット上でのブームを仕掛ける役割も担います。その一つがバイラル（口コミ）を起こすことです。ソーシャルメディアは進化を続けており、必要な知識やノウハウも日々更新されます。また、こうした媒体は結果がすぐに出るため、厳しいビジネスではありますが、最先端の情報や技術を操り、世の中を動かす喜びには代えられないという人が多いようです。

ソーシャルメディアプランナーの平均給料・給与

36万円

初任給：22万円～／生涯賃金：2億4768万円

ソーシャルメディアプランナーの生涯賃金は、新卒が終身雇用で65歳まで雇用されたと想定して、22歳から65歳までの43年間と平均給料・ボーナスを掛け合わせた数字となっております。

ソーシャルメディアプランナーの平均給料・給与グラフ

- 20代: 26万円
- 30代: 34万円
- 40代: 50万円

※給料の算出には求人や口コミ、厚生労働省の労働白書を参考にしております

ソーシャルメディアプランナー

ネットが産んだコミュニティ兵器「SNS」を駆使し、世の中にバイラルを巻き起こす。異名は「デジタルワールドの申し子」。「いいね！」「RT」「はてぶ」「ハッシュタグ」とさまざまなスキルを持つ。

ソーシャルメディアプランナーは、広告代理店やマーケティング企業、コンテンツ配信企業などに入社し、PRプランナーやマーケッター、コンテンツ制作者など、ソーシャルメディアを扱う部署に従事して、知識や技術を習得した人がなる場合が多いようです。ソーシャルメディアを日常的に利用していて、データ分析やレポーティング経験があることも重要です。新しい職種だけに、経験者は転職支援サイトなどでも好待遇で求められています。将来性のある職業といってよいでしょう。

>> Master of affiliater

「白黒をつけるよりも灰色を選ぶことは報酬にも人生にもよい結果となる」

トップアフィリエイター

アフィリエイトとは、WEBサイトやブログ、SNSやメールに広告を掲載し、製品やサービスに興味を持ってくれた人が購入してくれることで報酬を得る仕組みです。物品販売以外にも、ポイント交換サイトを運営し、ユーザーがポイントサービスに申し込むことで報酬が入るかたちもあります。アフィリエイターの中には月収数億円と豪語する人もいますが、アフィリエイトのノウハウを商材として販売したり、ネットビジネスのセミナーで稼いでいる人もいるようです。また、実際に稼いでいる金額を確認できないため、そうした商材やセミナーの真偽もはっきりとしていません。

トップアフィリエイターの平均給料・給与

146万円

初任給：― ／ 生涯賃金：**10億0448万円**

トップアフィリエイターの生涯賃金は、新卒が65歳まで活動したと想定して、22歳から65歳までの43年間と平均給料・ボーナスを掛け合わせた数字となっております。

トップアフィリエイターの平均給料・給与グラフ

	20代	30代	40代
	146万円	146万円	146万円

※給料の算出には求人や口コミ、厚生労働省の労働白書を参考にしております

トップアフィリエイター

WEBの知識、ライティング技術を駆使するジョブ。属性は「闇」。一人作業が多く、孤高の戦士と呼ばれる。 孤独の中で磨き上げたスキルは、サラリーマン100人分の稼ぎを作り出すことも可能だ。

アフィリエイトは誰でも始められます。ホームページを作り、ASP（アフィリエイトの広告代理店）に申し込み、広告を設置します。サイトを見た人が広告をクリックして、商品を購入したり、サービスに申し込んだりすると手数料を受け取ることができます。パソコンやスマートフォンがあれば誰でも始めることができ、リスクも少ないため、副業で行っている人は大勢います。そうした人たちの中から、収益が見込めるようになって、専業にするパターンが多いようです。

>> *System Engineer*

「モノづくりの極意は仕様書にあり。納期と戦いバグを殲滅せよ！」
システムエンジニア

システムエンジニア
開発仕様書や工程表を作ったり、システム要件を聞き出すIT指揮官。多忙な部署であるため、連夜の徹夜作業（デスマーチ）が時々発生。死の行進から帰還したIT騎士は「不死のブラックナイト」と呼ばれる。

●システムエンジニアの仕事内容
システムエンジニアは、コンピューターシステムやソフトウェア設計に関わる総合的な技術者で、プロジェクトの中核となる業務を行います。具体的には、ユーザーとの折衝、システムの基本設計や仕様書の作成、予算やスケジュールの管理、プログラマーへの指示や監督など、幅広くシステム開発全体に関わります。日本では、仕様書作成、プログラムもできるというイメージが強いですが、国際的にはシステム工学の技術者と位置づけられています。多忙な職種ですが、労働環境は昔よりは改善されているようです。

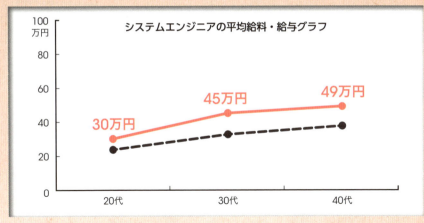

※給料の算出には求人や口コミ、厚生労働省の労働白書を参考にしております

●システムエンジニアの仕事の面白さ・向いている性格

システムエンジニアは、システムやソフトウェア開発会社、一般企業の情報処理部門などで活躍しています。大きなシステムを稼働させることができ、生産性がアップしたり、エンドユーザーが喜ぶ結果を出すことができた時は、非常に達成感があるといいます。また、ルーチンワークではなくクリエイティブな仕事で

システムエンジニアの平均給料・給与

41万円

初任給：20万円～ ／ 生涯賃金：2億8208万円

システムエンジニアの生涯賃金は、新卒が終身雇用で65歳まで雇用されたと想定して、22歳から65歳までの43年間と平均給料・ボーナスを掛け合わせた数字となっております。

もあるという点にもやりがいを感じている人が多いようです。納期前には激務となることもありますが、技術を極めることもでき、マネジメント能力を伸ばすこともできるなど、経験を積めば積むほど成長できるのも魅力です。人脈を築くことが重要です。

●システムエンジニアの年収

システムエンジニアは個人でかなり給料に差があるといわれています。これは残業が多いことや能力給に差があるためです。厚生労働省の「賃金構造基本統計調査」によると、平成29年度のシステムエンジニアの平均年収は551万円となっています。男女別の平均年収は、男性564万円、女性474万円です。女性が男性より90万円も低いのは、残業時間が少ないことや、子育て中で時短勤務を選択している人がいること、派遣社員として働いているため賞与（ボーナス）がない人も多いことなどが影響していると思われます。外資系、コンサル系、メーカー系企業は年収が高めといわれており、大企業では給与ベースが高いため、年収800万円以上になるところもあるようです。中には年収1000万円以上を稼ぐ人もおり、能力次第で高給を狙える職業だといえます。

>> Web Analyst

「数字の向こう側に到達した瞬間、本当の市場が見えるのだ!」
WEBアナリスト

WEBアナリスト
WEBサイト専門の分析士。トレンドや市場動向、マーケティング情報を駆使する姿から、別名「WEB軍師」と呼ばれる。解析神器「Google Analytics」は、解析能力に+補正がかかる。

●WEBアナリストの仕事内容
WEBアナリストは、WEBから得られるあらゆるデータを収集してアクセス解析や市場動向、トレンドなど、さまざまなマーケティング情報を分析し、事業の課題を見つけて報告したり、業績向上のためのアドバイスをしたりする仕事です。現在、日本国内ではWEBのアクセス解析のみにとどまっている傾向が強いですが、アメリカではアンケートの分析やWEBのアクティビティー評価、オンラインマーケティングの解析と最適化などさまざまな仕事をこなしています。今後、日本でもますます需要が増えていくと考えられます。

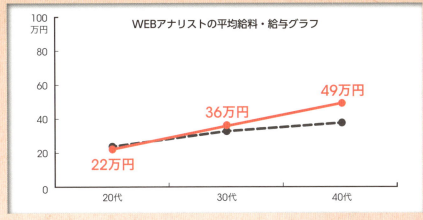

※給料の算出には求人や口コミ、厚生労働省の労働白書を参考にしております

●WEBアナリストの仕事の特徴、向いている人

大手インターネット広告代理店やWEBコンサルティング会社では、専属WEBアナリストの募集をするようになってきました。しかし、WEBアナリストの需要は高まっているのにもかかわらず、専門的なスキルを持った人材が不足しているのが現状です。統計学などの高度な解析技術と、マーケティングの専門知識を兼ね備えた人材が求められています。平均サイト滞在時間や検索キーワード、閲覧者の傾向を分析し、レポートを提出するだけでなく、そこからさらに踏み込んだ施策を提案できるWEBアナリストはまだ少ないといいます。

WEBアナリストの平均給料・給与

36万円

初任給：15万円〜 ／ 生涯賃金：2億4768万円

WEBアナリストの生涯賃金は、新卒が終身雇用で65歳まで雇用されたと想定して、22歳から65歳までの43年間と平均給料・ボーナスを掛け合わせた数字となっております。

●WEBアナリストのキャリアモデル

WEBマーケティング専門の会社も日本では非常に少ないため、WEBアナリストとしてキャリアをスタートさせるには、実践で学んでノウハウを身につけていくしかありません。制作会社や代理店では、未経験者をWEBアナリスト候補として採用するケースもありますが、一人前のWEBアナリストとして育てるには時間がかかるので、年齢は若いほうが有利なようです。解析設計などの技術やスキルが役に立つことがあるためエンジニアからキャリアチェンジする人もいますし、WEBデザイナーやWEBディレクターが企画、制作、管理の経験を活かしてWEBアナリストとして再スタートすることもあります。フリーランスとして活動している人もいれば、年俸制で400万〜800万円を提示している企業もあります。能力さえあれば男女関係なく評価される職業です。

▶ Portal Siter
ポータルサイター
「WEBの知識などなくとも企画次第でモンスターサイトを作れる」

ポータルサイター
アドビ、オフィスソフトを駆使しポータルサイトの企画、制作、運営を行う新しい職業。当たればYouTuber並みのジョブとなる。WEBの知識も若干必要。

●ポータルサイターの仕事内容
ポータルサイターの仕事内容は、ポータルサイトの企画から制作、運営まで一人で行うことです。制作を外注などに任せることも多く、基本的には運営することが仕事です。運営は、キュレーションサイト、コーポレイトサイト、Q&Aサイト、ゲームサイト、検索サービス、マッチングサイトなど。ポータルとなるサイトであれば何でも作ってしまいます。Yahoo!やGoogleのような検索サイトよりも小規模、中規模なサイトを作ることが多いようです。

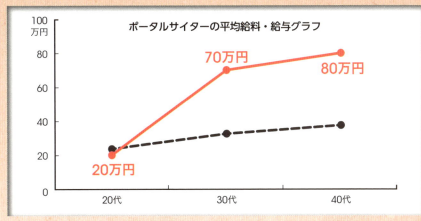

※給料の算出には求人や口コミ、厚生労働省の労働白書を参考にしております

●ポータルサイターになるには？
ポータルサイターになるには特に資格などはいりませんが、前提条件としてホームページを作る能力があるかどうかが重要になります。そのため、HTML、CSSの知識があるWEBデザイナーやWEBディレクター、WEBプログラマーの経験者がなることが多いようです。サイトを作れなくても、外注に任せ、運営のみを行うポータルサイターもいます。WEBの知識が必要となるため、ブロガーと比べると若干ハードルが高い仕事となるようですが、基本的に企画力とマーケティング能力があればなれる職業です。すでに収益があがっているサイトを購入し、カスタマイズして運営する人も多いようです。

ポータルサイターの平均給料・給与

50万円

初任給：10万円〜　／　生涯賃金：3億4400万円

ポータルサイターの生涯賃金は、新卒が65歳まで活動したと想定して、22歳から65歳までの43年間と平均給料・ボーナスを掛け合わせた数字となっております。

●ポータルサイターとして活動している人は？
ポータルサイターという職業はまだデータが少ないため、実際に活動している人数や平均年齢などは不明です。また、年収もおよその換算となりますが、月収で30万円以上（人並の生活ができる）ならポータルサイターといってよいのではないでしょうか。中には月収で200万円稼ぐ人もいます。ポータルサイターという職業は、ある程度のPV（ページビュー＝閲覧数）によって定義される職業なのかもしれません。ちなみに、ポータルサイトの作り方は、おおまかにいうと、「デザイン」「WordPress」「企画」になります。デザインを参考にするのであればデザインポータルサイト「WEBデザインの見本帳」。WordPressで仕組みを作るのであれば「TechAcademy」。企画のもととなるアイデアや考え方であれば「BuzzFeed」などを参考にしてみてはいかがでしょうか。

>> *IT Coordinator*

「聖剣ロジカルシンキングに忠誠を誓い経営者を助けよ！」
ITコーディネーター

ITコーディネーター
経営者とITをつなぐコンサルタント。SEや中小企業診断士、プログラマーがこのジョブにクラスチェンジすることがある。現在このプルーフの取得者は6500名以上おり、「IT騎士団」の俗名を持つ。

● ITコーディネーターの仕事内容

ITコーディネーターとは、ITと企業経営、両方の知識をもった専門家です。クラウドの利用や、ERP（統合基幹業務システム）、SaaS（ネットワーク経由でソフトを利用するシステム）など、経営に役立つITの活用法を経営者に助言、指導をしたり、実際に現場でIT化支援サービスを行ったりするのが仕事です。ITに特化した経営コンサルタントともいえます。製造業、小売業、サービス業をはじめ自治体、病院、学校、農業法人など、多くの業種でITコーディネーターが活躍しています。

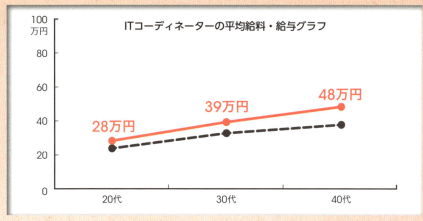

※給料の算出には求人や口コミ、厚生労働省の労働白書を参考にしております

● ITコーディネーターになるには？
ITコーディネーターは、経済産業省推奨の民間資格です。2001年に誕生したばかりの資格で、有資格者は約6500人（2018年現在）です。誰でも受験することができます。公認会計士や税理士、中小企業診断士などの有資格者は、「専門スキル特別認定試験」に合格してITコーディネーター資格を得ることもできます。名称独占資格ではないため、誰でもITコーディネーターと同じ仕事をすることはできますが、ITコーディネーターという名前は商標権に関わる可能性があります。女性の比率はまだまだ低いのが現状です。

ITコーディネーターの平均給料・給与

38万円

初任給：27万円〜／生涯賃金：2億6144万円

ITコーディネーターの生涯賃金は、新卒が終身雇用で65歳まで雇用されたと想定して、22歳から65歳までの43年間と平均給料・ボーナスを掛け合わせた数字となっております。

● ITコーディネーターのキャリアモデル
ITコーディネータ協会の調査によると、ITコーディネーターのうち、企業に所属している人が76％で、残り24％が独立系です。所属企業は、経営コンサルタント会社や、情報機器やソフトウェア、システムなどを販売するITベンダーが多数となっています。独立して「ITコーディネーター」の肩書のみでやっていくのは厳しいという話もあります。多くの独立系ITコーディネーターがPMP（プロジェクトマネジメント資格）のほか、税理士や中小企業診断士などほかの資格との併用で仕事をしています。企業と直接契約した場合、小さいプロジェクトで100万円程度、大きなものになると1000万円以上での仕事となります。顧問契約をした場合、ITCの関与度（指導時間）により違いますが月額5万〜20万円程度が多いようです。人脈次第で多くの仕事を獲得することができます。

≫ IT Company employee

「ITは未来に希望を見せるが、希望を持ち続けられるかはあなたの行動次第だ」
IT企業社員

国内の13〜59歳までのインターネット利用率は9割を超え、スマートフォンの普及によりさらに勢いを増し、拡大傾向にあるIT業界。ポータルサイト・検索サイトを運営する企業や、動画配信サービスを行う企業、インターネットを通じて商品やサービスの取引を行うネット通販系企業など、一口でIT企業といっても業態はさまざまです。通信機器や家電などあらゆるものをインターネットに接続する技術IoT（Internet of Things）の開発が進み、今後さらなる発展が見込まれます。IT企業には専門的な知識を持つ多くの職種の人が関わっています。能力が重視され、優秀な人はヘッドハンティングされます。

IT企業社員平均給料・給与
41万円
初任給：23万円〜／生涯賃金：2億8208万円

IT企業社員の生涯賃金は、新卒が終身雇用で65歳まで雇用されたと想定して、22歳から65歳までの43年間と平均給料・ボーナスを掛け合わせた数字となっております。

IT企業社員の平均給料・給与グラフ
- 20代：25万円
- 30代：39万円
- 40代：42万円

※給料の算出には求人や口コミ、厚生労働省の労働白書を参考にしております

IT企業社員
さまざまなプログラミング言語を用いて「情報」を制御し、企業・個人を問わず多くのサービスを提供する。失敗を恐れないイノベーティブな人が集まるため「業界における前衛的存在」と呼ばれる。

IT企業は日本の伝統的な年功序列社会ではなく、成果主義をとっている企業が多いので、ベンチャー精神のある人が向いているといえます。実力主義の世界で勝ち残るには、知識が豊富なのはもちろんのこと、タフさも必要になります。時代の流行や消費動向に敏感で、新しい技術を取り入れる行動の速さも求められる業界です。人材は流動的で、転職組でもすぐに溶け込むことができる雰囲気があります。「リスケ」「コンセンサス」「プライオリティ」などカタカナ語が飛び交うのもIT企業の特徴です。

>> Communication Company employee

「声を届けることは安心させることと一緒である」
通信会社社員

「通信キャリア」とも呼ばれる通信サービス業界。一般的にIT業界内のうち電波塔や電柱など情報通信のインフラを備えた企業が含まれます。携帯電話やインターネット接続サービス、通信ソリューションサービス、通信回線の貸与など、幅広い事業を行っています。NTTグループ、KDDI、ソフトバンクグループの3強がおもに携帯電話事業で顧客獲得競争を繰り広げています。近年では通信大手が電力サービスに参入するなど、ますます業界規模を拡大しています。給与水準が高く安定しており、就職人気は高いです。本社勤務、窓口、コールセンターなど、業種や勤務形態はさまざまです。

通信会社社員の平均給料・給与
54万円
初任給:21万円～ / 生涯賃金:3億7152万円

通信会社社員の生涯賃金は、新卒が終身雇用で65歳まで雇用されたと想定して、22歳から65歳までの43年間と平均給料・ボーナスを掛け合わせた数字となっております。

通信会社社員の平均給料・給与グラフ
20代:38万円 / 30代:50万円 / 40代:59万円

※給料の算出には求人や口コミ、厚生労働省の労働白書を参考にしております

通信会社社員
インターネット、電話やメールなどの通信全般を構築する。最近はハードウェア業界と連携して「スマホ」事業が主力になりつつある。「通信」というインフラを担っているため業界規模も巨大。

携帯電話の販売店スタッフや、インターネット回線の契約を勧める営業職が、身近なところで活躍しています。顧客からの質問などを受け付けるコールセンターに勤める人は「テレホンオペレーター」と呼ばれます。物理的に通信回線を引く工事を担当するのが、電気工事士です。一般家庭や商業施設などの配線作業やコンセントの増設工事を担当します。また、高所作業車に乗って電柱に登り、配電工事を行うこともあります。そのほか、研究開発やシステムの保守・運用をするエンジニアなどが活躍しています。

>> Software Company employee

「未来に巨大な足跡を残すには、プログラミングを知るがよい」
ソフトウェア会社社員

ソフトウェア会社社員
さまざまな機能をプログラミングによって実現させる。高度な言語を扱うため「宇宙言語」を操る日も近いとか。

パソコンやスマートフォンを動作させるソフトウェアは、基本ソフトのOSとアプリケーションソフトウェアがあり、またその中間に位置してアプリの制御を行うミドルウェアがあります。OSでは海外のマイクロソフト社が圧倒的ですが、アプリケーションソフトでは日本企業も国内で活躍しています。業務ソフト、会計ソフト、情報家電、画像編集ソフトなど、さまざまなソフトウェアがあります。近年ではクラウド、ビッグデータ、セキュリティなどの分野が注目されています。

平均給料・給与
41万円
初任給：26万円
生涯賃金：2億8208万円
※生涯賃金は、想定雇用期間43年間と平均給料・ボーナスを掛け合わせた数字となっております。

平均給料・給与グラフ
30万円　39万円　46万円
20代　30代　40代
※給料の算出は求人や口コミ、厚生労働省の労働白書を参考にしております

>> Hardware Maker employee

「すべての機能を実装した時、新たな時代の幕が開く」
ハードウェアメーカー社員

ハードウェアメーカー社員
複雑な言語を使いソフトウェアの便利さを最大限に引き出す「業界の鍛冶屋」。ハードウェアとソフトウェアの融合により製品が生まれる。

テレビ、パソコン、スマートフォン、タブレットなど、電子機器そのものを作るのがハードウェアメーカーです。ITが深く生活に浸透し、家電もハードウェアに加えられるようになりました。現状ソフトウェア業界のほうが人口も多く活発ですが、どんなに高性能なソフトが作られても、それを搭載するハードがなければ機能しないため、ハードウェアはIT分野すべての基盤といえます。ロボットやAIの研究など最先端の技術で、日本は世界を牽引しています。

平均給料・給与
47万円
初任給：21万円
生涯賃金：3億2336万円
※生涯賃金は、想定雇用期間43年間と平均給料・ボーナスを掛け合わせた数字となっております。

平均給料・給与グラフ
33万円　43万円　51万円
20代　30代　40代
※給料の算出は求人や口コミ、厚生労働省の労働白書を参考にしております

WEBコーダー

WEBディレクターが設計し、WEBデザイナーが描いたものを、実際にブラウザで見られるように作成するのがWEBコーダーの仕事です。HTML、CSS、JavaScriptなどの言語を用いて、どのブラウザで見ても崩れないようにプログラムのソースコードを記述する作業を行います。

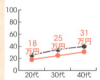

平均給料・給与

25万円

初任給：18万円／生涯賃金：1億7200万円

生涯賃金は、想定雇用期間43年間と平均給料・ボーナスを掛け合わせた数字となっております。

HTMLやCSSの打ち込みだけを行っているWEBコーダーもいれば、デザインやプログラミングも担当し、ディレクターも兼ねるWEBコーダーもいます。

システム監査技術者

システム監査の仕事は、情報処理システムの調査です。調査した結果、その情報処理システムがしっかりと経営に貢献することができているかを判断します。監査計画の立案と実行、情報システムの組み込み、システムに付随するリスクのコントロールなどの役割を担っています。

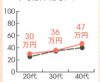

平均給料・給与

37.6万円

初任給：23万円～／生涯賃金：2億5868万円

生涯賃金は、想定雇用期間43年間と平均給料・ボーナスを掛け合わせた数字となっております。

この仕事の面白いところは、技術者よりも経営者の視点に立つことができるということです。業界的には経営コンサルティング業界で募集されていることが多いです。

データサイエンティスト

データサイエンティストの仕事は、市場動向などに表れる統計や各種データを読み解き、マーケティングや経営アドバイスを行い、企業の利益に貢献することです。あらゆるデータを収集、蓄積、調査、分析します。データベース基盤技術や、ビジネスに関する知識が必要とされます。

平均給料・給与

60万円

初任給：25万円／生涯賃金：4億1280万円

生涯賃金は、想定雇用期間43年間と平均給料・ボーナスを掛け合わせた数字となっております。

データサイエンティストは、とても幅広い種類の企業で活躍しています。Yahoo! Japanやアビームコンサルティングなどがデータサイエンティストの活躍場所の典型といえます。

ネットワークエンジニア

ネットワークの構築をする時に、ネットワークの設計や構築作業全般、テストや稼働後の保守・運用作業に携わるのがネットワークエンジニアの仕事です。現在のビジネスはネットワークなしでは成立しないので、幅広く需要のある仕事です。紹介派遣が多い職業です。

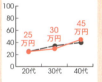

平均給料・給与

36.6万円

初任給：18万円～／生涯賃金：2億5180万円

生涯賃金は、想定雇用期間43年間と平均給料・ボーナスを掛け合わせた数字となっております。

特にエンジニアと呼ばれる職種は「実力主義」「実績主義」ですが、業界に入ってくる人のほとんどが未経験です。それでも平均にして月給20万円ほどはもらえるようです。

Column

企業戦士 I

サラリーマンの職種にはいろいろな種類があります。同じ社内でも部署が違えば職種も違い、仕事内容もまったく異なります。どんな職種でも会社の一員として欠かせない存在です。そんなサラリーマンとして働く企業戦士たちを紹介していきます。

営業職

営業の基本は情報収集です。営業先のニーズや課題など、自社の商品やサービスについて提案するために必要になる情報を集めます。新規開拓の営業であれば、まず電話でアポイントを取り、営業先に赴き資料をもとに提案をし、見積もりも行います。契約が取れたら商品の受注発注処理を自分ですることもあります。営業職はインセンティブがつくこともあり、企業や業種によって年収は異なります。製薬会社や証券会社、医療機器メーカーの営業は比較的高収入で、500万～700万円の年収となるようです。

「今こそこの技を使うべし！土下座！！！」

平均給料・給与

30万円

初任給：15万円～
生涯賃金：2億0640万円

※生涯賃金は、想定雇用期間43年間と平均給料・ボーナスを掛け合わせた数字となっております。

平均給料・給与グラフ

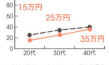

20代：15万円
30代：25万円
40代：35万円

※給料の算出には求人や口コミ、厚生労働省の労働白書を参考にしております

営業職

「不屈の戦士」「支援の勇者」などの異名を持つ花形職。企業の成り立ちはほぼ営業によって決まるといっても過言ではない。百人隊の長は「営業部長」と呼ばれ、屈強な戦士たちを統率する。

chapter
2

公務員系職業

>> *Diplomat*

「遺憾の『イ』は、『いつまでも図に乗るなよ』の意である」

外交官

外交官
諸外国と交渉・条約締結を行う、外務省固有ジョブ。スキル「外交特権」を持ち、「身体不可侵」という絶対的な領域を作る。別名「最強の盾」。情報攻防戦では、「リグレット砲」を使うことも。

● 外交官の仕事内容
外交官は、外務省専門職で正式には外務事務官という名前です。大使館や日本領事館で仕事をすることになるのですが、その職務は大きく3つになります。1、日本を代表して、意思表明や交渉、条約締結を行う。2、合法的に派遣された国、その近隣諸国の情報収集と日本への報告。3、日本と派遣先の国の関係を良好にする。また、特命全権大使は在外公館である大使館の館長で、日本の情報を広めていく仕事があります。領事は領事事務を行うのが仕事です。ほかにも、それぞれ専門分野で仕事が分かれています。

※給料の算出には求人や口コミ、厚生労働省の労働白書を参考にしております

●外交官になるには？

「外交官」としてバリバリに大使を務めて働きたいのであれば、国家公務員採用総合職試験を受ける必要があります。合格して働き始めると「キャリア」と呼ばれます。幹部職員になることが期待され、本省に勤務して政策決定に携わる仕事です。専門分野を活かしながら働きたいのであれば、外務省専門職員採用試験を受けます。しかし、第一次試験を通過するのがとても難しいです。「ノンキャリア」と呼ばれますが、海外に赴いて仕事がしたいのであればこちらを目指します。「補佐役」として大使を支えたいのであれば、国家公務員採用一般職試験を受ける必要があります。

外交官の平均給料・給与
42万円

初任給：25万円〜／生涯賃金：2億8896万円

外交官の生涯賃金は、新卒が終身雇用で65歳まで雇用されたと想定して、22歳から65歳までの43年間と平均給料・ボーナスを掛け合わせた数字となっております。

●外交官に多い出身大学、階級について

東大・京大・一橋大・早稲田大・慶応大の出身者が多いです。キャリア組は法律や政策に関わることが多いですから、法学部が有利になります。ノンキャリア組＝外務省専門職員採用試験の合格を目指すのであれば、有名な外語大学を視野に入れておくとよいでしょう。ここで問われるのは「語学力」です。キャリア組もノンキャリア組も東大法学部卒がもっとも多いです。外交官の種類は大きく分けると大使・公使・領事などになりますが、大使の中でもさらに階級のようなものがあります。大使のトップは特命全権大使です。公使というのは特命全権大使の次に偉い人のような意味合いで使われています。公使のトップが特命全権公使ですが、日本には存在しません（国外で呼ばれることがあります）。領事には上から総領事・領事・副領事・領事官補といった階級があります。

>> Prosecutor

検事（検察官）

「国家を代表し、国家の名のもとに、お前を裁きにかける！」

検事（検察官）
三権分立の一つ「行政権」に属す固有ジョブ。国家の名の下、犯罪者に鉄槌を下す。上級職は「次長検事・検事長・検事総長」。法務省からのクラスチェンジも多い。最大のライバルは「弁護士」である。

● 検事（検察官）の仕事内容

警察と協力して事件を捜査し、起訴するかどうかの判断を下すのが検事の仕事です。この起訴する権利は検事だけに与えられています。具体的な仕事内容は裁判への立ち会い、証人喚問、証拠提出、罪状証明、求刑など多岐にわたります。高度な法律知識がないと検事として働くことができないので、職に就いてからも勉強の日々です。仕事量が非常に多く、さらにミスができない仕事なので、正確さや、常に冷静に物事を考え、判断することが求められます。複数のことを一度にこなせる能力が必要です。

※給料の算出には求人や口コミ、厚生労働省の労働白書を参考にしております

● 検事（検察官）の階級と給料
検事（検察官）の階級は、検事総長がもっとも階級が高く、次いで次長検事、検事長、検事、副検事となります。司法試験に合格して検察官になった場合は検事、司法試験をパスせずに検察事務官や警察官などからなった場合は副検事からのスタートです。副検事になった後、一定期間勤務し、試験に合格すると検事になることができます。検事（検察官）には独自の俸給が定められています。検事1号から20号まで階級があり、それぞれ月給が定められています。20号だと23万2400円ですが、1号になれば月120万円近い給料になります。20号が検事の中でもっとも低い階級で、昇格するには試験が必要です。

検事（検察官）の平均給料・給与
36万円
初任給：23万円〜 ／ 生涯賃金：2億4768万円

検事（検察官）の生涯賃金は、新卒が終身雇用で65歳まで雇用されたと想定して、22歳から65歳までの43年間と平均給料・ボーナスを掛け合わせた数字となっております。

● 検事（検察官）の面白さ・向いている性格
刑事事件を捜査して起訴不起訴を判断することができるのは、検察官である自分しかいない、自分がやらなければならない、という意識が強い職業です。デスクワークがほとんどといっても、そういった重要な判断を任せられていることに変わりはありません。そういった責任の大きさが、そのままこの仕事の面白さとなっています。向いているのは、感情の起伏が小さい人です。何か感動することがあったり、泣きたいことがあったり、興奮することがあったりしても、その自分を第三者のような目線で見て、すぐに冷静になってしまうという人がいるでしょう。それをコンプレックスのように感じている人も少なくありません。しかし、それは検事にとっては必要な素質です。何に対しても冷静になってしまうという人は、向いているといえます。

» Judge

「この桜吹雪を覚えていないとは言わせませんよ」
裁判官

裁判官は、全国の裁判所にて裁判を担当します。口頭弁論、証拠の調査などを弁護士、検事などが行った後、判決を下すのが仕事です。裁判には裁判資料という事前に渡される資料があるのですが、まずはそれを読み込みます。裁判においては当事者、弁護士、検察官、証人などさまざまな人の話を聞くことになります。その際、証拠が認められるものか否かを検証し、法にのっとって判断をするのです。この裁判官の判決というのは、人の一生を左右します。有罪判決を出して本当は無罪だったとなっては、その人の一生は台無しです。人の人生について決定権を持つ、大きな責任が伴う仕事なのです。

裁判官の平均給料・給与

56万円

初任給：22.7万円／生涯賃金：3億6736万円

24歳で裁判官になれたとすると、高等裁判所などの定年65歳まで雇われたと想定して、雇用期間は41年間。生涯賃金は、これに平均給料・ボーナスを掛け合わせた数字です。

裁判官の平均給料・給与グラフ

23万円　56万円　70万円

※給料の算出には求人や口コミ、厚生労働省の労働白書を参考にしております。

裁判官

司法権直属の完全独立部隊。良心に従い裁判を行う中立公正のジョブ。スキル「桜吹雪」は、言い逃れをさせない反論不可避の詰み系スキル。上級職の「最高裁判所長官」になるには、天皇陛下からの任命が必要。

裁判官になるには、司法試験を受けなければいけません。司法試験受験資格は、大学卒業後に法科大学院の課程を修めるか、司法試験予備試験の合格によって得られます。受験期間は資格取得日後の最初の4月1日から5年間です。司法試験に合格したら今度は司法研修所にて1年間研修を行った後、裁判官として仕事をすることができるのです。採用されるためには、司法研修所で上位の成績を収めている必要があります。

>> National Tax Professional Officer

「死と税金からは、一生逃れられん！」
国税専門官

国税専門官は、国税局または税務署に所属している税金の専門家である国家公務員です。国税専門官の中には国税調査官・国税徴収官・国税査察官の3種類の職種があり、所得税、法人税、相続税などの直接国税と、消費税、酒税などの間接国税を取り扱います。仕事内容についてですが、国税調査官は納税者のところに訪問して、税金が適切に申告されているか否かを調査します。適切ではないと判断できるような場合には、確定申告の指導を行うという仕事があるのです。国税徴収官は、その名前のとおり「税金を徴収する」のが仕事になります。国税査察官は、脱税を調査し、刑事告発を行います。

国税専門官の平均給料・給与

34万円

初任給：19万円〜　／　生涯賃金：2億3392万円

国税専門官の生涯賃金は、新卒が終身雇用で65歳まで雇われたと想定して、22歳から65歳までの43年間と平均給料・ボーナスを掛け合わせた数字となっております。

国税専門官の平均給料・給与グラフ

20代 27万円 ／ 30代 34万円 ／ 40代 41万円

※給料の算出には求人や口コミ、厚生労働省の労働白書を参考にしております

国税専門官
財務省直属の専用ジョブ。「国税調査官」「国税徴収官」「国税査察官」という3クラスがある。また、税金逃れを見つける国税査察官、別名「マルサ」という部隊は、検察官とともに「告発」スキルを発動する。

国税専門官は国家公務員であり、国税庁が行っている国税専門官採用試験に合格しなければ、その職に就くことはできません。これは毎年6月中ごろから始まる試験で、1次試験と2次試験があります。1次試験は公務員としての基礎能力や国税専門官として必要な専門知識を問う筆記試験です。2次試験は人物試験や身体検査があります。平成30年度は約1万5000人の受験者に対して、最終合格者は3000人程度となっており、倍率は約5倍です。採用人数は年々増えています。

>> *Diet Member*

国会議員

「他策なかりしを信ぜむと欲す」

全国から国民によって選挙で選ばれた代表者により、日本では衆参両議院で構成されており、法律の制定、議論、法案の採決、演説や討論、委員会での報告などの仕事があります。週末などには、選挙区にある支持組織で活動を行ったり、比例区より選出の議員は個別で活動をしたりしています。国会議員の給料のことを「歳費」と呼び、国会議員の給料は「国会議員の歳費、旅費及び手当等に関する法律」で定められています。それによると、衆参議員ともに毎月129万4000円の歳費がもらえることになります。また、歳費とは別に6月と12月に「期末手当」と呼ばれるボーナスを受け取ります。

国会議員の平均給料・給与

129.4万円

初任給：129.4万円／生涯賃金：9億7524万円

国会議員の生涯賃金は、議員勤続年数の日本記録が63年間なので、これに平均給料を掛け合わせた数字となっております。

国会議員の平均給料・給与グラフ

129.4万円　129.4万円　129.4万円

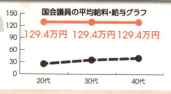

※給料の算出には求人や口コミ、厚生労働省の労働白書を参考にしております。

国会議員

最高議決機関「立法府」に属す議員。国民が選挙によって選出した代表者である。厚い信頼と責任感を持ち、天皇陛下の任命・認証などを得て行政府の長、「総理大臣」や「国務大臣」にクラスチェンジが可能。

毎月の給料である歳費とボーナスである期末手当を合計すると約2200万円の年収になります。そのほか文書通信交通滞在費、立法事務費、政党交付金などを満額受け取るとすると、推定年収は約4400万円と高額になります。日本の国会議員の給料は世界最高レベルといわれるのもこのためです。国会議員の歳費には一般給与と同じように所得税がかかりますが、文書通信交通滞在費月額100万円と手当には税金はかかりません。おもに地元秘書の人件費や事務所の経費となっているようです。

>> Member of the municipal Assembly

「政治は数であり、数は力、力は金だ」
市議会議員

もっとも重要な仕事は、議会で賛成反対の意思表示をすることで、さまざまな委員会などに出席し、話をしたり会議をしたりします。多くは、市役所などの各課に行って話を聞いたり、イベントなどに参加したりします。会社でいえば、社長が市長で、市議会議員は外部監査員に該当します。市長が職員に行う指示を外部から見て、予算の使い方に関して意見を言う立場に当たります。定例会などは、年に4回、予算の概算と決算は3月と9月で、1か月間審議が行われ、6月、12月は半月ほど行われることが多いそうです。その時代に世論受けがいい党があれば、そこの党から選出されれば当選しやすいといわれています。

市議会議員の平均給料・給与
41.5万円
初任給：41.5万円／生涯賃金：2億6560万円

市議会議員の生涯賃金は、25歳から65歳までの40年間活動したと想定して、それと平均給料を掛け合わせた数字となっております。

市議会議員の平均給料・給与グラフ
41.5万円　41.5万円　41.5万円
20代　30代　40代

※給料の算出には求人や口コミ、厚生労働省の労働白書を参考にしております

市議会議員
地方議会を構成する市民によって選ばれた代表者。名誉・実力ともに最高クラスの職。地元の地主や有力者がなることが多く代々70年も続いている議員の家系もある。

市議会議員になるには、まず前回の市議会議員選挙結果を分析し、当選ラインを把握してください。市報などに目を通し、メールで市長に意見したり、自分の主張と提案、問題提起などをまとめた文書を作成します。町内会同士の飲み会などに出席し、情報を収集しましょう。選挙の費用は、約30万円。これは供託金ですので、有効投票数が集まれば、返還されます。活動資金は最低50万円は用意する必要があるようです。

» *Japan Ground Self-Defense Force*

「確固たる潜在防衛力」
陸上自衛官

陸上自衛官
戦車、装甲車、高射機関砲、ロケット弾発射機などを所有し、国土を守る。師団や旅団で編成され、「日本の最終防衛力」と位置づけられている。標語は「Final Goal keeper of Defense」。

●陸上自衛官の仕事内容
日本国の平和と国民の生命財産を守る、日本の官公庁職員。日本国に対する直接的、間接的侵略に対する防衛が主任務で、公共の秩序維持が仕事です。防衛省管轄の特別機関で、自衛隊の中の陸上部門にあたります。高卒後、防衛大学校に入学して幹部候補生となる道や、中学卒業から陸上自衛隊高等工科学校を受験する進路も。高等工科学校へ入学した場合は、普通高校と同じ教科を学び、自衛隊の専門技術教育や訓練を受けながら、防衛基礎学を学びます。自衛官になるための専用機関では、給与も支給されます。

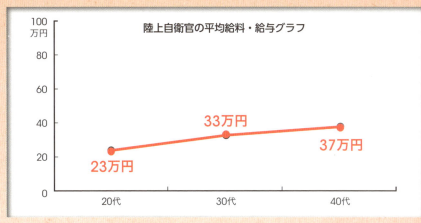

※「防衛省の職員の給与等に関する法律」の俸給額と手当などから予測して算出しております

● **陸上自衛官は大卒と高卒だと給料は変わるの？**

高卒、大卒で諸手当（扶養手当、通勤手当、単身赴任手当、住居手当、寒冷地手当、地域手当、航空作業手当、乗組手当、落下傘隊員手当、災害派遣等手当など）や基本給与、待遇は変わることはありません。自衛官候補生、一般曹候補生、一般幹部候補生のどのコースから入隊するかによって初任給は変わってきます。

陸上自衛官の平均給料・給与

37万円

初任給：16万円〜 ／ 生涯賃金：2億5456万円

陸上自衛官の生涯賃金は、新卒が終身雇用で65歳まで雇用されたと想定して、22歳から65歳までの43年間と平均給料・ボーナスを掛け合わせた数字となっております。

自衛官候補生であれば12万円、一般曹候補生は16万円、一般幹部候補生が21万円の初任給です。昇給は年に1回で、期末・勤勉手当（ボーナス）と呼ばれる手当が年に2回です。40歳ごろから階級によって給料差がつくことがあります。

● **陸上自衛官の階級と給料はどのようになっているの？**

階級のトップが自衛隊の中で4人しかいない幕僚長で、月収では160万〜200万円前後（俸給）といわれています。上から陸将で月収60万前後〜198万円前後。陸将補で52万前後〜91万円前後。佐官クラスで1等陸佐40万前後〜55万円。2等陸佐34万前後〜50万円前後。3等陸佐では約34万〜38万円。その下の陸尉では、1等27万〜46万円前後。2等24万前後〜45万円。3等で23万前後〜44万円前後。准陸尉で22万〜44万円。ここから下は一般的な自衛隊員で、陸曹長で22万〜43万円、1等陸曹で22万〜41万円、2等陸曹21万〜38万円、3等陸曹で18万〜31万円前後となります。さらにその下の、軍隊では一兵卒となる陸士では、陸士長17万〜24万円。次いで1等17万〜19万円。2等陸士は高卒が多く、15万〜17万円が最高となっています。

>> *Japan Maritime Self-Defense Force*

「伝統墨守唯我独尊が俺たち海軍の気風である！！！」
海上自衛官

海上自衛官
日本が誇る、世界最強クラスの海軍。海上自衛隊は、礼式、号令、日課、用語などを帝国海軍から継承しており、その独自の気風から「伝統墨守唯我独尊」と呼ばれる。

●海上自衛官の仕事内容

海上自衛隊は防衛省の特別機関の一つです。戦時中の海軍が解体された後、海上警備隊が組織化され、やがて海上保安庁の前身である保安庁から独立して、現在の防衛省管轄になりました。日本国に対する侵略行為に、自主防衛する役割と、国際緊急援助活動、海賊対処活動、国際テロ対応などの国際的な役割を担っています。哨戒機などにより航行する船舶などの状況を監視したりしています。また、戦争の抑止力として潜水艦が活躍しています。週末に食べる海軍カレーは帝国海軍からの継承の一つです。

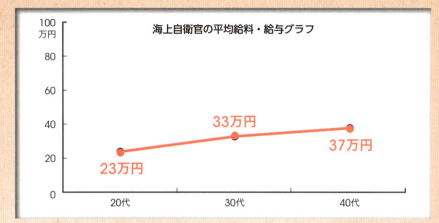

※「防衛省の職員の給与等に関する法律」の俸給額と手当などから予測して算出しております

● 海上自衛隊の階級別の給料

佐官クラスになると、1等海佐が給与40万～55万円、2等海佐で34万～50万円、3等海佐で31万～48万円。続いて尉官クラスでは、1等海尉が26万～45万円、2等海尉が24万～45万円、3等海尉が23万～44万円。准尉（幹部候補生クラス）の准海尉が22万～44万円。下級士官クラスだと、海曹長が22万～43万円、1等海曹が22万～41万円、2等海曹が21万～38万円、3等海曹が18万～31万円、海士長が17万～23万円、1等海士が17万～19万円、そして2等海士が16万～17万円です。さまざまな手当があるので基本給より手取りは増えます。ちなみに海曹へ昇進できない場合は解任、つまりクビになるそうです。

海上自衛官の平均給料・給与

37万円

初任給：16万円～ ／ 生涯賃金：2億5456万円

海上自衛官の生涯賃金は、新卒が終身雇用で65歳まで雇用されたと想定して、22歳から65歳までの43年間と平均給料・ボーナスを掛け合わせた数字となっております。

● 海上自衛官になるには

陸海空の自衛隊全般の採用のほかに、海上自衛官になるための専用コース、大卒者対象の採用コース、高卒者のための採用コース、パイロットコースなどの採用があります。一般曹候補生や自衛官候補生は、応募は18歳以上ですが、中卒資格でも受験することができます。海上自衛隊で出世するためには、高校卒業後に一般曹候補生になって、選考により技術海曹になるか、曹から准尉となり幹部を目指すか、航空学生となって幹部候補生から幹部となる道や、防衛医科大学、防衛大学校を受験し、幹部候補生となる道があります。また、現職自衛官から幹部候補生学校をへて、隊付教育のある部隊に配属され、さらに術科学校をへて、幹部学校へと進む道もあります。中卒から社会人経験者まで多様な経歴を持った人が集まりますが、大卒のほうが幹部になる率が高いようです。

>> Japan Air Self-Defense Force

「日本の防空識別圏に侵入するものは排除する」
航空自衛官

航空自衛官
日本領空への領空侵犯をする、もしくは可能性のある経空脅威の排除が使命。防空識別圏に侵入する国籍不明機に対してスクランブル発信。キャッチフレーズは「Key to Defence, Ready Anytime」。

●航空自衛官の仕事内容
航空自衛官は空をメインに活動し、空から侵入しようとする航空機や、海から上陸しようとする敵、地上部隊から国を守ることが仕事です。侵入を受けた場合には、それを排除する手段をとって、国の意思と能力を示すのも重要な任務です。さまざまな職種があり、パイロットや航空管制などのほか、プログラム、気象観測、通信、備品や航空機の整備、会計、音楽、衛生や情報、総務、人事、教育といった仕事もあります。大規模災害時の救援活動も大切な仕事です。女性も幅広い職種で活躍しています。

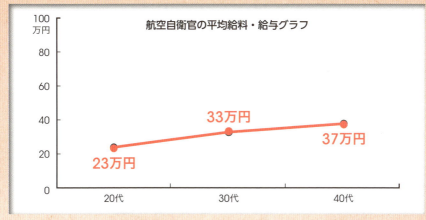

※「防衛省の職員の給与等に関する法律」の俸給額と手当などから予測して算出しております

●航空自衛官の階級別給料

自衛隊員は国家公務員ですが、一般的な公務員とは別に給与が定められています。階級は、士、曹、尉、佐、将となっており、尉以上が幹部になります。将のトップ（大将）が幕僚長です。同じ階級の中でも1士、2士、士長のようにランクが分かれており、さらにその中でも号俸が俸給表で細かく定められています。高卒で自衛官候補生として入隊して、教育期間を終えて最初に与えられる階級が2士です。1任期が終わると、特別に問題がない限り士長に昇進します。曹に昇格するには試験に合格することが必要です。部内の幹部候補生の試験に合格すると、幹部への道が開かれますが、かなりの倍率です。

航空自衛官の平均給料・給与

37万円

初任給：16万円〜／生涯賃金：2億5456万円

航空自衛官の生涯賃金は、新卒が終身雇用で65歳まで雇用されたと想定して、22歳から65歳までの43年間と平均給料・ボーナスを掛け合わせた数字となっております。

●航空自衛官の職種って何があるの？

航空自衛官というとパイロットのイメージがありますが、実際にはさまざまな部署があり職種があります。戦闘機部隊、航空警戒管制部隊、高射部隊、これらを支援する補給処、学校、病院などがあり、部署によって高射操作員、航空管制官、無線通信士、医師や看護師など多くの職種の隊員が活躍しています。行事で音楽を演奏することを任務とする職種もあります。航空自衛官になるにはいくつかコースがあります。一般大学卒業者が幹部を目指す「一般幹部候補生」、航空機パイロットになるための「航空学生」、中堅空曹になるための「一般曹候補生」、1任期目を3年・2任期目以降を2年の任期とした「自衛官候補生（任期制自衛官）」、有資格者が即戦力として採用される「技術航空幹部・技術空曹」など、目的や適性に応じたコースを選ぶことができます。

>> Police

「平和とは何なのか。常に考え続けているのが私たちです」
警察官

警察官
警察法に定められし公務員系ジョブ。治安維持に最高のパフォーマンスを発揮する。クラスチェンジは、巡査、巡査長と続き、最上級クラスは「警察庁長官」。スキル「職務質問」は絶対不可避の尋問技だ。

●警察官の仕事内容
警察官の仕事はさまざまな部門から成り立ち、組織は国の行政機関として安全に関わる法律作りや犯罪対策のほか、都道府県警察など組織全体の調整を行う「警察庁」と、各地域で発生した事件を担当する「都道府県警察」の2つに分かれています。都道府県警察は交番や駐在所勤務の「地域警察」、ストーカーや少年の非行に取り組む「生活安全」、事件捜査の「刑事警察」、交通違反を取り締まる「交通」、法令審査などを行うデスクワーク中心の「総務・警務」と幅広い業務があります。

※警察官の給与については公安の俸給や手当などによって決まるため、俸給表などから確認してください

● 警察官の仕事の面白さ・向いている性格

第一に必要なものは正義感です。街に暮らす人々の安全を守りたいという思いで働くことが、何よりも大事です。そして気配りの心と、困っている人を助けるという優しさを持って、日々の業務に勤しみましょう。何か問題が起こった時に自らの働きで解決できれば、かなりの達成感を得られ、人々から感謝されればやりがいを感じられるでしょう。事故や犯罪の現場で働くことは、危険やプレッシャーと隣り合わせになるかもしれませんが、ほかの警察官と協力しながら困難な事件を解決し、市民の役に立っていくことが警察官の使命なのです。

警察官の平均給料・給与

49万円

初任給：19万円〜 ／ 生涯賃金：3億3712万円

警察官の生涯賃金は、新卒が終身雇用で65歳まで雇用されたと想定して、22歳から65歳までの43年間と平均給料・ボーナスを掛け合わせた数字となっております。

● 警察官のキャリアモデル

キャリア組と呼ばれる国家公務員採用試験を受けて警察官になった国家公務員と、それ以外の地方公務員でいわゆるノンキャリア組があり、警察官の給与は階級で決まります。警察官になったばかりの頃は学歴で給料が分けられていますが、その後は昇任試験を受けてキャリアアップを目指していきます。巡査部長で月給40万円前後、警部補で約50万円、警部では50万〜60万円です。キャリア組は警部補からのスタートが多く、それ以外のノンキャリアは巡査からのスタートとなります。公務員ならではのメリットとして子育てに関わる制度や待遇など福利厚生が充実しています。警察官は職場結婚が多いので、パートナーの理解を得ることができれば、女性でも結婚や出産をへてもいままでと変わることなく働けて、定年まで続けて勤めやすい職業です。

>> Security Police

「柔道、剣道、けん銃訓練や対処訓練が日課だ！」
セキュリティポリス

セキュリティポリス（SP）は警視庁に属する公務員です。日本でSPが制度化されたのはおよそ40年ほど前であるといい、アメリカ大統領の身辺警護を担当するシークレットサービスに影響を受けたのだそうです。現在では、国の規定にのっとった警護対象のみを警護することが彼等の仕事内容となっています。具体的には、内閣総理大臣や衆議院、参議院の議長、また国賓や都知事などといった民間外の要人護衛です。SPともなると、有事の際には身を挺して要人を警護しなければなりません。高い身体能力が要求されることとなります。

セキュリティポリスの平均給料・給与
32万円
初任給：18万円 ／ 生涯賃金：2億2016万円

セキュリティポリスの生涯賃金は、新卒が終身雇用で65歳まで雇用されたと想定して、22歳から65歳までの43年間と平均給料・ボーナスを掛け合わせた数字となっております。

セキュリティポリスの平均給料・給与グラフ
20万円　28万円　31万円
（20代　30代　40代）

※給料の算出には求人や口コミ、厚生労働省の労働白書を参考にしております

セキュリティポリス
警視庁警備部警護課。要人警護任務に従事する警察官。各部署からの選抜者によって構成されるエリート部隊。近接保護部隊と先着警護部隊があり、公安警察や所轄警察署との緊密な連携をとる。

セキュリティポリスの求人はありません。警官になるためには警察官採用試験や、合格後の警察学校での訓練などをクリアしなければなりませんし、晴れて警察官になったとしても、その後巡査に昇格することを当面の目標にする必要があり、それと平行して肉体的な強化や、射撃の腕を磨くことなどを実際に行っていくのが大切です。そして、それら条件をクリアした者のみが推薦でSPに配属されることとなります。

>> *Firefighter*

> 「隊長が隊員を、隊員が隊長を信頼できなければ待っているのは死だ」

消防士

消防士の仕事は、火災が発生した際に駆けつけて消火活動、救出、救助活動などを行うことです。「消防士」とは階級名で、正式には消防吏員といいます。消防士は都庁、市町村の行政機関に属する消防本部配下に勤務しています。火災以外にも地震や洪水などの自然災害でも出動し、人手が足りない場合には救急車に乗って急病人やけが人を病院に救急搬送することもあります。また、地域の防災力を向上させるために防火水槽の点検をしたり、ビルや施設への立ち入り調査を行ったり、消防に関するイベントを行ったりする啓発活動も業務に含まれます。基本的に24時間勤務の交代シフト制になります。

消防士の平均給料・給与

44万円

初任給：15万円〜 ／ 生涯賃金：3億0272万円

消防士の生涯賃金は、新卒が終身雇用で65歳まで雇用されたと想定して、22歳から65歳までの43年間と平均給料・ボーナスを掛け合わせた数字となっております。

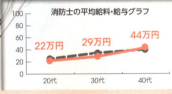

消防士の平均給料・給与グラフ

22万円　29万円　44万円

※給料の算出には求人や口コミ、厚生労働省の労働白書を参考にしております

消防士

日ごろから火災を防止するための広報点検、火災が発生した際には現場に赴き、火災を最小限に抑える。過酷な火との戦いのため、毎日の体力作りは欠かせない。

採用試験では、都市部では高卒用と大卒用があります。学歴によって給料も異なります。東京消防庁は4つのランク分けで、専門系採用（大学・大学院卒）とⅢ類採用（高卒）では初任給の時点ですでに5万円近い差が出ています。採用試験には、教養試験や論文試験、体力検査、口述試験などがあり、身長、体重、視力、肺活量にも規定があります。救急救命士の資格は必須ではありませんが、あったほうがよいです。1日8時間くらいの勉強を半年くらい続ければ合格圏内に入れる可能性があります。

53

>> Japan Coast Guard

「バディシステムが基本の『キ』である!」
海上保安官

海上保安官
「海の警察官」。海上における人命および財産の保護、法律違反の予防、捜査および鎮圧を目的とする治安部隊に属し屈強な男たちが集まる。『海猿』で映画化され話題にもなった仕事。

●海上保安官の仕事内容

海上保安官は巡視船や航空機に乗り、日本の海の安全を守るのが仕事で、海の警察官とも呼ばれています。業務内容は「警備救難業務」「海洋情報業務」「海上交通業務」の3つに大きく分けられます。密漁や違法操業の取り締まりや海難救助、密輸や密航対策、海洋調査など、仕事内容は多岐にわたります。自衛隊と混同している人もいますが、まったく違います。自衛隊は他国からの侵略を防ぐために存在している一方で、海上保安庁は海の警察として日本領海で犯罪や事故が起きた場合に海を守るのが仕事です。

※給料の算出には求人や口コミ、厚生労働省の労働白書を参考にしております

海上保安官の平均給料・給与
40.8万円
初任給：19万円／生涯賃金：2億8070万円

海上保安官の生涯賃金は、新卒が終身雇用で65歳まで雇用されたと想定して、22歳から65歳までの43年間と平均給料・ボーナスを掛け合わせた数字となっております。

● 管区ってどういう分け方になっているの？

海上保安庁は日本の水域を、第一管区（北海道小樽市）、第二管区（宮城県塩釜市）、第三管区（神奈川県横浜市）、第四管区（愛知県名古屋市）、第五管区（兵庫県神戸市）、第六管区（広島県広島市）、第七管区（福岡県北九州市）、第八管区（京都府舞鶴市）、第九管区（新潟県新潟市）、第十管区（鹿児島県鹿児島市）、第十一管区（沖縄県那覇市）の11の管区に分けています。転勤があるため、ずっと同じ管区で仕事を続けられるというわけではありません。11の管区の中でも一番人気があるといわれているのが沖縄県で働く第十一管区です。仕事の忙しさは配属される部署によって異なります。

● 海上保安官になるには？

まず、海上保安大学校または海上保安学校に入学し、卒業する必要があります。基本的にはどちらかを卒業することで、海上保安官となり、海上保安庁で働くことができます。海上保安大学校に入学すると4年半、海上保安学校に入学した場合は1～2年勉強します。海上保安庁で上のポストを目指すなら幹部候補の養成を行っている海上保安大学校に入学しましょう。海上保安大学校は入学するのに年齢制限があります。海上保安大学校の倍率は8～10倍、海上保安学校の倍率は4～15倍程度です。試験内容は海上保安大学校のほうが難しいと考えてよいでしょう。一般企業とは異なり、筆記試験や面接試験だけではなく、身体検査・体力検査も行われます。海技士や無線通信士、航空整備士などの有資格者向けの採用試験もあり、民間企業から転職する人もいます。

>> Labor Standards Inspector

「サービス残業は、労働者の知性とともに実力までも滅ぼす」
労働基準監督官

労働基準監督官
厚労省直属の固有ジョブ。労働基準法などに基づき、ブラック企業を取り締まる特別司法警察職員である。別名「労働Gメン」。スキル「臨検」「指導」を持つ。捕縛スキル「逮捕」を発動させることも可能。

●労働基準監督官の仕事内容
近年、ブラック企業という言葉を聞くことがよくあります。給料の未払いや不当な理由での解雇、サービス残業が常態化した企業のことですが、これらは労働基準法などに背いているのです。労働基準監督官は、企業が労働基準法など労働関係の法律の基準を守っているのかどうかをチェックする役割を担います。そうして、労働者の権利がしっかりと守られるように指導をします。労働基準監督官はチェックをするだけでなく、労働法令に違反した事業者を逮捕して送検する権限も与えられています。

※給料の算出には求人や口コミ、厚生労働省の労働白書を参考にしております

● 労働基準監督官の仕事の面白さ・
　向いている性格

過酷な労働環境で仕事をしており、辞めたくても辞められない人は多いです。そのすえに過労死したり、労働災害が発生したりということも少なくありません。そういった法令を守らない企業に、法令を遵守させることによって労働災害を防ぎ、労働者を守ることができます。現場に出向く仕事が多いことから、労働基準監督官の仕事には体力も必要になります。現場に赴く際には精神力も必要です。法令を守っているかチェックするには、人のことを細かく見なければなりません。そのため、気が利く性格の人や情報を引き出すのが上手い人、冷静に適切な判断ができる人が向いているのです。

労働基準監督官の平均給料・給与

29万円

初任給：17万円／生涯賃金：1億9952万円

労働基準監督官の生涯賃金は、新卒が終身雇用で65歳まで雇用されたと想定して、22歳から65歳までの43年間と平均給料・ボーナスを掛け合わせた数字となっております。

● 労働基準監督官になるには？

労働基準監督官採用試験に合格しなければなりません。これは、国家公務員の試験です。第1次試験と第2次試験があり、第1次試験には公務員としての基礎知識が問われる問題と、労働基準監督A・労働基準監督Bといった科目があります。労働基準監督Aとは法文系の試験で、Bが理工系の試験です。幅広い分野から挑むことができますが、それぞれ専門的な知識が問われるため、難しいです。平成29年度の試験状況は、第1次試験の合格率が36％です。これはA・Bの両方合わせた場合の合格率で、厚生労働省が発表している出願者数と合格者数で計算しています。第2次試験には人物試験・身体検査があります。最終合格者で合格率を出すと、全体の12％程度となります。第1次試験に合格しても半数以上が第2次試験で落とされるようです。

>> *Elementary School Teacher*

小学校教諭

「『なぜ？』を5回以上唱えなさい。そうすれば深みを知ることができる」

小学校教諭
学術や技芸を指導する者。知恵の神「トト神」の洗礼を受け、子どもたちに知識や道徳などを教えるジョブ。スキル「熱血」は、熱い思いを叩き込み、スキル「仏」は、仏のまなざしで優しく児童を見守る。

● 小学校教諭の仕事内容

小学校教諭の仕事は、児童に勉強を教えることがまず1つ目です。最近ではクラスを2つに分けて少人数制にする授業もありますが、ほとんどの場合は基本的な座学は担任が教えることになっています。また、勉強だけでなく、すべての児童を一個人として公平に見て、それぞれの個性を伸ばし、価値観を芽生えさせ、育てる教育をするのも小学校教諭の仕事です。児童の安全管理、授業の準備、テストの採点や行事の準備に家庭訪問、PTAや教員の会議など、仕事はとても多いです。

※給料の算出には求人や口コミ、厚生労働省の労働白書を参考にしております

● 小学校教諭の仕事の面白さ・向いている性格

子どもが好きで、教えることに喜びを感じ、そして偏見がなく好奇心が強い人が向いています。人に物事を教えるというのは、一筋縄ではいきません。個人の理解度の違いを踏まえ自分なりの授業を考えて、クラスの平均点が上がるなど結果が出ると、やりがいを感じるといいます。
小学校教諭の仕事は、授業準備や通信簿の作成のほか、さまざまな会議への出席など多岐にわたり、目が回るほど忙しいこともあります。そのため、仕事に優先順位をつけて、自己管理がしっかりできる人が向いています。また、突発的な出来事に、臨機応変に冷静に対処できる人が理想です。

小学校教諭の平均給料・給与

37万円

初任給：20万円〜／生涯賃金：2億5456万円

小学校教諭の生涯賃金は、新卒が終身雇用で65歳まで雇用されたと想定して、22歳から65歳までの43年間と平均給料・ボーナスを掛け合わせた数字となっております。

● 小学校教諭になるには？

小学校教諭になるためには、まず教員の免許を取得しなければなりません。教員免許の取得課程のある学校で、既定の科目の単位を修了することで得られます。小学校教諭普通免許状には、1種免許、2種免許、専修免許があり、それぞれ、大学、短大、大学院で取得することができます。それから、教員採用候補者試験を受けて採用される必要があります。さまざまな科目について教えなければならないため、教員課程を修める中で幅広い知識を身につけましょう。試験は例年7月ごろに実施されるので、新聞の地域欄やネットなどで情報を得ることが大切です。採用試験の倍率は地域によって差があり、近年では地方ほど高い傾向があります。私立小学校の場合、最初は「講師」として採用され、経験と実績を積んで正規の教員になる場合が多くなっています。

>> Professor

「知への責任を放棄しては、ひらめきはやってこない」
大学教授

大学教授は、大学に所属して学生たちに講義を行ったり、ゼミや研究室を受け持って指導したり、研究や論文執筆をしたりする仕事です。国立大学教授は1コマ90分の講義を週に2～3コマ、私立大学教授は6～10コマ担当します。他大学で非常勤として講義を受け持ち、忙しく全国を回る教授もいます。講義やゼミがない日も研究のために出勤する教授は多く、論文をまとめて学会で発表したり、学会誌に投稿したりします。頻繁に海外視察や出張に行き、結果として休講が多い教授もいます。給料は安定しており、時間的制約も少ないため、多くの研究者にとって憧れの地位となっています。

大学教授の平均給料・給与
62万円

初任給：56万円／生涯賃金：3億4720万円

大学教授の生涯賃金は、65歳まで雇用されたと想定して、30歳から65歳までの35年間と平均給料・ボーナスを掛け合わせた数字となっております。

大学教授の平均給料・給与グラフ

※給料の算出には求人や口コミ、厚生労働省の労働白書を参考にしております。　※20代はほとんどいません

大学教授
教職における最上位クラス。学問を教え授けることができる唯一無二の存在。博士号の称号を持つ賢者のうち、少数のみが辿り着く境地である。錬金術師や魔術師と称される者もいる。

大学教授になるには、大学院で博士号を取り、大学の研究室に入るのが一般的な道です。その後、助教→講師→准教授→教授とキャリアアップをしていきます。まれに経営者や作家などが教授として雇用されるケースもありますが、特例といえます。少子化の影響で国内における大学教授のポストは減っていく傾向にあります。しかし、海外の大学で実力と名を上げる日本人も増えてきました。アカデミズムに国境はないといえるでしょう。

>> City Worker

「公務員は楽ではない」
市役所職員

市役所職員になるには、それぞれの市役所の採用試験を受けることになります。試験区分は、市役所により異なりますが、最終学歴によって「上級」「中級」「初級」や「1類」「2類」「3類」などとなっています。また、「事務」「電気」「土木」などそれぞれ、専門試験の出題分野によって区分をつけられるところもあります。合格率や難易度などは、それぞれの市によって異なるようです。一概にはいえませんが、勉強さえしていれば難しくはありません。採用を行っているかどうか各自治体のホームページなどでチェックする必要があります。

十六番

市役所職員の平均給料・給与

41万円

初任給：13万円～ ／ 生涯賃金：2億8208万円

市役所職員の生涯賃金は、新卒が終身雇用で65歳まで雇われたと想定して、22歳から65歳までの43年間と平均給料・ボーナスを掛け合わせた数字となっております。

市役所職員の平均給料・給与グラフ
- 20代: 28万円
- 30代: 33万円
- 40代: 41万円

※給料の算出には求人や口コミ、厚生労働省の労働白書を参考にしております

市役所職員

長期的ビジョンを掲げ地域の幸福を創り上げる、地方自治体に仕えしジョブ。市政への不満などを一手に引き受けるため、スキル「クレーム対応」は必ず習得しなければならない。

市役所の仕事と一口でいっても、それぞれの部署によってルーティンワークの仕事であったり、一方で中枢部では企画立案などが行われたりと、仕事内容がガラリと変わります。その他、生活保護や税金の手続き・健康保険や年金関係の手続きなども、市役所職員の仕事です。新規事業を開拓するための企画や、自治体を盛り上げるための企画を考えたりもします。

>> Postal Worker

郵便局員
「運命という名の手紙を届ける時、2度ベルを鳴らすんです」

郵便局員は日本郵政グループの一般職やカスタマーサービス職を担当します。具体的な仕事内容は、郵便業務や保険の販売・営業、金融サービスの提供、お客様からの照会対応など。郵便局員というと郵便業務のイメージが強いですが、民営化したことによって、保険の営業に力を入れるところが多くなりました。人と触れ合う機会が多い職業なので、コミュニケーション能力は高いに越したことはありません。ミスが許されない細かな仕事も多いため、大雑把な人よりも何事も丁寧に行う人のほうが向いています。高卒と大卒では初任給から2万円ほどの差があり、昇進も大卒のほうが早いようです。

郵便局員の平均給料・給与
24.3万円
初任給：16万円／生涯賃金：1億6718万円

郵便局員の生涯賃金は、新卒が終身雇用で65歳まで雇用されたと想定して、22歳から65歳までの43年間と平均給料・ボーナスを掛け合わせた数字となっております。

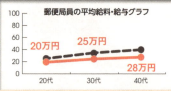

郵便局員の平均給料・給与グラフ
20万円 / 25万円 / 28万円
20代 / 30代 / 40代

※地域により差があります　※給料の算出には求人や口コミ、厚生労働省の労働白書を参考にしております

郵便局員
可変式バイク「MD110郵政カブ」を装備。アーチェリーに可変。遠く及ばない住居へは郵政ビームアローでお手紙をお届けする。遠距離ジョブ。

配達業務をしている郵便局員と内部で働いている人がいますが、正規雇用の場合、業種による給料の差はないといわれています。ただし、配達員は非正規雇用が多く、その場合は連休が取れなかったりクビになる可能性があったり、正規とは待遇が違うようです。口コミでは「手取りが少ない」という意見や、逆に「非正規で正規よりも稼いでいるから正社員になれと言われた」などの意見がありました。配達は天候に左右されるため、楽な仕事とはいえません。体力的にもハードな職業です。

>> Driving Instructor

自動車学校教官
「仮免許試験の厳しさを教えてやろう」

都道府県公安委員会の条例に基づく指定自動車教習所で運転技術や知識を教える、専門の教官です。公認校の場合は、教習指導員資格が必要で、筆記審査、技能検査、面接審査を経過して、その資格を得られます。公務員ではありませんが「みなし公務員」として一般に認識されています。根本的に欠員が出た場合に募集が出ますので、公認教習所の求人を直接探すか、ハローワークなどで教習所の求人が出ていないかチェックするのが早いでしょう。公認校であれば、そこへ就職しないと教官にはなれません。教習所へ直接電話してもよいと思います。

自動車学校教官の平均給料・給与
33.6万円

初任給：14万円／生涯賃金：2億3116万円

自動車学校教官の生涯賃金は、新卒が終身雇用で65歳まで雇用されたと想定して、22歳から65歳までの43年間と平均給料・ボーナスを掛け合わせた数字となっております。

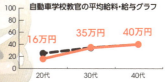

自動車学校教官の平均給料・給与グラフ
- 20代：16万円
- 30代：35万円
- 40代：40万円

※給料の算出には求人や口コミ、厚生労働省の労働白書を参考にしております

自動車学校教官
操作系職業の一つ。別名「ドライブマニュピレイター」。指先で魔方陣を描き、初心者ドライバーを操る。レイバンのサングラスの奥で何を見ているのか。数秒先の未来を見ているのかもしれない。

教官に元警察官が多いのは、そもそも交通法令すべてを丸暗記しているのが条件なので、当然元警察官の合格率が高いということです。つまり、公認教習所の教官試験はそれほど難しいのです。運転技術にしても、勘や慣れではなく、道路のどの位置で正しく停車するとか、白線から何センチ手前で停車するとか、何秒前にウィンカーを出すなど、相当に厳しい試験です。

63

学校事務

学校によって大なり小なり仕事内容は異なりますが、教職員の給与計算、有給休暇の手続き、郵便物の整理、施設の管理、物品の修理、物品の購入、学費の支払い状況の確認、電話対応、生徒手帳の発行などといった業務を幅広く行います。学校運営を支える重要な職業です。

平均給料・給与
30万円
初任給：15万円／生涯賃金：2億0640万円
生涯賃金は、想定雇用期間43年間と平均給料・ボーナスを掛け合わせた数字となっております。

学校事務の仕事はサービス残業が多いともいわれています。すべての学校に当てはまるわけではありませんが、学校行事などが重なるとどの学校でも残業が多くなります。

官僚

官僚とは国家公務員、特に霞が関に勤務する本省の職員のことを指します。国の政策や予算、法案策定に携わる仕事をしています。総合職試験で採用されると「キャリア官僚」、一般職試験で採用されると「ノンキャリア」（一般官僚）と呼ばれ、出世スピードや年収に差があります。

平均給料・給与
52万円
初任給：20万円／生涯賃金：3億5776万円
生涯賃金は、想定雇用期間43年間と平均給料・ボーナスを掛け合わせた数字となっております。

順調に出世すれば年収1100万～1400万円になります。課長になるまでは横並びで出世していきますが、審議官以上は選抜され、事務次官になれるのは各省に1人だけです。

機動隊員

機動隊員の仕事は災害時や遭難時の人命救助をはじめ、街のパトロール、海外から訪れたVIPの警護、テロの対応、暴動が起こりそうな時の警戒など多岐にわたります。仕事が非常に過酷なため、体力的に優れている若い警察官を中心に構成されています。日々厳しい訓練を行います。

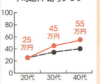

平均給料・給与
49万円
初任給：20万円～／生涯賃金：3億3712万円
生涯賃金は、想定雇用期間43年間と平均給料・ボーナスを掛け合わせた数字となっております。

機動隊は警察の一部門です。警察官の中から適性のある人が選ばれます。機動隊には銃器対策部隊や爆発物処理部隊、広域緊急援助隊、山岳救助隊など専門的な部隊もあります。

警察事務

警察署の窓口業務から、一般事務関係、拾得物処理、人事給与管理、警察施設の管理や予算編成までを行います。正確には事務吏員と呼ばれます。扱いとしては地方公務員職の事務職員と同じです。警察官のような階級はありませんが、昇進試験によって役職が上がります。

平均給料・給与
24万円
初任給：15.3万円／生涯賃金：1億6512万円
生涯賃金は、想定雇用期間43年間と平均給料・ボーナスを掛け合わせた数字となっております。

武器の携帯や警察官同等の権限はありませんが、警察官のように警察学校で柔道や剣道の修練、実務に応じた司法や民法、警報や行政法などを約1か月間学びます。

刑務官

刑務所や拘置所などで、被収容者の日常生活や作業を監督するのが仕事です。刑務所内の工場において受刑者の監督、指導なども行い、社会復帰のために正しい方向へ導きます。違反行為に対し、適切な対処をするのも重要な業務です。1週は38時間45分労働、週休2日制です。

刑務官の平均給料・給与グラフ
20代 18万円／30代 22万円／40代 23万円
※給料の算出には求人や口コミ、厚生労働省の労働白書を参考にしております

平均給料・給与
25万円
初任給：18万円／生涯賃金：2億6144万円
生涯賃金は、想定雇用期間43年間と平均給料・ボーナスを掛け合わせた数字となっております。

刑務官採用試験に合格することが必要です。3か月きちんと勉強すれば、合格するといわれています。採用にあたっては人物的要素や身体的要素も考慮されます。

検疫官

海外からの感染症を日本国内に持ち込まないために、空港や港湾の検疫所で入国者をサーモグラフィーで検温したり、動植物、飲食物などの検疫を行ったりします。逆に日本の感染症を海外に拡大しないように水際で防ぐのも検疫官の大切な仕事です。検疫所は24時間のシフト制です。

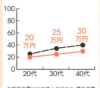

検疫官の平均給料・給与グラフ
20代 20万円／30代 25万円／40代 30万円
※給料の算出には求人や口コミ、厚生労働省の労働白書を参考にしております

平均給料・給与
22万円
初任給：18万円／生涯賃金：1億5136万円
生涯賃金は、想定雇用期間43年間と平均給料・ボーナスを掛け合わせた数字となっております。

人を対象とする検疫官の就職先は国内の港湾・空港にある検疫所で、全国への異動があります。動物・植物の検疫を行う場合は、植物防疫所や動物検疫所がおもな就職先です。

検察事務官

検察事務官の仕事内容は、検察官のサポートです。検察官の指揮のもとで犯罪を捜査し、逮捕状によって逮捕をし、罰金の徴収など事務的な仕事を行います。総務や会計なども検察事務官の仕事です。検察事務官は、検察庁内で大きく3つの部門に分かれて配属されます。

検察事務官の平均給料・給与グラフ
20代 22万円／30代 34万円／40代 40.6万円
※給料の算出には求人や口コミ、厚生労働省の労働白書を参考にしております

平均給料・給与
34万円
初任給：16.5万円～／生涯賃金：2億3392万円
生涯賃金は、想定雇用期間43年間と平均給料・ボーナスを掛け合わせた数字となっております。

3つの部門は、捜査・公判部門、検務部門、事務局部門です。捜査・公判部門では立会事務や捜査事務・公判事務といった実際の事件の取り調べや裁判に関する仕事をします。

航空管制官

航空管制官は国土交通省に所属する国家公務員で、空港の管制塔が仕事場です。管制塔から滑走路を見渡し飛行機が安全かつ確実に離着陸できるように、パイロットに指示をします。また、気象情報や現在の滑走路の状況などから離着陸が可能かどうか判断することも仕事です。

航空管制官の平均給料・給与グラフ
20代 30万円／30代 50万円／40代 60万円
※給料の算出には求人や口コミ、厚生労働省の労働白書を参考にしております

平均給料・給与
43万円
初任給：18万円～／生涯賃金：2億9584万円
生涯賃金は、想定雇用期間43年間と平均給料・ボーナスを掛け合わせた数字となっております。

航空管制官は「目」が命のため、視力の規定があります。どちらか一方の目でも0.7に満たない人や、両目合わせて1.0に満たない人などは試験が受けられません。

皇宮護衛官

天皇、皇后両陛下と皇族を護衛するのが仕事です。皇居や御所、御用邸などの警備を行い、皇族が外出や式典などに出席される際に警護にあたります。護衛のスキルだけでなく、外国語、乗馬、スキーなどの幅広い素養が必要です。国家公務員で、受験には年齢制限があります。

皇宮護衛官の平均給料・給与グラフ

平均給料・給与
37万円
初任給:18万円／生涯賃金:2億5456万円
生涯賃金は、想定雇用期間43年間と平均給料・ボーナスを掛け合わせた数字となっております。

人物試験や身体検査があり、男子は身長160センチ以上、体重48キロ以上、女子は148センチ以上、体重41キロ以上という規定があります。武道有段者向けの採用試験もあります。

高校教師

高等学校で生徒に対して授業を行うのがおもな仕事です。練習問題やテストの問題を作成したり、生徒の悩みごとを聞いたり、進路相談を行ったり、部活動の顧問として活動したりと、高校教師の仕事内容は多岐にわたります。それぞれの教科に応じた高等学校教諭の免許が必要です。

高校教師の平均給料・給与グラフ

平均給料・給与
45万円
初任給:20万円／生涯賃金:3億0960万円
生涯賃金は、想定雇用期間43年間と平均給料・ボーナスを掛け合わせた数字となっております。

私立高校の給料は公立高校の給料に準じることになっているため、違いはそれほどありません。しかし公立の場合、時間外労働に対する手当が一定を超えるとつきません。

国立大学准教授

大学を卒業後、大学院前期課程を修了し、「修士」を取得。次に、大学院後期課程を修了します（ここで博士号は必要ありません）。その後、研究所に就職できれば、准教授になれます。最短で27歳で准教授になることが可能ですが、実際には20代の准教授はほとんどいません。

国立大学准教授の平均給料・給与グラフ

平均給料・給与
54万円
初任給:48万円／生涯賃金:2億1600万円
生涯賃金は、想定雇用期間25年間と平均給料・ボーナスを掛け合わせた数字となっております。

教員免許が必要ないため、マスコミ関係者、民間企業社長なども准教授に推薦されることもあります。そのため、ポストの空きがなく、現実として厳しいものがあります。

国立大学職員

全国にある国立大学法人で働く職員です。事務職や技術職のほか、教員も大学職員に分類されます。事務職であれば大学内の運営が円滑に進むようサポートし、総務や財務などの管理業務などを行います。技術職は学内のネットワークの構築など、技術が必要となる仕事を担当します。

国立大学職員の平均給料・給与グラフ

平均給料・給与
36万円
初任給:19万円／生涯賃金:2億4768万円
生涯賃金は、想定雇用期間43年間と平均給料・ボーナスを掛け合わせた数字となっております。

年収はそれぞれの大学が定めている給与規定に従って決まります。かつては国家公務員だったことから、現在でも国家公務員の給与水準に応じた額になっていることが多いです。

国連職員

世界にまだ残っているさまざまな問題を解決に導くべく、世界各地の調査、難民救助や保護などを行っています。生活水準が低い地域の生活水準を上げたり、テロ対策をしたり、核を拡散しないために働きかけなどをしたりする仕事です。幅広い職務があります。

平均給料・給与
100万円
初任給：50万円～／生涯賃金：6億8800万円
生涯賃金は、想定雇用期間43年間と平均給料・ボーナスを掛け合わせた数字となっております。

日本の国連への出費は世界で2番目に多く、約10％も負担しているにもかかわらず、日本人職員は全体の2％程度しかいません。そのため顔が見えない加盟国といわれています。

国会議員秘書

議員の補佐をするのが仕事です。議員のスケジュール管理から広報活動、政策に関する調査や助言、法律の素案の作成、地元での講演活動の推進、イベントへの代理出席など、仕事内容は多岐にわたります。また、選挙の情勢を読み、資金集めをするのも秘書の仕事の一つです。

平均給料・給与
41.6万円
初任給：26.7万円／生涯賃金：2億8621万円
生涯賃金は、想定雇用期間43年間と平均給料・ボーナスを掛け合わせた数字となっております。

公設秘書と私設秘書の2種類があります。公設は政策担当秘書、公設第一秘書、公設第二秘書の3人で、給料は国から支払われます。私設秘書は何人でも置くことができます。

裁判所職員

裁判所の種類によって異なりますが、基本は、裁判所書記官のアシスタント的な役割を果たします。裁判の手続き関係をスムーズに行う裁判部、または裏方の事務局などに配属されます。事務局は総務、人事、会計などがあり、それぞれの業務にあたります。

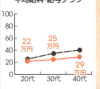

平均給料・給与
26万円
初任給：16～20万円／生涯賃金：1億7888万円
生涯賃金は、想定雇用期間43年間と平均給料・ボーナスを掛け合わせた数字となっております。

事務官（一般職）の採用は、毎年、女性のほうが上回っています。男性の場合は、法務関係の仕事、ほかの官庁への採用が決まらず、事務官を選ぶケースも結構あるようです。

財務専門官

財務専門官は、財務省の職員として働く国家公務員です。各地の財務局に勤め、予算がきちんと執行されているか、無駄はないかをチェックします。また、地方公共団体が教育施設や上下水道施設などを作るために必要な資金を長期かつ無利子で貸し付ける財政投融資などを行います。

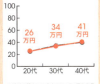

平均給料・給与
41万円
初任給：20万円～／生涯賃金：2億8208万円
生涯賃金は、想定雇用期間43年間と平均給料・ボーナスを掛け合わせた数字となっております。

財務専門官になるには国家試験に合格しなければなりません。仕事の忙しさは、配属先や時期によって異なります。本局や財務事務所、出張所などがあり、異動もあります。

社会福祉協議会職員

社会福祉協議会は、民間の社会福祉活動を支援し営利を目的としない民間組織で、社会福祉事業法に基づき設置された公的な機関です。公務員給与と同じ、「号俸」といわれる等級があり、1年ごとに級数に応じた昇給があるのが特徴です。

平均給料・給与
24万円
初任給：17万円～／生涯賃金：1億6512万円
生涯賃金は、想定雇用期間43年間と平均給料・ボーナスを掛け合わせた数字となっております。

毎年昇給が4000～5000円ペースで確実にあり、賞与は年間4.5か月、手当もかなり多いです。実態は、それほど低い給与ではありません。

税関職員

船舶や航空機の監視取締りや、輸出入された貨物の調査、輸入貨物にかかる関税の徴収などを行う国家公務員です。総合職は関税を決定したり、国際的な交渉を行ったりします。WCO（世界税関機構）などの国際機関や外務省に出向して日本大使館で書記官として働く人もいます。

平均給料・給与
40.1万円
初任給：17万円／生涯賃金：2億7588万円
生涯賃金は、想定雇用期間43年間と平均給料・ボーナスを掛け合わせた数字となっております。

総合職の職員は全職員の約2％しかいません。税関で働く人のほとんどが一般職の職員です。総合職はキャリア官僚とも呼ばれ、役職がつけば年収は1000万円を超えます。

大使館職員

大使館職員になるには、大使館での募集に応募して採用されるというルートがあります。これが「駐日大使館勤務」です。ほかには、公務員試験を受験して外務省に採用され、大使館職員になるというルートがあり、後者のルートだと「在外日本大使館勤務」となります。

平均給料・給与
25万円
初任給：20万円～／生涯賃金：1億7200万円
生涯賃金は、想定雇用期間43年間と平均給料・ボーナスを掛け合わせた数字となっております。

大使館職員ということで特殊な業務と思われがちですが、契約事務職は一般企業と同様に業務は事務処理中心です。ほかには、外交官などの専門職のサポート業務を行います。

入国警備官

法務省管轄の国家公務員で、入国管理局で業務を行う職種が、入国警備官です。入国する外国人を管理する仕事ですが、不法滞在者、不法就労者を対象とし、裁判官の許可と行政命令に基づき、違法捜査、摘発を行う、入国に関する警察のような職業です。

平均給料・給与
36万円
初任給：18万円／生涯賃金：2億4768万円
生涯賃金は、想定雇用期間43年間と平均給料・ボーナスを掛け合わせた数字となっております。

警守長、警備士補、警備士、警備士長など、職歴年数と能力、昇級試験において、階級が引き上がります。入国警備官になるなら、転勤は必ず覚悟しなければなりません。

農協職員

農協職員になるために必要な資格はありません。ただ、職員になると内部の資格認証試験というものが実施されます。農協職員としての必要最低限の心得を学び、農協職員としての能力の高さを証明するための試験として活用されていて、合格すると給料も変わってくるようです。

農協職員の平均給料・給与グラフ
18万円(20代) / 24万円(30代) / 28万円(40代)

平均給料・給与
28万円
初任給：17万円～／生涯賃金：1億9264万円
生涯賃金は、想定雇用期間43年間と平均給料・ボーナスを掛け合わせた数字となっております。

農協が行っている事業は、銀行、保険、物販、農業関連の4つに分けることができます。職員の仕事は現業、経営、管理の3つに分かれます。販売ノルマがあることもあります。

防衛省専門職員

防衛省の内部で働く、語学や国際的な業務に携わる専門職の国家公務員です。本省の内部部局や、陸海空自衛隊や情報本部などにおいて、さまざまな業務に従事しています。自衛官に対する語学教育や会議の通訳、諸外国との交渉や機密文書の翻訳、情報の収集や分析などを行います。

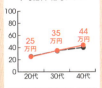

防衛省専門職員の平均給料・給与グラフ
25万円(20代) / 35万円(30代) / 44万円(40代)

平均給料・給与
35万円
初任給：21.3万円／生涯賃金：2億4080万円
生涯賃金は、想定雇用期間43年間と平均給料・ボーナスを掛け合わせた数字となっております。

自衛隊員とは異なり、武器を使った訓練などは行わない非戦闘員です。語学職と国際関係職の2種類に分かれて採用されます。行政職俸給表（一）に従って給料は支給されます。

麻薬取締官

薬物犯罪の捜査を行い、麻薬や覚せい剤などの違法薬物を取り締まる国家公務員です。違法薬物に関わる犯罪捜査のほか、薬物乱用防止のための啓発活動なども行います。特別司法警察職員としての権限が与えられているため、拳銃や警棒などで武装することが認められています。

麻薬取締官の平均給料・給与グラフ
23.5万円(20代) / 37万円(30代) / 47万円(40代)

平均給料・給与
36万円
初任給：27.4万円／生涯賃金：3億2336万円
生涯賃金は、想定雇用期間43年間と平均給料・ボーナスを掛け合わせた数字となっております。

あへん法などに基づき密売流通ルート解明のために「おとり捜査」をすることも可能で、私服勤務や長髪・金髪もOKとなっています。欠員が出た場合など不定期の募集となります。

養護教諭

養護教諭とは保健室の先生のことです。児童が予期せぬ病気、けが、精神的圧迫などに苛まれた際、看病や応急措置、カウンセリングなどを行います。事態が深刻である場合、病院への搬送手続き、保護者への連絡などを行う必要があります。身体検査や保健指導も仕事です。

養護教諭の平均給料・給与グラフ
21万円(20代) / 32万円(30代) / 38万円(40代)

平均給料・給与
30万円
初任給：21万円／生涯賃金：2億0640万円
生涯賃金は、想定雇用期間43年間と平均給料・ボーナスを掛け合わせた数字となっております。

キャリアを積めば、年収は800万円を超えることから意外に高給取りであることがわかります。養護教諭養成課程のある大学、短大は極めて少なく、狭き門といえます。

第2章 公務員系職業

Column

企業戦士 II

モノを売るためには、企画職がアイデアを出し製品や事業の企画をすることから始まります。企業戦士の中でもクリエイティブな力が発揮できる職種です。いかに売れるものを生み出すかが技の見せどころ。経営者のパートナーとしても重要なポジションです。

企画職

企画の仕事は、顧客が求めている商品またはサービスなどを作って、その情報を顧客に届ける活動をすることです。世の中のニーズを敏感にキャッチして、売れる新商品やサービスを企画するため、常にアンテナを張っていなければいけません。斬新な発想やアイデアの蓄積も必要ですが、市場調査や情報収集なども行い、価格を決定し、販売戦略を立てることも重要です。経営者やマーケティング職と緊密な連携を取りながら働き、生産部門との調整なども行うことから、バランス感覚も求められる仕事です。

「企画部は実現可能な選択肢を経営者に示す部である！」

平均給料・給与
40万円
初任給：14万円〜
生涯賃金：2億7520万円

生涯賃金は、想定雇用期間43年間と平均給料・ボーナスを掛け合わせた数字となっております。

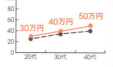

平均給料・給与グラフ
30万円 40万円 50万円
20代 30代 40代

※給料の算出には求人や口コミ、厚生労働省の労働白書を参考にしております

企画職
中枢系ジョブ。異名は「シャドウブレーン」。商品企画、営業企画、広告企画など多彩なクラスが存在。経営陣を最適な意思決定へと導く。スキル「マクロミクロ」を使い、世の中の動向を分析する。

chapter
3

飲食・サービス・ファッション系職業

>> Cook

「心を動かす芸術がそうであるように、料理も創造するのに厳しさを伴う」
料理人

料理人
料理系クラスのジョブ。魔方陣入りのフライパン改とシェフレイピアを装備。炎を操り、素材を芸術に変えていく姿は、魔法騎士そのものである。ドヤ顔が得意なシェフもいる。

●料理人の仕事内容
シェフ（chef）はフランス語ですが、英語でいうと「チーフ」にあたることばです。つまりもともと料理人たちを統括する立場の人をいいます。和食ですと花板、ホテルですと料理長がシェフにあたるでしょう。英語圏では地位にかかわらずプロの料理人のことをシェフ（もしくはコック）と呼んでいます。料理人ですから、美味しい料理を作ってお客様に提供するのが仕事内容ですが、食材を選ぶところから始まって、美しく盛りつけし、心地いい空間で食事を提供することまでさまざまに気を配らなくてはなりません。

※給料の算出には求人や口コミ、厚生労働省の労働白書を参考にしております

料理人の平均給料・給与

25万円

初任給：18万円／生涯賃金：1億7200万円

料理人の生涯賃金は、新卒が終身雇用で65歳まで雇用されたと想定して、22歳から65歳までの43年間と平均給料・ボーナスを掛け合わせた数字となっております。

●料理人になるには？

調理師と名乗るには調理師法に基づく国家資格が必要ですが、料理人にとって調理師免許は必須の資格ではありません。調理師免許がなくても料理をすることは可能です。料理人になるには調理専門学校で技術を習得する、店に就職して修業を積むといったルートがありますが、資格がいるわけではないので、例えば料理が得意な主婦が自分でお店を出してもいいのです。本格的な修業を積むなら有名レストランや有名料亭に就職するのが一般的でしょうが、料理人にははっきりした序列があり、雑用から始まってシェフ、花板、料理長にまでなるには年月ばかりでなく才能も必要でしょう。

●料理人の給料手取り

料理人で稼ぎたいなら、できるだけ早い時期にできるだけレベルの高いレストランや料理店の厨房へ入るのが一番です。寿司職人の場合も有名店での修業が一番です。料理人の世界は序列が厳しく、駆け出しのころには相当につらい思いもするので離職者も多いですが、ホテルの料理長クラスになると年収1200万～2000万円、三ツ星クラスの高級レストラン、高級料亭の料理長、花板で年収1500万円ほどと、料理を極めれば相当な収入が得られる世界でもあります。経験と腕前だけが勝負の業界ですので、資格の有無よりも有名店に務めた経験や、イタリア、フランス、中国など本場で料理修業をした経験があるほうが転職の際にも有利になります。

>> *Nutritionist*

「同盟を組む、敵対する、一匹狼……。栄養素はまるで人間のよう」

栄養士

栄養士
食事と栄養を司る補助系ジョブ。別名「ヘルシーメイジ」。栄養指摘を得意とし、スキル「献立作成」は食育やダイエットに効果を発揮、人々の健康な生活をクリエイトする。

● 栄養士の仕事内容
栄養士は都道府県から免許を交付される国家資格で、おもに健康な人を対象にして栄養指導や給食の運営を行います。個人や団体グループに食事や栄養についてアドバイスをしたり、食事の献立を作ることや食材を発注、そして食事の栄養素の計算をしたりすることが仕事になります。また、病気の人や高齢者、健康な人に対して専門知識を持って栄養指導管理を行う人は管理栄養士といいます。管理栄養士は管理栄養士国家試験に合格して、厚生労働大臣の免許を受ける必要があります。

※給料の算出には求人や口コミ、厚生労働省の労働白書を参考にしております

●栄養士の仕事の面白さ・向いている性格

自分で料理をするというよりも、その食事を摂取することで体にどんな栄養が行き、どんな能力を高めることができるのか、といったデータに興味がある人に向いています。食事は人生に欠かせないものであり、食べることは生きることにつながります。そんな大事なことに関わることができ、誰かが健康な体になっていくことは、喜びややりがいを感じるでしょう。昨今は外食産業の発展によって、日本の台所事情も大きく様変わりしています。そのため、健康な体を考えたいという需要は年々高まっています。

栄養士の平均給料・給与

23万円

初任給：18万円／生涯賃金：1億5824万円

栄養士の生涯賃金は、新卒が終身雇用で65歳まで雇用されたと想定して、22歳から65歳までの43年間と平均給料・ボーナスを掛け合わせた数字となっております。

●栄養士のキャリアモデル

栄養士は厚生労働大臣が指定する所定の栄養士養成施設を卒業すると、資格を取得できます。管理栄養士は2年制の養成施設なら実務経験3年以上、4年制の養成施設なら卒業と同時、といったように規定の国家試験の受験資格を得て受験します。資格取得後は民間企業や病院、介護施設へ就職する人がほとんどです。基本的には栄養士の経験を積んでから管理栄養士の資格を取得し、キャリアアップを目指します。さらに高収入を目指して、独立してフリーランスとして働くこともできます。その場合は、フードコーディネーターなどほかの資格も取得し、講演会や料理教室を開くなど、幅広い活動を考えるべきでしょう。女性の場合、結婚や出産をしても企業に勤めていれば復職も問題なくできるので、自分のライフスタイルにあわせて長期的に働きやすい職業の一つです。

>> Sushi Master

寿司職人

「海の宝石をどう美しく魅せるのか。それゆえ私たちは海のデザイナーでもあります」

寿司職人の仕事は、日本の伝統料理である寿司を作ることです。カウンターのみの高級寿司屋から、ファミリー向けの回転寿司屋、ホテルや料亭などでも活躍しています。寿司職人は早朝から魚市場で新鮮な魚を仕入れ、米に寿司酢を混ぜたシャリを準備し、寿司を握ります。同じ種類の魚でも季節や鮮度、部位で味が変わるので、知識と最適なネタを見抜く目が必要になります。また、食材は魚だけでなく、のり、ガリ、わさび、卵、海藻類なども必要なので、それらの食材を発注して仕入れる仕事もあります。カウンターの寿司屋では、お客様とのコミュニケーションを取ることも重要な仕事です。

寿司職人の平均給料・給与

30万円

初任給：18万円〜 ／ 生涯賃金：2億0640万円

寿司職人の生涯賃金は、新卒が終身雇用で65歳まで雇用されたと想定して、22歳から65歳までの43年間と平均給料・ボーナスを掛け合わせた数字となっております。

※給料の算出には求人や口コミ、厚生労働省の労働白書を参考にしております。

寿司職人

和食六武衆の一人。世界に誇る和食「寿司」を精製するジョブ。スキル「にぎり」は、シャリとネタの旨さにプラス補正がかかる調合系スキルの一つ。また、美しい立ち居振る舞いをする職人には、真・寿司職人として崇められる。

寿司職人になるには特別な資格は必要ありません。しかし一般的には一人前の寿司職人になるには何年も修業が必要だといわれています。老舗の寿司屋では昔ながらの弟子入り制度が残っており、「飯炊き3年、握り8年」ともいわれます。最近では調理師専門学校で寿司を含めた和食の作り方を学んだり、数か月で寿司職人を養成するアカデミーなどで学んだりして寿司屋に就職する人も増えてきました。いまや日本の寿司は世界中に広まり人気も高いことから、海外の店舗や世界中を回る客船などで働く寿司職人もいます。

>>Soba Master

> 「完璧な人がいないように、そばにも完璧などない。だからそばは深みを増せたのだ」

そば職人

美味しいそばをお客様に提供するのがそば職人の仕事です。そば作りには良質な水が欠かせず、昔から天然の美味しい水がある地域には美味しいそば屋があるといわれています。そば職人の朝は早く、そばを挽いて、そば粉をこね、生地を伸ばして裁断する、という作業を開店前に行います。そばは酸化しやすくあまり作り置きができないため、当日の朝に仕込むのが一般的です。そば粉と小麦粉の割合や水加減などは、その日の気候によって調整する必要もあり、技術の習得には時間がかかります。「包丁3日、のし3か月、木鉢3年」といわれるように、一人前になるまでに3年はかかるようです。

第3章 飲食・サービス・ファッション系職業

そば職人

28万円

初任給：12万円〜／生涯賃金：1億9264万円

そば職人の生涯賃金は、新卒が終身雇用で65歳まで雇用されたと想定して、22歳から65歳までの43年間と平均給料・ボーナスを掛け合わせた数字となっております。

そば職人の平均給料・給与グラフ

24万円　27万円

33万円

20代　30代　40代

※給料の算出には求人や口コミ、厚生労働省の労働白書を参考にしております

そば職人

和食六武衆の一人。属性は「麺類」。日本が誇る至宝「そば」の使い手。そば切り包丁・伸ばし棒を駆使しそばと戯れる姿は、華麗なる歌舞伎のようだ。フードスキル「鴨南そば」は絶大なる人気を誇る。

そば職人になるには特に資格も学歴も必要がなく、そば屋で働き修業をするのが一般的です。個人経営のそば屋であれば、店の前に募集の貼り紙をしていることもあります。また、ハローワークに求人が出ていることもあります。飲食店をチェーン展開している企業が、そば屋店主を募集していることもあります。最近ではそば打ちを教えてくれる学校などもあるため、長い修業をせずに自分の店を持つ人もいるようです。独立するには、腕を磨くだけでなく、店舗経営についても学ぶ必要があります。

>> *Takoyaki Master*

「小麦粉の特性を知り、タコちゃんの秩序を保つことが、たこやき道に通じるんや」

たこやき屋

たこやきを調理、販売するのが仕事です。店内や店頭の掃除、たこやきを作る材料の仕込みなどから1日が始まります。大手チェーン店であればアルバイトがお客様の注文を受けて、お客様が見ている目の前でたこやきの生地を鉄板に注ぎ、それからたこを入れてたこやきを作ります。個人経営の店ではオーナー自ら調理することもあります。たこやき屋はほかの商売と比べると狭いスペースで開業できることや、設備投資も焼き台に鉄板、小さな冷蔵庫と最小限で済むことから、独立開業する人が多い職業です。自分一人でも運営でき、原価率が低いことから利幅が大きいのも特徴です。

たこやき屋の平均給料・給与

20.2万円

初任給：15万円～／生涯賃金：1億3898万円

たこやき屋の生涯賃金は、新卒で終身雇用で65歳まで雇用されたと想定して、22歳から65歳までの43年間と平均給料・ボーナスを掛け合わせた数字となっております。

※給料の算出には求人や口コミ、厚生労働省の労働白書を参考にしております。

たこやき屋

和食六武衆の一人。法具「たこやきピン」を駆使し、「たこやき」を精製するジョブ。また和食六武衆以外にも、3大屋台料理の一角を担い、屋台料理の神髄を極めし者といわれることもある。

たこやき屋の求人の多くはアルバイトの募集です。地方だと時給900円前後で、東京や大阪などの大都市では時給1000円前後が相場のようです。未経験でもやる気があって、明るく接客ができれば働くことができ、また学歴や資格なども重視されません。真面目に努力すればアルバイトから正社員になることも可能です。独立開業した場合、500円のたこやきを200個売ることができれば、およそ10万円の売上になります。月に100万円の売上で原価3割と計算すると、月収は70万円ほどになります。

>> Tonkatsu Master

> 「地球に誕生した唯一無二のギフト！ それはとんかつである！」

とんかつ屋

とんかつ屋は、豚肉に小麦粉、溶き卵、パン粉をつけ、油で揚げた豚のカツレツ＝とんかつを中心に提供する飲食店です。厚みのある豚のロースや、スライスされたヒレ肉などいろいろな部位を使ったとんかつがあります。ライスやキャベツの無料おかわりサービスを行っている店も多いのが特徴です。とんかつ屋は扱う商品数が少ないことから、食材の管理がしやすいといわれています。また、豚肉は牛肉にくらべて小さく扱いやすく、揚げ物ということで調理方法もわかりやすいです。定食を出す大手チェーン店の台頭により競争が激化していますが、味で勝負する個人経営の店も頑張っています。

第3章 飲食・サービス・ファッション系職業

とんかつ屋の平均給料・給与

31万円

初任給：18万円／生涯賃金：2億1328万円

とんかつ屋の生涯賃金は、新卒が終身雇用で65歳まで雇用されたと想定して、22歳から65歳までの43年間と平均給料・ボーナスを掛け合わせた数字となっております。

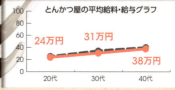

とんかつ屋の平均給料・給与グラフ

20代 24万円／30代 31万円／40代 38万円

※給料の算出には求人や口コミ、厚生労働省の労働白書を参考にしております

とんかつ屋

和食六武衆の一人。属性は「カツ」。国民食「とんかつ」の師。スキル「油温度」は、とんかつをかりっとジュワっと揚げる熱系スキルの一つだ。また一子相伝で受け継がれるソースは「秘伝」と呼ばれることがある。

開業するには、食品衛生責任者の資格が必要です。営業許可などは管轄する自治体の保健所に届出書を提出します。高年収を得るには、出店する立地が重要です。駅に近く、サラリーマンや学生などが多く訪れる場所がいいでしょう。立地や客層によっては、フライや串揚げなど別の肉料理をメニューに加えるといったことも考えなければならないようです。一般的なとんかつ屋は客単価が1000〜2000円、大手チェーン店では600〜700円です。原価率や必要経費を考えて価格を決める必要があります。

>> *Food Service Company employee*

「人の目なんて気にしないで、思う通りに食べればいいんです」

外食系企業社員

外食系企業社員
和洋中さまざまな料理を提供する。特別な時間と空間を演出するのも重要なミッションの一つだ。一流のシェフ、パティシエを輩出したり、食の革命をもたらす。合言葉は「原価率」である。

● 外食系企業社員の仕事内容

外食業界は、景気やライフスタイルに左右されることはありますが、日本人の「食」を支えていることから底堅い業界といわれています。日本料理店、そば・うどん店、寿司店、西洋料理店、中華料理店などの専門料理店のほか、ファミレス、喫茶店、バー、居酒屋、ファストフードなど、さまざまなジャンルの店が存在します。競争の激しい業界ですが、個人でも起業しやすく新規参入のチャンスは誰にでもあるのも魅力です。開業も廃業も多いです。開発、調理、接客など、職種によって仕事内容は異なります。

※給料の算出には上場企業のIR情報を参考にしております

● 外食系企業社員に向いている性格
料理人の世界には師弟関係があり、上下関係に厳しい文化が色濃く残っている職場も多くあります。学歴よりも経験がものをいう世界です。下積み時代を乗り切るための忍耐力や向上心、勤勉さのある人が向いているといえます。また、拘束時間も長く立ち仕事となることから、体力があることも重要な資質となります。薄利多売で過酷な業界だと思われがちですが、堅実な経営をしている企業ももちろんあります。料理も経営もスピードが命で、意思決定が早い企業や店が生き残ります。美味しい料理への情熱と確かな技術は必要不可欠ではありますが、時流を読んで経営を行うビジネスセンスも欠かせません。

外食系企業社員の平均給料・給与

35万円

初任給：21万円 ／ 生涯賃金：2億4080万円

外食系企業社員の生涯賃金は、新卒が終身雇用で65歳まで雇用されたと想定して、22歳から65歳までの43年間と平均給料・ボーナスを掛け合わせた数字となっております。

● 外食系企業社員の職種
外食系企業にまず欠かせない職種は、料理人やデザートを作るパティシエなど実際の調理を担当する人たちです。料理の味は店の経営を左右するほど重要です。店のジャンルによってはパン職人、ピザ職人、寿司職人など、専門分野を持つ人もいます。他社から食材を仕入れて店舗で調理して提供するというスタイルが基本ですが、調理施設で食材を一括して調理して、各店舗に配送して温めて提供しているところもあります。また、料理や飲み物を給仕するホールスタッフ、ワインを提供するソムリエ、プロデューサーとしてのフードコーディネーターも外食系企業にとっては重要な人材です。店が大きくなれば経営コンサルタントが関わるようにもなり、経営企画、経理を含めた事務職、営業職、広報職などの職種の人も必要になってきます。

>> *Sommelier*

「私がワインをお勧めする時はあなたが恋をしたいと思っている時です」

ソムリエ

ソムリエ
おもてなし系ジョブの一つ。さまざまなワインを熟知し、料理に合うワインを提供する。別名「雰囲気の魔術師」。ソムリエによってもたらされるレストランの演出は、一つの料理と考えられる。

●ソムリエの仕事内容

ソムリエの仕事は、レストランやホテルなど、ワインを提供しているお店でワインを給仕することです。また、お客様の趣味嗜好やその日の気分などを考慮しつつ、その日その場にぴったり合ったワインをチョイスするのも仕事です。ワインの仕入れや価格交渉、ワインセラーの在庫管理、リストの作成、サービス全般など幅広い業務を担当します。フランス料理店やイタリア料理店、ホテル内のレストランやラウンジ、バーなどが活躍の場となります。一般向けのワイン講習会の講師などをすることもあります。

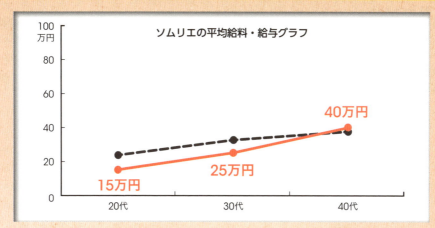

※給料の算出には求人や口コミ、厚生労働省の労働白書を参考にしております

ソムリエの平均給料・給与
30万円
初任給：0円〜 ／ 生涯賃金：2億0640万円

ソムリエの生涯賃金は、新卒が終身雇用で65歳まで雇用されたと想定して、22歳から65歳までの43年間と平均給料・ボーナスを掛け合わせた数字となっております。

● ソムリエになるには？

ソムリエとして仕事をするのに資格は必須ではありませんが、取っておくべき資格はあります。日本ソムリエ協会が実施する「ソムリエ呼称資格認定試験」に合格しソムリエ資格を持っていると、飲食業への就職や昇級・昇格に有利になるといわれています。20歳以上で3年以上の実務経験など、受験するには条件があります。ワインは産地や品種、収穫時期、年代などにより実に多くの種類があります。ソムリエはそれらについて、専門的な知識を持っていることが基本となります。味はもちろんのこと、それぞれの個性、作り手のこだわり、料理との相性、取扱方法など、覚えるべきことはたくさんあります。

● ソムリエのキャリアモデル

ソムリエは資格を取ったからといってそれで終わりではありません。プロは勉強のために自分でワインを購入して味を覚え、新しい情報を仕入れて知識を身につけるなど、常に努力をしています。時にはワインの産地まで出向き、ワイナリー研修に参加したりすることもあります。ソムリエとして実力を認められれば、チーフソムリエなど社内で昇進することもできます。また、ソムリエのコンクールなどで優勝すれば、講師としての依頼や、ワインを使ったプロモーション企画への参加依頼が来るなど、仕事の幅が広がります。女性のソムリエ（ソムリエール）も増えてきています。お客様の中にはソムリエとの会話を楽しむために来店する人もいるほど、ソムリエはレストランにとって重要な役割を担っています。心配りや雰囲気作りが、顧客を増やすことにつながります。

>> Yakiimo Oyaji

やきいも屋
「古代ジパングの黄金とは、やきいものことじゃい！」

やきいも屋は、原料となるサツマイモを市場などで仕入れて、それを軽トラックに取り付けたボイラーで焼きながら移動販売するのが仕事です。最近では家庭でも調理器具を使ってやきいもを手軽に食べられるようになりましたが、小石を敷き詰めた石焼き窯で焼いたやきいもの味は格別です。利益を上げるためにはできるだけ多くのやきいもを売らなければならないので、寒い日に人が多い場所を探して売るのがポイントです。移動販売の場合は保健所で営業許可書の申請が必要で、また、管轄する警察署から販売場所の許可も得る必要があるので、事前に所轄の保健所や警察署に相談しましょう。

やきいも屋の平均給料・給与
40万円
初任給：16万円～／生涯賃金：2億0640万円

やきいも屋の生涯賃金は、新卒が終身雇用で65歳まで働いたと想定して、22歳から65歳までの43年間と平均給料を掛け合わせた数字となっております。

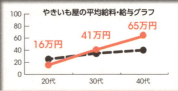

やきいも屋の平均給料・給与グラフ
16万円 / 41万円 / 65万円

※給料の算出には求人や口コミ、厚生労働省の労働白書を参考にしております

やきいも屋
屋台三親父の一人。属性は「石焼」。冬のあいだ、街の中を移動しながらアイテム「やきいも」を精製・販売する。焔色の石から取り出されたいもは、黄金色に輝きを放ち、周囲3パネルに「耐寒補正」を付与する。

大きさによっても違いますが、やきいもはだいたい1本300～400円程度で売られています。やきいも1本の原価は76円程度で、1本売れると220～320円の利益が出ることから、粗利が高い商売だといえます。設備投資は軽トラックとボイラーくらいで、店舗を構えるよりもずっと低く初期投資を抑えることができます。移動販売車のレンタルも可能です。従業員がいなければ人件費もかからないので、比較的リスクが低く、稼ぐことができる商売だといえるでしょう。夏場は別の食品の移動販売をやっている人もいます。

>> Ramen Master

ラーメン屋

「麺とスープのけんかは、恋愛のもつれのようなものである」

ラーメン屋の仕事内容は、接客がメインのホールと、お客様から注文を受けてラーメンを作る調理の2つに分かれます。ホール担当の仕事は開店前の店内の清掃から始まり、お客様が来店したら席へ誘導して水やおしぼりを出し、注文を受けて厨房に伝えます。調理担当の場合は開店前の具材の仕込みや、ラーメンの命ともいえるスープ作りを行います。有名店になると手広くチェーン展開をし、海外にも出店しているところもあります。一方で、家族で細々と経営しているような店も多いです。1日100食出れば繁盛店といわれます。比較的独立開業しやすい職種ですが、競争も激しいです。

第3章 飲食・サービス・ファッション系職業

ラーメン屋の平均給料・給与
24.3万円
初任給:16万円～ / 生涯賃金:1億6718万円

ラーメン屋の生涯賃金は、新卒が終身雇用で65歳まで雇用されたと想定して、22歳から65歳までの43年間と平均給料・ボーナスを掛け合わせた数字となっております。

ラーメン屋の平均給料・給与グラフ
20万円 25万円 28万円

※給料の算出には求人や口コミ、厚生労働省の労働白書を参考にしております。

ラーメン屋
屋台三親父の一人。属性は「麺」。ラーメンを精製するジョブ。スキル「湯切り」は、ラーメンのコクやうまみを決めるフィニッシュブロー。長年の修業を積んだ者を店主と呼び、独特のスープを生み出すことができる。

ラーメン屋はアルバイトの募集はたくさんあります。学歴不問で調理経験もない、飲食店未経験でもOKというところがほとんどです。店長候補や社員の募集の場合は、月給24万～30万円くらいで募集しているところが多いようです。独立開業を目指す場合、まずは自分が好きなラーメン屋で働いてみて、ラーメン屋としてのノウハウを身につけていきます。どこで開業するのか立地も重要なので、リサーチを重ねましょう。材料の仕入れ先、価格の設定、サイドメニュー、営業時間など決めることはたくさんあります。

>> *Japanese Food Chef*

「包丁で切る、ということは包丁の長さを利用することだ！」
板前

板前とは、調理を専門とする職人の中でも特に、寿司屋や料亭、割烹などの日本料理店で日本料理を作っている人を指します。日本料理の伝統的な作り方に沿って調理し、お客様を満足させるような品を作ることが仕事です。味の追求と盛り付けの感覚を磨き、常に勉強をするのも仕事のうちです。店によって調理師免許取得者しか雇わないところもあれば、免許がなくても見習いとして雇うところもあります。一人前になるには5〜6年の修業が必要といわれており、1年目はほとんど調理をさせてもらえず、調理場の掃除や皿洗いなどをしながら先輩の仕事を見て覚えます。

板前の平均給料・給与
25万円
初任給：9万円〜 ／ 生涯賃金：1億7200万円

板前の生涯賃金は、新卒が終身雇用で65歳まで雇用されたと想定して、22歳から65歳までの43年間と平均給料・ボーナスを掛け合わせた数字となっております。

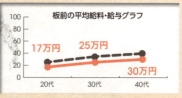

板前の平均給料・給与グラフ

17万円　25万円　30万円（20代／30代／40代）

※給料の算出には求人や口コミ、厚生労働省の労働白書を参考にしております。

板前
和食六武衆の一人。日本料理店や料亭で料理をするジョブ。スキル「包丁」は、鮮度を保ち、細胞を壊さない切り方をする斬撃技。一流の板前が持つ包丁からは闘気が発せられ、周囲から注目を浴びる力もあるといわれている。

高校卒業してから調理専門学校で調理の基本を学んで、調理師免許を取得したうえで日本料理店に就職し、修業を始めるというパターンが一般的です。料理は味覚、触覚（食感的な意味で）、視覚、嗅覚、聴覚の五感すべてで楽しむものであり、料理の味が良いだけではなく、盛り付けのセンスも必要とされます。色彩検定などを受けておくと役に立つかもしれません。寿司屋、旅館、料亭など働く場所は違っても客単価にあまり差がなければ、給料にも差は出ません。その店が繁盛しているかどうかで給料は変わります。

>> *Noodle Tamer*

「聞く前に自分で考えてみろ、見ておぼえろ、わざは盗め」
うどん職人

手打ちうどんの職人に求められるのは、生地を毎日同じ水準で作れる能力。うどん生地は小麦粉に水と塩の加減だけで作られます。しかし季節、気温によって小麦粉の吸水量がちがってくるので、冬には水を多め、塩を少なめに、といった加減が必要になってきます。商売では毎日25〜30キロは打ち上げますが、この水分の加減ができないと毎日同じ味わいの麺を打つことはできないのです。麺の生地作りの中ではうどんがもっとも難しいといわれ、経験を積まないと一流の職人にはなれません。職人がいないお店は機械打ちか、生地を仕入れるかしています。

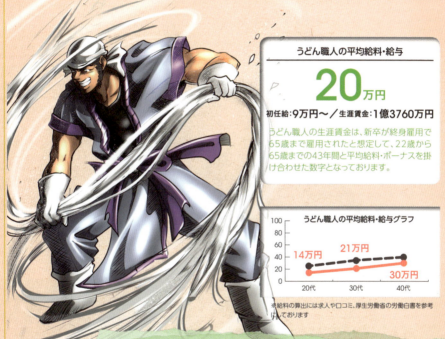

うどん職人の平均給料・給与
20万円

初任給：9万円〜／生涯賃金：1億3760万円

うどん職人の生涯賃金は、新卒が終身雇用で65歳まで雇用されたと想定して、22歳から65歳までの43年間と平均給料・ボーナスを掛け合わせた数字となっております。

うどん職人の平均給料・給与グラフ
14万円　21万円　30万円
（20代　30代　40代）

※給料の算出には求人や口コミ、厚生労働省の労働白書を参考にしております

うどん職人
鞭のようにうどんを打つ職人。別名「うどん使い」。上位職には「うどんマスター」「讃岐うどんマスター」がある。修業時代は1年以上。つるしこの麺を作るにはいろいろな職人技があるようだ。

全国展開の讃岐うどんチェーンなどで、生地作りの基礎から教えてもらえる、初心者歓迎の求人が出ていたりしますが、本気でうどん職人を考えるのなら、うどん名人が経営する店で修業して、暖簾分けのような形で独立を目指すのがいいのではないでしょうか。ある有名店の店主は、見習いから始めて、お店を持つまで最短で約10年といっていますが、むろん毎日うどんを打つ必要があるそうです。

>> Cooks

調理師
「万人がうまいという料理はない！ でもそれを提供するのが調理師です！」

調理師
食材を自在に操り、料理に変え、人々に笑顔をもたらす騎士。「和食」「イタリアン」「フレンチ」「中華」などの部隊があり、西洋料理の最高位は「シェフ」と呼ばれる。

●調理師の仕事内容
調理師とは、手作り料理を提供する店舗で働く、調理専門の職人です。フレンチ、中華、和食からラーメンまでいろいろなジャンルの料理店に勤めています。かつてはプロのお店で修業を積み、独立して個人経営の店を開くか、割烹や洋食屋などを渡り歩くものでしたが、現在は外食チェーンの厨房業務や企業の食堂など、幅広い領域で活躍しています。調理師は原則、国家資格を有する資格者が名乗れる名称で、一般的な料理人は資格がなくても問題ありません。企業で働く場合、調理師免許所有者限定とされることもあります。

※給料の算出には求人や口コミ、厚生労働省の労働白書を参考にしております

●調理師になるには？

調理師になるには、厚生労働大臣の指定する専門学校など調理師養成施設を卒業するか、2年以上の実務経験をへて国家試験に合格する方法があります。実技試験はなく筆記試験のみで、合格率は60～70%となっています。試験そのものの難易度はそれほど高くありません。パートやアルバイトでも、調理師免許があると資格手当がつくこともあるようです。しかし資格を取ったからといって腕が認められるということはありません。調理師には、確かな調理技術や繊細な味覚など、多くの能力が必要となります。味はもちろんのこと、栄養面を考慮しながら料理の見た目にも気を配らなければなりません。

調理師の平均給料・給与

28万円

初任給：18万円～ ／ 生涯賃金：1億9264万円

調理師の生涯賃金は、新卒が終身雇用で65歳まで雇用されたと想定して、22歳から65歳までの43年間と平均給料・ボーナスを掛け合わせた数字となっております。

●調理師のキャリアモデル

資格がなくても調理の仕事をすることはできるので、働く場合は経験も重視されるといいます。そのため、有名レストランなどで働くには、10～20代の頃から厨房で修業を積み、専門性を高める必要があります。就職してすぐは、掃除や皿洗いなどから始まり、調理補助としてサラダやランチの仕込みなどの仕事をします。メインの料理を任せてもらうまで何年もかかることもあります。経験を積んで実力をつけ、オーナーやスタッフからの信頼が厚い人が、調理部門のトップである料理長へと昇格します。個人店などでは役職がない場合もありますが、専門性を深めて料理の質を高め、収益を上げていくことがキャリアアップの証明となります。飲食業界はハードな職場も多いのが現状です。ホテルのレストランなどは男性が多く、拘束時間の短い病院の食堂などでは女性の調理師が多いようです。

>> Food Education Instructor

「食を通し、心と体を豊かにする職です」
食育インストラクター

食育インストラクター
健全な食生活の実現、食文化の継承、健康の確保を自ら考える食べ物の神聖職。「食の僧侶」といっても過言ではない。

● 食育インストラクターの仕事内容

食育インストラクターはNPO日本食育インストラクター協会が認定する資格です。政府が平成17年に食育基本法を施行したことを受けて、日常の食生活も教育の一環とみなすようになり、食育の専門家が必要となってきました。食育インストラクターは「食育」を推進し、社会へ広める指導者としての役割が期待されています。栄養やバランスを考え、食文化・食生活の大切さを広め、アドバイスをする存在として、栄養士とともに教育現場や医療・介護・福祉施設などで活躍することが多いです。

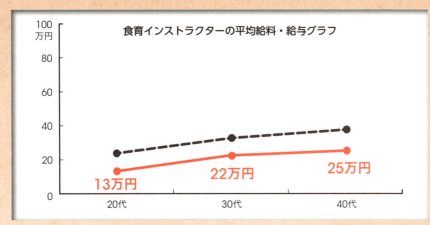

※就業場所により差があります　※給料の算出には求人や口コミ、厚生労働省の労働白書を参考にしております

●食育インストラクターになるには？
NPO日本食育インストラクター協会が認定する食育インストラクターの資格には、プライマリー（初級）から1級まで5段階の設定がされています。プライマリーは協会が定める通信教育で所定の講座を受講すれば取得できます。4級、3級はがぜん本格的になり、推進校に通っての調理技術の単位取得や、協会の研修会に参加して筆記試験に合格することが必要です。2級は、3級取得者、または食育に関する国家資格取得者、全料協の助教員以上で、試験に合格することが条件です。1級は、2級取得者で1年以上食育に従事、栄養教諭で規定の研修会を受講し、筆記試験に合格することが条件です。

食育インストラクターの平均給料・給与

21万円

初任給：10〜15万円／生涯賃金：1億4448万円

食育インストラクターの生涯賃金は、新卒が終身雇用で65歳まで雇用されたと想定して、22歳から65歳までの43年間と平均給料・ボーナスを掛け合わせた数字となっております。

●食育インストラクターの求人
「食育」とは健全な食生活の実現、食文化の継承、健康の確保などが図れるよう、自らの食についてのさまざまな知識と食を選択する判断力を身につけるための取組みを指します。近年、日本ではジャンクフード、ファストフード、インスタント食品があふれ、食生活の乱れがたびたび指摘されるようになっていますが、こうした状況に危機意識を持った現場でこそ食育インストラクターは求められているでしょう。食育インストラクターの求人は、保育所や介護施設での補助業務などが一般的です。飲食店店長候補としての求人があるなど、食育インストラクターが活躍する場所はさまざまです。そのため、飲食関連の就職にはこの資格を持っていると強みが出てくるので、飲食業界が好きな方は持っていても損はないようです。

>> Oden-Ya

「なに言ってやんでぃ！」
おでん屋

屋台のおでん屋になるには、資格よりも許可が必要です。まずは食品衛生法に基づいた、保健所の営業許可です。これは飲食店を営むということであれば、屋台の場合でも店舗を構える場合でも必要なものとなっています。次に、屋台を出すには警察署の道路使用許可が必要です。これは道路交通法に基づいていて、なければ屋台を路上で構えることができません。最近では、深夜の騒音問題や衛生問題、交通の問題などで、許可を出さないところが多いです。そのため、近年屋台は少なくなってきています。特別な資格は必要ないのですが、許可が取れないということでハードルが高い仕事です。

おでん屋の平均給料・給与

24万円

初任給：15万円〜／生涯賃金：1億7568万円

おでん屋の生涯賃金は、平均寿命の83歳まで自営業をしたとして、22歳から83歳までの61年間と平均給料を掛け合わせた数字となっております。

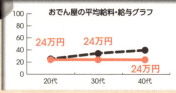

おでん屋の平均給料・給与グラフ

24万円　24万円　24万円
20代　30代　40代

※給料の算出には求人や口コミ、厚生労働省の労働白書を参考にしております

おでん屋

野外飲食システム「屋台」で、おでんを販売し、接客もする近接飲食系ジョブ。大根や卵などの回復アイテムを精製し、状態異常を緩和する。スキル「下ごしらえ」は、おでん出汁を作るのに必須のスキル。

仕事は屋台でおでんを売ることです。許可されている場所で屋台を構え、そこでおでんを食べられるようにします。そうしておでんを作り、顧客に食べさせるのがおでん屋の仕事です。よく「夏場は何をしているのか」ということが話題になるようなのですが、たいていはラーメン屋が年中ラーメンを売っているように、おでん屋はおでんを売っています。ただ、中には季節によって売り物を替えるようなところもあるようです。

>> Barista

バリスタ

「コーヒーの苦みと苦悩は、強ければ強いほど深みを増す」

おもにエスプレッソマシンを使用して、お客様の注文に応じてコーヒーを淹れる仕事です。バリスタという言葉はバールで働く人という意味です。バールとは酒場と喫茶店のよさを合わせた憩いの場であり、発祥地のイタリアには16万店舗あるといわれています。本場のバリスタはそこでエスプレッソドリンクなどのノンアルコールドリンクを作る専門職です。日本にはバールに相当する店がないため、バリスタといっても、カフェでホールスタッフなどを兼ねて働く場合がほとんどです。日本でもコーヒーの味にこだわった本格的なカフェ店が増えてきたので、これから需要が増す可能性があります。

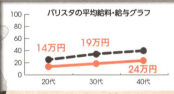

バリスタの平均給料・給与

16万円

初任給:12万円／生涯賃金:1億1008万円

バリスタの生涯賃金は、新卒が終身雇用で65歳まで雇用されたと想定して、22歳から65歳までの43年間と平均給料・ボーナスを掛け合わせた数字となっております。

バリスタの平均給料・給与グラフ

14万円　19万円　24万円（20代／30代／40代）

※給料の算出には求人や口コミ、厚生労働省の労働白書を参考にしております。

バリスタ

ナイツオブクックの一人。エスプレッソマシンを自在に操るジョブ。熱と香りを駆使する味覚の騎士「コーヒーナイト」と称される。スキル「ラテアート」はコーヒーを芸術に変えるアートスキル。

まずは接客マナーを学ぶために、喫茶店などでホールスタッフとして経験を積むことから始めましょう。次にステップアップとして、エスプレッソマシンを使っているカフェやコーヒーショップなどに勤め、一通りカウンター内の作業を覚えてから「日本バリスタ協会」認定のJBAバリスタライセンススクールを受講し、更新前提の修了証を取得します。就職に有利といわれるレベル3のライセンスを得るには実務経験を含めて4〜5年はかかります。

>> Bakery

「人類の悲しみや痛みを練りこみ、喜びに変えたものがパンである」
パン屋

パン屋の仕事は、パンを製造し、販売することです。早朝からパン生地を仕込み、焼き、陳列まで行い、閉店までほとんどが立ち仕事です。レジや接客も大切な仕事です。多くの種類のパンを店頭に並べるので、その商品名や値段も覚えなければなりません。衛生管理が重要なので、店や厨房の徹底的な清掃も欠かせません。パンはコンビニやスーパーでも手に入ります。独立してパン屋を営むならば、美味しさに加えて、お客様が足を運ぶ要素が必要です。そのため、常に新しい商品や陳列のアイデアも求められます。ほかにはない味や店舗作りのアイデアを考えて、人気店を目指しましょう。

パン屋の平均給料・給与
23万円
初任給：14万円／生涯賃金：1億5824万円

パン屋の生涯賃金は、新卒が終身雇用で65歳まで雇用されたと想定して、22歳から65歳までの43年間と平均給料・ボーナスを掛け合わせた数字となっております。

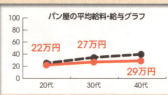

パン屋の平均給料・給与グラフ
22万円　27万円　29万円

※給料の算出には求人や口コミ、厚生労働省の労働白書を参考にしております。

パン屋
ナイツオブクックの一人、別名「ブレッドナイト」。「パン」を精製するジョブ。パン職人スキル「バタール」は、小麦粉・パン酵母・塩・水・モルトのみで美味なパンを生み出すS級スキルである。

パン屋として独立するには、製パン学校か個人店で数年間の修業をします。工場製造では分業制のため、パン作りの一連の作業を覚えられないためです。趣味でパン作りをしていた人が開業するケースもありますが、成功するのはごくまれのようです。開業には店舗を構え、オーブンや道具などをそろえる必要があるため大きな資金がかかります。それでも、作りたいパンを作って販売できるのは何物にも代えがたい魅力があります。

>> Server

「ゴドーという方を待っていたら、私はいつの間にか働いていました」
ホールスタッフ

レストランや喫茶店でお客様から料理やドリンクのオーダーを受け、そのオーダーを厨房に伝え、できあがった料理やドリンクをお客様のテーブルまで運ぶ仕事です。ウエイターやウエイトレスとも呼ばれ、高級レストランでは、メニューや料理、ワインなどについて、詳しく聞かれることもあるため、深い知識が求められます。また、海外のお客様が多い店では外国語会話の習得が必要な場合もあります。ファミリーレストランやファストフード店も、ホールスタッフの仕事内容に大きな差はありませんが、お客様の層に違いがあるため、必要なマナーや接客態度、知識などが異なってきます。

ホールスタッフの平均給料・給与
20万円

初任給：16万円～ ／ 生涯賃金：1億3760万円

ホールスタッフの生涯賃金は、新卒が終身雇用で65歳まで雇用されたと想定して、22歳から65歳までの43年間と平均給料・ボーナスを掛け合わせた数字となっております。

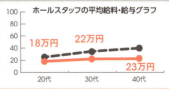

ホールスタッフの平均給料・給与グラフ
18万円 / 22万円 / 23万円

※給料の算出には求人や口コミ、厚生労働省の労働白書を参考にしております。

ホールスタッフ
注文取りなどを得意とする接客系ジョブの一つ。スキル「ジョッキ持ち」は運搬能力を飛躍的にアップさせる。特殊ホールスタッフの「メイド喫茶店員」などにもクラスチェンジが可能。

ホールスタッフになるのに資格や免許は必要ありません。ファミリーレストランや喫茶店なら、高校生でもアルバイトとして働けます。近所のお店で求人の張り紙がないかを確かめたり、店で働いている友達がいれば聞いてみるとよいでしょう。まず、客として来店して、働いているホールスタッフを見ると仕事の雰囲気を感じられます。インターネット上の求人サイトでも時間帯や場所、料理のジャンルなど、さまざまな条件で募集を探せます。

>> Vegetable Sommelier

「野菜果物だって愛を表現しないといじけますし、グレますよ」
野菜ソムリエ

野菜ソムリエ
野菜果実の知識に特化した回復系ジョブ。魂を吹き込んだ「野菜獣」を操る。野菜獣を食した人は本来のうまさを体験し幸福になれるという。

野菜ソムリエは、野菜や果物に対して目利きができ、栄養価、調理法などの知識を持った、野菜に関するスペシャリストです。野菜ソムリエになるためには、講習を受けて課題を提出し、修了試験に合格することが必要です。比較的に簡単に資格を取ることができ、執筆業、イベント講師、仕入れ、配達業務などがメインの仕事になります。野菜と果物の知識を持つ職業ということもあり、女性人気が高く、この職業だけで稼ぐなら上級の「野菜ソムリエ上級プロ」を取得できるように努力するほうがよいでしょう。

平均給料・給与
20万円
初任給：15万円
生涯賃金：1億5136万円
※生涯賃金は、想定雇用期間3年間と平均給料・ボーナスを掛け合わせた数字となっております。

平均給料・給与グラフ
18万円　25万円　30万円
20代　30代　40代
※給料の算出は求人や口コミ、厚生労働省の労働白書を参考にしております

>> School Food Service Supplier

「魔法の調味料は子どもたちへの愛情」
給食センター職員

給食センター職員
大きな釜や巨大ヘラを駆使し、栄養満点の回復系料理を作る。スキル「かきまぜ」は煮込みや火通しの調節をし、食材の栄養価を引き出す。

子どもたちの給食を作ります。正社員として働くには調理師資格が必要なところもありますが、パート社員も多く、資格が不要なところもあります。衛生面に気を配りながら、手早く大量の食材を調理しなければならず、大きな寸胴鍋を抱えたり、牛乳ケースを持ち上げるなど力仕事もあるため、体力も必須。40歳以上の女性が多く働く職場であり、円滑な人間関係を築くことができる人が向いています。正社員の場合は月給18万～30万円、パートの場合は時給700～1000円が相場です。

平均給料・給与
29万円
初任給：16万円
生涯賃金：1億9952万円
※生涯賃金は、想定雇用期間43年間と平均給料・ボーナスを掛け合わせた数字となっております。

平均給料・給与グラフ
21万円　29万円　34万円
20代　30代　40代
※給料の算出は求人や口コミ、厚生労働省の労働白書を参考にしております

>> Maid Café Waitress

『ご主人さま』のことを年齢によって『男爵さま』『伯爵さま』『公爵さま』と呼ぶようにしております
メイドカフェ店員

メイドカフェ店員
「ご主人さま」にお給仕をするジョブ。回復アイテム「おむらいす」や「はんばーぐ」を調理・精製。「萌えトーク」で状態異常を治療する。

メイドカフェ店員は、メイドカフェに来たお客様を「ご主人さま」と呼び、給仕業務を行ないながら会話をしたり、一緒に写真を撮ったり、時には歌を歌ったりするなどの仕事をします。コスプレ、ご主人さまとの会話を楽しめて、いかにメイドになりきるか、ということに注力できるような人が向いています。メイドカフェ店員はほとんどがアルバイトで、20代前半ぐらいまでが働ける年齢です。30代でも仕事を続けたい場合は、店側の人間になるか、もしくは経営することを念頭に置いておきましょう。

平均給料・給与
10万円
初任給：5万円
生涯賃金：840万円

生涯賃金は、想定雇用期間7年間と平均給料を掛け合わせた数字となっています。

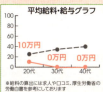

※給料の算出は求人や口コミ、厚生労働省の労働白書を参考にしております。

第3章 飲食・サービス・ファッション系職業

>> Pastry Chef

「スイーツを愛するよりも誠実な愛は、この世にあるのかしら？」
パティシエ

パティシエ
ナイツオブクックの一人。アイテム「洋菓子」を精製する騎士。味と美しさの表現能力が必須。「シュヴァリエ」は最高位の称号だ。

ホテルやレストラン、製菓店などで、お菓子の素材選びから調理、デコレーションまで全工程を担当するのがパティシエの仕事です。そのほか掃除や材料の発注、道具の準備や洗浄、お菓子の梱包や発送、接客まで業務は多岐にわたります。イベントやクリスマスの時期は朝の5時から仕込みに入り、夜遅くまで仕事をすることも。力仕事も多いですが、女性だからといって特別扱いはされません。女性は感性が豊かで繊細な作業が得意な人も多く、パティシエの仕事に向いているといえます。

平均給料・給与
23万円
初任給：15万円～
生涯賃金：1億5824万円

生涯賃金は、想定雇用期間43年間と平均給料・ボーナスを掛け合わせた数字となっております。

※給料の算出は求人や口コミ、厚生労働省の労働白書を参考にしております。

» Pizzeria

「アイデアとピザ生地は、発酵させないといいものはできん」
ピザ屋

ピザ屋
「PIZZA」に特化した料理系ジョブ。世界最高クラスのチーズ量を使いこなす。灼熱の石窯へ突入する姿はまさにイタリアンの伊達男。

チェーン店と独立店、本格的なピザレストランとテイクアウトや宅配専門店などがあります。ピザ職人は生地作りから生地の伸ばし方とトッピングの仕方、そして着火や火加減などの窯の使い方、ピザの焼き方までを身につけます。修業には1年はかかりますが、都市部やチェーン店内部にはピザ職人を育成するスクールもあり、比較的短期間でピザ生地の粉質や水分量、窯の使い方まで教えてくれます。独立開業するには小規模な店でも700万～1000万円程度の資金が必要です。

平均給料・給与
28万円
初任給：18万円～
生涯賃金：1億9264万円
※給料は、想定雇用期間43年間と平均給料・ボーナスを掛け合わせた数字となっております。

平均給料・給与グラフ
20代 21万円　30代 28万円　40代 37万円
※給料の算出は求人や口コミ、厚生労働省の労働白書を参考にしております

» Food Coordinator

「生きるために食べる？ 食のために生きたっていいじゃない」
フードコーディネーター

フードコーディネーター
食をトータルでコンサルするジョブ。魔法的スキル「シズル」が発動すると、すべての食物が美味しく見えるようになるとか。

フードコーディネーターは「食」に関するプロデュースやコーディネートをするのが仕事です。食品メーカーや外食産業でのマーケティングや商品開発、販売企画立案、レストランのプロデュースなど、フードビジネスすべてに関わります。雑誌などで料理を美味しく見えるようにスタイリングするのも仕事の一つです。食品メーカーの商品開発部や料理教室、制作会社などに勤務する人が多いですが、まだ新しい職業であり、これから活躍の場はどんどん広がると予想されます。

平均給料・給与
22万円
初任給：15万円～
生涯賃金：1億5136万円
※給料は、想定雇用期間43年間と平均給料・ボーナスを掛け合わせた数字となっております。

平均給料・給与グラフ
20代 15万円　30代 20万円　40代 30万円
※給料の算出は求人や口コミ、厚生労働省の労働白書を参考にしております

>> Beverage Maker employee

「飲み物に誇りを持つ者として、カレーは飲み物とは認めません」
飲料メーカー社員

飲料メーカー社員

幾千万の種類から、人の趣向に合わせた「飲料水」を作り出し提供する。「炭酸飲料」や「お茶」、「アルコール飲料」などを精製。

飲料の需要はなくならないことから、不況に強く比較的安定しています。認知度、ブランド力の高い大手メーカーは就職人気も高いです。毎年数千種類の新商品やリニューアル商品が販売されていますが、「センミツ」（1000の新製品中、ヒットするのはせいぜい3つ）といわれるほど競争が激しいです。トクホやプライベートブランドの飲料など流行も次々に生まれ、海外進出に力を入れる企業も増えています。どの飲料メーカーにも門外不出の調合レシピがあるそうです。

平均給料・給与
44万円
初任給：21万円
生涯賃金：3億0272万円
※生涯賃金は、想定雇用期間43年間と平均給料・ボーナスを掛け合わせた数字となっております。

平均給料・給与グラフ
32万円　42万円　50万円
20代　30代　40代
※給料の算出には上場企業のIR情報を参考にしております。

>> Food Company employee

「食べることはすべての悲しみを忘れさせてくれる！」
食品メーカー社員

食品メーカー社員

人にとってなくてはならない食料を調達し、加工して販売する。活力の源を作り出すため、無限に食のアイデアを生み続ける。

絶対に需要がなくならないのが食品業界の特徴です。そのため、不況にも強いといわれています。安定した収益を出している大手食品会社は就職人気も非常に高く、採用は狭き門です。日本の食品メーカーは高い製造技術、品質管理を誇り、日本の食品は安全性が高いといわれています。食品や技術を研究開発する部門や、実際に製造する部門、広告宣伝を行う部門など、さまざまな職種の人が働いています。新商品やリニューアルなど常に新しい情報には敏感でなければなりません。

平均給料・給与
43万円
初任給：21万円
生涯賃金：2億9584万円
※生涯賃金は、想定雇用期間43年間と平均給料・ボーナスを掛け合わせた数字となっております。

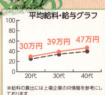
平均給料・給与グラフ
30万円　39万円　47万円
20代　30代　40代
※給料の算出には上場企業のIR情報を参考にしております。

>> Interior Coordinator

「部屋というものは常に宝石箱であらねばならぬ」
インテリアコーディネーター

インテリアコーディネーター
設備・家具・照明器具を駆使し、空間演出をするジョブ。調停者「空間を司る者」。特殊スキル「風水インテリア」「北欧インテリア」は、家での回復・保養効果を数倍上げる。別名「コテージ屋」とも。

●インテリアコーディネーターの仕事内容
インテリアコーディネーターは、住宅・店舗などの空間を総合的にコーディネートします。依頼主（顧客）がどのような空間を好むのか、ライフスタイルはどのようになっているのか、その場所の目的や予算などを聞き取り、家具や家電、照明、壁紙などを選んで配置していきます。見た目の美しさ・楽しさだけではなく、動きやすさ、使い勝手、快適さ、居心地のよさなど、求められるものはさまざまです。インテリアや建築に関する知識など、幅広い専門知識と表現力が必要となります。

※給料の算出には求人や口コミ、厚生労働省の労働白書を参考にしております

● インテリアコーディネーターに
　なるには？

インテリアコーディネーターになるためには、大学や短大、専門学校などの家政学部や建築系学部、インテリア学科などに通う方法が、まず1つ目として挙げられます。もう1つは、社団法人インテリア産業協会のインテリアコーディネーターの資格を取ることです。この試験は年に1度実施されており、年齢や性別、学歴、職業、経験などの制限がありません。そのため、まだ仕事をしていない人でも仕事をしている人でも、取得できる資格になっています。受験者の77％程度が女性、17歳から66歳までの合格者が出たということで、幅広い年齢層に人気の資格試験です。

インテリアコーディネーターの平均給料・給与

27.5万円

初任給：15万円〜 ／ 生涯賃金：1億8920万円

インテリアコーディネーターの生涯賃金は、22歳から65歳までの43年間雇われたと想定して、それと平均給料・ボーナスを掛け合わせた数字となっております。

● インテリアコーディネーターの仕事の面白さ・向いている性格

インテリアコーディネーターは、苦労の多い仕事といわれています。ただし、この仕事が好きな人が多いため、その苦労でさえもやりがいだと感じている人が多いようです。この仕事は、顧客のイメージどおりにインテリアを作るのですが、イメージというのはとても曖昧でとりとめのないものです。ほとんど無に近いものから、有を生み出す仕事といえるでしょう。顧客のニーズだけではなく、自分自身のセンスや感覚などがとても大切になります。ですから、自分も顧客も納得できるインテリアに仕上がった際には、とても大きな喜びが味わえるのです。向いているのは、行動力と好奇心が旺盛な人です。好奇心がなければ、感性は磨かれず、マンネリの仕事しかできなくなります。自らの感性を磨き、好奇心を満たすために、行動力も必要です。

>> Bus Tour Guide

「巧みな話術で攻め運転手の死角『左』を守る」
バスガイド

バスガイド
観光スポットや地域の歴史を紹介する接客系ジョブ。「ツアーガイド」へクラスアップも。バスの雰囲気に＋補正をかける特殊スキル「歌」やバス運転手との連携スキル「時間通り」は見ものである。

●バスガイドの仕事内容
バスガイドは、観光バスや貸切バスに乗車して、観光地の情報を提供したり、車窓から見える景色について案内したりと、バスの乗客が楽しく快適に旅を過ごせるようにするのが仕事です。カラオケやゲームなどで車内を盛り上げることもあります。ツアー旅行の時間調整や管理などの業務に加え、安全運行のため運転手をサポートする車掌業務も重要な仕事となります。各私鉄のバス会社、観光バス会社、都道府県の交通局などが活躍の場となります。正社員のほか、最近では派遣ガイドとして働くケースもあります。

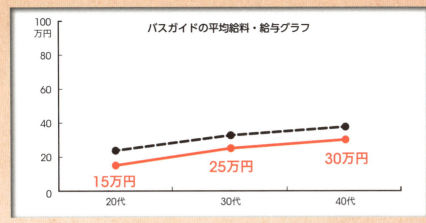

※給料の算出には求人や口コミ、厚生労働省の労働白書を参考にしております

● バスガイドの仕事の面白さ・向いている性格

乗務中は動くバスの中でほとんど立ちっぱなしの状態で、案内アナウンスやスケジュール調整、余興などさまざまな業務をこなさなければならず、常に気を張っていなければなりません。時には観光地を歩いて案内することもあり、体力がなければ務まりません。また、お客様への気配りも大切な業務となるため、コミュニケーション能力があり、サービス精神が旺盛な人が向いています。大変な仕事ですが、たくさんの人との出会いがあり、人との触れ合いが好きな人にはたまらない仕事です。明るい人柄であることや、アクシデントにも冷静に対処できる人が望まれます。

バスガイドの平均給料・給与

25万円

初任給：10万円～ ／ 生涯賃金：1億7200万円

バスガイドの生涯賃金は、新卒が終身雇用で65歳まで雇用されたと想定して、22歳から65歳までの43年間と平均給料・ボーナスを掛け合わせた数字となっております。

● バスガイドのキャリアモデル

バスガイドの研修では、数百ページにもおよぶ教本などで観光情報やバスガイドの仕事の基本を覚えます。トーク術や場を盛り上げるテクニックなどは実際に乗務しなければ身につかないため、何年もかけてバスガイドとしての技術を習得していきます。一人前のバスガイドになるには、3～5年の経験が必要だといわれています。バス会社に正社員として就職するのが一般的ですが、繁忙期のみアルバイトとして働くといった働き方が選べる職場もあります。アルバイトの場合、給料は日給制で5000～1万5000円が相場となります。有名なはとバスでは、バスガイドは「指導ガイド」「班長」「指導主任」「専門課長」などの職制があり、キャリアアップしていくことができます。出産や子育てで辞めてしまった人でも、3年以上バスガイドとしての経験があれば、再就職しやすいといわれています。

>> *Flight Attendant*

「エレガンスな振る舞いは、空の上でほどよい距離感を保つ」
キャビンアテンダント

キャビンアテンダント
異名「成層圏の天使」。快適な空の旅の提供や保安業務を行い、乗客を全面的にサポートする。呪文「アテンションプリーズ」はCAだけに許された注目を浴びるための花形魔法である。

●キャビンアテンダントの仕事内容
キャビンアテンダントは搭乗している乗客に対して、おもに機内サービスや保安管理を行うのが仕事です。ドリンクや食事の提供、注意事項の説明、毛布の配布、乗客のさまざまなリクエストにも対応するなど、業務内容は多岐にわたります。急病人、ハイジャック、天候の悪化、緊急着陸などのトラブルが発生した場合、冷静に対処するのも仕事となります。1日に数回フライトをこなすこともあります。安全かつ快適なフライトを提供するために、パイロットやほかのキャビンアテンダントとのチームプレーが要求されます。

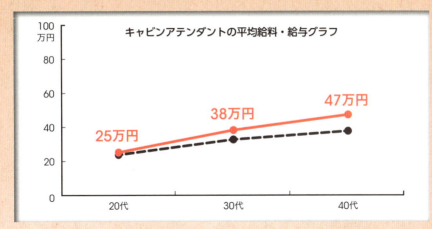

※給料の算出には求人や口コミ、厚生労働省の労働白書を参考にしております

● キャビンアテンダントになるには？

キャビンアテンダントになるには、大手航空会社の場合、専門学校卒以上の学歴が必要となります。採用は倍率100倍ともいわれ、TOEICのスコアや中国語の能力、視力、年齢などの条件があります。身長の規定はありませんが、収納棚に届く高さの160センチ前後あれば問題ありません。キャビンアテンダントの平均年収は大手航空会社で600万円前後、全体の平均は470万円です。キャビンアテンダントはサービスやコミュニケーションに関して高い能力が要求され、空という逃げ場のない場所で危機的状況にも冷静に行動するなど、判断力も求められます。

キャビンアテンダントの平均給料・給与

37万円

初任給：20万円〜 ／ 生涯賃金：2億5456万円

キャビンアテンダントの生涯賃金は、新卒が終身雇用で65歳まで雇用されたと想定して、22歳から65歳までの43年間と平均給与・ボーナスを掛け合わせた数字となっております。

● キャビンアテンダントの国内線と国際線の給料の違い

国内線と国際線では、キャビンアテンダントの基本給はほとんど変わらないといわれています。しかし、国際線のほうがフライトによっては長時間拘束されるため、変則勤務手当などが多くつき、結果的にやや給料が高くなる、ということはあるようです。一般的に、キャビンアテンダントは国内線を数年経験してから、国際線へと異動します。逆のパターンはあまりないようです。国際線のキャビンアテンダントが国内線のフライトにヘルプで入ることはあっても、国内線のスタッフが国際線のヘルプとして出向することはありません。国内線、国際線と待遇や地位に差はありませんが、国際線のほうがいわゆる「CAの花形」であるため、髪型やスカーフの巻き方などで差をつけようとしていた時代もあるようです。

>> *Beautician*

「ヘアスタイルも心も軽くするのがカリスマの条件である」
美容師

美容師
カット系スキルやパーマで美しい髪を精製する。上級職は「カリスマ」と呼ばれ、「ストロークカット」などを習得。最新スキル「ヘッドスパ」は美しさに癒やし補正をかける。

●美容師の仕事内容
美容師は、カットやカラー、パーマなどを駆使し、お客様が希望するヘアスタイルに仕上げるのが仕事です。勤務する店によって、ネイルやエステ、ヘッドスパなどのメニューを行うこともあります。人それぞれ頭の形や髪質が異なるので、その人に合ったヘアスタイルを創り上げなければなりません。お客様と会話をすることも多いので、コミュニケーション能力も重要です。流行の髪型や新しい技術、道具、液剤などにも精通しておく必要があり、情報収集能力など技術力だけではなくさまざまな能力が求められます。

※給料の算出には求人や口コミ、厚生労働省の労働白書を参考にしております。

●美容師になるには？

厚生労働省指定の美容学校に通い、国家試験の受験資格を得なければなりません。昼間部、夜間部だと2年、通信課程だと3年間通うことになります。卒業したからといって資格が取得できるわけではなく、国家試験に合格しなければ美容師免許は交付されません。筆記と実技があり、春と秋の年2回開催されています。美容師の仕事は慣れるまで大変です。初めは、営業が終わってから遅くまでカットの練習をしたり、休みの日も講習会などに行って勉強しなければなりません。しかし、厳しい修業時代を耐えてスタイリストとなり、初めてお客様の髪をカットした時に仕事の面白さを実感するといいます。

美容師の平均給料・給与

25万円

初任給：13万円～ ／ 生涯賃金：1億7200万円

美容師の生涯賃金は、新卒が終身雇用で65歳まで雇用されたと想定して、22歳から65歳までの43年間と平均給料・ボーナスを掛け合わせた数字となっております。

●美容師のキャリアモデル

美容師は雑用やシャンプーのみの「アシスタント（見習い）」から始まります。アシスタントの給料は月給13万～17万円といわれており、年収は250万円前後です。カットに慣れ、お客様を任されるようになると、1～3年で「スタイリスト」になります。スタイリストの月給は18万～25万円、年収は280万～400万円です。そしてスタイリストとして経験を積み、勤続10年前後で「トップスタイリスト」となります。トップスタイリストの給料は月給25万～35万円、年収は400万～560万円となります。都内の超有名店などでは、トップスタイリストになると月給50万円以上もらえる店もあるといわれています。芸能人を担当したり、雑誌やテレビに登場するような有名トップスタイリストになると、年収1000万円にもなるそうです。最終的に店長となると、年収は560万～800万円となります。

> *Eyelash Artist*

「愛する人のまつげを愛せない者は、本当に愛しているのだろうか」
アイリスト

アイリスト
接近型美容系ジョブ。忍術「まつげエクステ」を駆使し、女性のまつげをフサフサにする。別名「美容忍者」。スキル「つけ放題60分」は、かなりの本数のまつげを植え付けることができる。

● アイリストの仕事内容

アイリストとは、まつげケアを専門とする技術者を指します。まつげエクステンション（まつエク）を中心とし、まつげパーマ、まつげカール、まつげカラーなどの施術があります。まつげエクステンションとは、まつげの根元から1～2ミリのところに専用の接着剤（グルー）や専用両面テープを付け、人工毛を貼り付けて植毛し、まつげ全体をボリュームアップさせる美容施術です。まつげエクステンションを行うには、美容師でなければならないため、アイリストは美容師免許を持っていることが必須となります。

※給料の算出には求人や口コミ、厚生労働省の労働白書を参考にしております

● アイリストの仕事の面白さ・向いている性格

アイリストになるには、美容専門学校に通い、美容師免許を取得しなければなりません。しかし、美容学校ではヘアメイクの技術を中心に学ぶため、アイリストとしての高度な技術を身につけることは難しいのが現状です。プロのアイリストになるには、美容師免許を取得後、美容院やまつげエクステンション専用サロンなどに就職し、それからアイリストとしての知識と技術を学ぶ必要があります。中には、アイリスト候補としてサロンに勤めながら、美容学校に通って美容師免許取得を目指す人もいます。アイリストとしての技量を証明する民間資格もいくつかあります。

アイリストの平均給料・給与

28万円

初任給：16万円～ ／ 生涯賃金：1億9264万円

アイリストの生涯賃金は、新卒が終身雇用で65歳まで雇用されたと想定して、22歳から65歳までの43年間と平均給料・ボーナスを掛け合わせた数字となっております。

● アイリストのキャリアモデル

まつげエクステンションは2000年代以降に日本に入ってきた比較的新しい美容施術で、最近女性を中心に認知度が上がってきました。まつげエクステンションやまつげケアを専門に行うサロンなどの数も増えており、これからますますアイリストの需要が増すことが予想されます。アイリストは美容師免許が必須のため、「アイリスト以外の仕事も並行できる」というのも大きな魅力です。美容師としてサロンに勤めたり、ヘアメイクとして仕事をしたりしながらアイリストの仕事もすることができます。アイリストの年収は、勤めているサロンによって変わってきます。月給＋歩合制をとっている店、完全歩合制の店も多くあり、自分の頑張りによって指名してくれる顧客を増やして、年収をアップさせることが可能です。腕が評判になり、顧客がつけば、将来的に独立することも可能となります。

>> *Esthetician*

「ゴッドハンドに宿りし美の力よセルライトをデトックスせよ！」
エステティシャン

エステティシャン
手技を使い人体の悩みを解決するジョブ。とろみを帯びた柔らかなオーラをまとい、人体に心地よい拳を打ち込む。「脱毛」「フェイシャルリフト」などの多彩な美技スキルを持ち、「美道家」と称される。

● エステティシャンの仕事内容

エステティシャンは、痩身、脱毛、美白、リラクゼーションなど、全身美容を手がけるプロフェッショナルです。ボディケア、フェイシャルトリートメントなど専門的な技術を持って施術します。美しい肌や身体を保つには精神的な要素も重要となるため、丁寧なカウンセリングも行います。お客様の体の悩みや要望を聞き取り、それに応じたボディケアなどを行います。ホームケアや栄養面でのアドバイスを行うこともあります。最近ではネイリストやヘアデザイナーとの兼業のケースも増えています。

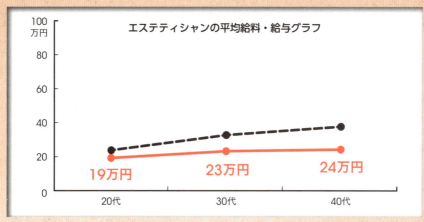

※給料の算出には求人や口コミ、厚生労働省の労働白書を参考にしております

● エステティシャンになるには？

エステティシャンになるには、美容学校や化粧品メーカーの提携スクール、大手エステティックサロン直営のスクールなどで学び、エステティックサロンに就職するのが一般的です。ほかには、リラクゼーションサロン、ブライダルサロン、化粧品メーカー、ホテル内サロン、美容室などで働くケースもあります。病院やリゾート施設でも需要があるといいます。資格がなくてもエステティシャンになれますが、民間資格やサロンの認定資格などを持っていると、信頼度が高くなります。基本的には接客が業務の中心となるため、コミュニケーション能力がある人やサービス精神の旺盛な人が向いているといえます。

エステティシャンの平均給料・給与

22万円

初任給：18万円／生涯賃金：9856万円

エステティシャンの生涯賃金は、新卒が50歳まで雇用されたと想定して、22歳から50歳までの28年間と平均給料・ボーナスを掛け合わせた数字となっております。

● エステティシャンのキャリアモデル

エステ業界では多種多様な施術が誕生しているので、エステティシャンとして働きながらも新技術や知識を取り入れ、勉強し続けなければなりません。大手エステティックサロンでは、アシスタントから始まり、キャストやスタッフとして経験を積みながら、セラピストやカウンセラーなどをへて、後進を指導するトレーナーやマネージャーへとキャリアアップしていきます。基本給＋歩合給という制度を取り入れているところも多く、技術力や接客能力次第で給料をアップさせることができます。しかし、店舗によっては売上目標が重視されるためノルマが厳しく、転職する人も多いといいます。顧客ができれば独立してフリーとなり活動することもできます。芸能人や著名人を顧客に持てば、年収1000万円も可能だといわれています。また、アロマセラピストや美容部員などに転職する人もいます。

>> Insurance Canvasser

「私と生命の契を結んでくださらない？」
保険外交員

保険外交員とは、保険会社に所属し、個人宅や企業を回って、ライフプランに合った保険商品を紹介、勧誘し、契約を結ぶのが仕事です。新規開拓から保険の見直しなどのアフターケアも保険外交員が行います。保険会社の正社員として給与をもらいながら保険営業をするのが「営業マン」で、保険会社から報酬をもらって個人事業主として保険営業をするのが「保険外交員」です。保険外交員は女性が多く、「生保レディ」と呼ばれることもあります。会社によって「生涯設計デザイナー」「ライフデザイナー」など呼び名があります。入れ替わりが激しい職種なので、求人募集は常にあります。

保険外交員の平均給料・給与
31 万円
初任給：20万円～／生涯賃金：2億1328万円

保険外交員の生涯賃金は、新卒が終身雇用で65歳まで雇用されたと想定して、22歳から65歳までの43年間と平均給料・ボーナスを掛け合わせた数字となっております。

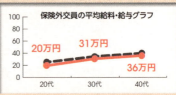

※給料の算出には求人や口コミ、厚生労働省の労働白書を参考にしております

保険外交員
保健に特化した営業マン。生命・損害・がんの保険を軸に、未来の不安を解消する。猛烈なアタックや巧みな話術スキルから「現代のアマゾネス」とも。「裏声テンプテーション」で聴く者みなを魅了する。

保険外交員は時間の使い方を自分の裁量で決めることができるので、子育て中の女性などが多く働いています。しかし、保険外交員の仕事はノルマが厳しく、最低でも月に2～3件は契約を取らなければならないそうです。ノルマ未達が続くと、歩合率も下がることで収入も下がってしまいます。歩合は保険会社や保険商品によっても異なり、また保険外交員の契約数や顧客の継続率などによっても異なります。そのため、1件の保険契約を取っても、人によって成功報酬には差が出ます。日頃の営業努力が欠かせない仕事です。

112

>> Travel Agent

> 「そのうちなんてだめ！ 今この瞬間こそが旅に出る時なんです！」

旅行代理店社員

旅行代理店とは、宿泊や交通まで含めた「旅行」という商品を企画し、販売する会社です。目的地の選定からホテルの決定、観光プランなどを立案する企画の仕事のほか、店舗でお客様に商品を販売するカウンター業務、旅行に同行する添乗員（ツアーコンダクター）の仕事などを行います。資格がなくても旅行代理店で働くことはできますが、就職や転職にはやはり資格があったほうが有利なようです。旅行業務全般を取り扱うことができる「旅行業務取扱管理者」という国家資格や、ツアーコンダクターとして仕事ができる「旅程管理主任者」といった公的資格などがあります。

旅行代理店社員の平均給料・給与

25万円

初任給：18万円〜／生涯賃金：1億7200万円

旅行代理店社員の生涯賃金は、新卒が終身雇用で65歳まで雇用されたと想定して、22歳から65歳までの43年間と平均給料・ボーナスを掛け合わせた数字となっております。

旅行代理店社員の平均給料・給与グラフ
20代：20万円／30代：25万円／40代：31万円

※給料の算出には求人や口コミ、厚生労働省の労働白書を参考にしております。

旅行代理店社員

目的地設定系魔法使い。スキル「ツアーパッケージ」は格安で旅を紹介する懐に優しいサポート魔法。ホテルやレンタカーの手配まで総合的にサポートするため、「ペタソスを被りし旅神」とも呼ばれる。

旅行代理店には多くの部署と仕事があります。企画部では旅行プランナーがリサーチのもと、旅行の目的地を決め、ホテルや観光などのツアープランを立てます。店舗でお客様に旅行商品を販売するカウンター業務もあります。また、ツアーコンダクターとして同行することもあります。学校や企業など、団体向けの営業部もあります。団体営業は企画立案から営業、旅行遂行まで一手に引き受けるため、旅行代理店の仕事の中でも花形といわれているようです。

>> *Electronics Retailer employee*

「未来を変えるには今家にある家電を変えるしか方法はない!!」
家電量販店社員

家電量販店社員
暮らしを便利にする「家電」を扱う。追加されていく機能を熟知する「家電店員」がメーカーの売上を左右することも。

白物家電など電化製品の圧倒的品ぞろえで大きく成長した家電量販。駅前や郊外に大型店舗があるのが特徴です。現在はインターネット通販に押され気味ですが、自社でECサイトを開設したり、医薬品や寝具など家電にこだわらない販売戦略をとっている企業もあります。店舗では営業職が活躍しています。最新テクノロジーや家電の機能を把握しておかなければならないため、勉強熱心な人が向いています。また、接客の力も必要となるため、コミュニケーション能力も求められます。

平均給料・給与
24万円
初任給：20万円
生涯賃金：1億6512万円
※生涯賃金は、想定雇用期間43年間と平均給料・ボーナスを掛け合わせた数字となっております。

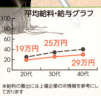

平均給料・給与グラフ
20代 19万円 / 30代 25万円 / 40代 29万円
※給料の算出には上場企業のIR情報を参考にしております。

>> *Interior Shop employee*

「空間を制する者が、生活（ライフ）を掌握するのだ」
インテリア系企業社員

インテリア系企業社員
家具を製造し住空間を演出する。最近の主流は「トータルコーディネート」。最高峰の演出スキルを使い、家の雰囲気に統一感を出す。

ライフスタイルが多様化し、人々の住まいへの意識も変化してきました。健康と環境に配慮した心地よい空間を求める人々が増え、インテリア系企業はそうした消費者のニーズに応えた商品展開をしています。ベッドやソファなどの家具から、カーテン、照明器具などの内装品、生活用品を含めた雑貨まで販売しています。インテリアコーディネーター、家具や雑貨のデザイナー、家具職人など、多くの職種の人が活躍しています。引っ越しの多い3～4月上旬までが繁忙期です。

平均給料・給与
32万円
初任給：21万円
生涯賃金：2億2016万円
※生涯賃金は、想定雇用期間43年間と平均給料・ボーナスを掛け合わせた数字となっております。

平均給料・給与グラフ
20代 23万円 / 30代 30万円 / 40代 36万円
※給料の算出には上場企業のIR情報を参考にしております。

» Fashion Designer

「誰にも流されてはいけない。私自身が流行になるの」
ファッションデザイナー

ファッションデザイナー
「美しき三銃士」の一人。担当は「FASHION」。「鉛筆レイピア」で作られたデザイン画が具現化すると、世界に影響を及ぼすことも。

ファッションデザイナーの仕事は、注文に合わせた服を作る「オートクチュール」と、既製服を作る「プレタポルテ」に分かれます。アパレルメーカーに就職し、営業、企画をへて、デザイナーのアシスタントとなるほか、小規模事業者のプライベートブランドやファストファッション系のデザイナーになる道などがあります。商社や縫製工場など勤務先には関連企業が多いので、自分に合った就職先を選ぶのが重要です。経験と実績が重視されるので、30～40代が活躍しています。

平均給料・給与
31万円
初任給：18万円
生涯賃金：2億1328万円
※生涯賃金は、想定雇用期間43年間と平均給料・ボーナスを掛け合わせた数字となっております。

平均給料・給与グラフ
20代：20万円
30代：26万円
40代：37万円
※給料の算出には求人や口コミ、厚生労働省の労働白書を参考にしております

» Pattern Maker

「1ミリの誤差も妥協せず幻想を実体にしてみせます」
パタンナー

パタンナー
人型専用の型紙「パターン」を作るジョブ。別名「現代の式神使い」。型紙に魂を注入し、生きた型を作る。立体式神の作成も可能。

デザイナーの考えたラフをもとに型紙を起こして、量産するための生地の裁断パターンを作ります。生地や縫製技術など、服飾全般に関する知識が必要で、デザインの意図を的確に表現し、機能性も考慮したパターンメイキングが求められます。服飾専門学校や大学で平面作図と立体裁断の基礎や知識を学び、アパレルメーカーに就職して、アシスタントとして仕事を学び、経験を積んで一人前のパタンナーとなります。フリーのパタンナーとして活躍することもできます。

平均給料・給与
32万円
初任給：18万円
生涯賃金：2億2016万円
※生涯賃金は、想定雇用期間43年間と平均給料・ボーナスを掛け合わせた数字となっております。

平均給料・給与グラフ
20代：24万円
30代：32万円
40代：38万円
※給料の算出には求人や口コミ、厚生労働省の労働白書を参考にしております

第3章　飲食・サービス・ファッション系職業

» *Apparel Maker employee*

「服を選択することは、己の生き様を選択することです」
アパレルメーカー社員

アパレルメーカー社員
繊維を駆使し、さまざまな衣服を作る。衣服を作るだけでなくトレンドを生み出したり、前衛的なファッションで「新しい未来」を魅せる。「業界の預言者」といっても過言ではない。

●アパレルメーカー社員の仕事内容
衣服の製造、流通、販売に携わるアパレルメーカーは、景気の直接的な影響を受けやすい傾向があります。不況になれば買い控えが加速し、好況になればハイブランドが飛ぶように売れます。気候にも左右される業界なので、予測を立てるのが難しいといわれています。アパレルメーカーは常に時代の先を読んで商品を作り、トレンドを生み出します。ファストファッションを手がけるメーカーが注目されがちですが、老舗ブランドも多様化する価値観に対応し、海外進出するなどマーケットを広げています。

※給料の算出には上場企業のIR情報を参考にしております

●アパレルメーカー社員に向いている性格

もともと洋服やファッションが好き、という人がアパレルメーカーに就職することが多いでしょう。就職後は自社製品を着なければならない場合もあり、シーズンごとに大量に服を購入する人もいるようです。流行に敏感なのはもちろんのこと、古い価値観にとらわれず新しいトレンドを生み出す発想力のある人が向いています。服を企画、デザインして製品として生産、販売するまでには、多くの人が関わります。協調性があり、時にはリーダシップを取れる人が求められます。最近ではネット販売に力を入れている企業も多く、ITの技術を持つ人も需要があります。

アパレルメーカー社員の平均給料・給与

32万円

初任給：21万円／生涯賃金：2億2016万円

アパレルメーカー社員の生涯賃金は、新卒が終身雇用で65歳まで雇用されたと想定して、22歳から65歳までの43年間と平均給料・ボーナスを掛け合わせた数字となっております。

●アパレルメーカー社員の職種

洋服を作るのにまず欠かせないのはファッションデザイナーです。コストを考えて素材を選び、トレンドを取り入れ、時には斬新な発想で服をデザインします。そして、デザイナーの考えたラフをもとに、型紙を作るパタンナーも重要な存在です。プロのデザイナーには必ず専属のパタンナーがいます。できあがった服を販売するショップ店員も、アパレル業界には大勢います。中にはカラーコーディネーターなどの資格を持ち、コーディネートに生かしている人もいます。広報を担当するプレスは、マーケティングを行い、広告を打ちます。マスコミ対応をすることから、華やかさが注目され非常に人気がある職種です。表にはあまり出てきませんが、生産管理や在庫管理をする部門も欠かせません。資材の調達や工場の確保など、生産の基盤を支えています。

» Sales Clerk

「心にとどめなさい。ファッションとは人に恥をかかせないものよ！」

ショップ店員

ショップ店員
「ものを売る」ことに特化した販売型ジョブ。自社ブランドの知識や衣服を装備し、己自身が商品となりお客様の心をがっちりつかむ。爆発的に売る店員は「カリスマ店員」へクラスチェンジが可能。

● ショップ店員の仕事内容

ショップ店員といっても、ファッション関係からアクセサリー、化粧品、食品、雑貨など扱うものはさまざまです。お客様の希望する商品を探したり、似合うものを提案したり、要望に応じて店舗にないものを取り寄せたりといった接客業務が中心となります。それ以外にも、開店前の掃除や準備、閉店後の片付け、商品の棚卸しやディスプレイ、セールやキャンペーンの準備、在庫の整理や管理、売上金の管理など多くの仕事があります。店によってはノルマがあることもあります。

●ショップ店員の仕事の魅力・向いている性格

ショップ店員は接客が業務の中心であり、コミュニケーション力は欠かせません。声のかけ方一つでお客様を逃してしまうこともあります。その人の雰囲気で声をかけるべきか否か、どういった言葉をかければよいのかなど、一瞬で判断する能力が必要となります。また、その人に合った商品を勧めるのも、顧客の信頼を得るためには重要です。人気のショップ店員になると、100人以上の担当顧客を持ち、それぞれの顧客に合った製品をチェックして紹介したり、新商品の案内を送ったりします。出勤日と休日で、店の売上が変わるほど影響力を持つ店員もいます。

ショップ店員の平均給料・給与

22万円

初任給：17万円／生涯賃金：9856万円

ショップ店員の生涯賃金は、新卒が50歳まで雇用されたと想定して、22歳から50歳までの28年間と平均給料・ボーナスを掛け合わせた数字となっております。

●ショップ店員のキャリアモデル

ショップ店員は、正社員、アルバイト、派遣社員、契約社員など、多くの働き方があります。アルバイトの時給は800～1000円が相場となっています。経験や売上によって、時給が上がっていくところが多いようです。ファッション関係の場合は、その会社の商品を着て接客をすることが必要な場合もあります。商品は買い取りであり、社員割引で買えることが多いですが、自腹となるため経済的に負担になることもあるようです。ショップ店員としてアルバイトで働き始め、社員登用される人もいます。副店長、店長に昇格し、そのままショップで販売をする人もいれば、事務職や管理部門に進む人など、さまざまなキャリアモデルがあります。また、接客業で身につけたコミュニケーション力を活かして、他業種の営業などに転職する人もいます。努力次第で自分の店を持つことも可能です。

>> Jewelry Designer

「一人は皆のために、皆は一人のために」
宝飾デザイナー

宝飾デザイナー
「美しき三銃士」に憧れる銃士。バーナーレイピアを装備し、金銀・宝石を芸術に仕上げていく。「美しき三銃士」にも引けを取らない芸術性。彼のコードネームは「ダルタニャン」。

●宝飾デザイナーの仕事内容

宝飾デザイナーの仕事内容は、アクセサリーやインテリアの宝石、貴金属などのデザインをすることです。ジュエリーには、指輪やネックレス、ブレスレットなどがあります。宝石を扱うので、宝飾デザイナーは宝石に関しての知識や、その際に使用する貴金属の知識などを学ばなければいけません。また、デザインを絵にすることもあるので、デッサン力や想像力を養うこともとても大切だといわれています。現在では紙にデザインを描いていくのではなく、ペンタブなどを使ってパソコンで描くこともあります。

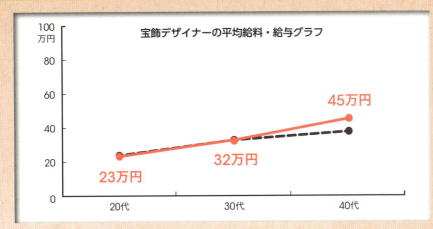

※給料の算出には求人や口コミ、厚生労働省の労働白書を参考にしております

●宝飾デザイナーの求人の探し方

宝飾デザイナーとして働きたいのならば、就職先を見つけなければいけません。では、どんな場所で求人が出ているのでしょうか？ 実は現在はあまりありません。なぜなら、アクセサリーの仕入れを国外からの輸入で済ませている企業が多いからです。まずはアクセサリーメーカーに勤務できるように求人を見つけ、そこから宝飾デザイナーになることが一番いいといえるでしょう。また、意外と重宝するのはインターネットの求人サイトです。インターネットでの求人は信用ができないと思っている人も多いのですが、一番簡単に多くの求人を見つけられるので、チェックしてみることをおすすめします。

宝飾デザイナーの平均給料・給与

35万円

初任給：15万円 ／ 生涯賃金：2億4080万円

宝飾デザイナーの生涯賃金は、22歳から65歳までの43年間雇われたと想定して、それと平均給料・ボーナスを掛け合わせた数字となっております。

●宝飾デザイナーってどうしたらなれるの？

宝飾デザイナーになりたいと考えている人は、多くいるようです。では、どうすればこの職業に就くことができるのでしょうか？ まず、宝飾デザイナーになるための資格は特にありません。「資格を取得しなければ就職できない」と思っているのであれば、それは間違いになります。宝飾デザイナーになるためには、資格よりもデザイン力や想像力のほうが大切です。また、宝石の価値をしっかりと理解できるように、それなりの知識を身につけましょう。宝飾デザイナーになるのは美大卒の人が多いといわれています。それは、自分の中のイメージを絵にすることを訓練されているからなのです。独学でもまったく問題はありませんが、もしできるだけ早く宝飾デザイナーになりたいと思っているのなら、美大まではいかなくてもデザインの勉強ができるような場所に行くといいかもしれませんね。

» Bookstore Clerk

「書店で起こる恋は、格差も偏見も許しを請う必要もありません」
書店員

書店員
書籍の陳列・販売管理を行うジョブ。独自の観点や知識で、書籍を陳列する「書店の要」。魔法「今月の一冊」は書店員の魂が具現化される召喚スキルの一つであり、ブームを作り出す「影の仕掛人」とも。

●書店員の仕事内容

書店員は、書籍や雑誌を仕入れ、販売するのが仕事です。本の陳列や整理、POPの作成、接客対応、レジなど仕事は多岐にわたります。雑誌の付録を挟み込むのも書店員の仕事となります。店舗によっては立ち読み防止のビニールをかけたり、ブックカバーを手折りすることもあります。利用客から質問されることも多いため、新刊や人気作品の情報は常に頭に入れておかなければなりません。放映中のドラマや映画の原作本をチェックしたり、作家のSNSをのぞいたりすることもあるといいます。夕方5時以降がピークタイムとなります。

●書店員になるには

本が好き、書店が好きということから、アルバイトとして書店で働き始める人も多いです。しかし、活字離れに加え、電子書籍の登場やWEBでも簡単に書籍が購入できるようになったことから、書店の数は年々減り続けています。そのため、大型書店でも正社員の新規採用は非常に少なく、アルバイトからの正社員登用もほとんどないのが現状です。中小の書店では欠員が出た時のみ求人を出していることもあります。1年間に出版される本は8万点にもなり、大型書店では毎日200種類の本が入荷されるといいます。書店員は売れ筋の本を見極めて多めに発注したり、売れない本を返品して冊数を調整したりします。

書店員の平均給料・給与

21万円

初任給：17万円〜／生涯賃金：1億4448万円

書店員の生涯賃金は、新卒が終身雇用で65歳まで雇用されたと想定して、22歳から65歳までの43年間と平均給料・ボーナスを掛け合わせた数字となっております。

●書店員のキャリアモデル

大型書店の場合、接客業務を担当しながら、最初の数年間は自分の担当するジャンルを持ってそのジャンルの棚の本を管理し、商品知識を増やしていきます。小規模の書店では、一人で複数のジャンルを担当することもあります。そして、そのままそのジャンルの専門性を深めていく場合と、それ以外のジャンルも含め、フロア全体を管理する店長などの役職へとステップアップしていく道があります。スタッフが20名近く常駐しているような大型店舗でも、正社員は店長、副店長と平社員の3名体制ということもあり、管理職はかなり大変です。シフト制の勤務となり、アルバイトやパートのマネジメントも社員が行います。土日祝日が休めないこともあり、残業がある職場もあります。書店員として経験を積み、書店や古書店を開く人もいます。最近ではブックカフェを開業する人も増えています。

>> *Florist*

「情熱の花を胸に咲かせたり、花と人は切っても切れません」
花屋

花屋
精神回復系ジョブ。花を提供し、人々の状態異常を緩和させる。花の手入れもできるため、「フラワードクター」とも。プルーフ「フラワーアレンジメント」を取得することでクラスアップも可能。

● 花屋の仕事内容

花に関わる総合的な仕事をするのが、花屋です。花の選別から水揚げ、管理、販売を行います。花の種類ごとの適切な温度や水の量、処理方法などを熟知しておかなくてはならず、大変な仕事です。接客の際にはおすすめを聞かれたり、お客様の好みや用途に合わせて花を提案したり、フラワーアレンジを施したりします。流行や季節、イベントなどさまざまなことを考慮して花を買い付けます。朝早くから市場で花を仕入れるパターンと、契約しているところから直接花が届くパターンがあります。

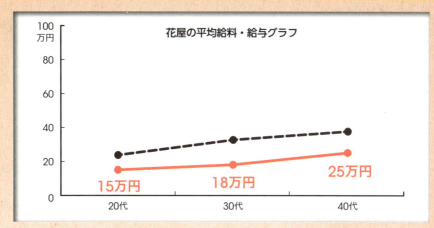

※給料の算出には求人や口コミ、厚生労働省の労働白書を参考にしております

●花屋になるには？

花屋になるには、農業学校や短大の園芸科のほか、フラワーコーディネートを学ぶ専門学校などで学んでから就職する方法と、未経験から花屋で働く道があります。花屋の仕事を覚えるには経験あるのみともいわれ、働きながらフラワーコーディネートやアレンジなどを覚えていく人も多いです。対面販売を中心に行っている店舗もあれば、ウェディング用のブーケやテーブルフラワー、葬儀用の花かごや花輪の制作、ショップやイベント会場のフラワーアレンジを行っているところもあります。また、テレビ番組や映画の背景に使う花をアレンジする店や会社もあります。

花屋の平均給料・給与

20万円

初任給：15万円〜 ／ 生涯賃金：1億3760万円

花屋の生涯賃金は、新卒が終身雇用で65歳まで雇用されたと想定して、22歳から65歳までの43年間と平均給料・ボーナスを掛け合わせた数字となっております。

●花屋の仕事の面白さ・向いている性格

花屋は一見華やかに見える仕事ですが、華やかなのは商品である花だけで、実際の仕事は地味でハードです。例えば、市場から仕入れた花に水をあげる作業では、5〜10キロもの重さの花入れを何種類も持ち運びします。また、花の鮮度を保つためにフラワーキーパーと呼ばれる場所に移動させますが、その温度は8度しかなく、冷蔵庫のように寒いです。夏場は水を腐らせないように、頻繁に水を替えるなど大変な仕事も多いです。手荒れは職業病ともいえ、ハンドクリームが手放せないといいます。その一方で、季節感を感じることができ、花の知識を活かすことができる仕事でもあり、花が好きな人、花に囲まれて仕事をしたい人には最高の職場です。お店を訪れる人々の、ほほえましく、幸せな光景を見ることもできます。

>> Telephone Operator

「自分が本当に幸せにしてあげられると思うから電話を待てるんです」

テレホンオペレーター

お客様への電話対応が仕事です。仕事内容には「インバウンド」と呼ばれる受信業務と、「アウトバウンド」と呼ばれる発信業務があります。インバウンドはお客様からの電話を取り、商品の案内や注文の受付などを行い、記録を端末に入力するのがおもな仕事です。アウトバウンドはお客様に電話をかける業務です。アンケート調査や、新商品の紹介などを行います。契約数ノルマや成果報酬制の職場もあります。コミュニケーション能力や、正しい敬語や言葉遣いなど、ビジネスマナーを身につけるには最適の職場ですが、一方で理不尽なクレーム対応など、精神的に辛いこともあるようです。

テレホンオペレーターの平均給料・給与

24万円

初任給：20万円～ ／ 生涯賃金：1億6512万円

テレホンオペレーターの生涯賃金は、新卒が終身雇用で65歳まで雇用されたと想定して、22歳から65歳までの43年間と平均給料・ボーナスを掛け合わせた数字となっております。

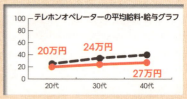

テレホンオペレーターの平均給料・給与グラフ

20万円　24万円　27万円

※給料の算出には求人や口コミ、厚生労働省の労働白書を参考にしております。

テレホンオペレーター

電話系ジョブ。理不尽なクレームにも真摯に対応し、対応マニュアルを作る。怒涛の勢いで電話をする姿から「不屈の電脳戦士」と呼ばれることも。スキル「真心対応」はクレームを感謝に変える秘技だ。

テレホンオペレーターは求人も多く、仕事に就くのはそう難しくありません。また、時給は比較的高めです。これはお客様の声を受けるという企業イメージに関わる部署だからです。ほとんどの場合、しっかりとしたマニュアルがあり、マナー研修や個人情報を扱うためのセキュリティ研修も行われます。電話対応業務のため髪型や服装が自由な会社も多く、働く時間帯を選べる職場も多いため、若者から主婦層までアルバイトとして人気があります。

>> *Reflexologist*

「揉んで、押して、伸ばし、最後にじっくり考えます」
リフレクソロジスト

リフレクソロジストは、足の裏や手のひらにある「反射区」を、手指で刺激する施術を行う仕事です。疲労回復やリラクゼーションに効果があるといわれています。施術スタイルにはさまざまなバリエーションがあります。英国式、台湾式など足裏への刺激を専門に行ったり、ストレッチや整体、骨盤矯正を取り入れたり、アロマセラピーと併用したりと、サロンや店舗によってさまざまです。いずれも利用する方に癒やしを与えることが目的です。医療や福祉、介護の現場でリフレクソロジーを取り入れる施設もあります。活躍の場は広いといえるでしょう。

リフレクソロジストの平均給料・給与
22万円
初任給：17万円／生涯賃金：1億5136万円

リフレクソロジストの生涯賃金は、新卒が終身雇用で65歳まで雇用されたと想定して、22歳から65歳までの43年間の平均給料・ボーナスを掛け合わせた数字となっております。

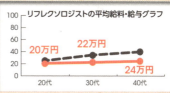

※給料の算出には求人や口コミ、厚生労働省の労働白書を参考にしております

リフレクソロジスト
癒やし療法系ジョブ。「反射学」をもとに構築された民間療法。足裏を刺激し、特定部位の疲労を改善する。別名「足裏の僧侶」。痛みの強い「台湾式」と紳士的な「英国式」がある。

リフレクソロジストに公的な資格はありませんが、国内には協会やサロンが認定するスクールや民間資格がいくつもあります。これらには資格取得後に系列店で働くことを紹介するケースもあるようです。募集は求人サイトや求人情報誌で見つけられます。就業先としては、リフレクソロジーサロン以外にもエステサロンやリラクゼーションサロン、スパやサウナ、整体院やフィットネスジムなど、さまざまな場所で需要があります。

>> Color Coordinator

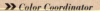

「アナタの色が知りたいのであれば、己の瞳の奥を見なさい。答えはそこにあるわ」

カラーコーディネーター

カラーコーディネーター
配色の助言をする色彩マスター。人と色を調和させる。背中の「光輪カラーチャート」は、その人に適した色を示し、幸福をもたらす。

カラーコーディネーターは、ファッションやメイクなどのカラーアドバイスや、商品企画、ビルのインテリアなどの色彩計画を担当する仕事です。資格としては、色彩検定やカラーコーディネーター検定試験などがありますが、必ずしも必要ではありません。色彩感覚や色についての知識を持ったうえで、人を納得させられる美的センスがある人に向いています。結婚や出産をへてからでもなれますが、求人は少なく、メーカーの企画部門などへの就職を検討しましょう。

平均給料・給与
22万円
初任給：15万円〜
生涯賃金：1億5136万円
※生涯賃金は、想定雇用期間43年間と平均給料・ボーナスを掛け合わせた数字となっております。

平均給料・給与グラフ
- 20代：15万円
- 30代：20万円
- 40代：25万円

※給料の算出には求人や口コミ、厚生労働省の労働白書を参考にしております

>> Manicurist

「美意識は爪に出る。生き方は手に出る」

ネイリスト

ネイリスト
「美しき三銃士」の一人。担当は「NAIL」。デザイン魔法「ラメ」「マーブル」とヤスリ技で爪を芸術品に仕上げる赤魔導師。

ネイリストは、爪のケアやカラーリング、ジェルネイル、つけ爪などのネイルアートをする専門家です。ネイリストになるにはスクールに通うのが一般的で、スクール系列のネイルサロンのほか、エステティックサロンや美容院、ブライダル業界などで働きます。技術も重要ですが、大切なのはコミュニケーション能力です。施術の時間は30分〜2時間と長く、会話を上手に引き出し、リラックスした時間と空間を演出することがリピーター獲得の鍵となります。

平均給料・給与
22万円
初任給：18万円
生涯賃金：1億5136万円
※生涯賃金は、想定雇用期間43年間と平均給料・ボーナスを掛け合わせた数字となっております。

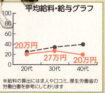

平均給料・給与グラフ
- 20代：20万円
- 30代：27万円
- 40代：20万円

※給料の算出には求人や口コミ、厚生労働省の労働白書を参考にしております

>> *Nightclub Girl*

「『お客様』から『男』に変わる瞬間……。接客とは何なのかがわかったような気がします」

キャバクラ嬢

キャバクラ嬢

日本独特の接客ジョブ系の一つ。10代後半〜20代の女性限定ジョブ。上級クラスになると雑誌にも出るモデル同等の影響力を持つ。

キャバクラ嬢は、おもに来店したお客様のテーブルに一緒に座って、会話をしながらお酒を作り、接客する仕事です。そもそもお店に来てもらい、指名料をもらわないと成立しないので、メールや電話でお客様に連絡をする営業をする必要があります。キャバクラ嬢になるには外見がいいということは欠かせない要素なのと、年齢も若いほうが向いています。基本的に結婚や出産を経験したり、30歳を過ぎると、スナックなどでホステスとして働くことが多いようです。

平均給料・給与

35万円

初任給：10万円〜
生涯賃金：4200万円

※生涯賃金は、想定雇用期間10年間と平均給料・ボーナスを掛け合わせた数字となっております。

平均給料・給与グラフ
20代 35万円 30代 0万円 40代 0万円

※給料の算出は求人や口コミ、厚生労働省の労働白書を参考にしております。

>> *Beauty Adviser*

「美は1日にして成らず。でも短縮する方法を私は知っています」

美容部員

美容部員

若返らせるスキルを持つ、「美」の専門ジョブ。その美しい手から「美魔女」を量産する。百貨店の1階を守る「美の門番」。

百貨店やドラッグストアの化粧品カウンターで化粧品を販売したり、メイクのアドバイスや肌に関する悩み相談に対応し、商品や情報などを紹介するのが仕事です。化粧品メーカーや販売会社の正社員のほか、契約社員、派遣社員、アルバイトなど働き方も多様ですが、ノルマがあったり、女性が多い職場で気苦労もあるといいます。また、自分の肌も常にきれいに保たなければなりません。店長や教育指導を行う役職へのキャリアアップもできます。

平均給料・給与

25万円

初任給：18万円
生涯賃金：1億7200万円

※生涯賃金は、想定雇用期間43年間と平均給料・ボーナスを掛け合わせた数字となっております。

平均給料・給与グラフ
20代 18万円 30代 22万円 40代 27万円

※給料の算出は求人や口コミ、厚生労働省の労働白書を参考にしております。

第3章 飲食・サービス・ファッション系職業

>> Convenience Store employee

コンビニエンスストア社員
「我は、24時間稼働し続ける眠らない街の創造神である」

コンビニエンスストア社員
24時間営業が基本の小売業界の急先鋒。豊富な商品をそろえて常に門戸を開いている。孤独な人々に便利さと安心感を与える。

コンビニエンスストアは食料品や雑誌、雑貨など豊富な商品を置いているほか、公共料金の支払いや宅配便の荷受けなど、さまざまなサービスも行っています。もはや人々の生活には欠かせないインフラの一部です。夜勤もあり、シフト勤務が基本です。アルバイトから正社員になる人も多いです。店舗スタッフや店長のほか、本社勤務で商品の開発などを行っている人もいます。今後は増える外国人客や海外進出に向けて、英語力やマーケティング能力がある人が重宝されるでしょう。

平均給料・給与
20万円
初任給：20万円
生涯賃金：2億3392万円
※生涯賃金は、想定雇用期間43年間と平均給料・ボーナスを掛け合わせた数字となっております。

平均給料・給与グラフ
24万円　31万円　37万円
20代　30代　40代
※給料の算出には上場企業のIR情報を参考にしております。

>> Department Store employee

百貨店社員
「百貨店は、奇妙で華やかな人生ドラマを集めているかのようだ」

百貨店社員
さまざまな商品を集めて販売する。目利きが集めた商品には「ブランド」としての価値が付く。別名「お金持ち判定業界」。

豊富な品ぞろえと上品で高級なイメージから百貨店は庶民の憧れでしたが、景気や消費動向に左右されやすく現在は厳しい状況にあります。しかし全国から高品質な商材を集め、お客様を最上級の接客でもてなすのは今も昔も百貨店の魅力です。上顧客を相手に直接営業をする外商部など、百貨店ならではの伝統もあります。美的センスのほか、消費動向を見極めて売れる商品を選ぶ力が必要になります。接客には物腰が柔らかくコミュニケーション能力の高い人が向いています。

平均給料・給与
32万円
初任給：20万円
生涯賃金：2億2016万円
※生涯賃金は、想定雇用期間43年間と平均給料・ボーナスを掛け合わせた数字となっております。

平均給料・給与グラフ
25万円　32万円　38万円
20代　30代　40代
※給料の算出には上場企業のIR情報を参考にしております。

>> Host

「女性にモテる人は見えないモノにお金をかける」
ホスト

ホスト
男性専用クラス。歌舞伎町を制した者は芸能界まで名が轟く。ドンペリハンマーを装備し、スキル「シャンパンタワー」を発動。

お客様の女性とおしゃべりをしながらお酒を飲んで、場を盛り上げるのが仕事です。ホストクラブの給料はほとんどの店が完全歩合制です。売上（飲食代＋指名料など）×歩合率＝ホストの給料となります。歩合率は「バック」と呼ばれ、40〜60％が相場です。客が10万円のドンペリを入れたら、約5万円をホストが受け取れることになります。トップクラスのホストで年収1億円を超える人もいますが、月収15万円以下も大勢います。30代になるまでに9割近くが辞めてしまいます。

平均給料・給与
30万円
初任給：10万円〜
生涯賃金：3600万円

※生涯賃金は、想定雇用期間10年間と平均給料を掛け合わせた数字となっております。

平均給料・給与グラフ
※給料の算出には求人や口コミ、厚生労働省の労働白書を参考にしております。

第3章 飲食・サービス・ファッション系職業

>> Hostess

「トリスバーといえば軍艦マーチ」
ホステス

ホステス
女性専用クラス。別名「ナイトクイーン」。GINZAに君臨するホステスは格式が高いともいわれる。ウイスキー水割りで世を渡る王女。

夜の飲み屋でお客様をおもてなしするのが仕事です。男性客を楽しませ、気分よくお酒を飲むことができるように、話を聞いたり、場を盛り上げたりします。テンポのよい話術と話のネタが必要で、上級と呼ばれるホステスたちは経済・政治などの話題も話せなければなりません。体力と頭を使う仕事でもあります。銀座の高級クラブで働くホステスの給料は、日給3万〜4万円が相場です。ただし、ノルマがあるところもあります。ママ（責任者）になって、長く働く人もいます。

平均給料・給与
32万円
初任給：15万円〜
生涯賃金：2億2016万円

※生涯賃金は、想定雇用期間43年間と平均給料・ボーナスを掛け合わせた数字となっております。

平均給料・給与グラフ
※給料の算出には求人や口コミ、厚生労働省の労働白書を参考にしております。

コンシェルジュ

コンシェルジュは、観光スポットを案内したり、各種チケットを準備したり、旅行のプランニングをしたりする仕事です。勤務先はホテルが中心となっていますが、最近では高級マンション、百貨店、レストラン、駅や病院など、さまざまなところで必要とされています。

コンシェルジュの平均給料・給与グラフ

平均給料・給与
27万円
初任給：15万円〜／生涯賃金：1億8576万円
生涯賃金は、想定雇用期間43年間と平均給料・ボーナスを掛け合わせた数字となっております。

実力社会なので、求められる能力はとてもレベルが高いです。顧客のさまざまな要望を満たすためには、幅広い能力が必要になります。接客力に加え情報収集力も欠かせません。

コンビニエンスストア店長

コンビニエンスストア店長になるのに資格は必要ありません。取っておいたほうがいい資格は販売士です。コンビニエンスストア店長になるには、直営店でバイトをし、本部社員となってから教育を受けたり、「店長・店長候補」に応募したりします。オーナー兼店長も存在します。

コンビニエンスストア店長の平均給料・給与グラフ

平均給料・給与
35万円
初任給：20万円〜／生涯賃金：2億4080万円
生涯賃金は、想定雇用期間43年間と平均給料・ボーナスを掛け合わせた数字となっております。

店長の仕事は、レジに誤差がないかどうかを確認し、発注業務やフェイスアップ（商品を前に出す作業）、清算作業を行い、売上金を本部に送ることです。事務作業もあります。

雑貨デザイナー

雑貨デザイナーは、文房具や調理器具、アパレル系の生活雑貨など、日常生活のありとあらゆるところで使われる雑貨をデザインします。雑貨デザイナーになるための専門学校もありますし、雑貨デザイナーが講師を務めるセミナーなどに参加して独学でも学ぶことは可能です。

雑貨デザイナーの平均給料・給与グラフ

平均給料・給与
26.3万円
初任給：10万円〜／生涯賃金：1億8094万円
生涯賃金は、想定雇用期間43年間と平均給料・ボーナスを掛け合わせた数字となっております。

日頃から「どんな雑貨が人気なのか」などの情報を集め勉強し、アイデアを生み出します。デザインの美しさだけでなく、機能性や安全性、コストについても考慮が必要です。

ショコラティエ

洋菓子店やホテルなどで、チョコレートを主体としたお菓子を専門に作る菓子職人です。原材料はすでに出来上がったチョコレートを使用するので、チョコレートを作る職人とは異なります。また、チョコレート専門菓子店を"ショコラティエ"と称することもあります。

ショコラティエの平均給料・給与グラフ

平均給料・給与
19万円
初任給：16万円〜／生涯賃金：1億3072万円
生涯賃金は、想定雇用期間43年間と平均給料・ボーナスを掛け合わせた数字となっております。

パティシエと兼業の人も多いです。都内など需要の多い場所以外での経営は難しく、多くは年末、クリスマスの時期に焦点を合わせ、ケーキやほかの菓子も手がけています。

宝くじ販売員

窓口で、宝くじを販売するのが仕事です。取り扱う多くの種類の宝くじを熟知しておく必要があります。以前はみずほ銀行の独占販売でしたが、現在は他社参入で若干増えています。人気店は多忙で、ジャンボ宝くじの販売時期は臨時のパートを雇うこともあるようです。

※給料の算出には求人や口コミ、厚生労働省の労働白書を参考にしております

平均給料・給与

14万円

初任給：13万円／生涯賃金：7224万円

生涯賃金は、想定雇用期間43年間と平均給料・ボーナスを掛け合わせた数字となっております。

正社員での登用は難しく、ほとんどがアルバイト、パート、契約社員となります。時給は800～900円前後で、ハローワークやアルバイト情報サイトなどで募集しています。

ツアープランナー

ツアープランナーになるには、大学や専門学校を出て資格を取得し旅行会社に入るか、大学卒業後に旅行会社に就職するのが一般的です。語学力があるのであれば海外旅行のプランニングに有利です。国内旅行を企画するのであれば、地理歴史に関して学んでおくといいでしょう。

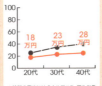

※給料の算出には求人や口コミ、厚生労働省の労働白書を参考にしております

平均給料・給与

23万円

初任給：13万円～／生涯賃金：1億5824万円

生涯賃金は、想定雇用期間43年間と平均給料・ボーナスを掛け合わせた数字となっております。

旅の企画や演出をする仕事です。個人の顧客の場合、顧客の希望を聞き、どのスポットやイベントに行くかを考えます。パッケージツアーの場合、リサーチし企画を立てます。

仲居

旅館にて、お客様のお迎えや案内、見送り、料理の配膳や下膳などがおもな仕事です。お客様と直に接する機会も多く、お客様一人ひとりの都合や状態を判断して適切な対応をすることが求められます。仕事はスタッフとチームプレーで行うため、コミュニケーション能力が必要です。

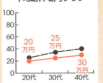

※地域や旅館により差があります

平均給料・給与

21万円

初任給：10万円～／生涯賃金：1億4448万円

生涯賃金は、想定雇用期間43年間と平均給料・ボーナスを掛け合わせた数字となっております。

仲居の時給は都会よりも観光名所が近い地方のほうが高くなります。景観がよいところは時給1100円程度で、観光名所がないところは時給が800～900円が多いです。

バーテンダー

本業はカクテル作りですが、最近では簡単な調理なども行うバーテンダーが増えています。バーテンダーの多くは、時給制のアルバイト契約です。勤務時間の割には、時給としても平均1900～2300円前後と高く、若い人には非常に人気のある職業となっています。

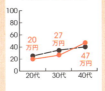

※店舗により差があります

平均給料・給与

23万円

初任給：19～27万円／生涯賃金：1億5824万円

生涯賃金は、想定雇用期間43年間と平均給料・ボーナスを掛け合わせた数字となっております。

オーナーになると、立地条件と店の規模にもよりますが、繁華街でも都心部なら平均800万円以上の年収はザラですので、50万～60万円の月収は確保できるでしょう。

パン職人

パン職人は、生地の仕込みから成形、焼成までを行います。仕事はハードで、早朝から仕込みを始め、日中はほとんどが立ち仕事です。材料の配分や気温によって生地の発酵の仕方が変わるので、経験や知識が問われます。また、常に新しい商品のアイデアなども求められます。

パン職人の平均給料・給与グラフ
22万円／27万円／29万円

平均給料・給与
23万円
初任給：14万円〜／生涯賃金：1億5824万円
生涯賃金は、想定雇用期間43年間と平均給料・ボーナスを掛け合わせた数字となっております。

食品メーカーやホテルなどのベーカリー部門で働くほか、自分でパン屋を営み製造・販売する道もあります。大手製造企業では機械化が進み、分業制となっていることが多いです。

ビール醸造家

日本においては、酒税法改正により小ロット製造のビールメーカーに勤務する、ビール専門の醸造技師がビール醸造家ということになります。大手メーカーの場合は、海外の有名なブルワリーで経験を積んだ人が多く、キリンビールなどが自社内で醸造家を雇用しています。

ビール醸造家の平均給料・給与グラフ
22万円／33万円／38万円

平均給料・給与
25.3万円
初任給：18万円〜／生涯賃金：1億7406万円
生涯賃金は、想定雇用期間43年間と平均給料・ボーナスを掛け合わせた数字となっております。

20代くらいでは、平均年収300万円以下が多いため、手取りでは全体で26万円前後になります。20代では18万円程度、30代で一般サラリーマンよりも少し下がるくらいです。

百貨店外商部員

おもに高額な商品を購入する顧客に対して、直接出向いて商品を販売するのが仕事です。注文の受付や売掛金の回収はもちろん、時にはこちらから商品の提案をし、もっともいいものを選択してもらうコンサルティングセールスを行います。法人外商部と個人外商部に分かれています。

百貨店外商部員の平均給料・給与グラフ
24万円／29万円／33万円

平均給料・給与
29万円
初任給：22万円〜／生涯賃金：1億9952万円
生涯賃金は、想定雇用期間43年間と平均給料・ボーナスを掛け合わせた数字となっております。

百貨店外商部員は顧客の好みやニーズ、誕生日やライフイベントを把握し「御用聞き」に徹するため、顧客との付き合いは非常に濃密なものとなります。

ホテルマン

お客様がホテルに快適に滞在できるようなサービスを行うのが仕事です。宿泊部門、営業部門、事務部門、企画部門、広報部門、宴会部門、ウエディング部門などに分かれています。細かく役割分担することで、お客様一人ひとりに対して高品質のサービスを提供しています。

ホテルマンの平均給料・給与グラフ
20万円／25万円／28万円

平均給料・給与
23万円
初任給：15〜18万円〜／生涯賃金：1億5824万円
生涯賃金は、想定雇用期間43年間と平均給料・ボーナスを掛け合わせた数字となっております。

ホテルマンで高給取りを目指すなら、高級ホテルや一流ホテルに就職する必要があります。そこでマネージャーや支配人といったポストを目指すというのが現実的です。

メイクアップアーティスト

本来はファッションモデルのステージ用メイクを担当する職業でしたが、芸能事務所から委託され、現在は芸能人やタレントにメイクをする人がほとんどです。何らかの芸能事務所と関連のある養成施設出身者が多いです。専門学校で学び、美容師免許を取得して活躍する人もいます。

メイクアップアーティストの平均給料・給与グラフ
20代 15万円 / 30代 20万円 / 40代 28万円
※給料の算出には求人や口コミ、厚生労働省の労働白書を参考にしております

平均給料・給与
21万円
初任給：15万円／生涯賃金：1億2384万円
生涯賃金は、想定雇用期間43年間と平均給料・ボーナスを掛け合わせた数字となっております。

高卒から正規雇用で美容室やサロンなどで働き、徐々に人気のあるところへ転職すれば、実技を学びながら、給与も契約で条件がよくなることもあるそうです。

理容師

理容室に勤務し、シャンプー、カット、カラー、パーマなどの施術を行ってお客様の髪型を整えるのが仕事です。理容師の仕事の特徴は、カミソリを使った「顔そり（シェービング）」を行うことです。お客様の理想どおりの髪型にするためには、コミュニケーションが欠かせません。

理容師の平均給料・給与グラフ
20代 20万円 / 30代 25万円 / 40代 35万円
※給料の算出には求人や口コミ、厚生労働省の労働白書を参考にしております

平均給料・給与
20万円
初任給：15万円～／生涯賃金：1億3760万円
生涯賃金は、想定雇用期間43年間と平均給料・ボーナスを掛け合わせた数字となっております。

繁盛している店では、毎日50～100人単位の来客があるといいます。少人数の理容師で回している店もあるので、来客数が売り上げに直結して年収が変わることもあるようです。

ワイン醸造家

ワイン製造に欠かせない専門的知識と技術を兼ね備えている職人です。スタッフ全体を指すことも多いです。海外では成功者の証しとしてワイナリーで自家製ワインを造ることが、ステータスとして知られています。本場フランスで活躍している日本人ワイン醸造家もいます。

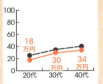
ワイン醸造家の平均給料・給与グラフ
20代 18万円 / 30代 30万円 / 40代 34万円
※給料の算出には求人や口コミ、厚生労働省の労働白書を参考にしております

平均給料・給与
24.6万円
初任給：16万円～／生涯賃金：1億6924万円
生涯賃金は、想定雇用期間43年間と平均給料・ボーナスを掛け合わせた数字となっております。

日本では、非常に求人枠が狭いです。一部の大手酒造メーカーが、ごくまれに募集を出していますが、固定給の条件記載がないので、資格や経験をかなり重視しているようです。

和菓子職人

和菓子職人の仕事は、和菓子を作り販売することです。和菓子職人の朝は早く、午前3時から作り始めることもザラにあります。また、仕事内容は企業に就職する場合と個人店に就職する場合とで異なります。個人店は営業なども業務内容に含まれるところもあります。

和菓子職人の平均給料・給与グラフ
20代 19万円 / 30代 26万円 / 40代 32万円
※給料の算出には求人や口コミ、厚生労働省の労働白書を参考にしております

平均給料・給与
26万円
初任給：10～15万円／生涯賃金：1億7888万円
生涯賃金は、想定雇用期間43年間と平均給料・ボーナスを掛け合わせた数字となっております。

和菓子職人になりたいという人が取得しておいたほうがよい資格は2つあります。製菓衛生師と製菓製造技能士です。企業に就職する時には有利になることが多いようです。

第3章 飲食・サービス・ファッション系職業

Column

企業戦士 Ⅲ

商品の生産が決定すると、製造・生産部門で働く技術者や職人の手によって形になり、工場で量産化され、販売されます。しかし、情報発信しなければ商品は売れません。そこで活躍するのが広報職。メディアに出ることもある人気の職種ですが、その実態は？

広報職

自社の取り組みをわかりやすく、簡潔に社会に伝えるのが広報職の仕事です。より円滑に企業活動を遂行するためには、自社の認知度を上げ、ブランドイメージを定着させることが重要です。広報職はプレスリリースを書いたり企業用のSNSアカウントで情報発信をしたりします。また、不祥事が起きた際に対応するのも仕事です。マスコミ対応をする華やかな業務だけでなく、危機管理能力や業界を俯瞰する力が試される職種でもあるのです。礼儀作法やコミュニケーション能力も必須です。

「炎上はあまりさせないでください」

平均給料・給与
30万円
初任給：15万円～
生涯賃金：2億0640万円

※生涯賃金は、想定雇用期間43年間と平均給料・ボーナスを掛け合わせた数字となっております。

平均給料・給与グラフ

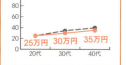

25万円　30万円　35万円
20代　30代　40代

※給料の算出には求人や口コミ、厚生労働省の労働白書を参考にしております

広報職

魔法「プレスリリース」、兵器「社内砲（報）」を駆使し、企業ブランドの認知度や兵士の士気を高める。「キラキラ光砲（広報）」という女子を主体とした兵器を独自開発した企業もあるとか。

chapter
4

土木建築・体力・スポーツ系職業

>> Construction Worker

土木作業員
「目立とうとする職人は二流である」

土木作業員
土遁を使い土木作業をこなす忍者。「掘削」「側溝」「床付け」など多彩な通称を使う。組という集団戦術を用いて行動し、震災の際は一晩で運搬インフラを整え、作業員の凄さを改めて知らしめた。

●土木作業員の仕事内容

土木工事に従事して、土を掘ったり、運んだり、盛り固めたりする作業を行います。道路工事と建築工事に分けられ、専門的な資格や免許が必要とされることもあります。力仕事と重機の運転というイメージがありますが、測量、丁張りなど、数学的な能力が必要な作業もあります。車両系建設機械の操作資格を取得したり、玉掛け・クレーン・土留・足場に関する技能講習を受けることで、仕事の幅も広がり給料もアップします。現場経験を積んで土木施工管理技士の資格を取れば、現場監督への道も開けます。

※給料の算出には求人や口コミ、厚生労働省の労働白書を参考にしております

● 土木作業員になるには？
土木作業員になるには、基本的に特別な資格や学歴は必要ありません。建築会社や土木事務所に就職して、現場で学んでいきます。できれば土木や建築に関する基本的な知識があるといいでしょう。大手ゼネコンや建設会社を目指すのなら、学歴が必要な場合もあります。求人は、基本的にネットや派遣会社に登録するとすぐに紹介してもらえます。日本全国どこでも仕事はありますが、冬の期間、特に北海道や東北など雪がたくさん積もる地域になると土木作業の仕事は少なくなります。季節によっては沖縄や九州、関東などに移り出稼ぎをする人も多いようです。

土木作業員の平均給料・給与

28万円

初任給：19万円／生涯賃金：1億9264万円

土木作業員の生涯賃金は、22歳から65歳までの43年間雇われたと想定して、それと平均給料・ボーナスを掛け合わせた数字となっております。

● 現場監督にクラスチェンジするとどうなるの？
現場監督になるには現場で経験を積んで施工管理技士の資格を取る必要があります。設計図に基づき納期内で工事を完成させるためのスケジュールを組み、それに従って作業が進むように指示をしていくことになります。計画、資材の発注、作業の進行管理、安全管理、品質管理、必要な書類の作成、トラブル対応など、さまざまな仕事があり、リーダーシップと責任感、体力、忍耐力が必要になります。給料は月35万～40万円くらいが多いようですが、会社や地域によって大きな差があります。給料が増える半面、仕事が終わった後の書類作成などの作業も増えて勤務時間が長くなり、責任も増えて精神的な負担も大きくなります。でも、自分の監督した仕事が無事に終わり、建築物が完成する喜びは何物にも代えがたいようです。

第4章　土木建築・体力・スポーツ系職業

>> Steeplejack

「鳶職に始まり、鳶職に終わる」
鳶職

鳶職
空を自由に舞う職。鳶口を持って高所作業を得意とする。工事は鳶に始まり鳶に終わるといわれるぐらい建設系では主役のジョブ。足場鳶・鉄骨鳶・橋梁鳶などさまざまな職が存在する。

●鳶職の仕事内容
建築現場などで、足場の組立て、玉掛けなどを行う作業員が鳶職です。玉掛けを行う場合や現場責任者として働く場合は、技能講習を受けて資格を得る必要があります。また、能力を証明する「とび技能士」という国家資格もあります。高所での作業が多く、鉄骨を組んだり、機械の設置作業をしたりします。解体作業などが今は多くなっているそうです。鳶職は鳶専門の事業所などに社員として雇用されている場合と、個人で仕事を請け負っている場合があります。個人の場合、時給制で契約する形がほとんどです。

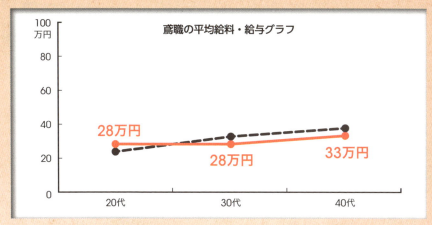

● 鳶職の種類

鳶職にはいろいろな種類があります。もっともメジャーなのが「足場鳶」と呼ばれる足場組立て解体を行う鳶職です。足場鳶はその名の通り、工事現場で職人たちが安全に作業できるように足場を組むのが仕事です。安全に、なおかつ効率的に解体までできるように考えながら組むため、建築全般の知識と経験が必要です。高所での作業は非常に危険であり、足場組立て解体を行う鳶職は「足場の組立て等作業従事者」として講習を受ける必要があります。足場鳶の給料は、日当1万～2万5000円となっています。そのほか、ビルの鉄骨を組む「鉄骨鳶」や、重量物の設置・解体を行う「重量鳶」などもいます。

鳶職の平均給料・給与

28万円

初任給：15万円～ ／ 生涯賃金：1億9264万円

鳶職の生涯賃金は、新卒が終身雇用で65歳まで雇用されたと想定して、22歳から65歳までの43年間と平均給料・ボーナスを掛け合わせた数字となっております。

● 鳶職の親方の給料はどのくらいになるの？

鳶職は学歴に関係なく募集しており、中卒、高卒でも働くことができます。ただし18歳未満は高所作業ができないため、中卒ではできる作業が限られてきます。見習いとして月給15万円前後からスタートし、運転免許を取得する年齢でようやく18万円以上になります。経験を積んでいき腕のいい職人として認められると、依頼が増えて収入もアップしていくでしょう。足場の組立て等作業主任者と玉掛け技能講習を修了し、安全衛生責任者教育の講習を受講するなど、資格と条件をクリアすると、独立し親方として仕事ができるようになります。現役をある程度退き、現場への人材手配がおもな仕事となります。また、職人たちへの給料の分配に対して決定権を持ちます。親方の月給は50万円前後が相場ですが、中には10人以上の職人を抱え年収1300万円を稼ぐ親方もいます。

> Reinforcement Worker

「鉄筋工よ、語るなかれ。組め」
鉄筋工

鉄筋工
RC造りのスペシャリスト。構造力学と気合で骨組みを造る。上位クラスは「1級鉄筋施行技能士」。クラスチェンジには資格が必須である。

●鉄筋工の仕事内容
結束とハッカーを使って、鉄筋コンクリートの基礎を造り上げる、建設現場の職人です。仕様書と図面を読める能力、段取りなどをへて、嵌合、結束でコンクリートを流し込む直前の骨組みを組む仕事です。日給から始まるアルバイト形式から、資格所有で社員となる場合が多いそうです。鉄筋工には鉄筋施工技能士という国家資格もあります。1級及び2級があり、特に1級を持っていると「できる鉄筋工」といわれるようです。なくても仕事はできますが、将来的に取っておけば一人前といわれます。

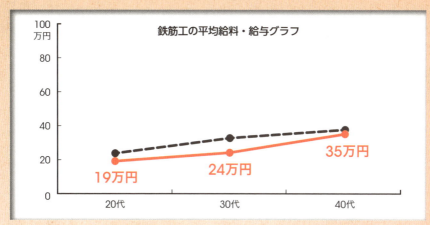

※給料の算出には求人や口コミ、厚生労働省の労働白書を参考にしております

●鉄筋工の単価ってどのくらいなの？
現在、高層マンションなどの建築方式は、鉄骨建築が主体です。鉄骨とは単体でも柱や梁に使用される鋼材であり、コンクリートに鉄の棒を埋め込んだ鉄筋よりも強度が高くなります。鉄筋工は、鉄骨ではなく鉄筋コンクリートを使用する現場で活躍する職種なので、それほど高層ではない建物や公共工事、一般住宅の基礎などに仕事が限定されてきているそうです。国が定めている公共工事に従事する鉄筋工の労務単価は、だいたい2万3000～2万7000円となっています。10年前には関東では単価4万2000～4万5000円くらいだったため、そのころに比べると単価は下がっているといえます。

鉄筋工の平均給料・給与

26万円

初任給：19万円／生涯賃金：1億7888万円

鉄筋工の生涯賃金は、新卒が終身雇用で65歳まで雇用されたと想定して、22歳から65歳までの43年間と平均給料・ボーナスを掛け合わせた数字となっております。

●鉄筋工で給料をアップするには？
現在のアルバイト、派遣社員の給与は1日8000～1万4000円程度。高所作業になるほど給与は上がります。経験や実力を問わない場合が多く、多くは職人の頭数をそろえるだけが目的なので、給与は比較的低めに設定されています。臨時的に職人の人数が足りなくなる建設現場の作業ですから、建設終了とともに契約は解除となるケースが多いです。一方、社員でも、建設現場による条件で給与は変わることが多く、支給額は現場数が多い場合には増え、月給27万円前後となります。給料をアップさせるには、契約時の基本給を引き上げる必要があり、玉掛け、高所作業車の運転、溶接作業などの資格所有者が有利です。無資格でできる鉄筋工の昇給は職人の腕にかかっていますが、現状、勤続年数で上限があり、業界平均以上に月給が上がることはないそうです。

›› Plasterer

「塗るのは壁だけでいい。お前の心まで塗ることは俺にはできん！」
左官

左官
調合と塗りスキルを駆使する塗り系の最強ジョブ。一にも二にも洞察力と経験がモノをいうため、ベテランになるには数年かかる。左官でも「塗り天井」が最高のスキル。

●左官の仕事内容
左官の仕事内容は、おもに塗り壁です。塗り壁というのは、その名の通り、壁を塗る仕事。まず、下地の養生をして、材料を調合。粗く下塗りをしてから、中塗りをして、仕上げ塗りという3段階を踏んで完成。養生というのは、塗り壁の材料をつけない箇所に、テープやビニールを貼っておくことです。それに使うテープのことを養生テープといいます。このような塗り壁の仕事のほかに、壁や床のタイル張りや、レンガ・ブロック積み、コンクリートの床仕上げなどもあります。

※地域により差があります　※給料の算出には求人や口コミ、厚生労働省の労働白書を参考にしております

●左官になるには？

左官になるには、特に資格は必要ありません。求められるのは資格や免許での保証ではなく、「腕があると実際に証明できること」です。実際に腕があれば誰でも左官になれますよ。学歴は、高卒以上であることが多いですが、交渉次第で中卒でも雇ってもらえることがあります。資格に関しては、「なるのに必要はない」ですが、資格自体はあります。

左官の平均給料・給与

27万円

初任給：15万円〜／生涯賃金：1億8576万円

左官の生涯賃金は、新卒が終身雇用で65歳まで雇用されたと想定して、22歳から65歳までの43年間と平均給料・ボーナスを掛け合わせた数字となっております。

左官技能士という資格です。この資格は、国家技能検定による資格で、1級と2級があり、持っていると給料がよくなったりするので、取っておいて損はありません。求人は、ハローワークや、新聞、折込チラシの求人広告などで見つけることができます。

●左官の見習いって給料はどのくらいなの？

左官というのは学歴よりも確固たる技術が求められる仕事であると述べました。その技術をつけるために、見習いから始めることができますが、その見習いの給料はどのくらいなのでしょうか。見習いは月給制で募集せず、日給制で募集しているところが多いようです。日給にして大体8000円程度。見習いということでアルバイト的な扱いなのでしょう。アルバイトではなく見習いも正社員だとみなしていても、月給にして15万円ほどが相場のようですね。そこから頑張れば見習いから左官職人として認められ、給料も上がり、正社員雇用でない場合は正社員雇用にグレードアップ。正社員雇用であった場合は、見習いという立場から、きっちりと仕事を任される職人の立場に変わります。最近では職業訓練校やモノづくり学校でも左官技術を教えてくれるそうです。

≫ Construction Manager

「地位にしがみついていると思われた瞬間にすべてが倒壊する」
現場監督

養生、まめに掃除をする、お施主様への配慮、職人が仕事をしやすい環境作り、指示・図面チェック・工程通りに行われているかの確認。また現場の予算管理、注文書類の作成、工事工程表の作成・検討、各業者との打合わせなどもします。建設現場での、工程管理、品質保全、安全管理業務などを行う現場責任者です。現在では、建設の専門知識を必要としていないケースがあり、所長と呼ばれる現場代理人と行動を共にして業務を行うことなどがあります。

現場監督の平均給料・給与

42万円

初任給：35〜40万円／生涯賃金：2億8896万円

現場監督の生涯賃金は、新卒が終身雇用で65歳まで雇用されたと想定して、22歳から65歳までの43年間と平均給料・ボーナスを掛け合わせた数字となっております。

現場監督の平均給料・給与グラフ

	43万円	45万円	49万円
	20代	30代	40代

※給料の算出には求人や口コミ、厚生労働省の労働白書を参考にしております

現場監督

現場統括最高職。職人を統括し、施工を進める大事な進行役。職人からクラスチェンジすることはあまりないようだ。現場仕事よりも図面チェックや指示が多いため、性格によって向き不向きがある。

ゼネコンなどの下請け業務で行うならば、職長教育や安全衛生責任者教育、作業主任者の最低限の資格は必要になります（1級などの資格が必要）。現場の規模や大きさによっては、ほかに施工管理技士など、さまざまな国家資格が、1次業者には求められるでしょう。業者の監督業は、職務に必要な資格を所有していなければ、安全に関する責任を果たすことができませんので、知識技能の裏付けが必要になってきます。

146

>> Heavy Machinery Maker employee

「私が飛べる理由は、技術ではなく勇気があるからだ」
総合重機系メーカー社員

一言で「総合重機系メーカー」といっても、ロボットから建設機械、工作機械、化学装置、重機や農機まで、あらゆる機械を作るメーカーが存在しています。機械の製造は日本のお家芸ともいえ、総合重機産業は専門知識や熟練技術を持つ「職人」が多数活躍しています。開発技術者や機械のデザイナー、CADオペレーター、研究者など専門職や、製造の現場では扱う材料によって鋳物工、鍛造工などの職人、組立工などが働いています。精密さや性能の高さに特化して世界をリードしてきた日本ですが、低コストで製造する中国やインドが脅威となりつつあり、どう戦うかが喫緊の課題です。

総合重機系メーカー社員の平均給料・給与
39万円
初任給：21万円 ／ 生涯賃金：2億6832万円

総合重機系メーカー社員の生涯賃金は、新卒が終身雇用で65歳まで雇用されたと想定して、22歳から65歳までの43年間と平均給料・ボーナスを掛け合わせた数字となっております。

総合重機系メーカー社員の平均給料・給与グラフ
- 20代：27万円
- 30代：36万円
- 40代：43万円

※給料の算出には求人や口コミ、厚生労働省の労働白書を参考にしております

総合重機系メーカー社員
飛行機や船、重機など人の力を超えた仕事を行う「機械」を創造する。「業界のドワーフ」と呼ばれ、モノづくり日本を支える職人が集結している。世界に誇る「オンリーワン」を作り出す。

開発部門のエンジニアは、最先端の技術を吸収し、柔軟な発想ができる人が向いています。製造部門で工場勤務の場合、作業スピードの速さと同時に正確さも求められます。ミスや事故は命に関わることもあるため、気を抜くことはできません。手先が器用で、真面目な人が向いているタイプであるといえます。工場の製造部門では学歴も国籍もさまざまな人が働いており、経験と技術がものをいいます。中小企業であってもオンリーワンの技術を誇る会社は大企業並みの収益があることもあります。

第4章 土木建築・体力・スポーツ系職業

>> Truck Driver

トラック運転手

「俺は一度握ったハンドルは絶対に離さねぇ！」

トラックを運転して決められた時間と場所に荷物を運ぶ職業です。トラックの種類はさまざまで、小型トラックや普通トラックもあれば、ミキサー車などの大型トラックもあり、荷物も宅配便といった個人の荷物もあれば、ガソリンや高圧ガスなど、危険物に指定されるものもあります。乗車するトラックによって必要な免許の種類が異なります。おもに求められる免許は普通自動車、中型自動車、大型自動車、けん引免許の4つです。ある程度の運転経験を採用条件に掲げている会社もありますが、資格や経験がなくても採用している会社もあり、この場合は就職してから資格取得を目指します。

トラック運転手の平均給料・給与

33万円

初任給：28万円 ／ 生涯賃金：2億2704万円

トラック運転手の生涯賃金は、新卒が終身雇用で65歳まで雇用されたと想定して、22歳から65歳までの43年間と平均給料・ボーナスを掛け合わせた数字となっております。

トラック運転手の平均給料・給与グラフ

- 20代：29万円
- 30代：34万円
- 40代：36万円

※給料の算出には求人や口コミ、厚生労働省の労働白書を参考にしております。

トラック運転手

マシン「トラック」を操縦し、依頼物を届ける物資支援系ジョブ。取得するプルーフにより運転できるトラックのサイズが変わり、全国各地へ配送する姿から「日本経済の血管」と称される。

運送会社で社員やアルバイトとして働く人が多いですが、業務委託や個人事業主という形で働いている人も少なくありません。普通・小型トラック運転手と大型トラック運転手では手当や給料が異なり、働く運送会社によって固定給のところもあれば、固定給と歩合制が合わさったところ、努力に応じて給料が変わる完全歩合制のところがあります。勤務時間は不規則で、夜通し運転しなくてはいけないこともあります。肉体的にも精神的にもタフであることが求められる職業です。

>> Movers

「重いは正義！ 正義は筋肉！ 筋肉は美しい！」
引越し業者

引越し業者の仕事内容は、荷物を梱包し、家やアパートから搬出してトラックに積み、引越し先へ移動して搬入することです。普通は何人かで冷蔵庫や家具などの荷物を運びます。助手席に座って、地図を見ながらドライバーに引越し先まで道案内をすることもあります。引越し業者の仕事は特別なスキルや経験は特に必要なく、肉体労働なので筋肉をつけたい方に人気があります。また、体力に自信があれば接客や人間関係が苦手な方でも大丈夫です。さらにアルバイトであれば前日に連絡して翌日に働くこともでき、自分の予定やスケジュールに合わせて仕事をすることもできます。

引越し業者の平均給料・給与

27万円

初任給：19万円 ／ 生涯賃金：1億8576万円

引越し業者の生涯賃金は、新卒が終身雇用で65歳まで雇用されたと想定して、22歳から65歳までの43年間と平均給料・ボーナスを掛け合わせた数字となっております。

引越し業者の平均給料・給与グラフ
19万円　27万円　34万円
20代　30代　40代

※給料の算出には求人や口コミ、厚生労働省の労働白書を参考にしております。

引越し業者
己の腕を信じ、荷物を運ぶ集団。引越しにおける運搬の早さ、丁寧さ、効率のよさを追求する。スキル「対角線持ち」は、持ち運ぶスピードが2倍になるという究極の奥義だ。

引越し業者の募集は、求人誌や求人サイトで見つけられます。直接応募する方法と、派遣会社に登録する方法があります。引越し屋を開業したい場合は、国土交通省に認可された運送業者になる必要があります。貨物軽自動車運送事業という、軽自動車を使って小さな荷物を運ぶ運送業者ならば、条件がありますが軽自動車1台で開業できます。最近では引越し専門仕様の軽トラックや大型冷蔵庫なども積載できるタイプの車両もあります。

第4章　土木建築・体力・スポーツ系職業

>> Electric Works Specialist

「現代の雷神トールとは俺のことだ！　トールハンマー！」

電気工事士

電気工事士
別名「サンダーテイマー」。雷使いである。電気設備の設置に特化したスペシャリスト。1種へクラスチェンジすると商業施設での仕事も可能。

●電気工事士の仕事内容
現代のライフラインとして欠かすことのできない電気設備の工事や修理、メンテナンスをするのが仕事です。工場やビル、病院、駅などさまざまな建造物の電気設備に携わり、変電設備の据え付けや配線、コンセントや照明器具の取り付け、電球の交換など、幅広い業務を行います。場合によってはペンキを塗ったり、セメントによる補修なども行います。そのほか、電車に電気を送る架線や信号システム、踏切などの鉄道設備を専門に行う電気工事士もいます。人々の生活を支える重要な仕事です。

※給料の算出には求人や口コミ、厚生労働省の労働白書を参考にしております

●電気工事士になるには？
まず、国家資格である電気工事士の資格を取得しないと電気工事士になることはできません。電気工事士の資格は第一種と第二種があり、誰でも受験することができます。ただし、第一種電気工事士を取得するには3～5年の実務経験が必要になります。まずは、おもに一般家庭での作業を行うことができる第二種の資格を取り、経験を積んでから工場や商業施設などでも作業ができる第一種の資格を受験しましょう。試験内容は学科試験と技能試験の2つです。学科試験はマークシート方式で、技能試験は与えられた課題を完成させるというものです。合格率は、第二種は60％、第一種は30％程度です。

電気工事士の平均給料・給与

28万円

初任給：20万円／生涯賃金：1億9264万円

電気工事士の生涯賃金は、新卒が終身雇用で65歳まで雇用されたと想定して、22歳から65歳までの43年間と平均給料・ボーナスを掛け合わせた数字となっております。

●電気工事士の求人の探し方は？
電気工事士は取り扱う電気工事によっていろいろな会社で働くことができます。屋外の電線や配線工事などを請け負う電気・電設工事会社や、エアコンの設置を行う電気工務店、ビルの管理やメンテナンスなどを行うビル管理会社、そして鉄道会社などが就職先となります。得意とする分野や業種に絞って会社を選ぶとよいでしょう。求人数は地域によって差はありますが、電気工事士は需要が高い職業なので、どこでも仕事はあるといえます。東京都内なら電設会社、電気工事会社、設備工事会社などの求人が多くあり、18万～50万円の給料で募集があります。各地のハローワークでも募集しているのでチェックしてみましょう。事前にある程度の条件を決めておくとスムーズに探すことができます。また、求人情報誌やインターネットの求人情報サイトで探すこともできます。

›› Construction Company employee

建設会社社員
「雨にも負けず風にも負けず、台風にも、地震にも負けない」

建設会社社員
雨風をしのいだり、人が活動できる場所など、建造物を生み出す。工事全体をとりまとめる建設会社はゼネコンと呼ばれているが、さらに一線を超えたゼネコンはスーパーゼネコンと呼ばれる。

●建設会社社員の仕事内容
政府や企業などが発注した建設工事を請け負うのが建設会社です。総合建設業者（ゼネコン）を頂点に、専門の工事業者などが下請け、孫請けとなるピラミッド構造が特徴となっています。業務は土木と建築に大きく分けられています。土木は道路やダムなど、公共事業によるインフラ整備を行い、建築は不動産会社やデベロッパーなどの注文でビルやマンションなどを建設します。震災復興や東京オリンピックで需要は高まっていますが、技術者の人手不足が問題となっています。

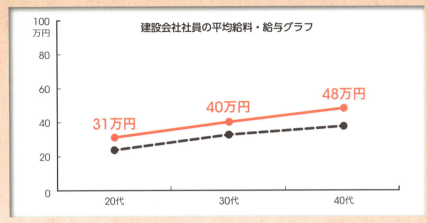

※給料の算出には上場企業のIR情報を参考にしております

●建設会社社員に向いているタイプ
建設業界は男性中心の体育会系の業界です。建設現場で働くには、体力がなければ務まりません。職人的な技術を身につけたり、資格を取得したりするためには、地道な努力をする勤勉さも必要です。多くの人たちと協力して作業をするので、コミュニケーション能力も求められます。建設会社にはさまざまな慣例もあります。たとえば、現場作業は天候に左右されることから、「人間は雨に濡れても、機材は濡らすな」というルールがあります。また、現場でのあいさつは、おはようございますも、お疲れさまですも、すべて「ご安全に！」で通じるそうです。働くうちにそうした慣例は身についていきます。

建設会社社員の平均給料・給与

46万円

初任給：22万円／生涯賃金：3億1648万円

建設会社社員の生涯賃金は、新卒が終身雇用で65歳まで雇用されたと想定して、22歳から65歳までの43年間と平均給料・ボーナスを掛け合わせた数字となっております。

●建設業界に関わる職種
建設業界には多くの専門的な技術や資格を持つ職人たちが働いています。土台を作る基礎工事には、ブルドーザーやショベル、クレーン、ダンプなどの重機を使って働く土木作業員や、クレーン運転士が活躍しています。また、高所作業を得意とする鳶職などもいます。柱や屋根、床など建物の構造部分を作る作業には、鉄筋工や大工が従事し、現場監督が現場をまとめます。外装や内装の作業は、左官や塗装工が行います。そのほか、建物から橋まで建築する一級建築士も建設業界には欠かせない職種です。資格がなくてもできる職種もありますが、技能系の専門資格を取得しておくと、仕事の幅も広がり収入も上がります。スーパーゼネコンや工務店などに勤務する人もいれば、一人親方として労働者を雇用せずに自分と家族だけで事業を行っている人もいます。

>> Welder

「鉱物と鉱物の出会いを仲介するのが役目じゃい！」

溶接工

溶接工
火遁の中でも鉄を溶かすスキル「溶接」を使う忍者。属性は「火」。溶接術「アーク溶接・ガス溶接」など多彩な遁術は習得に3年かかるといわれている。溶接面はいかなる火も光も通さない現代最強の盾。

●溶接工の仕事内容
溶接工は、金属の接合方法である溶接（溶かして接合すること）を行う技術職です。造船や自動車・重電機・一般機械や圧力容器などの製造工場で働くのが一般的ですが、ビル建築・橋の建築・ダム建築など、鉄骨建造物の建設現場にも溶接は必要になるので、職場は広い範囲にあります。重量物を製作しており、かがんで作業することが多いため、肉体の耐久力がなければ務まらないでしょう。また、溶接工の仕事は危険な仕事であるため、集中力を切らさないということが大切になります。

●溶接工になるには？
溶接工になるためには、まず公共職業訓練校にて技術を身につけるというのが一般的です。溶接工は、中学・高校の新卒者、年配の方々が多いです。とても年代が幅広いため、やりやすさとやりづらさを同時に抱えることになるかもしれません。また、資格としては溶接技能者・溶接管理技術者のいずれかを取得しておきましょう。この資格を取得していれば、就職に困ることはありません。まずは溶接技能者から取得し、次に溶接管理技術者を取得しましょう。溶接管理技術者については、仕事をしながら取得を目指すのがいいでしょう。

溶接工の平均給料・給与

33.3万円

初任給：15万円〜 ／ 生涯賃金：2億2910万円

溶接工の生涯賃金は、22歳から65歳までの43年間雇われたと想定して、それと平均給料・ボーナスを掛け合わせた数字となっております。

●溶接工の種類
溶接工にはさまざまな種類があり、それぞれ給料も変わります。もっとも給料が高いといわれているのは、水中溶接です。水中専用の道具を使って、海、河川、池、ダム、下水プールなどで作業します。とても危険な仕事ですし、日当で3万〜5万円ほどもらっているとのこと。年収1500万円以上も夢ではありません。次にボイラーの溶接です。特に高圧ボイラーの溶接は給料が高くなっています。メジャーなところでは、配管の溶接があります。高圧配管となれば給料も高く、要求されるスキルも高いです。また、航空宇宙業界での仕事もあります。おもにジュラルミン、マグネシウム、チタニウムなどを溶接し、年収は800万円近くなります。この場合、航空専門学校・航空工学科で知識や理論を学び、航空宇宙用溶融溶接作業者の技量認定を受けなければなりません。

発破技士

「爆発は芸術であり、一瞬一瞬を爆発させねばならない」

発破技士
中距離型の閃光系ジョブ。火薬を扱うマスター職。スキル「発破」を覚えると、採掘場や建設現場で爆発を起こすことができる。

●発破技士の仕事内容

砕石現場や山間部のトンネル工事、ダム工事などの土木工事現場で、ダイナマイトを使った爆破（発破）を行い、山肌や硬い岩盤を崩すのが発破技士の仕事です。火薬量を調節し、各所に設置し、発火装置などを操作します。不発の場合の装薬や残薬の点検・処理といった作業にも当たります。発破現場ではほかの作業員の安全にも配慮しなければなりません。発破作業のない時は、雑用、機械器具の整備などを行っています。都市部での仕事はほぼなく、山間部の現場では仮設の宿泊設備に寝泊まりします。

※給料の算出には求人や口コミ、厚生労働省の労働白書を参考にしております

●発破技士の資格試験の難易度は？
発破技士は国家資格です。試験科目は、「発破の方法」「火薬類の知識」「火薬類の取扱い」です。導火線発破技士と電気発破技士の免許保有者は、火薬類の2科目は免除になります。合格率はおよそ60％で、難易度はわりと低めのようです。ただし、免許交付要件があり、大学、高校などの教育機関で、応用化学、採鉱学や土木工学に関する学科を専攻

発破技士の平均給料・給与

25万円

初任給：15万円／生涯賃金：1億7200万円

発破技士の生涯賃金は、22歳から65歳までの43年間雇われたと想定して、それと平均給料・ボーナスを掛け合わせた数字となっております。

しており、3か月以上発破業務について実地修習をへていること、あるいは6か月以上発破業務への従事経験があることです。発破経験のない人は、全国火薬類保安協会が行う2日間の発破実技講習を受ければOKです。

●発破技士の給料をアップさせるには？
掘削技術の発達により、発破技士はその需要がかなり減ってきています。国内鉱業の衰退やダム建設など大型土木事業が減少している影響もあるようです。とはいえ発破が必要な現場はまだあるため、経験が豊富で、難しい現場でも適切に処理できる技術のあるベテラン発破技士は、比較的高い報酬を得ているようです。それ以外に給料をアップさせるには、大手重機土木会社や大構造物解体を請け負うゼネコン系列会社に勤務し、発破技士兼重機運転手として働くのが近道のようです。したがって、発破技士の国家資格だけではなく、大型重機を運転できる資格を取ったり、建設機械運転技能講習を修了したりして、運転経験を積むのがよいでしょう。加えて、大型自動車免許、大型特殊自動車免許も取得していれば、かなりの給与が支給されるはずです。

>> Stonemason

石工
「生涯、石とともにまだまだ歩みたい」

墓石の刻印、設営、設計、公共工事における石垣などの復旧、建築現場のタイル張りから庭園造成まで幅が広い分野で活躍する職業です。古くからある職人の技術によって支えられ、愛知県岡崎市には77社もの石工職人や石屋がある岡崎石工団地など、おもに地方での活躍の場が多いのが特徴。業態は、左官、造園業、公共工事専門の会社も存在します。世襲制というわけではありませんが、多くは家族形態で運営する石材店の中で職人として親から子へ家業を引き継ぐのが一般的です。現在、各地で人手不足で、公共工事などでは慢性的に業者が見つからないことも多いそうです。

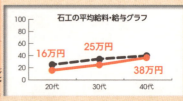

石工の平均給料・給与

24万円

初任給：15万円／生涯賃金：1億6512万円

石工の生涯賃金は、新卒が終身雇用で65歳まで雇用されたと想定して、22歳から65歳までの43年間と平均給料・ボーナスを掛け合わせた数字となっております。

石工の平均給料・給与グラフ

	20代	30代	40代
	16万円	25万円	38万円

※給料の算出には求人や口コミ、厚生労働省の労働白書を参考にしております。

石工
別名「石使い」。巨大なハンマーに渾身の力を入れて石を自由自在にけずる。アビリティ「ためる」を使える。ためすぎると血管が切れるため注意も必要である。上位職になると優れた石造美術品も仕上げられる。

ほかの業者との関連で、建設業・土木業界に精通していることが求められ、年齢による差異は少ないのですが、ベテランになればその分給与（報酬）は引き上がるようです。石工の雇用は、社員登用が少なく、アルバイトが多いです。資格は厚生労働省管轄の石材施工技能士の国家資格などがあります。養成校卒、実務経験を有する人だけが受験できるので、取得するにはプロの石工のもとで修業し技術に習熟する必要があります。

158

>> Garden Designer

「あなたの心に絡んでいる雑草を刈り取りましょうぞ」
庭師

庭師の仕事は、一言でいえば「庭を造る」ことです。クライアントの要望に合わせて、庭石や庭の植木、池、水路、芝などを配置し組み合わせて1つの庭を造り出します。個人邸宅やホテル、旅館、料亭などの庭を造っています。植木をしたり、定期的に木を剪定したりと、管理の仕事も行う庭に関するスペシャリストです。ノコギリを使って枝を落としたり、植木や石の配置をしたりという力仕事から、木々の剪定など手先を使うような繊細な作業まで、さまざまな作業をこなします。庭師の勤務先のほとんどは「造園会社」であり、家族経営のものから社員数50人規模の会社までさまざまです。

庭師の平均給料・給与
24万円
初任給:10万円〜 / 生涯賃金:1億6512万円

庭師の生涯賃金は、新卒が終身雇用で65歳まで雇用されたと想定して、22歳から65歳までの43年間と平均給料・ボーナスを掛け合わせた数字となっております。

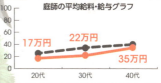

庭師の平均給料・給与グラフ

※給料の算出には求人や口コミ、厚生労働省の労働白書を参考にしております

庭師
庭の手入れやデザインをするジョブ。木属性の忍者。現代の「木忍」的存在。上級職「作庭家」は、名園を遺した人物に対し呼称される。心を成長させるスキル「翠星石」「蒼星石」を持つ庭師もいるとか。

庭師になるために必要な資格というものはありません。園芸科や造園科、土木科のある大学で庭師の基礎を学ぶこともできますが、高卒で造園会社に就職して、修業をしながら庭師として働くこともできます。ただし、職人として一人前になるまでには10年以上かかるともいわれており、努力が必要です。中には住み込みで働いている人もいます。造園会社で経験を積み、独立を果たす庭師もいます。関連資格としては、国家資格である「造園技能士」や「造園施工管理技士」があります。

>> Wrestler

「最強の称号を得ても老いは若さに勝てない。だから今しかないんです」

レスリング選手

レスリングは、マットのサークル内で素手で組み合い、相手の両肩を1秒以上マットにつけることで勝敗を決める競技です。決めた技によってポイントが加算され、勝敗が決まらなければ獲得したポイントの合計によって判定されます。そのレスリングの試合に出場すればレスリング選手といえますが、ワールドカップやオリンピックで活躍し、よい成績をおさめなければ、仕事であるとはいえません。知名度の高い選手のほとんどが、会社のレスリング部に所属しています。メダルを取るなどして注目度が高まればCM契約や有名企業とのスポンサー契約などができ、大きな収入につながります。

レスリング選手の平均給料・給与

28万円

初任給：不明／生涯賃金：8960万円

レスリング選手の生涯賃金は、22歳から企業に所属し20年間レスリング選手として活動したと想定して、20年に平均給料・ボーナスを掛け合わせた数字となっております。

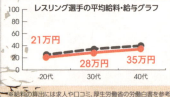

※給料の算出には求人や口コミ、厚生労働省の労働白書を参考にしております

レスリング選手

グラディエイター系職業の一つ。素手のみを武器に、相手の肩を地面につける仕事。クラスチェンジは「プロレスラー」「総合格闘家」「レスリングコーチ」などであるが、金メダルを取れば「芸能人」にも。

体を動かすことが好きで、運動神経に自信があること、そして目標に向かって諦めずに日々努力をすることができる人というのは基本で、そこから選手になれるのは一握りです。レスリング選手には資格が必要なわけではないので、子どものころからレスリングクラブに通い、運動能力を磨くことがレスリング選手への第一歩です。日本はレスリングが強い国で、特に女子レスリングは毎回オリンピックで金メダルラッシュに沸く競技です。一般的な仕事とは違い、世界中の人々から応援してもらえる面白さがあるでしょう。

▶▶ Food Fighter

「いかなる食べ物にも敬意を払いなさい」
フードファイター

フードファイターとは、大食いや早食い競技の参加者として、さまざまな大会に出場して賞金を稼ぐ職業です。飲食店で行われているデカ盛り、メガ盛りなどのチャレンジメニューに挑戦したり、テレビ番組の「大食い選手権」に出場したり、知名度を上げて自らフードファイターを名乗ります。向いている人は、とにかく食べることが好きで量が食べられる人です。注目されて知名度を上げなければ、仕事として生業にできないので、現役にはキャラの立った人ばかりです。フードファイトは多種多彩なメニューが出ます。好き嫌いをなくし、何でも噛み切れるよう顎の力を鍛えておくことが重要です。

フードファイターの平均給料・給与
56万円

初任給：1万円〜 ／ 生涯賃金：3360万円

フードファイターの生涯賃金は、現役ファイターとしての想定活動期間5年間と平均給料を掛け合わせた数字となっております。

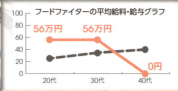

フードファイターの平均給料・給与グラフ

※給料の算出には求人・口コミ、厚生労働省の労働白書を参考にしております。

フードファイター
どれだけ多く食べたかで勝負する。スキル「ソロモンメソッド」は、ホットドッグに特化した大食い技だ。また呼吸法や分割方法など、知略や軍略を駆使するため、別名「食の軍師」と呼ばれる。

食欲と胃袋に自信があれば、「完食できたら1万円」などの飲食店のチャレンジメニューに挑戦してみましょう。また、食べるだけでなくタレント性も大事です。テレビで話題になれば、グルメ番組のレポーター、書籍出版などの仕事も期待できます。アメリカではスポーツ専門チャンネルでフードファイトを放送し、出場選手は「プロフードファイター」と呼ばれます。選手生命は短いですが、一獲千金を期待できる仕事の一つです。

▶▶ Cycle Racer

「赤い彗星が3倍なら、俺はその上をいくっ！」
競輪選手

競輪選手
賞金稼ぎ系ジョブ。選手たちがゴール前で漕ぎまくる姿は「隕石襲来」と称される。猛スピードで体を丸めて彗星に変身する。

自転車レースで順位に応じた賞金を獲得する仕事です。トップ選手になれば年収は億を超えます。試合前日に身体と車体の検査を受け、問題がなければ翌日以降の競争に参加できます。競輪場入りしてからレースを終えるまで、八百長防止のため携帯電話などを預けて、選手宿舎に隔離されます。競輪選手になるには、日本競輪学校に入学し国家試験の競輪選手資格検定試験に合格する必要があります。その後、選手会に所属すると選手登録されます。選手寿命が長いことで知られています。

平均給料・給与
73万円
初任給：30万円
生涯賃金：1億7520万円

※生涯賃金は、想定活動期間20年間と平均給料を掛け合わせた数字となっております。

平均給料・給与グラフ
- 20代：33万円
- 30代：115万円
- 40代：71万円

※給料の算出は求人や口コミ、厚生労働省の労働白書を参考にしております。

▶▶ Gymnastic Umpire

「G難度のGはGODのGである」
体操審判員

体操審判員
技の難易度・美しさ・安定性に点数をつける。体操選手による床運動、鉄棒、つり輪、跳馬などの技の瞬間的な回転数や姿勢を見極める。

国際体操連盟が制定する採点規則に基づいて、技の難易度、美しさ、雄大さ、安定性などを採点します。審判員資格には3種類あり、3種は都道府県レベルの大会、2種は地区ブロックレベルの大会、1種は全国レベルの大会で審判ができます。体操審判員になるには、日本体操協会の講習を受講する必要があります。競技経験があり、既定年齢に達した者のみ受講できます。体操の指導者や教員、現役選手などが就くことが多いようです。審判員のほとんどはボランティアです。

平均給料・給与
2万円
初任給：2万円
生涯賃金：1032万円

※生涯賃金は、想定活動期間43年間と平均給料を掛け合わせた数字となっております。

平均給料・給与グラフ
- 20代：2万円
- 30代：2万円
- 40代：2万円

※給料の算出は求人や口コミ、厚生労働省の労働白書を参考にしております。

▶▶ Figure Skater

「軸がブレない人は、何をするにも成功する」

フィギュアスケーター

フィギュアスケーター
氷上に召喚されしスピン王国の妖精。スキル「トリプルアクセル」は、回転にさらに回転を加え、銀盤のコマに変身する特殊スキル。

フィギュアスケーターは、スケート靴を履き、音楽に合わせて氷上で踊ったり、ジャンプをしたりと、自分の技を人々に「魅せる競技をする」職業です。ほとんどの選手がオリンピックなどでメダルを取ることを目標とし、子どものころから評判のよいコーチのもとで練習を積み、大会に出場して上位を狙います。人気が出ればスポンサー契約などを勝ち取ることもでき、収入も大幅にアップします。人気がある職業ですが、目指すのであれば幼いころから取り組まないと難しいでしょう。

平均給料・給与
94.3万円
初任給：100万円〜
生涯賃金：5658万円

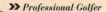

生涯賃金は、もっとも活動しやすい19歳から24歳までの5年間での大会賞金のみの平均を掛け合わせた数字となっております。

※給料の算出は求人や口コミ、厚生労働省の労働白書を参考にしております。

▶▶ Professional Golfer

「ゴルフの真実は、前傾を保った背骨中心の回転運動だけなんです」

プロゴルファー

プロゴルファー
多様なショットのスキルと10以上の武器を使い分ける。オーガスタに住む魔女を討伐すると「グリーン・ジャケット」の称号が贈られる。

試合に出場して賞金を獲得するトーナメントプロ（ツアープロ）と、ゴルフ練習場などでゴルフを指導するティーチングプロの2種類があります。また、両方を兼ねている人もいます。日本でトーナメントプロになるには、アマチュア時代にツアートーナメントで優勝するか、プロテストに合格して、日本プロゴルフ協会からプロとして認定されなければなりません。賞金のほかに、特定の企業との契約、ゴルフメーカーとの間で交わすアドバイザリー契約などで収入を得ています。

平均給料・給与
204万円
初任給：0円〜
生涯賃金：7億3440万円

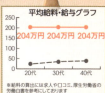

生涯賃金は、20歳から50歳までの想定活動期間30年間と平均給料を掛け合わせた数字となっております。

※給料の算出は求人や口コミ、厚生労働省の労働白書を参考にしております。

第4章　土木建築・体力・スポーツ系職業

>> Soccer Referee

サッカー審判員

「審判を下すことは、強者の利益にほかならず」

国内のプロサッカー審判員は、反則への厳格さ、得点の有効性、試合の公平性を司る仕事です。J1・J2・JFL主審、J1・J2・JFL副審などがあります。日本サッカー協会（JFA）ではプロフェッショナルレフェリー制度を導入しており、プロになるとサラリーマンのおよそ2倍の給料が手に入るといわれていますが、かなりの狭き門です。将来の審判員確保にかなり積極的であるものの、少子化に加えて、試合のできるグラウンドの整備や将来の就職など、多くの問題があります。国際試合の審判員は、女子1級、1級審判員から選出され、JFA、FIFAからの推薦後、FIFAが最終的に決定します。

サッカー審判員の平均給料・給与

67万円

初任給：30万円〜／生涯賃金：2億4120万円

サッカー審判員の生涯賃金は、想定雇用期間30年と平均給料を掛け合わせた数字となっております。

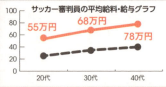

サッカー審判員の平均給料・給与グラフ
- 20代：55万円
- 30代：68万円
- 40代：78万円

※給料の算出には求人や口コミ、厚生労働省の労働白書を参考にしております

サッカー審判員

蹴球において公平中立にジャッジメントを行う。神の警告「イエローカード」と神の排除「レッドカード」を使い、異なる者を律する力を持つ。上級職「国際審判員」は、世界蹴球の審判も行う。

地方自治体および都道府県が主催する試合で審判検定を受ける必要があります。4級の場合は、講習を受ければ誰でもなれます。3級には、数十試合の主審・副審経験が必要で、筆記テストと体力テストをクリア後、1試合分の主審を行って評価を受けます。公認審判員になるには、日本サッカー協会、地域サッカー協会、都道府県サッカー協会などへ登録する必要があります。体力的な側面とジャッジ技術から、3級以上は難関だといえます。

>> Sumo Referee

「力士よ。偉大なる王者よ。力の限り、戦うがいい」

行司

相撲の取り組みで有利不利を判定する仕事です。結果として勝敗を示すことになりますが、あくまで進行役であり、物言いがあった場合は勝負審判が決定権を持ちます。腰に差した短刀は、軍配を差し違えたら切腹するという覚悟を表しています。現代でも数日間の出場停止などの処分を受けることがあります。行司は力士と同様に相撲部屋に所属し、普段は番付発送や後援会への連絡、巡業での列車や宿の手配など事務的な仕事を行います。経理関係の記帳などを行うこともあります。大相撲をさまざまな形で支える伝統的な職業です。

行司の平均給料・給与

28万円

初任給：14万円／生涯賃金：2億0608万円

行司の生涯賃金は、想定雇用期間46年と平均給料・ボーナスを掛け合わせた数字となっております。

行司の平均給料・給与グラフ

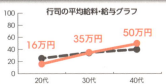

20代：16万円　30代：35万円　40代：50万円

※給料の算出には求人や口コミ、厚生労働省の労働白書を参考にしております

行司

相撲において有利・不利を判断し、勝者を判定するジョブ。神器「軍配」に示された力士は、絶大なる勝利の喜びを得る。スキル「発気揚々（はっけよい）」は力士の潜在力を解放する呪文だ。

行司になるのに力士のような試験や検査はありません。志願資格は中卒以上の満19歳までの男子で、相撲協会が適格と認めた者です。なお、行司の定員は45名以内となっており、65歳の定年制です。そして、欠員がなければ新たな採用はありません。そのため、狭き門となっています。行司として協会から認められても3年間は見習い期間です。相撲部屋で、雑用をしながら相撲の歴史、勝敗の見極めから、発声練習、相撲文字の書道の練習を行います。

>> Alpinist

登山家

「死の危険がなかったら、クライミングはもはやクライミングではありません」

　登山家そのものは、職業ではありません。登山ガイド・山岳ガイド、登山学校経営、登山ショップ経営、講演・執筆活動などの副業を通じて、冬山登山などの実績、ロッククライミングの実績を重ねる人たちです。下記の給与は、およそこれくらいの給料を得ていなければ、登山家になるには、ほぼ不可能という数字にしてみました。登山家とは、登山費用を捻出するために、副業に励む人でもあるのです。登山家で有名なのはアルピニストの野口健さん。アルピニストとは、元々はアルプス登山者の意で、特に、高度な技術を要する登山を行う人のことをいい、海外では国家試験まであります。

登山家の平均給料・給与

59.3万円

初任給：18万円／生涯賃金：1億4232万円

登山家の生涯賃金は、登山家として20年間活動できると想定して、それに平均給料を掛け合わせた数字となっております。

登山家の平均給料・給与グラフ
37万円 / 58万円 / 83万円
（20代／30代／40代）

※登山家としてのメディア出演のギャランティやスポンサー料などから算出しております。

登山家

エクストリームジョブの一つ。セブンサミッツ「七大陸最高峰」を制するために屈強なトレーニングを積む。極限まで挑むとスキル「無酸素登頂」を発動する。

　日本の登山家の多くは、副業として、インドアクライミングスクールやスポーツショップの経営、講演会、スポンサー探し、インストラクターなどの職業を収入源としたり、本を書いたりして副収入を得ています。登山に関してスポンサーが付くのは、メディアへの露出のため。登山家はメディアやスポンサーからの支援やギャランティなどで入山料や登山にかかる費用を捻出しているようです。

▶▶ Rugby Player

「自分の心を整えるのは自分の行動しかない」
ラグビー選手

多くのラグビー選手は所属している企業での仕事をしながら練習をし、試合もこなします。勝って見ている人を興奮させる。それが、ラグビー選手の仕事内容です。なるための資格は特にありませんが、その資質は問われます。ポジションによって役割が違うので一概には言えませんが、相手に負けないような気迫、精神力の強さや、体が痛くとも瞬時に頭をめぐらせ判断をする判断力、心身ともに総合的な強さが求められます。ラグビー選手になるには、それらを鍛え上げ、ラグビーで有名な企業に入社するとよいでしょう。大学や高校などにラグビー部がある場合はスカウトという道もあります。

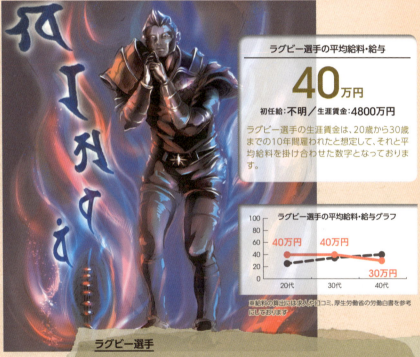

ラグビー選手の平均給料・給与

40万円

初任給：不明 ／ 生涯賃金：4800万円

ラグビー選手の生涯賃金は、20歳から30歳までの10年間雇われたと想定して、それと平均給料を掛け合わせた数字となっております。

ラグビー選手の平均給料・給与グラフ

	20代	30代	40代
	40万円	40万円	30万円

※給料の算出には求人や口コミ、厚生労働省の労働白書を参考にしております。

ラグビー選手
グラディエイター系職業。世界最強チームは、試合前に「HAKA」を踊る。相手を称え鼓舞するものである。スキル「五郎丸の呪印」はキックの精度に＋50％補正がかかる世界最高のスキル。

海外チームともなると、日本円換算で年俸が億を超える選手も多数います。例えば2014年に現役を引退したジョニー・ウィルキンソンは年俸が1億円を超えていましたし、ダン・カーターも1億8000万円ほどの年俸になったそうです。2007年に現役を引退した、かつて怪物と恐れられたジョナ・ロムーは全盛期で年俸約6億5000万円だったといわれています。日本だと5000万円を超えませんが、そのうち1億円プレイヤーが出てくるかも。

>> Sumo Wrestler

「私は強い人間ではないが、運があった。その運は努力をしている人にしか来ない」

力士

土俵と呼ばれる盛り土の上で取り組みを行う、日本古来の国技を執り行う大相撲選手。おもに関東周辺にある相撲部屋に属し、場所による勝ち星を重ね、序ノ口から始まる10の階級を上げていく競技を行う仕事です。正式には十両以上が公益財団法人職員で、幕下以下は職員の養成員ということになっています。力士の給料の相場は、横綱約282万円、大関約234万円、関脇約169万円、小結約169万円、前頭約131万円、十両約103万円。以下は年6回手当で、幕下約15万円、三段目約10万円、序二段約8万円、序ノ口約7万円。十両以上の力士には、退職金も養老金という形で支給されるようです。

力士の平均給料・給与

149万円

初任給：7万円〜 ／ 生涯賃金：2億6820万円

力士の生涯賃金は、義務教育終了の16歳から引退平均年齢の31歳までの15年間活動したと想定して、それと平均給料を掛け合わせた数字となっております。

力士の平均給料・給与グラフ
130万円／169万円／0円

※年代での算出が難しいため階級をもとに独自に算出しております

力士

日本固有の宗教である神道に基づき神に奉納される神事。しかし近年は格闘技といわれており世界最強ともいわれている。動画投稿サイトでは波動砲を撃ったり地球を破壊する姿が見られる。

力士になるには、日本大相撲協会が行う、新弟子検査を受ける必要があります。受験資格は中学卒以上（外国人は義務教育を修了した者）、23歳未満であること。身長167センチ以上、体重67キロ以上（3月場所は就職場所と呼ばれ、中卒に限り身長165センチ以上、体重67キロ以上）。新弟子検査には、親権者の承諾書、戸籍謄本や抄本、健康診断書、住民票、中学卒業証明書及び見込みを証明できるもの、スポーツ履歴や力士検査届が必要です。

>> Dancer

「The Way You Make Me Free!! 君に感じちゃうよ!」
ダンサー

ダンサー
精霊系ジョブ。さまざまな舞いを身につけ、踊りを仕事とする。クラスは「ジャズ」「レゲエ」「ヒップホップ」「社交」など。

テレビや映画、コンサート、ミュージカルなど花形の舞台のほかに、遊園地などのテーマパークやダンススクールなど、さまざまな場所でダンサーの仕事があります。バーなどでダンスを披露する人もいます。ダンサーになるのに決まったルートというものはありません。ダンスを学んで、どこかの会社に雇われて働く人もいれば、コンテストやオーディションで役を取る人もいます。体が資本であり、仕事道具です。トレーニングを欠かさず、表現方法を学び続けることが必要です。

平均給料・給与
26万円
初任給：10万円〜
生涯賃金：9360万円

※生涯賃金は、想定活動期間30年間と平均給料を掛け合わせた数字となっております。

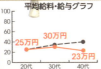

平均給料・給与グラフ
25万円　30万円　23万円
20代　30代　40代

※給料の算出には求人や口コミ、厚生労働省の労働白書を参考にしています

>> Yoga Instructor

「ココロとカラダを浄化させる永遠の仕事がヨガよ」
ヨガインストラクター

ヨガインストラクター
真言宗や天台宗の「護摩」「阿字観」などの密教行為として日本に伝わったヨガを伝道するジョブ。残念ながら炎を吐くことはできない。

ヨガインストラクターは、ヨガの楽しさや実践方法を教える仕事です。ヨガスタジオをはじめ、各自治体などが開くヨガ講座などでヨガを教えます。大手スタジオで勤務するか、フリーランスで働く人もいます。結婚や出産をへても続けられますし、フリーランスであれば、常連のお客様や贔屓にしてくれる人がいれば、収入アップも望めます。自分のスタジオを持つことで時間の融通を利かせることもできます。ヨガを通じてお客様と触れ合い、お客様の喜ぶ顔を見ることが何よりのやりがいとなります。

平均給料・給与
20万円
初任給：15万円〜
生涯賃金：1億3760万円

※生涯賃金は、想定雇用期間43年間と平均給料・ボーナスを掛け合わせた数字となっております。

平均給料・給与グラフ
18万円　20万円　24万円
20代　30代　40代

※給料の算出には求人や口コミ、厚生労働省の労働白書を参考にしています

アスレティックトレーナー

アスレティックトレーナーの仕事はスポーツ選手のサポートをすることです。サポートは身体的なものから精神的なものまであります。スポーツ選手の運動能力を高めるだけでなく、選手一人ひとりの体調を気遣い、試合当日に最大限に力を発揮できるようにします。

アスレティックトレーナーの平均給料・給与グラフ
20代 27万円／30代 36万円／40代 42万円
※給料の算出には求人や口コミ、厚生労働省の労働白書を参考にしております

平均給料・給与
38万円
初任給：20万円／生涯賃金：1億9608万円
生涯賃金は、想定雇用期間43年間と平均給料・ボーナスを掛け合わせた数字となっております。

就職先はおもにスポーツジムやフィットネスクラブが多いです。そのほかにはプロのスポーツ選手との個人契約や、最近では医療施設や介護・老人福祉施設でも働いています。

鋳物工

砂などを固めて作った鋳型に溶かした金属を流し込み、目的に応じた製品を生産する職人です。鍋や釜などの日用品から、工作機械、発動機、車両、船舶、電気機械などの部品を作っています。見習工から始まる職業で実務重視、国家資格「鋳造技能士」は名称独占資格です。

鋳物工の平均給料・給与グラフ
20代 18万円／30代 38万円／40代 40万円
※給料の算出には求人や口コミ、厚生労働省の労働白書を参考にしております

平均給料・給与
33万円
初任給：16万円／生涯賃金：2億2704万円
生涯賃金は、想定雇用期間43年間と平均給料・ボーナスを掛け合わせた数字となっております。

全体的に職人の数が少なく、現在は1万7500人ほどです。鋳物を扱う会社に就職し、補助作業からキャリアを積んでいきます。勤続11年で月給28万円ほどになるようです。

F1レーサー

F1レーサーの仕事内容は、多くのレースに参加し優勝を目指して走ることです。レースでの優勝や上位の成績を残すことで評価され、スポンサーがつきます。自分が乗るレースカーの構造、性質などをよく理解するための勉強や、日々の練習も仕事の一つといえるでしょう。

F1レーサーの平均給料・給与グラフ
20代 140万円／30代 140万円／40代 140万円
※給料の算出には求人や口コミ、厚生労働省の労働白書を参考にしております

平均給料・給与
140万円
初任給：不明／生涯賃金：3億8640万円
生涯賃金は、ミハエル・シューマッハが43歳で引退したのを参考に、23年間と平均給料を掛け合わせた数字となっております。

フェラーリやメルセデスなど有名チームに所属するトップクラスのF1レーサーには、大口のスポンサーがつき、賞金と合わせて年収1億〜60億円と超高額になることもあります。

オートレーサー

オートレースは1周500メートルの走路を通常8車のバイクで周回し、順位を競う公営競技です。オートレーサーは全国にあるオートレース場で開催されるレースに出場し、優勝・入賞賞金を得ます。スター選手は数億円を稼ぎますが、収入のバラつきが激しいのが特徴です。

オートレーサーの平均給料・給与グラフ
20代 93万円／30代 166万円／40代 116万円
※給料の算出には求人や口コミ、厚生労働省の労働白書を参考にしております

平均給料・給与
108万円
初任給：不明／生涯賃金：6億9984万円
生涯賃金は、現役最年少の21歳から最高齢の75歳までの54年間と平均給料を掛け合わせた数字となっております。

公営競技の中でも選手生命が長めです。16〜18歳で養成所に入り、早くて20歳でデビューをした場合、現役期間は30年ほどあります。70歳超えの現役選手もいます。

型枠大工

建設に応じてコンクリート工法を施工する場合、あらかじめ型枠を設計どおりに組み上げてコンクリートを流し込むため、この型枠を造って組み立てる職業が、型枠大工といわれています。施工図面作成などもするため、建設業界では高度な技能所得者として知られます。

型枠大工の平均給料・給与グラフ
18万円(20代)　26万円(30代)　38万円(40代)

平均給料・給与
25万円
初任給：16万円～／生涯賃金：1億7200万円
※生涯賃金は、想定雇用期間43年間と平均給料・ボーナスを掛け合わせた数字となっております。

日当が多く、手当なしで、平均10時間労働です。休憩が法定通りで、残業代も含めるとしたら、事業主以外の型枠大工個人の給与は1万弱と見るのが妥当です。

騎手

競走馬に騎乗し競馬のレースに出場するのが仕事です。競馬のPRのためにマスコミの取材に応じたり、イベントに出演したりすることも大切な仕事です。進上金と呼ばれるレースで獲得した賞金の5%と、レースに出場するたびにもらえる騎乗手当、騎手奨励手当が収入となります。

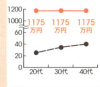
騎手の平均給料・給与グラフ
1175万円(20代)　1175万円(30代)　1175万円(40代)

平均給料・給与
1175万円
初任給：不明／生涯賃金：6億0630万円
※生涯賃金は、想定雇用期間43年間と平均給料・ボーナスを掛け合わせた数字となっております。

平均給料はトップランカー10位以上の選手から算出しています。中央競馬の騎手と地方競馬の騎手では賞金総額に大きな格差があり、年収差が10倍もあることもあります。

キャディ

キャディの仕事は、利用客が気持ちよくゴルフができるように気をつかうことです。一般のキャディはバッグをカートに乗せて、打つ場所まで移動させます。そうして、利用客が使うクラブを渡し、時にはアドバイスをします。プロゴルファーと専属契約するプロキャディもいます。

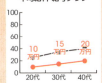
キャディの平均給料・給与グラフ
10万円(20代)　15万円(30代)　20万円(40代)

平均給料・給与
15万円
初任給：10万円～／生涯賃金：1億0320万円
※生涯賃金は、想定雇用期間43年間と平均給料・ボーナスを掛け合わせた数字となっております。

プロキャディの給料は月に7万～12万円程度です。プロゴルファーの身の回りの世話までしている場合、少し上乗せされ、プロゴルファーの賞金の一定の割合の金額が支給されることも。

CADオペレーター

CADオペレーターの仕事は、設計士やデザイナーが描いたラフ画のような設計図を、CADソフトを操作してきっちりとした図面にブラッシュアップして仕上げることです。設計図は、家などの建築関係、自動車などの機械関係といった分野がメインになっています。

CADオペレーターの平均給料・給与グラフ
15万円(20代)　20万円(30代)　30万円(40代)

平均給料・給与
20万円
初任給：10万円～／生涯賃金：1億3760万円
※生涯賃金は、想定雇用期間43年間と平均給料・ボーナスを掛け合わせた数字となっております。

CADオペレーターの中には、在宅で仕事をしている方もいます。ただ、いわゆるSOHOとしてCADオペレーターをやっていくのは容易なことではなく、あまり稼げません。

第4章　土木建築・体力・スポーツ系職業

クレーン運転士

労働安全衛生法に基づいた国家資格が必要な職業で、移動式クレーン、タワークレーンなど複数の職場において専門技能を必要とします。5トン以上を含めすべてのクレーンを操縦できる免許と、5トン未満のクレーンを操作できる、床上運転式限定免許などがあります。

平均給料・給与
36万円
初任給：20万円～／生涯賃金：2億4768万円
生涯賃金は、想定雇用期間43年間と平均給料・ボーナスを掛け合わせた数字となっております。

港で働くクレーン運転士は、月額で平均42万円前後からで、年収では500万円以上が相場。クレーン運転士の中では、待遇はいいことで知られています。

警備員

工事現場で人や車を誘導したり、ショッピングモールや人の集まる施設で見回りや誘導をしたり、現金輸送車を警備したり、個人に付き添って警護する仕事などがあります。詳しくは警備業法という法律で分類されていて、1号警備から4号警備まであります。

平均給料・給与
22万円
初任給：16～20万円／生涯賃金：1億5136万円
生涯賃金は、想定雇用期間43年間と平均給料・ボーナスを掛け合わせた数字となっております。

給料は、正社員の場合は月給制や年俸制が適用されますが、仕事が安定してあるわけではないことから、管理職以外はアルバイトで時給制ということが多い状況です。

港湾労働者

港でコンテナなど船の荷物の積み下ろし作業や運搬を行うのが仕事です。港湾荷役作業員とも呼ばれます。チームを組んで船に乗り込み作業をする「船内荷役作業員」や、岸壁側や埠頭ターミナルで荷捌きして貨物置場に運搬する「沿岸荷役作業員」などの種類があります。

平均給料・給与
37.3万円
初任給：17万円／生涯賃金：2億5662万円
生涯賃金は、想定雇用期間43年間と平均給料・ボーナスを掛け合わせた数字となっております。

学歴も年齢も関係ない力仕事となります。日雇い労働者が多いのも特徴です。シフト制で深夜作業もあります。労働組合と業界団体の協定により、最低賃金が定められています。

サッカー選手

サッカー選手の仕事は、クラブと契約し、プレイヤーとして勝利に貢献することです。日本サッカー協会の規則では満16歳以上であることと定められています。Jリーガーの年俸は選手の能力や活躍度によってA、B、Cの3ランクに分けられており、1億円以上を稼ぐ選手もいます。

平均給料・給与
175万円
初任給：38万円／生涯賃金：3億7800万円
生涯賃金は、想定活動期間18年間と平均給料を掛け合わせた数字となっております。

年俸は「基本給」と「出場・勝利給」に分かれています。つまり、すべての試合に出場し、なおかつ勝利しなければ年俸の満額を受け取ることはできないという仕組みです。

実業団陸上選手

企業に所属して陸上の競技大会に出場するのが仕事です。活躍することが企業の宣伝になります。企業のCMに出演したり、イベントに参加したりすることも重要な仕事となります。企業によって練習に専念できるところもあれば、午前中は会社員として業務を行うところもあります。

※給料の算出には求人や口コミ、厚生労働省の労働白書を参考にしております

平均給料・給与
25万円
初任給：22万円／生涯賃金：7200万円
生涯賃金は、想定雇用期間18年間と平均給料・ボーナスを掛け合わせた数字となっております。

日本ではまだプロが少なく、ほとんどの陸上選手が実業団に所属しています。そのため、所属する企業の規定に応じた給料が支払われ、年収はサラリーマンと同程度となります。

社会人野球選手

立場上は会社員になるので、一定時間はほかの社員と同じように仕事もします。一般的に午前中は仕事をして、午後から野球の練習というところが多く、練習や試合がない時は通常業務をこなします。シーズンが始まると遠征が多くなり、野球がメインの生活になります。

※給料の算出には求人や口コミ、厚生労働省の労働白書を参考にしております

平均給料・給与
33万円
初任給：20万円／生涯賃金：9504万円
生涯賃金は、想定雇用期間18年間と平均給料・ボーナスを掛け合わせた数字となっております。

社会人野球の手取りは所属している企業の一般社員と変わりません。一般社員が30万円の場合、社会人野球の人も30万円です。ただし、手当がつくこともあります。

柔道整復師

柔道整復師の仕事は打撲、捻挫、肉離れ、脱臼、骨折、挫傷といった症状を治療することです。人間が本来持つ自然治癒力によって損傷を治すという考え方なので、病院とは違い基本的に素手で治療を行います。自分の体を使って治療するので、体力的にもハードです。

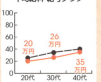

※給料の算出には求人や口コミ、厚生労働省の労働白書を参考にしております

平均給料・給与
23万円
初任給：10万円／生涯賃金：1億5824万円
生涯賃金は、想定雇用期間43年間と平均給料・ボーナスを掛け合わせた数字となっております。

勤務柔道整復師でも頑張れば年収600万～700万円程度は稼げるかもしれませんが、年収1000万円以上を稼ぎたい場合は独立開業で、人気・知名度が必要。

柔道選手

柔道選手は学生として、または企業の柔道部に所属して、柔道の大会に出場します。企業に所属する選手は社員として仕事をしながら柔道の練習をする場合と、柔道に専念する環境が与えられている場合があります。企業の看板を背負っているので、結果を残すことが重要となります。

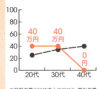

※給料の算出には求人や口コミ、厚生労働省の労働白書を参考にしております

平均給料・給与
40万円
初任給：22万円／生涯賃金：1億1520万円
生涯賃金は、想定雇用期間18年間と平均給料・ボーナスを掛け合わせた数字となっております。

柔道選手の年収は、所属する企業の給料のほか、日本代表候補になれば強化費が加わります。オリンピックで金メダルを取って1億円のボーナスをもらった選手もいるそうです。

スタントマン

映画、ドラマなどでカーアクションや格闘シーンなど、俳優に危険のともなう演技の代替として、また、事故の再現や災害などの映像表現に必要とされる場合に出演する、専門の役者です。業界の位置づけとしては俳優であり、体を使った表現や演技力が必要とされます。

スタントマンの平均給料・給与グラフ

※給料の算出には求人や口コミ、厚生労働省の労働白書を参考にしております。

平均給料・給与
32万円

初任給：18万円～／生涯賃金：1億6512万円

生涯賃金は、想定雇用期間43年間と平均給料・ボーナスを掛け合わせた数字となっております。

階段落ちで3万～5万円の報酬、自転車や歩行中に車にはねられるアクションでは1万～7万円、高所からの飛び降りでは3万～10万円などの報酬区分があるそうです。

塗装屋

建築塗装、金属焼付塗装工、板金塗装などがありますが、スプレーガンに塗料を入れ、材料や壁面に塗装仕上げをするのが、おもな仕事です。現場では雑用も多く、工務店や工事事業会社に属している場合と、個人経営の事業者に雇用されるパターンが有ります。

塗装屋の平均給料・給与グラフ

※給料の算出には求人や口コミ、厚生労働省の労働白書を参考にしております。

平均給料・給与
30万円

初任給：18万円／生涯賃金：2億0640万円

生涯賃金は、想定雇用期間43年間と平均給料・ボーナスを掛け合わせた数字となっております。

手取りは、30歳後半で26万円前後と決して高くはなく、しかも正社員のような月給制が少ないため、よく言えば「業者を選ばなければ」それなりに稼げるそうです。

配管工

水道やガス管など、建設業でおもに生活のための屋内、屋外給排水設備や、インフラ関係の配管工事を専門とした職業です。空調配管工、衛生配管工、冷媒配管工、ガス配管工、医療ガス配管工なども含まれます。技能を証明する「配管技能士」などの資格があります。

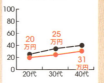

配管工の平均給料・給与グラフ

※給料の算出には求人や口コミ、厚生労働省の労働白書を参考にしております。

平均給料・給与
31万円

初任給：19万円／生涯賃金：2億1328万円

生涯賃金は、想定雇用期間43年間と平均給料・ボーナスを掛け合わせた数字となっております。

見習いの給与は、平均的な新卒給与水準と変わらず、要普通免許で経験に応じて18万～24万円くらいで募集があります。中規模以上の設備事業者が募集することが多いです。

花火師

煙火業者と呼ばれる、公益社団法人日本煙火協会に登録している業者で働く人を、「花火師」と呼びます。花火大会での打ち上げと企画のみを担当する業者や、花火製造そのものを行う業者もいます。最近ではパソコンを使って打ち上げシミュレーションをすることもあるそうです。

花火師の平均給料・給与グラフ

※給料の算出には求人や口コミ、厚生労働省の労働白書を参考にしております。

平均給料・給与
21.5万円

初任給：15万～16万円／生涯賃金：1億1094万円

生涯賃金は、想定雇用期間43年間と平均給料・ボーナスを掛け合わせた数字となっております。

夏場の2か月間は全国展開している業者では給与は30万円を超えることもありますが、冬場はその半分以下になることもあるそうです。正月のカウントダウンの需要もあります。

バレーボール選手

バレーボールの実業団チームを持つ企業に所属し、Vリーグなどの公式戦に出場するのが仕事です。企業に社員として所属しているケースと、1年ごとの契約の嘱託契約、プロとして数年単位の年俸で契約するプロ契約があります。プロ契約の選手は日本では数名しかいません。

平均給料・給与
30万円
初任給：20万円／生涯賃金：8640万円
生涯賃金は、想定雇用期間18年間と平均給料・ボーナスを掛け合わせた数字となっております。

日本ではトップクラスの選手でも年収1000万円程度といわれています。嘱託契約の選手はアルバイトと同じ不安定な身分で、年収も200〜700万円と幅があります。

福祉住環境コーディネーター

福祉住環境コーディネーターとは、福祉と建築の両方の分野についての知識をもとに、高齢者・障害者の暮らしやすい住宅や施設・街作りをする仕事です。福祉と住宅を結びつけて考え、バリアフリーのためにどのような設備が必要か、どのような住宅であるべきかを提案します。

平均給料・給与
24.5万円
初任給：17万円〜／生涯賃金：1億6856万円
生涯賃金は、想定雇用期間43年間と平均給料・ボーナスを掛け合わせた数字となっております。

この資格のみでは求人は非常に少なく、給料も低いです。そのため、建築士や福祉用具専門相談員、介護支援専門員などとして働きながら資格取得をするのが一般的です。

プロサーファー

サーフィンのプロライセンスを持ち、大会に出場して賞金を稼ぐのがプロサーファーの仕事です。日本では日本プロサーフィン連盟（JPSA）が公認プロ制度を設けています。国内では年間約40の大会が開催されていますが、プロ資格がなければエントリーできない大会もあります。

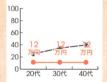

平均給料・給与
12万円
初任給：5万円／生涯賃金：2592万円
生涯賃金は、想定活動期間18年間と平均給料を掛け合わせた数字となっております。

プロサーファーの年収は大会の賞金と、スポンサー契約からなります。国内大会の優勝賞金は50万〜80万円が相場で、トップ選手でも年収300万円程度といわれています。

プロ釣り師

海釣り、渓流釣り、バスフィッシングなどを仕事とする人です。特にバスフィッシングはプロとしての活躍が目立ちます。トーナメントに参加したり、釣りのインストラクターをしたり、イベントや講習会にゲストとして呼ばれたり、ガイド本の出版やDVDへの出演などで収入を得ます。

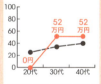

平均給料・給与
52万円
初任給：17万円〜／生涯賃金：1億8720万円
生涯賃金は、バスプロとしてやっていける30歳から60歳までの30年間と平均給料を掛け合わせた数字となっております。

漁師以外で、釣りで生計を立てるというのは非常に厳しいようです。雑誌に出ているような有名な釣り師でも、ほかに本業を持っていることがあります。

プロボウラー

公益財団法人日本プロボウリング協会認定のプロとして、大会に出場し、優勝をめざします。収入はほとんどがその優勝賞金で、実力勝負の世界です。時にはイベントを通じてボウリングというスポーツの普及活動などを行う仕事もあります。

平均給料・給与
35万円

初任給：10万円〜／生涯賃金：1億8060万円

生涯賃金は、想定活動期間43年間と平均給料を掛け合わせた数字となっております。

世界クラスのプロボウラーともなると、年収は数千万円くらいになります。アメリカの大会だと優勝賞金が数千万円になることがあり、年に1億円以上を稼ぐ人もいるほどです。

プロボクサー

簡単に言えば、試合で対戦をすることが仕事内容です。試合で勝てるかどうか、大会に優勝できるかどうかが収入に大きく関わります。日本でトップレベルになると、戦いの場は世界へと移行します。全世界のファンに夢と希望と熱いひと時を与える仕事です。

平均給料・給与
15万円

初任給：5万円〜／生涯賃金：3420万円

生涯賃金は、想定活動期間の17歳から36歳までの19年間と平均給料を掛け合わせた数字となっております。

引退後は、名前が売れている人はスポーツジムの経営やボクシングジムの開業を、それ以外の人は飲食業や土木関係などのアルバイトで食いつなぐことが多いようです。

プロ野球球団職員

12球団をはじめとするプロ野球球団の運営を担う職員です。企画運営、広報、営業、スカウト、トレーナー、通訳などさまざまな業務を担当します。チーム編成のほか、スポンサーを集めたり、球団グッズを企画販売したり、ファンクラブを運営したりするのも球団職員の仕事です。

平均給料・給与
31万円

初任給：22万円〜／生涯賃金：2億1328万円

生涯賃金は、想定雇用期間43年間と平均給料・ボーナスを掛け合わせた数字となっております。

経営部門の職員は親会社からの出向で、チームに帯同して現場で働く部署では引退した選手などに声をかけて欠員補充をすることが多く、一般に求人が出ることは少ないようです。

プロ野球選手

プロ野球選手の仕事は、チームを勝たせることです。どんなポジションの選手であったとしても、チームを勝利・優勝に導くのが仕事です。シーズン中はもちろんのこと、シーズンオフにも自己管理やトレーニングは欠かせません。また、ファンにサービスをするのも大切な仕事です。

平均給料・給与
1693万円

初任給：20万円〜／生涯賃金：38億6004万円

生涯賃金は、21歳から40歳までの19年間と平均給料を掛け合わせた数字となっております。

上位100名の年収は平均約2億円と推定されますが、一軍・二軍選手の最低年俸保証は440万円、育成選手は240万円、実力がないと厳しい世界です。

ボートレーサー

国土交通省管轄の競技であり、総務大臣指定の自治体が勝舟投票券を販売して行われる、競艇の毎月の競走スケジュールに出場して、賞金を得るのがボートレーサーの仕事になります。選手は成績順でランクが決まっており、勝率によって4クラスが設定されています。

平均給料・給与
142万円
初任給：83万円／生涯賃金：5億4528万円

生涯賃金は、平均引退年齢が55歳、デビュー平均が23歳なので、32年間と平均給料・ボーナスを掛け合わせた数字となっております。

競艇選手全体では、約1600人の選手が登録されています。A1選手は全体の2割ほどで、年間1億円を超える選手は1人程度、3000万円以上も100人を切ります。

ボディビルダー

ウエイトトレーニングや栄養の摂取など、科学的な方法で筋肉を鍛え上げ、コンテストなどに参加する人のことです。別の仕事と両立させながら大会に出場している人がほとんどです。プロ選手になるためには、国際ボディビル・フィットネス連盟（IFBB）の承認が必要となります。

平均給料・給与
不明
初任給：0円〜／生涯賃金：不明

生涯賃金は情報が少なく、実力社会のため算出不能です。

IFBBで資格を取得した現役の日本人プロ選手は現在一人しかいません。世界中でもプロは200人ほどといわれており、それ以外は、ジムのインストラクターなどをしています。

宮大工

木造建築における伝統的な建造物、歴史的建造物や仏閣、寺社などの建築と修復を主たる仕事とするのが「宮大工」です。俗称であり正式名称ではありませんが、古くから専門に行う大工は師弟関係で継承するため、その名残で「宮大工」という名称になっています。

平均給料・給与
31万円
初任給：17万円／生涯賃金：2億1328万円

生涯賃金は、想定雇用期間43年間と平均給料・ボーナスを掛け合わせた数字となっております。

手取りは全体的に低く、22万〜24万円前後です。高くても年収390万円、低い場合は336万円ほどです。コスト度外視で作品に没頭する気質のある職人が多いようです。

野球審判員

球審、1審、2審、3審と役割があり、プロ野球においてはセーフ、アウトの判定や打球の有効性を判定し、試合の勝負を決める重要な役割を果たします。誤審判定、監督や選手のトラブルがあった場合、再教育制度で想定実技や講習を行います。

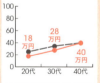

平均給料・給与
35万円
初任給：28万円／生涯賃金：1億8060万円

生涯賃金は、想定雇用期間43年間と平均給料・ボーナスを掛け合わせた数字となっております。

高校野球の審判員は高野連の講習会を受講して審判員となります。給与はなく、ボランティアでお弁当などを現場支給され、交通費程度は連盟から支給されるようです。

Column

企業戦士 IV

企業経営において、「ヒト」という経営資源をいかに最大限に活用できるか、というのは非常に重要な課題です。「ヒト」というのはデリケートな生き物。適材適所で使い、育成をしなければ力が発揮できません。すべては人事職の采配にかかっているのです。

人事職

人事職は、人材によって会社を発展させるのが役割です。仕事は人事企画、採用関連、教育研修関連、評価関連、労務関連業務といった5つの仕事に分かれています。人事企画は、人員配置などを練ります。採用関連は、求人広告を出したり面接をしたり、採用に関わります。また、採用した人材の研修や教育の一部も担います。報酬制度の構築や社員の健康・安全の確保も人事職の仕事です。組織と人（社員）をつなぐ重要な役割を担っています。臨機応変に対応する力や、人格や能力を見抜く目が必要になります。

「現状に満足した時点で人の進化はない」

平均給料・給与

31万円

初任給：18万円〜
生涯賃金：2億1328万円

※生涯賃金は、想定雇用期間43年間と平均給料・ボーナスを掛け合わせた数字となっております。

平均給料・給与グラフ

20代：20万円
30代：30万円
40代：45万円

※給料の算出には求人や口コミ、厚生労働省の労働白書を参考にしております

人事職

「登用」スキルに長けたマンハンター。「マンハン」とも呼ばれる。会社の長期的な成長は彼にかかっており、重要なポスト。号令「人かり行こうぜ！」で一斉に新卒を採る姿は獣のようである。

chapter
5

士業・コンサルティング系職業

>> Lawyer

「法の執行は法を制定するよりも重要である」
弁護士

弁護士
十侍の一人。侍業の中でも一番難易度が高い資格を持つ。六法全書を掲げ、法律事務、法律相談、刑事訴訟を行う法律マスター。記章にはエジプト神話マアト「真実の羽根」との重さを比較する天秤がデザインされている。

● 弁護士の仕事内容
慰謝料請求の示談交渉から、離婚協議の和解相談、法律相談など、司法から民法にわたる紛争解決のための法廷手続き、依頼に基づく問題解決をする法律の専門家です。法律事務所を借りて営業する新米弁護士を"軒弁"、法律事務所で勉強しながら働く居候弁護士を略して"イソ弁"、法律事務所経営者で弁護士を雇う弁護士を"ボス弁"などと呼んだりします。お金の貸し借りの問題、遺産相続の相談、酒気帯び運転者の刑事事件弁護などが、最近では急増しているそうです。

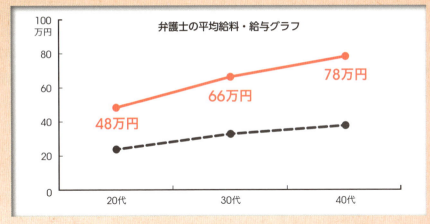

※所属、独立などで差があります　※給料の算出には求人や口コミ、厚生労働省の労働白書を参考にしております

●弁護士って激務なの？

独立した場合は、弁護士会の会費負担が重く、最高で110万円かかるなど、かなり厳しい現状もあるようです。大きな裁判などを担当する企業や団体などの専属弁護士は、全体で数％しかいなく、その他は事務所独立採算系で、仕事の大半が債務整理や離婚協議などのようです。メールや電話が非常に多く、ストレスでかなり健康に影響が出やすいともいわれています。不良債権などの業務は事務所によっては非効率で、かなり激務のところも多いので、給与から換算すると割に合わないことも。単価の安い仕事で毎日深夜まで働き、土日休日返上でがんばっているのです。

弁護士の平均給料・給与

73万円

初任給：38万円／生涯賃金：5億0224万円

弁護士の生涯賃金は、新卒が終身雇用で65歳まで雇用されたと想定して、22歳から65歳までの43年間と平均給料・ボーナスを掛け合わせた数字となっております。

●弁護士になるには？

大学の学士から博士号を得るまで9〜10年くらいだといわれます。大学で法科を学んだ場合は、法科大学院で2年、それ以外は法科大学院で3年の受講が必要です。また中学校、高校や一般大学卒業の場合は、予備試験後に法科大学院修了相当の資格を得られます。司法試験は法科大学院修了後、または予備試験合格後5年以内に5回まで受験可能となっており、司法修習を司法研修所で1年間受講し、司法修習生考試（通称「2回試験」）を受けて晴れて弁護士の資格を有することができます。最短で合格するための勉強時間は、1日に12時間として、365日の2年間、8760時間といわれています。弁護士資格があれば税理士や弁理士などの仕事もでき、幅広く活躍することができます。

>> Tax Accountant

「金を馬鹿にするものは、金に馬鹿にされる」
税理士

税理士
税金の知識に特化した侍。「税法」を武器に、経営者側への最適なアドバイスを行う。税理士の記章の外円は日本の「日」を示し、紋様は日本の国花「桜」である。十侍の一人。

●税理士の仕事内容
税理士は依頼者の税金に関する悩みを解決するのが仕事です。税金について知らなくても税理士がいれば、スムーズに税金を納めることができます。税金の申告代行、税務署に提出する書類の作成、税金に関する相談業務といった3つの業務は、税理士にしかできない独占業務です。税理士の仕事は計算作業がメインということもあり、そろばんや電卓の使い方が上手い、数字に強い、地道な作業が得意といった人に向いています。当たり前ですが、お金の計算が不得意な人には向いていない仕事です。

※給料の算出には求人や口コミ、厚生労働省の労働白書を参考にしております

● 地方と東京だと給料はどのくらいの差があるの？

税理士の給料は地方と東京では差があるといわれています。では、どちらのほうが高くて、どのくらい差があるのでしょうか？　地方で働く税理士の年収は490万円〜、東京で働く税理士は680万円です。お金を本当に稼ぎたいのであれば、東京に行ったほうがいいでしょう。どうして東京のほうが給料が高いのかというと高報酬を支払う大企業がたくさんあるからです。東京にはみなさんも知っているような有名な企業がたくさんあり、そういったところを顧客にしている税理士事務所が多く存在します。これが東京で働く税理士の給料が地方で働く人よりも高い理由です。

税理士の平均給料・給与

55万円

初任給：20〜25万円／生涯賃金：3億7840万円

税理士の生涯賃金は、新卒が終身雇用で65歳まで雇用されたと想定して、22歳から65歳までの43年間と平均給料・ボーナスを掛け合わせた数字となっております。

● 独立した税理士は最高でどのくらいのお給料になるの？

税理士の資格を取得した人は独立開業を目指すケースが非常に多いです。独立するにあたってとても有効な資格で、税理士事務所を開業する人も多いです。一般的に独立した税理士の平均年収は1000万〜3000万円程度です。これだけでも十分給料が高いように感じますが、本当の成功者になると1億円以上稼いでいます。どうせ独立するなら1億円プレイヤーを目指してみるのもいいかもしれません。ただ、独立しても上手くいくとは限りません。年収が300万円以下という人も多く、独立した税理士の4分の1を占めているといわれています。ちなみに税務署職員の推定年収は約730万円、月給は約44万円、ボーナスは約100万円です。月給の中には扶養手当、地域手当、住宅手当なども含まれます。手当が一般企業よりも充実しているのが魅力です。

>> Public Accountant

「限りなく透明に近い監査を行わない限り経営に未来はない」
公認会計士

公認会計士
弁護士とともに、最高難易度クラスの侍資格。財務・会計に特化した侍。会計監査、財務、経理など多岐にわたる業務内容が可能。最近では、経営戦略のコンサルティング業務も行っている。十侍の一人。

●公認会計士の仕事内容
上場企業や大企業は、法律にのっとった経営をしているかをチェックするため、公認会計士による「監査」を受けることが義務づけられています。公認会計士は、企業や各種法人が経営・財務状況を報告するために作成する財務諸表、計算書類などの財務書類を第三者的な立場から公正に監査し、証明します。そのほか、会計指導業務なども公認会計士の仕事です。経営全般にわたる相談に応じて助言をするなど、コンサルティング業務を行うこともあります。税理士会に登録すれば税理士の仕事をすることもできます。

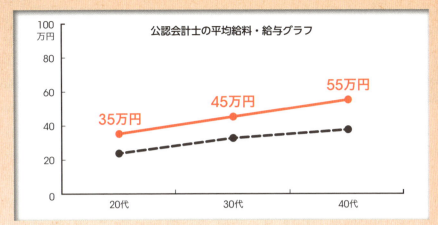

※地域により差があります　※給料の算出には求人や口コミ、厚生労働省の労働白書を参考にしております

● 公認会計士は最高でどのくらい年収をもらえるの？

公認会計士の平均年収は800万円以上といわれているので、この時点で一般社員よりも明らかに年収は上ですし、働き始めて1年目で年収500万円や600万円を稼いでいる人もいます。年収で見るとさまざまな職業の中でもトップクラスだといっていいでしょう。独立開業して自分の事務所を持つと年収1000万円や2000万円も夢ではありません。中にはそれ以上の年収を稼いでいる人もいるので、自分の努力次第で大金を手にすることができます。いきなり独立しても上手くはいかないので、まずはどこかに就職して、経験を積んでから事務所を開いたほうがいいでしょう。

公認会計士の平均給料・給与

55万円

初任給：30万円～　／　生涯賃金：3億7840万円

公認会計士の生涯賃金は、新卒が終身雇用で65歳まで雇用されたと想定して、22歳から65歳までの43年間と平均給料・ボーナスを掛け合わせた数字となっております。

● 公認会計士になるには？

公認会計士として活躍するには国家試験である公認会計士試験に合格しないといけません。年齢・学歴・経歴など受験資格に制限はなく、どなたでも受けることができますが、非常に難易度が高いです。司法試験に次ぐ難易度だといわれており、何度も受けてようやく合格する人のほうが多いです。筆記試験の合格率は例年10％以下と大変低いため、合格するには3000～5000時間程度の勉強時間が必要だともいわれています。筆記試験に合格した場合は監査法人や企業に就職して、現場で2年以上経験を積みます。現場経験をした後、日本公認会計士協会が実施する修了考査に合格できれば、公認会計士として登録されます。

» *Judicial Scrivener*

司法書士
「司法書士の仕事は弁護士が行き届かない部分を補完することだ」

司法書士
登記を代理し、裁判所や法務局などに提出する書類などを作成する「書類作成マスター」。五三桐花のバッジを掲げる。合格率は約3%という超難関の侍資格。上位職は「認定司法書士」。十侍の一人。

●司法書士の仕事内容
土地や建物の登記等の書類作成、商業登記書類作成、法務関係、裁判業務における書類作成など公的機関に提出する書類作成がおもな業務です。税務署近くに数多く事務所があり、債務整理や成年後見などのさまざまな手続きの代行などを行います。行政書士と異なるのは、民事に関する業務が主体である点です。行政書士とは違って、弁護士の資格などを持たない場合、かなり雇用状況は厳しいです。法律事務所などでは、人員に空きが出なければ求人自体が少ない状況です。

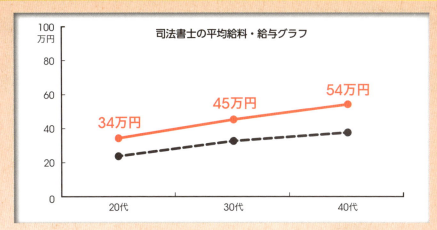

●司法書士になるには？
国家試験である、司法書士試験に合格するのが最初の難関になるでしょう。試験は1次が民法、商法、刑法などで5択問題、2次試験が不動産登記法、商業登記法、供託法、民事訴訟法、民事執行法、民事保全法などで5択問題、そのほかに不動産登記法、商業登記法の記述2問になっています。合格率は4.3%と非常に難しいことで知られます。法律関係の大学在学中から、専門予備校に通って受験勉強をするのが一般的です。試験合格後は、事務所所在地を管轄する司法書士会へ入会し、日本司法書士連合会の司法書士名簿へ登録し、事務所に雇用されるか、独立開業、司法書士法人へ就職することになります。

司法書士の平均給料・給与
54万円
初任給：16万円／生涯賃金：3億7152万円

司法書士の生涯賃金は、新卒が終身雇用で65歳まで雇用されたと想定して、22歳から65歳までの43年間と平均給料・ボーナスを掛け合わせた数字となっております。

●司法書士と弁護士の違いって？
弁護士が、法務業務をすべてにわたって行うことができるのに比べ、司法書士は法律で定められた分野と、範囲のみに限定されているのが大きな違いです。民事裁判などの紛争解決業務などを行うには、法務大臣の認定を受けて認定司法書士となる必要があります。弁護士は、司法試験に合格し、裁判官、検察官と同じような資格を得て、最高裁判所の司法研修所を卒業する必要があります。弁護士は法曹資格と呼ばれ、法律家としての知識と技術を担保し、行政から独立して権利救済活動を行える有資格者です。司法書士は、法務省の司法書士試験に合格し、司法書士会に登録し、登記と供託業務を行う限定的な業務です。法務省管轄のため、行政の介入があり得る職種になります。法改正で、今は借金の債務整理業務や140万円以下の民事訴訟の和解、交渉、起訴代理権は認められています。

>> Land and House investigator

土地家屋調査士
「ご近所付き合い独特の感情が境界紛争の背景に隠れている」

不動産を登記する時に必要な土地や家屋の測量・調査・図面作成・申請手続きなどを行う仕事です。不動産登記業務の「表示に関する登記」は土地家屋調査士の独占業務です。資格取得者は事務所や大手ゼネコンをはじめ、測量系の会社や土木建設会社、地図の作成企業などに就職するケースが多いです。資格を取得し、都道府県の土地家屋調査会へ所属することで開業も可能です。工夫次第でいくらでも開業資金やコストを抑えられるので、元手が少なくても独立はできます。ただし、成功するためにもっとも大事なものは営業力です。

土地家屋調査士の平均給料・給与
35.9万円
初任給：20万円／生涯賃金：2億4699万円

土地家屋調査士の生涯賃金は、新卒が終身雇用で65歳まで雇用されたと想定して、22歳から65歳までの43年間と平均給料・ボーナスを掛け合わせた数字となっております。

土地家屋調査士の平均給料・給与グラフ
30万円　35万円　40万円
20代　30代　40代

※給料の算出には求人や口コミ、厚生労働省の労働白書を参考にしております

土地家屋調査士
土属性の侍。十侍の一人。難関資格の一つ。土地の調査測量をして国民の財産を明確にする。境界線を決めるテリトリー能力を持っている。

土地家屋調査士になるには国家試験の土地家屋調査士試験に合格する必要があります。受験資格に制限はなく、年齢・国籍問わず、どなたでも受けられます。10月に実施される筆記試験と1月に実施される口述試験の2つに合格しないといけません。口述試験は筆記試験の合格者のみ受験できます。口述試験は面接形式で行われ、不動産登記法や土地家屋調査士法の知識を問われます。試験の合格率は非常に低く、例年10％程度です。

>> Realestate Appraiser

不動産鑑定士
「隣人の土地には自分の土地よりもよい穀物ができる」

土地周辺環境を考慮し、さまざまな条件をもとに土地の適正価格、地価を判断する国家資格所有者です。不動産価格の適正化に関与するだけではなく、不動産利用に関するコンサルタント的な役割もあります。国や都道府県が行う地価公示や、都道府県地価調査、固定資産税標準宅地の鑑定評価などを行います。ほかに公共用地の所得や、裁判における固定資産の評価、企業の資産評価なども担当することが多いです。独立後の将来性が有望な資格ですが、その難易度は司法試験以上ともいわれています。

不動産鑑定士の平均給料・給与
47万円
初任給：29万円～／生涯賃金：3億2336万円

不動産鑑定士の生涯賃金は、新卒が終身雇用で65歳まで雇用されたと想定して、22歳から65歳までの43年間と平均給料・ボーナスを掛け合わせた数字となっております。

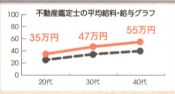

不動産鑑定士の平均給料・給与グラフ
20代 35万円／30代 47万円／40代 55万円

※給料の算出には求人や口コミ、厚生労働省の労働白書を参考にしております。

第5章 士業・コンサルティング系職業

不動産鑑定士
十侍の一人。不動産評価をつける専門家で土属性の侍。資格難易度も最高クラス。不動産鑑定評価基準によって経済をも動かす。

不動産鑑定士になるには、20代前半で国家試験対策の勉強を始めるため、専門学校へ編入することが第一条件でしょう。独学や、働きながら資格を得られるほど生易しい試験内容ではなく、論述試験も含まれています。試験のステップは全部で3つあり、短答式試験後、論文式試験を受けて、実務実習、最後に修了考査を受け、国土交通省の不動産鑑定士名簿に登録されて、不動産鑑定士として働くことができます。

> Patent Agent

弁理士
「技術者はただ創造あるのみ。私たちはその技術を守っていくのが仕事です」

依頼者に代わって知的財産の権利化手続きを行います。手続きが非常に複雑なので、一般の人が行うと大変な手間がかかります。その手間を省くために企業や個人が弁理士に依頼しています。特許の申請は日本のみならず、外国へも出願するケースがあるため、語学力も必要になってきます。弁理士の試験難易度は非常に高く、合格率は10%程度です。10%を大きく下回る年もあるので、国家試験の中でも難しい部類に入ります。基本的に一発合格する人は少なく、ほとんどの人が何年もかけて合格しています。長いスパンで考えて勉強をしたほうがいいでしょう。

弁理士の平均給料・給与
40万円

初任給：35万円～ ／ 生涯賃金：2億7520万円

弁理士の生涯賃金は、新卒が終身雇用で65歳まで雇用されたと想定して、22歳から65歳までの43年間と平均給料・ボーナスを掛け合わせた数字となっております。

弁理士の平均給料・給与グラフ
20代：30万円／30代：45万円／40代：60万円

※給料の算出には求人や口コミ、厚生労働省の労働白書を参考にしております

弁理士
十侍の一人。特許事務所が屯所となる。発明、意匠、商標、知的財産権のマスター。特許事務所の局長は「所長弁理士」と呼ばれる。

弁理士の就職先はおもに特許事務所や法律事務所です。未経験者の採用も行っていますが、基本的に経験者のほうが有利です。求人の探し方はいろいろあり、求人サイトでも、日本弁理士会のホームページでも探すことができます。確実に仕事を見つけるためにも求人サイトと日本弁理士会の求人情報を併用したほうがいいでしょう。専門色の強い仕事ということもあり、これからどんどん需要が高まっていくことが予想されます。

>> Stenographer

「恐ろしく早口だな！　私でなきゃ捕獲できんよ！」
速記士

速記士の仕事は、議事や会合の記録などを目的に、人が発した言葉を早く確実に書き記し、これを普通文字に書き直して原稿を作成することです。速く書き記すには、漢字を簡略化したり、記号として表した「速記文字」というものを使用します。最近は録音テープからのリライト業務も増えています。速記士になるには、速記士の養成所のような場所で勉強をする、通信教育を利用する、独学で学ぶなどの方法があります。プロの速記士として活動したいのであれば、少なくとも速記技能検定の2級が必要になります。さらに高収入を望んでいる場合は速記技能検定の1級を取得しましょう。

速記士の平均給料・給与
32万円
初任給：20万円／生涯賃金：2億2016万円

速記士の生涯賃金は、22歳から65歳までの43年間活動したと想定して、それと平均給料を掛け合わせた数字となっております。

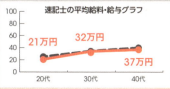

速記士の平均給料・給与グラフ
21万円　32万円　37万円

※給料の算出には求人や口コミ、厚生労働省の労働白書を参考にしております。

第5章　士業・コンサルティング系職業

速記士
属性は「速」。秘技「速記文字」「速記符号」を駆使し、会話や言葉をその場で文字に起こす超スピード型の侍系ジョブ。「田鎖式」「中根式」「熊崎式」などさまざまな速記技が存在する。

情報がないためネットやテレビでの報道から算出してみると、経験4年で年収が500万円くらいになるそうです。ベテランクラスになると1000万円を超える人もいるようです。また求人を見てみると、民間企業では時給換算で2000円前後が多いです。しかし近年デジタル化が進み、レコーダーなども高性能になってきているため、速記士の需要は今後減っていくと予想されています。国会や地方議会でも、手書き速記は廃止の方向に向かっています。

> Administrative Lawyer

「真の侍とは責任感が強く律儀な人間である」
行政書士

行政書士
十侍の一人。法律書類のスペシャリスト。行政書士法という「弓」を持ち、官庁に提出する書類の作成を生業とする。1万種類を超える法律書類を独占業務としている。別名「街の法律家」。

●行政書士の仕事内容
行政書士法に基づく国家資格で、役所などへ提出する書類、申請書代行、提出手続き代理、遺言書などの権利義務管理・作成、契約書の作成などをするのが、行政書士の仕事です。非紛争契約書や協議書類など、数千種類もの書類を扱います。年収が高い行政書士は、企業の"お抱え"行政書士ですが、全体からするとその数は微々たるものです。建設や産廃分野の許可申請に関する需要が高く、そのほかにも宅建に関するものや風俗店営業許可などの飲食店に関するもの、遺言書の作成依頼なども多いようです。

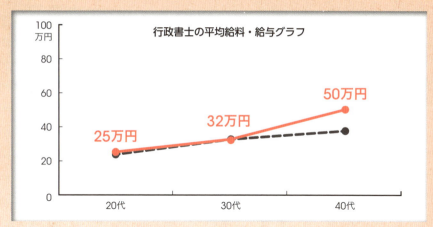

※給料の算出には求人や口コミ、厚生労働省の労働白書を参考にしております

●行政書士になるには？

行政書士になるには、国家試験に合格しなければなりません。司法試験に比べれば難易度は低いですが、やはり国家試験ということで独学では難しい場合もあります。専門学校や専門の講座を受講し、半年以上の勉強から始めるのが近道となるでしょう。試験科目は、法令の課題、憲法、行政法からの出題と、一般教養です。試験に合格後、日本行政書士会連合会に登録します。入会費用は20万〜25万円程度で各都道府県によって異なり、諸費用合計30万円前後になります。会費も毎年6万円前後必要です。まずは行政書士一本で開業はせず、兼業・副業のほうを確保することが安定収入につながりそうです。

行政書士の平均給料・給与

33.2万円

初任給：18万円〜／生涯賃金：2億2841万円

行政書士の生涯賃金は、新卒が終身雇用で65歳まで雇用されたと想定して、22歳から65歳までの43年間と平均給料・ボーナスを掛け合わせた数字となっております。

●行政書士の補助者の給料はどのくらいなの？

「行政書士補助者」は、行政書士事務所に勤め、行政書士のサポートをするのが仕事です。行政書士が作成する書類の下書きをしたり、市役所など官公庁へ書類を提出しに行ったり、来客対応などをします。行政書士は補助者を雇う場合、所属する各都道府県の行政書士会に「行政書士補助者」の登録をしなければなりません。登録されて初めて、事務員では法的に認められていない書類作成や提出の業務などを行うことができます。発行された「補助者証」は、勤務中は常に身につけ、役所などで書類提出の際に提示します。補助者は事務員からなる人もいれば、行政書士を目指している見習いの人もいます。正社員としての求人は非常に少なく、月給は16万〜20万円となります。求人のほとんどはアルバイトです。その場合、時給は800〜1100円が相場となります。

第5章 士業・コンサルティング系職業

>> *Social Insurance and Labor Consultant*

「労務に熟達せよ。多芸を欲する者は巧みならず」
社会保険労務士

社会保険労務士
労務・保険の知識に特化した侍。十侍の一人。労務問題などに特化し、経営者側へ最適なアドバイスを行う。一匹オオカミの開業社労士や集団戦法が得意な社労士法人という種類がある。

● 社会保険労務士の仕事内容

社会保険労務士（社労士）は労務や社会保険に関するエキスパートです。仕事内容は大きく3つに分けることができます。1つ目はコンサルティング業務です。社労士は人材や労務に関するスペシャリストとしてアドバイスを行い、業務を円滑にし、経営者と労働者がよい関係を結ぶ手助けをします。2つ目は、手続きの代行です。雇用保険や健康保険、給与計算、厚生年金などの手続きを社労士が代行します。3つ目は年金相談業務です。年金の仕組みは難解なため、その相談に乗るのも社労士の重要な役割です。

※給料の算出には求人や口コミ、厚生労働省の労働白書を参考にしております

● 社会保険労務士になるには？
社会保険労務士は、社会保険労務士法に基づいた国家資格です。学歴や実務経験などにより受験資格が得られます。試験では労働基準法や雇用保険法のほか、社会保険法や厚生年金法などに関する問題が出されます。平成30年度の合格率は6.3％となっており、難易度の高い資格になります。安定を求めて雇われ社労士を選ぶ人も多いです。勤務する会社によって給料は異なりますが、年収は530万円程度と考えてよいでしょう。社労士の求人はほかの仕事に比べると少ないため、競争率が高く、募集していても1名や2名というケースが大半なので、どう自分を売り込むのかがポイントになります。

社会保険労務士の平均給料・給与
40万円
初任給：15万円／生涯賃金：2億7520万円

社会保険労務士の生涯賃金は、新卒が終身雇用で65歳まで雇用されたと想定して、22歳から65歳までの43年間と平均給料・ボーナスを掛け合わせた数字となっております。

● 社会保険労務士で高年収を目指すには
社労士として高年収を目指すならば、独立開業を考えてみてもよいかもしれません。独立するなら、保険の手続きの代行などの実務だけでなく、労務管理に関する相談・指導を行うことが重要になります。雇用や人事、人材教育に関することや、賃金制度や昇給制度、就業規則に対するアドバイスなど、経営につながる重要な事柄について提案できる社労士が重宝されます。独立すると年収1000万円以上稼ぐことも可能です。ただし、中小企業の経営者に自分で営業をかけるといった地道な努力が欠かせません。顧問契約を結ぶ企業が多くなるほど、収入も上がります。メディアなどで名前を売って大口の顧客を確保することも年収アップにつながります。また、社労士講座や専門学校などの講師として仕事を受けると、本業にプラスして稼ぐことができます。

>> *Financial Planner*

「人生は勝ちすぎてはならない。負けないようにすることが肝要である」
ファイナンシャルプランナー

ファイナンシャルプランナー
十侍の一人。属性は「人生」。住居、教育、老後など、将来の人生設計に合わせた資金計画を行うジョブ。スキル「親身に相談にのる」を使い、顧客の将来の不安を解消することも仕事の一つ。

● ファイナンシャルプランナーの仕事内容
ファイナンシャルプランナー（FP）の仕事は、顧客からソース（収支がどれくらいか、負債はあるか、あればどれくらいか、家族構成はどうなっているのか、資産状況などの情報）を提供してもらい、それをもとに住居や教育、老後など、顧客の将来の人生設計に合わせた資金計画などを行うことです。具体的には、貯蓄計画、保険対策、相続対策、金融商品や投資信託、株の買い方、不動産、退職金の運用方法など、顧客に応じて最適なプランを作成・提案し、実行支援や状況に応じた見直しを行います。

※給料の算出には求人や口コミ、厚生労働省の労働白書を参考にしております

● ファイナンシャルプランナーに
　なるには？

ファイナンシャルプランナーになるには、資格を取らなくてはいけません。正確には資格がなくても仕事はできますが、社会的信頼を得るためにも資格は必要です。FP技能検定と呼ばれるもので、一般社団法人金融財政事情研究会が実施しているものです。3級から1級まであり、それぞれに受験資格が設定されています。3級は「FP業務に従事している者または従事しようとしている者」で、それ以外には何も記載されていません。とりあえずFPの仕事を行うためには3級の資格があればいいでしょう。仕事の経験を積んでから、2級、1級、とレベルアップしましょう。

ファイナンシャルプランナーの平均給料・給与

32万円

初任給：15万円〜 ／ 生涯賃金：2億2016万円

ファイナンシャルプランナーの生涯賃金は、新卒が終身雇用で65歳まで雇用されたと想定して、22歳から65歳までの43年間と平均給料・ボーナスを掛け合わせた数字となっております。

● ファイナンシャルプランナーの就職先

近ごろ、資産運用や老後のリタイアメントプランについて関心が高まっており、ファイナンシャルプランナーの需要は高くなってきています。インターネットなどで探しても求人は普通に出てくるので、転職サイトや求人サイトなどを見てみるといいでしょう。銀行や生保・損保、証券を中心とした金融機関や、不動産やノンバンク、流通系の企業で募集が多くあります。最近では、税理士・会計士事務所や保険代理店などでも活躍の場が広がっています。また、FP資格以外に公認会計士、税理士、中小企業診断士、社会保険労務士などの資格を取ると、独立する機会も増えます。収入は企業や勤務形態によりまちまちですが、独立すれば顧客の獲得次第で高収入も望めます。中には30代で年収1000万円以上を稼ぐファイナンシャルプランナーもいるようです。

>> *Maritime judicial*

海事代理士
「船舶免許が失効してしまっても諦めるな。そのための俺たちだ」

海事代理士の仕事内容は海事代理士法に基づいて、船舶の登記・登録・検査申請をはじめ、海自法務に関する手続きをクライアントの代わりに行うことです。仕事内容から「海の司法書士」「海の行政書士」「海の代書屋」と呼ばれています。一般的に法律の勉強をしたことがある人、既に行政書士や司法書士の資格を持っている人なら1〜3か月程度の勉強で合格できるといわれています。合格率が高いため、簡単だと思われている人も多いですが、それは行政書士や司法書士の資格を持っている受験者が多いからです。とはいえ、きちんと勉強すれば、初心者でも一発合格できる可能性があります。

海事代理士の平均給料・給与
22万円
初任給：10万円／生涯賃金：1億5136万円

海事代理士の生涯賃金は、新卒が終身雇用で65歳まで雇用されたと想定して、22歳から65歳までの43年間と平均給料・ボーナスを掛け合わせた数字となっております。

※給料の算出には求人や口コミ、厚生労働省の労働白書を参考にしております。

海事代理士
十侍の一人。別名「海の司法書士」。海事法務に関する事務、船員労務事務などの受任業務を受け持つ。水属性の侍職。

海事代理士の求人はそう簡単に見つけることはできません。どうして求人が少ないのかというと、行政書士や司法書士に任せるクライアントが多いからです。船舶の登記に関しては、ほとんどが行政書士や司法書士が行っているといわれています。そのため、資格を取得したのに活かすことができない人も少なくありません。海事代理士の資格一本でも独立することは可能ですが、非常にリスクが高いと考えてください。

>> Security Analyst

証券アナリスト
「私のこの手が光って探る！ 市場調査がこの世を動かす」

証券アナリストというのは、証券投資において、専門的知識と分析技術を駆使して情報解析と投資価値の評価を行う仕事です。その評価や情報分析などをもとにして、顧客に投資についてのアドバイスや投資管理サービスなどを提供します。例えば投資する証券に関して、「今はこれが下がり目なので、上がり目なそれを買いましょう」などというアドバイスを行います。投資管理サービスで、証券アナリストは、顧客が破綻せずに、投資を有利に進めることができるよう管理をします。金融機関や資産運用の専門会社、一般企業のIR部門や財務部門などに勤務しています。

証券アナリストの平均給料・給与
58万円
初任給：25万円～ ／ 生涯賃金：3億9904万円

証券アナリストの生涯賃金は、22歳から65歳までの43年間雇われたと想定して、それと平均給料・ボーナスを掛け合わせた数字となっております。

証券アナリストの平均給料・給与グラフ
30万円　50万円　60万円

※給料の算出には求人や口コミ、厚生労働省の労働白書を参考にしております

証券アナリスト
市場分析のスペシャリスト。スキル「神の見えざるハンド!!」を駆使し、投資家へ助言指導する姿は、商売の神「ヘルメス」の再来といわれている。

必要な資格は特にありませんが、日本証券アナリスト協会認定の証券アナリストや日本証券業協会認定の証券外務員の資格を取得すると就職が有利になります。外資系証券アナリストは、通常の証券アナリストに比べて給料や年収が高くなります。外資系の証券会社の年収は、平均800万～1500万円程度といわれています。証券アナリストとして年収アップを狙うのであれば、経験を積んだ後に外資系の証券会社に転じてみてもいいかもしれません。

第5章 士業・コンサルティング系職業

>> Consulting Firm employee

「矛盾、障害や失敗は成長するために必要な過程である」
コンサルティング会社社員

コンサルティング会社社員
さまざまな専門知識を有し、悩みを抱える企業の相談にのる。経営コンサルタントや会計士・税理士を率いて、企業のポテンシャルを最大限まで引き出し、転生復活させる。別名「業界の転生屋」。

● コンサルティング会社社員の仕事内容
コンサルティングの範囲は経営戦略、財務会計、業務、IT、組織や人材など多岐にわたり、会社によって得意とする分野が違います。企業のリサーチをして資料を作成し、複雑化する企業の経営や事業戦略について簡潔にまとめてアドバイスをするのがおもな仕事です。近年では企業のグローバル化にともなうM&A支援、ビッグデータやクラウド、ソーシャルビジネスなどのデジタル活用支援も重要業務となっています。現在、高度なITを利用したコンサルティングサービスは経営に欠かせないものになっています。

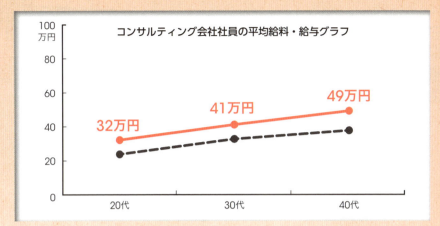

※給料の算出には求人や口コミ、厚生労働省の労働白書を参考にしております

●コンサルティング会社社員に向いているタイプ

コンサルティング業界には、学歴が高く、頭の切れる人が多いです。IQが高く頭の回転が速い人でなければ業界のスピードにはついていけません。クライアントの企業が抱えている問題を素早く見抜いて、データに裏付けされた解決方法を導き出すには、知識が豊富であり論理的な思考の持ち主でなければ難しいでしょう。東大卒が多く、エリートが集まる業界です。社内では外資系の影響で、昇格・昇進することを「プロモーションする」など、独特のカタカナ用語が使われています。トップファームの戦略コンサルタントになると、30代で年収2000万円を超えることもあります。

コンサルティング会社社員の平均給料・給与
45万円
初任給：26万円／生涯賃金：3億0960万円

コンサルティング会社社員の生涯賃金は、新卒が終身雇用で65歳まで雇用されたと想定して、22歳から65歳までの43年間と平均給料・ボーナスを掛け合わせた数字となっております。

●コンサルティング会社に関わる職種

コンサルティング会社ではコンサルタントがフロントとして顧客のコンサルティング業務に100％集中するというのが基本になります。営業は役員クラスのベテランが行い、雑務や事務作業は事務職や総務職などの職種がバックでサポートします。一口にコンサルタントといっても、得意とするジャンルが違います。経営戦略をおもに担当する経営コンサルタントや、業務のIT化を支援するITコンサルタントなど、いろいろなコンサルタントがいます。プロジェクトによっては、公認会計士や税理士などの力を借りることもあります。基本的にプロジェクトごとにチームが組まれて適切なメンバーが配置され、プロジェクトが終了するとその時点でチームは解散します。その際にはリーダーとメンバーの上下関係も解消されるのがコンサルティング会社の特徴です。

>> *Senior Registered Architect*

「美しい城でも、愛されなければ意味がない」
一級建築士

一級建築士
建築の基礎となる設計図を作る能力を持つ士業の一つ。「一級」の称号を持つ建築士は高層ビルや複雑な建物を設計可能だ。均等ディバイダーの槍を持ち、正確無比にすべてを計測する。別名「築城侍」。

●一級建築士の仕事内容
一般住宅からオフィス、公共建築物まで、さまざまな建築物の企画・設計と工事監理などの業務を行うのが建築士です。一級建築士は、延床面積が500㎡以上の大型建築物の設計、工事監理を行うことができます。例えば、学校や病院、映画館などの大型施設です。注文主の依頼を受けて、建物の用途、規模、デザイン、構造、設備、予算、工期、立地条件、法律問題などについて調査や打ち合わせを行い、建築物を設計します。細かな条件はありますが、一般住宅や店舗程度の建築物なら、二級建築士の資格で設計ができます。

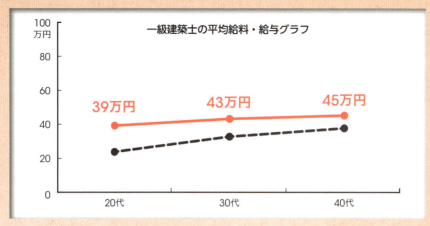

※給料の算出には求人や口コミ、厚生労働省の労働白書を参考にしております

● 一級建築士の仕事の魅力・向いている性格

一級建築士になるには、専門学校や大学の土木学科、建築学科で専門知識を学ぶことのほかに実務経験も必要になります。通常は、建築設計事務所に勤めながら資格を取得します。一級建築士の資格があれば、建築確認審査員、大手ハウスメーカー、建築プランナー、ゼネコンなど、就職口はたくさんあります。以前は男性中心の職業でしたが、現在は女性建築士も増えつつあります。バリアフリーやソーラー住宅、育児や介護がしやすい家など、通常の住宅に付加価値をつけた住宅の設計が求められています。外装から内装まで建築士のセンスが問われます。

一級建築士の平均給料・給与

42万円

初任給：24万円／生涯賃金：2億8896万円

一級建築士の生涯賃金は、新卒が終身雇用で65歳まで雇用されたと想定して、22歳から65歳までの43年間と平均給料・ボーナスを掛け合わせた数字となっております。

● 一級建築士のキャリアモデル

一級建築士は大小にかかわらずすべての施設の設計や、工事監理に携わることのできる資格です。しかし、働く職場によって、個人住宅が中心だったり、大型商業施設を手がけていたりと、仕事の規模が異なることがあります。設計士として経験を積み、できるだけ大きな仕事をしてみたいと思ったら、転職する方法もあります。一級建築士の資格は建築業界では引く手あまたで、さまざまな企業でキャリア採用なども積極的に行われています。資格手当2万円～というところもあります。基本計画などの企画段階が得意、実施設計が得意、監理が得意といった強みがあると、より転職が有利となります。女性の場合、出産や子育てなどで職場を離れるケースも多いですが、一級建築士の資格があれば復帰できる可能性が高くなります。

>> Weather Forecaster

「人間も天気も同じなんです。いい時も悪い時もあるでしょ？」

気象予報士

気象予報士
気象庁直属の侍系ジョブ。属性は「天候」。兵器「ひまわり」を駆使し、宇宙からの情報をもとに天気を予知。固有クラス「お天気お姉さん」は、気象予報士の国家資格がなくてもクラスチェンジ可能。

●気象予報士の仕事内容

気象予報士の仕事は、アメダスや気象衛星、気象レーダーなど、さまざまな観測データをもとに分析をし、気象を予報することです。具体的には、天気予報を作成したり、交通機関の最適航路を予想したりします。リゾート地など天候によって訪れる観光客が増減したりするような場所へ情報を提供するのも、仕事の一つです。そういった場所では気象予報士の予報に合わせて商品数を調整するなどの対策を取っていたり、誤報があれば怪我人が出たりする可能性もあるので、気象予報士の仕事は責任重大です。

※給料の算出には求人や口コミ、厚生労働省の労働白書を参考にしております

● 気象予報士の仕事の魅力・向いている性格

気象予報士になるには、国家試験に合格しなければなりません。学歴など関係なく誰でも受験することができますが、合格率は5％前後ともいわれており、かなりの難関資格です。データや経験に基づいて総合的な判断をして予報を行うのが気象予報士の仕事ですが、不確定なことを予測できるということに魅力を感じる人も多いようです。天候は人々の生活と密接に関わっており、暮らしを豊かにするという点でも、気象予報士の仕事は社会的意義があります。また、テレビで活躍している「お天気お姉さん」はアイドルとしての側面もあり、若い女性に大変人気がある職業です。

気象予報士の平均給料・給与

33万円

初任給：16万円／生涯賃金：2億2740万円

気象予報士の生涯賃金は、新卒が終身雇用で65歳まで雇用されたと想定して、22歳から65歳までの43年間と平均給料・ボーナスを掛け合わせた数字となっております。

● 気象予報士のキャリアモデル

気象予報士の就職先は、大きく分けて3つあります。1つ目は気象庁で、国家公務員となります。2つ目は、民間の気象会社です。気象会社は農業、漁業、建設業などの会社に気象の情報を販売しています。3つ目は放送業界です。お天気キャスターなどはその代表ですが、中にはテレビには出演せず気象の予測だけをしている人もいます。「お天気お姉さん」は気象予報士の資格がなくてもできますが、やはり資格があったほうが自分で予報ができ、説得力も増すので、キャリアを積むには資格があったほうがよいといえます。NHKの天気予報士でも月給40万円前後といわれており、民間の気象会社で月給30万〜40万円です。テレビ局の気象予報士は花形ですが、早朝の勤務などもあるため、女性が長く働くことを考えると、民間企業のほうが福利厚生などの面で働きやすい可能性もあります。

>> Advertising Agency

「広告とは何なのか？」
広告代理店社員

広告代理店社員
顧客からの相談を受けて広告制作やPR戦略を企画するジョブ。コピーライターや営業、デザイナー、CMプランナーなどさまざまなジョブが存在。マーケティングの知識やアイデアや企画も必須。

●広告代理店社員の仕事内容
クライアントの要望を受けて広告を作るのがおもな仕事です。広告を作るためには、きっちりとしたデータが必要。広告の宣伝文句を作るためには、その宣伝文句の根拠となるものが必要になりますし、ターゲットなどをきちんと調査しなければいけません。広告を出す商品のライバル製品にはどんなものがあるかなども調査し、企業マーケティングを意識した広告の提案をします。時には、イメージ操作をするためだけに広告を作ることもあり、志や理想が高すぎる人にとってはつらい仕事かもしれません。

※給料の算出には求人や口コミ、厚生労働省の労働白書を参考にしております

● 広告代理店で働くには？

広告代理店で働くには、特別な資格や学歴が必要なわけではありません。最低限、大学を出ていれば大丈夫です。どんな学部の人でも問題はありませんが、やはり「広告」に携わる仕事であるからには、マーケティングというものについて理解をしている必要があります。そのほかにも、さまざまなスキルが求められます。デザインのスキルが必要になることもありますし、カメラを使えるというのも強いです。コピーライティングができるというのも、広告代理店で働くにはよいスキルです。ただし、どこもだいたい分業制なので、何か自分の強みを持つのがいいでしょう。

広告代理店社員の平均給料・給与

38.1万円

初任給：20万円〜／生涯賃金：2億6212万円

広告代理店社員の生涯賃金は、22歳から65歳までの43年間雇われたと想定して、それと平均給料・ボーナスを掛け合わせた数字となっております。

● 広告代理店の営業職って給料が高いの？

広告代理店の営業職というと、昔から給料が高いイメージがあります。ネット上で語られている実際の年収や、求人広告などに掲載されている情報を見てみると、昔ほどではないものの、現在でもやはり高めです。中途採用の場合、最初は月給24万〜40万円で、経験などによって左右されます。新卒であれば、20万〜24万円ほどで安定しているようですが、それでも一般的な新卒の給料としては高いほうです。そこから年々昇給していき、30代になるころには年収500万円ほど。35歳になるころには550万円、40歳になるころには600万円。能力が高ければ、40歳で800万円を超えているということもありえます。電通などであれば、40代になれば問題なく1000万円の年収を得ることもできるでしょう。能力が高ければ、30代で1000万円も可能かもしれません。

>> Management Consultant

「内部の守りを固めずに、外部を攻めるのは愚策である」
経営コンサルタント

企業の経営について、第三者の意見を参考に、おもに業績を上げるためのアドバイスを行うのが経営コンサルタントの仕事です。中小企業経営診断士なども、大雑把にひっくるめてこう呼ばれることがあります。基本は、経営者の教育・会計・経理の選択から、人事の人材育成、M&Aなどの企業間交渉における株式のアドバイスなど。複数の資格所有と、経営についての総合的な知識を要求される仕事です。ほとんどが年俸制で、最初に報酬提示額との折り合いを付け、報酬の何割かを先払いで、結果次第で残りを減額するなど、条件が付けられるケースが多いです。

経営コンサルタントの平均給料・給与
54万円

初任給：29万円／生涯賃金：3億7152万円

経営コンサルタントの生涯賃金は、新卒が終身雇用で65歳まで雇用されたと想定して、22歳から65歳までの43年間と平均給料・ボーナスを掛け合わせた数字となっております。

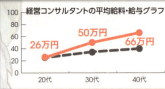

経営コンサルタントの平均給料・給与グラフ
26万円　50万円　66万円
20代　30代　40代

※給料の算出には求人や口コミ、厚生労働省の労働白書を参考にしております

経営コンサルタント
困った社長を助ける「軍師」。軍師の采配で会社の未来が決まることも。現代の軍師は三顧の礼ではあまり動かず報酬で動くことが多い。会計士や税理士、中小企業診断士からクラスチェンジすることが多い。

中小企業向け経営診断などの業務に関わることが多く、場合によっては、経営に関するセミナーなどを開催することもあります。大手コンサルティングファームから零細企業まで、働く場所はさまざまです。通常は、大手総合商社や、官公庁などの上級役員、中小以上の企業経営者が、引退、あるいは転職して開業することが多いです。また、ヘッドハンティングで、企業役員が引きぬかれ、専門の経営コンサルタントとなるケースもあります。

Actuary

「人生を微分積分したら、今を生きる大事さが判明しました」
アクチュアリー

アクチュアリーは、生命保険という事業と同時に誕生した歴史の長い職業です。確率論や統計学などの数理的手法を駆使して、さまざまな状況や問題に対応する数理業務を引き受けます。保険や年金の適切な掛け金や支払い金を決めるのをはじめ、保険会社の外部コンサルタントとして、経営管理や商品開発に携わったり、監査法人として財務状況の監査をしたり、企業の資産運用などリスクマネジメントに関わったりなど、多彩な分野で活躍しています。いずれにしても、経営判断や人生設計に関わる数字を扱う責任の重い役割を担っています。

アクチュアリーの平均給料・給与
71万円

初任給：25万円～ ／ 生涯賃金：4億8848万円

アクチュアリーの生涯賃金は、新卒が終身雇用で65歳まで雇用されたと想定して、22歳から65歳までの43年間と平均給料・ボーナスを掛け合わせた数字となっております。

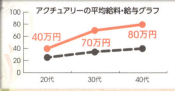
アクチュアリーの平均給料・給与グラフ
20代 40万円 / 30代 70万円 / 40代 80万円

※給料の算出には求人や口コミ、厚生労働省の労働白書を参考にしております。

アクチュアリー
確率や統計学を駆使し保険金を決める数式のプロ。別名「保険数理人」。スキル「魔法数式」でがん発生率のデータ分析などもお手のものである。現代の「時魔導士」とも呼ばれている。

アクチュアリーになるには、「日本アクチュアリー会」による資格試験を通って正会員になる必要があります。受験資格は大学卒業程度です。年金・保険・経済理論や損保数理、年金数理など専門的な問題、そして実際の業務で扱う実績データを用いて解く問題が多く出されます。出題される数学レベルは高校3年生程度といわれています。アクチュアリーは保険会社がある世界の国々で活躍する国際的専門職であり、将来的にも需要の高い職業です。

>> Employment Counselor

「人生の再投資は、私にご相談ください」
キャリアコンサルタント

2016年（平成28年）4月よりキャリアコンサルタントは、国家資格になりました。これによって、国家資格を持っていないキャリアコンサルタントは、その職種名またはそれに近い職業名を名乗ることができなくなりました。キャリアコンサルティングの具体的な内容は、学生や求職者、転職希望者など相談者本人の興味・適正を明確に整理し、該当する求人情報を確認し、昇進、就職、転職などにつなげることです。今後の職業生活の目標を明確化し、相談者の求職活動や能力開発のためのプロセスを考え、その実行を促していきます。

キャリアコンサルタントの平均給料・給与

35万円

初任給：22万円〜／生涯賃金：2億4080万円

キャリアコンサルタントの生涯賃金は、新卒が終身雇用で65歳まで雇用されたと想定して、22歳から65歳までの43年間と平均給料・ボーナスを掛け合わせた数字となっております。

キャリアコンサルタントの平均給料・給与グラフ

29万円　35万円　41万円

（20代／30代／40代）

※給料の算出には求人や口コミ、厚生労働省の労働白書を参考にしております

キャリアコンサルタント

カウンセリング三賢者の一人。属性は「職」。職業選択や職業技能のサポートをする後方支援型ジョブの一つ。スキル「ジョブカード」は就職に悩む者のキャリア形成をサポートする補助系スキルだ。

厚生労働大臣認定の養成講習の修了または、民間で求職者の就職相談や職業能力開発支援などの実務経験を3年以上経験し、キャリアコンサルタント試験に合格すると、キャリアコンサルタントを名乗れます。キャリアコンサルタントの就業先は、ハローワークや早期就職支援センター、職業能力開発学校などのほか、民間の人材派遣業や職業紹介業などがあります。

» Vocational Counselor

「心に花を咲かせましょう！」
産業カウンセラー

カウンセリングなど心理学的手法を用いて、働く人々を支援する仕事です。精神的不調の予防や職場復帰の手助けなどのメンタルヘルス対策や、キャリア開発、働きやすい職場づくりへの支援を行います。企業の相談室などで、悩みを持つ人々の相談に耳を傾け、相談者が自ら問題を解決できるようにしていきます。そして、企業が働きやすく生産性の高い組織になるように手助けしていきます。産業カウンセラーの活躍場所は多く、企業の人事部をはじめ、自衛隊の総監部、DVシェルターのスタッフやハローワークでの就職活動支援まで、多くの現場で人々と組織の力となっています。

産業カウンセラーの平均給料・給与
26万円
初任給：18万円～／生涯賃金：1億7888万円

産業カウンセラーの生涯賃金は、新卒が終身雇用で65歳まで雇用されたと想定して、22歳から65歳までの43年間と平均給料・ボーナスを掛け合わせた数字となっております。

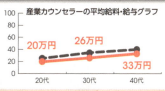

産業カウンセラーの平均給料・給与グラフ
20万円　26万円　33万円
20代　30代　40代

※給料の算出には求人や口コミ、厚生労働省の労働白書を参考にしております。

産業カウンセラー
カウンセリング三賢者の一人。属性は「働」。スキル「産業組織心理学」を駆使し、働く人のメンタルヘルスをサポートする。経験を積めば、上位職の「シニア産業カウンセラー」へクラスチェンジも。

産業カウンセラーは一般社団法人日本産業カウンセラー協会が認定する民間資格です。協会が行う講座を修了するか、大学や大学院で心理学や人間科学などの学部を卒業し、必要単位を修めると受験資格を取得できます。募集は求人サイトなどに掲載されています。メンタルヘルス問題の増加にともない、産業カウンセラーの需要は増えています。通常の企業のほか、人事部門のアウトソーシングを担う企業、病院や大学など、さまざまな職場があります。

第5章　士業・コンサルティング系職業

>> Medical Representative

「フィードバックを還し、万病に打ち勝つ未来を見せる！」
MR

MRとはおもに製薬会社に勤務する医薬情報担当者です。薬剤師や医師などに、医薬品選択の一助とすべく、最新の医薬情報やリサーチ結果を伝えます。医療の専門家に、自社の医薬品や開発状況などを論理的に説明する必要があるので、医学の最新知識を知り、業界や同業他社の情報に常にアンテナを張っておく必要があります。基本的には自社製品の効果や用法用量などについて伝えるのですが、一切誇張せず、事実のみを伝えます。副作用情報の有無なども包み隠さず見せていきます。また、医薬品の試験結果や臨床検査データを理解するためには、医療統計に明るいことが求められます。

MRの平均給料・給与

61 万円

初任給：22～24万円／生涯賃金：4億1968万円

MRの生涯賃金は、新卒が終身雇用で65歳まで雇用されたと想定して、22歳から65歳までの43年間と平均給料・ボーナスを掛け合わせた数字となっております。

MRの平均給料・給与グラフ
44万円　65万円　74万円

※給料の算出には求人や口コミ、厚生労働省の労働白書を参考にしております

MR
医薬品の品質、安全性などの情報を提供、販売する製薬会社の営業部隊、別名「現代の百人長」。スキル「フィードバック」は薬の副作用を伝える社会貢献度が高いスキルの一つだ。

MRになるには、製薬会社に入社する必要があります。医薬業界は理系のイメージが強いですが、MRは営業的な側面も強いため、医薬への理解があり、社交スキルに優れていれば文系でも十分に活躍できます。検査データを読み取れて、説明スキルも高く、営業成績の高いMRは、多くの製薬会社が求める人材です。専門の転職エージェントもあり、腕利きのMRともなれば製薬会社と交渉して、キャリアアップを図るのも特別なことではありません。

環境コンサルタント

環境コンサルタントには建築系やアセスメント系、法規制系、さらにはCSR系などさまざまな種類があります。現在需要が多いとされているCSR系の環境コンサルタントは、一般的に企業をクライアントとして、さまざまな企画を組み立てていく仕事をします。

※業種により差があります

平均給料・給与
45万円
初任給：22〜24万円／生涯賃金：2億5456万円
生涯賃金は、想定雇用期間43年間と平均給料・ボーナスを掛け合わせた数字となっております。

環境コンサルタントになるにはさまざまな資格を取得する方法があります。おもなものは、環境計量士資格や環境アセスメント士資格、社会調査士資格などになります。

環境計量士

現在は濃度関係の環境計量士（環境測量士）に多くの需要があるようです。水質や大気の汚染濃度測定などですが、首都圏や都心部などでは、騒音、振動関係の仕事も多いです。人材の需要があるものの、資格取得が難しいため、絶対数が少ない職種です。

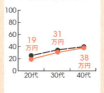

※地域により差があります

平均給料・給与
29.3万円
初任給：20万円／生涯賃金：2億0158万円
生涯賃金は、想定雇用期間43年間と平均給料・ボーナスを掛け合わせた数字となっております。

全国の一般財団法人の環境分析センターは求人がほとんどなく、水質検査員、株式会社など民間の環境測定員に雇用を求めることになるでしょう。

建設コンサルタント

建設コンサルタントは、インフラや農地・河川を整備するための計画や防災計画などの専門知識を有し、自治体や民間企業などの事業者に対して、技術的な提案やアドバイスをするのが仕事です。事業者の代わりに必要な調査をしたり、企画の立案なども行います。

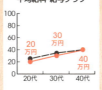

※給料の算出には求人や口コミ、厚生労働省の労働白書を参考にしております

平均給料・給与
31.2万円
初任給：20万円〜／生涯賃金：2億1465万円
生涯賃金は、想定雇用期間43年間と平均給料・ボーナスを掛け合わせた数字となっております。

建設コンサルタントの求人は、インターネットの求人サイトなどで探すことができます。ちなみに2018年現在、建設コンサルタント業界1位の日本工営の平均年収は780万円。

臭気判定士

環境省所轄の公益社団法人が認定した資格所有者で、悪臭の発生源である事業者に対する改善勧告や、改善命令の根拠となる測定や調査に関わる職業です。民間での活躍よりも、自治体などに関係した認定事業所での就業が主体となるようです。

※役人として働く場合が多いです

平均給料・給与
24万円
初任給：18万円〜／生涯賃金：1億6512万円
生涯賃金は、想定雇用期間43年間と平均給料・ボーナスを掛け合わせた数字となっております。

全国の認定事業所以外は、現在民間でも雇用がほとんどないのが現状です。定年による退職者が出た場合でも、外部からあまり積極的な求人を行わないのが通例です。

第5章 士業・コンサルティング系職業

職業訓練指導員

公共職業訓練、認定職業訓練の施設などで、職業訓練を指導する教育担当者です。普通職業訓練指導員と高度職業訓練指導員があり、都道府県や自治体などにより、資格や就業条件が異なります。教員免許同等の職業訓練指導員免許が必要となります。

平均給料・給与
30万円
初任給:18万円／生涯賃金:2億0640万円
生涯賃金は、想定雇用期間43年間と平均給料・ボーナスを掛け合わせた数字となっております。

試験の難易度は低いです。農業、工業や漁業などの特定技能を持った人は、普通職業訓練の短期課程においては、免許を必ずしも必要としない場合があります。

相続診断士

相続診断士というのは、相続に関して起こり得るさまざまな問題に対しての理解を深め、より多くの人が円満に相続をすることができるように啓蒙活動などを行うのが仕事です。弁護士や司法書士・行政書士などと連携をして相続問題の解決に取り組むこともあります。

平均給料・給与
35万円
初任給:18万円〜／生涯賃金:2億4080万円
生涯賃金は、想定雇用期間43年間と平均給料・ボーナスを掛け合わせた数字となっております。

弁護士などが自分の仕事に箔を付けるためといった意味合いで取得することの多かった資格ですが、最近では相続診断士として開業する人も少なくはありません。

宅地建物取引士

宅地建物取引士というのは、不動産売買・賃貸の仲介などをする職業です。法律の知識や不動産に関する知識を使って、お客様にアドバイスをしたり、本当に価値のある不動産を、本当に必要な人に売ることができるように、取引を円滑に進める仕事です。

平均給料・給与
30万円
初任給:18万円〜／生涯賃金:2億0640万円
生涯賃金は、想定雇用期間43年間と平均給料・ボーナスを掛け合わせた数字となっております。

不動産会社は高給取りといわれることもありますが、最初はそれほどでもありません。しかし、成績次第では年収1000万円も目指せます。平均は500万〜600万円です。

中小企業診断士

中小企業支援法に基づく国家資格所有者で、中小企業の経営診断、経営相談、財務管理等のマネジメントやコンサルタント業務などを行うプロフェッショナルです。産業廃棄物処理業の許可申請における財務診断では、よく需要があることで知られます。

平均給料・給与
35万円
初任給:24万円／生涯賃金:2億4080万円
生涯賃金は、想定雇用期間43年間と平均給料・ボーナスを掛け合わせた数字となっております。

試験をへて資格を得たからといって、独立して業務を行うのは非常に困難な職種です。実務経験で選ばれるほかに、講演や執筆活動で生計を立てる場合も多いそうです。

通関士

日本に輸入される商品などの通関手続きを通関業者へ依頼する際の代理・代行や、税関への申請手続きを行う財務省管轄の国家資格所有者です。貿易関係の税理士のような役割で、アパレル、食料品など、輸入業にはなくてはならない職業です。

通関士の平均給料・給与グラフ
※地域や営業によってかなり差があります

平均給料・給与
32万円
初任給：22万円／生涯賃金：2億2016万円
生涯賃金は、想定雇用期間43年間と平均給料・ボーナスを掛け合わせた数字となっております。

通関士試験はやや難易度が高く、合格率は11～13％。国際物流を行う業者は拠点ごとに通関士を置くことを法律で義務付けられているため、雇用は多いです。

二級建築士

延べ床面積500㎡以下の建築が主体で、木造建築では軒の高さ9m以下で、高さが13m以内の戸建て住宅などの小規模建築を扱える資格になります。戸建住宅程度なら、木造、鉄筋コンクリート造、鉄骨造の設計などを行うことができます。

二級建築士の平均給料・給与グラフ
※工務店により差があります

平均給料・給与
24万円
初任給：18万円／生涯賃金：1億6512万円
生涯賃金は、想定雇用期間43年間と平均給料・ボーナスを掛け合わせた数字となっております。

残念ながら二級建築士のままでは、年収1000万円は超えられないのが現状です。将来的に一級建築士を目指すための、最初のステップとなっている場合が多いです。

プライベートバンカー

富裕層と呼ばれる人々は、資産を有効かつ効率よく活用していくために、金融サービスを必要としています。プライベートバンカーは、財産の管理や法律、税金、相続、投資、不動産など金融全般に関するアドバイスを行い、総合的に資産運用のコンサルティングを行うのが仕事です。

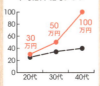

プライベートバンカーの平均給料・給与グラフ
※給料の算出には求人や口コミ、厚生労働省の労働白書を参考にしております

平均給料・給与
100万円
初任給：30万円～／生涯賃金：6億8800万円
生涯賃金は、想定雇用期間43年間と平均給料・ボーナスを掛け合わせた数字となっております。

年収もかなり高く、魅力的な仕事に思えますが、その分世界中から金融に関係している最新情報を収集するなど、ハードで大変です。広く深い金融知識が必要になります。

マンション管理士

マンション管理士の仕事は、マンションの管理組合・住民の相談を受け、問題への対処を行うことです。管理人とは違い、マンションの運営がしっかりと適正に行われるようにするコンサルタントのようなものです。法律、会計、運営などさまざまな知識が必要とされる仕事です。

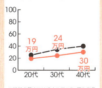

マンション管理士の平均給料・給与グラフ
※給料の算出には求人や口コミ、厚生労働省の労働白書を参考にしております

平均給料・給与
24万円
初任給：19万円／生涯賃金：1億6512万円
生涯賃金は、想定雇用期間43年間と平均給料・ボーナスを掛け合わせた数字となっております。

マンション管理士には国家資格がありますが、これは仕事に就くのに必ずしも必要ではありません。しかし、この資格試験はかなり難易度が高いので、あれば有利でしょう。

第5章　士業・コンサルティング系職業

Column

企業戦士 Ⅴ

企業活動がスムーズに進むよう、縁の下の力持ちとして支えているのが一般事務職です。事務職とはいえ正確さとスピードが要求され、来客対応もすることからコミュニケーション能力も欠かせない、奥の深い職種です。人気が高く、正社員採用は狭き門。

一般事務職

「陰日向になり あなたのお役に立つのが使命」

19,800

一般事務は、ファイリング業務や来客対応、電話対応、物品発注、会議資料の作成や福利厚生関連の業務を担当するのが仕事です。それぞれの企業によって担当している内容が違うため一概に定義することは難しいですが、デスクワークが中心となります。規模の小さい会社であれば、一般事務が経理や人事関係の仕事を兼ねているということもあります。部署によっては海外とのやり取りのために英語が必要だったり、専門分野を扱ったりすることもあります。基本的なPCスキルとビジネスマナーが必須です。

平均給料・給与

18万円

初任給：10万円～
生涯賃金：1億2384万円

※生涯賃金は、想定雇用期間43年間と平均給料・ボーナスを掛け合わせた数字となっております。

平均給料・給与グラフ

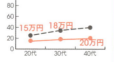

15万円　18万円
　　　　　　　　20万円
20代　30代　40代

※給料の算出には求人や口コミ、厚生労働省の労働白書を参考にしております

一般事務職

防衛系ジョブ。金銭を管理し、企業を裏から守るカンパニーガーディアン。スキル「簿記1級」はSクラスの難易度を誇るスキルで、取得した事務職は会計士に匹敵する力を持つといわれる。

chapter
6

医療・介護系職業

» *Surgeon*

「成功体験を重ねていく以外に成長を感じることはできません」

外科医

外科医
外科医にはたくさんの種類がある。脳神経外科、心臓血管外科、消化器外科、乳腺外科、整形外科、泌尿器外科、形成外科、肛門外科などがあり、『白い巨塔』や『医龍』に登場するような天才外科医もいる。

●外科医の仕事内容
外科は臨床医学の一分野であり、手術を中心に病気やけがの治療をします。創傷、疾患の患部摘出や縫合など外科的手法を用います。外科医の活動範囲は広く、脳神経外科、心臓外科、胸部外科、形成外科、美容外科、血管外科など分野は細分化されており、求められる力はさまざまです。がんや心臓病、脳疾患など命にかかわる病気の手術を担当することも多く、外科医の技術力が生死を左右することもあります。専門的な分野では待遇がよく、整形外科、形成外科、美容外科は比較的高年収であるといわれています。

※給料の算出には求人や口コミ、厚生労働省の労働白書を参考にしております

● 外科医の求人募集はどこで探せばいい？

ほとんどの場合、大学卒業後の研修医として働く病院が、そのまま職場となるようです。雇用には、一定以上の研修期間を要し、専門手術に特化する必要があるため、転職は非常に少なく、また単独の求人も少ないのが現状です。医師としては労務に対して、報酬は低いほうです。平均給与から算出してみると、平均年収はだいたい1000万～1200万円となると予測されますが、若いうちは低く、月給の手取りはだいたい25万円～となりそうです。さらに研修医期間中は、医師会への会費などで費用がかかるため、どうしても数年間以上は、手取り収入が減る傾向となるようです。

外科医の平均給料・給与

81万円

初任給：30万円～ ／ 生涯賃金：5億1840万円

外科医の生涯賃金は、終身雇用で65歳まで雇用されたと想定して、25歳から65歳までの40年間と平均給料・ボーナスを掛け合わせた数字となっております。

● 外科医になるには？

近年、社会的問題でもある医師不足の中でも顕著なのがこの外科医です。そのため現在では、なる方法が大きく分けて2つあります。正面から医学部卒で医師国家試験を受験し、合格後、研修医から外科医を目指す方法と、いったん社会人として大学を卒業後に、社会人入学制度を利用して、一部の私立大で実施している外科医専門の履修を受けて、国家試験に合格する方法です。体力勝負ですが、医学部卒でも、外科医の分野はかなり細かく分かれているため、比較的遅い30歳前後でも外科医を目指すことは可能です。大学の医学部の場合は、研修医期間2年以上、実務経験5年以上で、あとは専門外科として経験を積むことになります。以前はインターンシップなどがありましたが現在はなくなり、国家試験に合格して大学を卒業後、比較的短期で医師として独り立ちできるのが外科医です。

>> *Internist*

「人体が自然に備えている抵抗力を超えただと！ 行くぞ！ 皆出勤だ」

内科医

内科医
コードネームは「街のお医者さん」。身体の臓器を対象とし、手術によらない方法での医術を行う。「認定内科医」「総合内科専門医」という内科内クラスチェンジがある。

●内科医の仕事内容
患部治療にあたって患部摘出など外科手術を行うのが外科医であるのに対し、病態を判断して薬物などによって治療するのが内科医です。総合病院では内科医が主体となる治療にもっとも患者が多いのが特徴で、一般内科、循環器科、呼吸器内科、消化器内科、神経内科、腎臓内科、糖尿病内科、血液内科など細分化されています。カテーテル治療など外科手術も一部行うことがあります。最近では治療機器の進歩で消化器系の治療など内科医が手がける外科手術の範囲が広がってきています。

※給料の算出には求人や口コミ、厚生労働省の労働白書を参考にしております

● 内科医になるには？
内科は専門医になるためにはかなり時間がかかる分野です。まず最短で医師になるには8年かかります。医学部のある6年制の大学に在籍し、基本的な医学課程、実習をへた後、卒業後に医師国家試験を受験して医師免許を取得します。医師免許を取得したら最低2年の臨床研修を受けますが、その間に内科、外科、精神科などさまざまな科や地域保健、総合医療の研修を受けます。その後、さらに内科で研修を受けて必修研修実技や知識を習得して、ようやく内科の専門医として働けるようになります。ここまで平均でだいたい10年前後はかかるそうです。

内科医の平均給料・給与

90万円

初任給：40万円〜／生涯賃金：5億7600万円

内科医の生涯賃金は、終身雇用で65歳まで雇用されたと想定して、25歳から65歳までの40年間と平均給料・ボーナスを掛け合わせた数字となっております。

● 内科医の求人募集はどこで探せばいい？
ひと通り病院での研修を終えた後は、開業医、勤務医への道があります。転職も多く、雇用は比較的柔軟で幅広くあります。研修後にそのまま勤務医として働くケース、途中から転職するケースともに多く、転職サイト、医師専門の求人サイトでも多数の雇用を見つけることができます。雇用条件は民間の中規模クラスの民間病院のほうがよいといった口コミがあります。専門科が細分化された大病院は、民間の病院に比べ必ずしも給与は高くないそうです。内科医の平均年収はだいたい1600万円くらい。勤務医では平均がだいたい1200万円、開業医ではだいたい2500万円ぐらいの年収となり、開業するかどうかでかなり差がでるようです。

>> *Obstrician*

「こんにちは、赤ちゃん」
産婦人科医

産婦人科医
出産・赤ちゃん・女性に対して総合的にケアする専門医術職業。別名「コウノトリの化身」。最近では女性外来ともいわれる。

●産婦人科医の仕事内容
安全な妊娠と出産を手助けし、また女性特有の病気の治療を行う専門医です。妊娠から分娩までを手がける産科と、更年期障害、不妊治療、生理不順、あるいは女性生殖器の腫瘍や感染症といった疾患全般を扱う婦人科に分かれています。外科手術も多く、病院では帝王切開、妊娠中絶のほか子宮頸癌、子宮体癌、子宮筋腫、卵巣腫瘍などの手術も行います。一般開業医での仕事はほとんどが妊娠と出産に関係したものです。不妊治療に特化した産婦人科医も存在します。

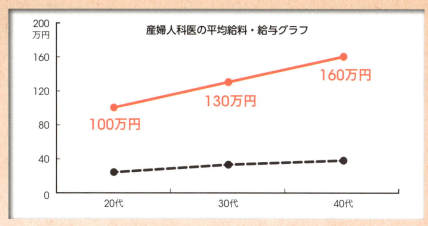

※給料の算出には求人や口コミ、厚生労働省の労働白書を参考にしております

●産婦人科医になるには？

一般的な医師と同じように、6年制の大学医学部で所定単位を履修した後、医師国家試験に合格し、医師免許を取得したのち、研修医として内科、外科、精神科ほかすべての科で実務実習を行います。2年間の研修医期間をへて、その後に産婦人科医を選択することになります。産婦人科医として経験を積み、日本産科婦人科学会の認定を受けた専門医になるには、学会での研究・論文発表や、症例報告などさまざまな条件をクリアして、試験と面接をパスしなければなりません。学会認定専門医となった場合は、産婦人科専門医として開業することも可能です。

産婦人科医の平均給料・給与

130万円

初任給：30万円／生涯賃金：8億3200万円

産婦人科医の生涯賃金は、終身雇用で65歳まで雇用されたと想定して、25歳から65歳までの40年間と平均給料・ボーナスを掛け合わせた数字となっております。

●産婦人科医の労働環境は？

しかし、産婦人科は少子化に加え、最近は医療訴訟問題だらけといわれており、産婦人科医志望者は多くありません。厚生労働省の実態調査でも、希望職として産婦人科医を選ぶケースは年々減少しています。しかし細分化された現代の医療現場にあって、産婦人科は内科や外科も関係しているため、総合的医療分野の経験が得られるとして、あえて選んでいる医師も多いそうです。また赤ちゃんが生まれてくる感動はなにものにも代えがたいと感じる医師も多くいます。医師、看護師、患者とも女性が多い職場なので、不向きな男性医師もいるでしょう。上述のように産婦人科医の数は少なく、求人は非常に多いといえます。産婦人科医の手取りは平均で130万円くらいとなりますが、勤務医と開業医では給与に大きな差が出る診療科といえるでしょう。

>> Cosmetic Surgeon

「可愛いは盛れるけど内面の可愛さは盛れないわよ」
美容整形外科医

美容整形外科医
「美しさ」「美意識」を絶対的な価値観に置き、人間の外見を改善する手術を得意とする医術職。「若返り」「豊胸」「小顔」など、そのスキルは多岐にわたる。医師免許以外にも精密さや美的感覚も必須。

●美容整形外科医の仕事内容
本来は、人体の機能上の欠陥や変形の矯正や、失われた部位などを外科手術で矯正する外科医を指していました。近年では美意識の変化に応じて、外傷がなくても手術を行います。機能的には何の支障がなくても美的に形成して負担の除去、軽減をする美容を目的とした医療です。医療機関の中では形成外科と区別される外科学の一分野として認知されています。独立開業した事業形態が非常に多いのが特徴。公的保険がきかない自由診療のために手術費用は高額で、美容整形外科医は医師の中でも平均収入が高くなっています。

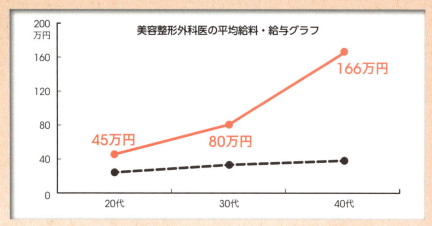

※給料の算出には求人や口コミ、厚生労働省の労働白書を参考にしております

●美容整形外科医になるには？

医師になるためには、大学の医学部か医科大学を卒業し、医師国家試験に合格しなければなりません。医学部では内科、外科、整形外科、精神科など一通りの分野を学び、そこから専門を見つけていきます。美容整形外科医になるには、形成外科を専攻し、そこからさらに美容外科の分野を深めて専門とするパターンと、他科で一般的な総合診療や手術を経験してから美容外科へと転向するパターンがあります。よい美容整形外科医を目指すなら、形成外科はもちろんのこと、患者の緊急事態にも対応できるように、麻酔や救急科で数年は学んだほうがいいという話もあります。

美容整形外科医の平均給料・給与

140万円

初任給：36万円～ ／ 生涯賃金：8億9600万円

美容整形外科医の生涯賃金は、終身雇用で65歳まで雇用されたと想定して、25歳から65歳までの40年間と平均給料・ボーナスを掛け合わせた数字となっております。

●美容整形外科医のキャリアモデル

美容外科クリニックなどに就職し、美容整形外科医となった場合、年収は1500万円前後になるといわれています。大きなクリニックでは経験や実績に応じて昇給したり、役職がつくこともあります。夜勤がないなどメリットもあり、女性医師も増えています。しかし、雇われている限り、年収が跳ね上がるということはありません。美容整形外科医の多くが独立開業を目指しているといわれています。これは、美容外科の世界では自由診療を行うことができるため、診療報酬が高額となり、その分オーナー兼医師の収入が増えるからです。マスメディアに頻繁に登場したり、大手美容クリニックの経営者クラスの医師では、年収が4000万円以上になるともいわれています。ただし、景気動向に左右されやすく、全国的に美容クリニックも増えているため、年収は毎年変動するようです。

第6章 医療・介護系職業

≫ Anesthetist

「手術の恐怖や痛みをなくすことができる魔法。それが麻酔なの」
麻酔科医

麻酔科医
ダチュラの花を駆使し、患者の全身麻酔をコントロールする。「攻撃」を手術とするなら「防御」の「バランス」をとる専門医術が麻酔である。

●麻酔科医の仕事内容
麻酔科医は、手術前、術中、術後の麻酔の管理を行う専門医です。麻酔は医師の資格を保有していればできますが、全身麻酔が必要となるような手術では患者の容態を見ながら管理をしていくことが必要となるため、専門的な知識が必要になります。つまり、手術に立ち会いながら手術室をうまく回し、無理のない手術計画を立てることも重要な役割の一つです。手術をする患者の生命維持は、麻酔科医がコントロールしているといっても過言ではありません。もちろん、手術前の患者への説明、術後のケアも仕事の範疇です。

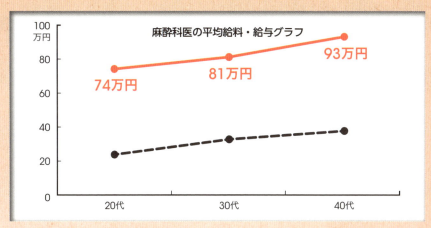

● 麻酔科医の仕事の面白さ・向いている性格

麻酔科医になるには、医学部卒業後に医師国家試験に合格したのち、2年の研修期間をへて医師になるまでは他科の医師と同じで、そこから麻酔科指導医のいる病院（麻酔科研究施設病院）で2年以上麻酔業務に専従するか、300症例以上の麻酔を行って麻酔科標榜医の資格を得て、日本麻酔科学会が定める審査に合格すると麻酔科認定医となります。つまり、最短でも約10年はかかるという根気が必要な職業といえます。麻酔科医の数は不足しているため、かなりの激務です。手術中は患者のそばを離れることができないことから拘束時間が長く、体力勝負な面もあります。

麻酔科医の平均給料・給与

82.7 万円

初任給：33万円／生涯賃金：5億2928万円

麻酔科医の生涯賃金は、終身雇用で65歳まで雇用されたと想定して、25歳から65歳までの40年間と平均給料・ボーナスを掛け合わせた数字となっております。

● 麻酔科医のキャリアモデル

1年目は30万円台ですが、3年目から3倍近くの給与へ跳ね上がることが多いようです。麻酔科医の少ない地方の病院では非常勤として勤めてもかなり高額な給与を得られる可能性もあります。女性が結婚、出産、育児をへても、資格があれば、働き口に困ることはないでしょう。麻酔科医は主治医となって患者を持つことがないので、緊急手術以外で夜中に呼び出しされる可能性がないことから、オンとオフの区別がつけやすいのです。つまり、うまく休みを取ることもできるので、女性にとってはありがたい職業かもしれません。麻酔科医は不足が叫ばれているため、少し仕事を休んでからの復職でも歓迎されるでしょう。また、緩和医療や出張麻酔を看板にし、独立する麻酔科医も徐々に増えてきています。独立して成功することができれば、平均より高い収入を得ることができるでしょう。

≫ *Ophthalmologist*

眼科医

「その眼は治せても、お前の心の底までは治せん」

眼科医は眼球および眼球周囲の組織に関する疾患の診療を行う医者です。日本眼科学会認定の専門医になるにはなかなか高いハードルが設けられていて、医学部を卒業、医師国家試験合格、眼科専門医制度委員会が認可した研修施設で5年以上の研修を修了する必要があります。そのうえで100例以上の手術、症例検討会へ定期的に出席、眼科に関する論文1編、学会報告を演者として2報以上、4年以上日本眼科学会会員、といった条件を満たしてはじめて年1回の専門医試験の受験資格を得られ、合格をもって眼科専門医として就業することができます。

眼科医の平均給料・給与

90万円

初任給：40万円～／生涯賃金：5億7600万円

眼科医の生涯賃金は、終身雇用で65歳まで雇用されたと想定して、25歳から65歳までの40年間と平均給料・ボーナスを掛け合わせた数字となっております。

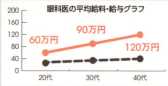

眼科医の平均給料・給与グラフ

20代：60万円／30代：90万円／40代：120万円

※開業医、勤務医、レーシック専門眼科病院などで差があります
※給料の算出には求人や口コミ、厚生労働省の労働白書を参考にしております

眼科医

目の治療に特化した医術職。大きな目は、患者の症状を探すのか、それとも己を見つめているのか……。

ただし、眼科専門医の認定期間は5年であり、この更新には眼科専門医制度委員会が認定する学会参加が義務化されています。眼科医には夜勤や当直のアルバイトなどがありませんので、収入的には勤務医の中で低いほうといわれます。いっぽう、開業するとレーシック手術などで高収入が見込めますが、さまざまなトラブルも報告されていて、医療訴訟のリスクもあるといえるでしょう。

>> Psychiatrist
「みんなを喜ばすことができるかを考えるようにしなさい」
精神科医

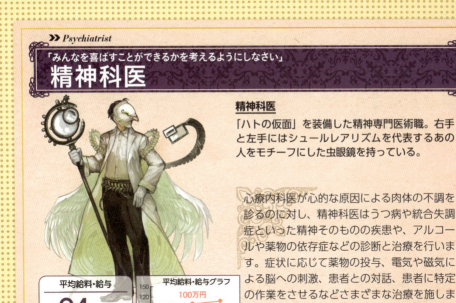

精神科医
「ハトの仮面」を装備した精神専門医術職。右手と左手にはシュールレアリスムを代表するあの人をモチーフにした虫眼鏡を持っている。

心療内科医が心的な原因による肉体の不調を診るのに対し、精神科医はうつ病や統合失調症といった精神そのものの疾患や、アルコールや薬物の依存症などの診断と治療を行います。症状に応じて薬物の投与、電気や磁気による脳への刺激、患者との対話、患者に特定の作業をさせるなどさまざまな治療を施します。ほかの科の医師と同様に、医学全般の知識が要求されます。精神科医療は強制入院や隔離・拘束などが認められているため、精神科医には高い倫理性が求められます。

平均給料・給与
94万円
初任給：40万円～
生涯賃金：6億0160万円

※生涯賃金は、想定雇用期間40年間と平均給料・ボーナスを掛け合わせた数字となっております。

平均給料・給与グラフ
20代：40万円
30代：100万円
40代：108万円

※給料の算出は求人や口コミ、厚生労働省の労働白書を参考にしております。

>> CRC
「新たな治療薬の誕生は、私の手に委ねられている」
治験コーディネーター

治験コーディネーター
薬の臨床実験データを管理する調停者。健康な被験者に新薬を投入するスキル「治験」で未来の病気を治療するデータ蓄積系ジョブの一つ。

製薬会社や医療機器メーカーが新開発した医薬品や医療機器を使用してもらい、データを収集して医薬品や医療機器の有効性や安全性を確認する「臨床試験」を実施する際に、遵守すべき基準を守って行うように調整する仕事です。特定の資格が必須というわけではありませんが、医療関係、特に薬剤の知識があることを求められます。医療系の仕事の中でもデスクワークが多く、土日祝日が休みで残業なしという働き方がしやすいことから、結婚や出産後も続けやすく、現役の半数以上が女性だそうです。

平均給料・給与
25万円
初任給：15万円～
生涯賃金：1億7200万円

※生涯賃金は、想定雇用期間43年間と平均給料・ボーナスを掛け合わせた数字となっております。

平均給料・給与グラフ
20代：18万円
30代：23万円
40代：35万円

※給料の算出は求人や口コミ、厚生労働省の労働白書を参考にしております。

第6章 医療・介護系職業

>> Nurse

「アナタの心と身体を癒やせるのであれば悪魔にも天使にもなります」
看護師

看護師
ナイチンゲールの加護により病人を看護する職。医者をサポートしつつ、患者に精神面の安定を与えるため「白衣の天使」とも呼ばれる。

●看護師の仕事内容
看護師は、医療の現場において医師の診察の補助をし、医師の指示のもとで患者のケアをします。血圧、体温などの測定、注射、点滴、採血といった治療の補助など、身の回りのお世話も多く、献身的なイメージがあるため、女性の職業と思われている方が多いかもしれませんが、近年では男性看護師も増加してきています。看護師には免許区分として看護師と准看護師に分かれていて、准看護師は医師や看護師の補助役であり、独自の判断では動けません。また、大手病院では手術の補助を専門とする看護師がいることもあります。

※給料の算出には求人や口コミ、厚生労働省の労働白書を参考にしております

●看護師の仕事の面白さ・向いている性格

医師のように自分の判断で診断をして治療をするわけではなく、患者さんが治療を乗り越えるサポートをする仕事なので、内助の功に徹することができること。そのサポートの中で、いかに患者さんが気持ちよく過ごせるか、安心するかという気配りを持つことも重要です。体力的にもハードな仕事となりますが、人助けに魅力を感じて目指そうと思う人が多く、特に女性には昔から人気の高い職業の一つです。また、看護師になるには国家試験に合格しなくてはならないため、専門教育を受ける必要があり、看護師学校へ進学することになります。

看護師の平均給料・給与

32万円

初任給：15〜20万円／生涯賃金：2億2016万円

看護師の生涯賃金は、新卒が終身雇用で65歳まで雇用されたと想定して、22歳から65歳までの43年間と平均給料・ボーナスを掛け合わせた数字となっております。

●看護師のキャリアモデル

どこの病院でも看護師不足といわれており、就職先に困ることはないでしょう。初任給は15万〜20万円程度といわれ、勤務先によって差があるので、一概にはいえませんが、看護師の平均月収は30万円前後、ボーナスは50万〜100万円、平均年収は450万円ほどとなります。年収のボリュームゾーンは400万〜600万円が相場で、一般的な女性の年収よりも高めの年収ですが、体力的にも精神的にも厳しく、夜勤もあります。子育てをしながら働くためのサポートとして、院内託児所を設ける病院もあり、女性が結婚や出産をへても安心して働けることが多いです。ただ、夜勤がある勤務形態をするには、夜間保育をする託児所は認可保育所には存在しないため無認可保育所を見つけて預ける、もしくは配偶者や両親といった家族の協力を得られないと難しいでしょう。

> Pharmacist

「失恋に効く薬は時間と新しい出会いを調合すること」
薬剤師

薬剤師
「街角の白魔道師」。状態異常の患者さんに、回復薬を供給する薬マスター。「調剤」は、処方箋を駆使する医者との連携技である。「漢方薬局」「病院」など、さまざまな場所で活躍する。

●薬剤師の仕事内容
薬剤師は、病院や薬局、診療所で雇用され、医薬品の調剤・製剤作業、服薬説明、薬歴管理、注射剤の調剤を行うのがおもな仕事です。ほかにも、医薬品販売業の管理薬剤師や毒物劇物取扱責任者などとしても活動を広げることができます。最近は薬剤師の説明義務がある薬をドラッグストアやスーパーなどで販売しているため、雇用の場は増加傾向にあります。また、民間の製薬会社や大学の研究機関で新薬の研究、医薬情報担当者（MR）という、病院に薬の説明をする職に就くこともできます。

※給料の算出には求人や口コミ、厚生労働省の労働白書を参考にしております

●薬剤師の仕事の面白さ・向いている性格

薬剤師の基本中の基本は、「薬を調剤すること」です。医師の処方箋にしたがって、きちんと指示どおりの分量や配合で薬を調剤する必要があります。薬剤師は6年制薬学部を卒業しないと薬剤師国家試験の受験資格が得られないため、化学の知識はもちろん、理系の学問が好きであり、膨大な勉強量をこなすことも必要です。また、2016年の診療報酬改定により、「かかりつけ薬剤師指導料」という項目が新しくできたことで、かかりつけ薬剤師は24時間対応で患者さんに相談や適切なアドバイスをすることになりました。

薬剤師の平均給料・給与
38万円

初任給：20万円〜 ／ 生涯賃金：2億6144万円

薬剤師の生涯賃金は、終身雇用で65歳まで雇用されたと想定して、24歳から65歳までの41年間と平均給料・ボーナスを掛け合わせた数字となっております。

●薬剤師のキャリアモデル

薬剤師のおもな就職先といえば、調剤薬局、病院、製薬会社、大学の研究機関。初任給は20万〜25万円といわれています。現状は、製薬会社に雇用された場合がもっとも高給で、病院や薬局、ドラッグストアはほぼ同じ給与体系です。平均年収は533万円と、ここ数年で20万円程度の上下があるだけで、あまり大きな変化はないでしょう。国家資格ゆえに、一生就職に困らないといわれていた薬剤師ですが、薬の種類によっては、薬剤師ではなく「登録販売者」という資格があれば販売できるようにもなってきており、薬剤師の正規雇用を抑える病院や薬局も増えてきました。とはいえ、資格を持つ人の職業という専門性の高さから、正社員以外にもパート・アルバイトとしての求人は多いため、女性が結婚や出産をへても働き口を見つけやすい職業といえるでしょう。

>> Radiographer

「紫外線の上位にあるものがエックス線でありガンマ線である」
放射線技師

放射線技師
TEAM「メカニカルアームズ」の技師。「χ・α・γ」へ変機し、人の中を覗き込む放射線専用アーマー。ウェポン「MRI」は、がんを見つけ出す予防兵器である。別名「キャンサークリーナー」。

●放射線技師の仕事内容
健康定期健診などの一般Ｘ線撮影、消化管造影検査、CT検査、MRI、マンモグラフィ、核医学検査、超音波検査などを行う、検査や治療の専門家です。検査以外に、放射線治療なども行い、現代最新がん治療には欠かせない存在となっています。地方の平均的な市立病院などは、給与水準が一番低いそうですが、反対に女性で年収800万円の事例も、職業別口コミサイトに投稿されています。その場合、月収にして約50万円以上、手取りで約40万円になります（ボーナスを除く）。

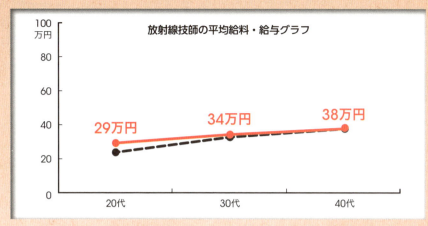

●放射線技師になるには？
放射線技師になるには、まず大学などの文部科学大臣が指定する学校や、厚生労働大臣が指定する診療放射線技師養成所に3年以上通い、診療放射線技師としての知識を蓄え、技能修習を修了しなければなりません。その後、診療放射線技師国家試験に合格し、資格を取得します。放射線技士養成学校は、国立大学で全国11校、公立大学で3校、私立大学で19校、そのほか3年制を採る養成学校もあります。通常は、大学病院などの職務を得て、条件のよい病院などへ転属するケースが多いようです。

放射線技師の平均給料・給与
34万円
初任給：25万円／生涯賃金：2億3392万円

放射線技師の生涯賃金は、新卒が終身雇用で65歳まで雇われたと想定して、22歳から65歳までの43年間と平均給料・ボーナスを掛け合わせた数字となっております。

●放射線技師の仕事の面白さ・向いている性格
放射線技師は、医師からのオーダーに応えてひたすらレントゲン写真を撮ります。これは看護師にも医者にもできない仕事です。自分自身の技術でよいレントゲン写真を撮って、患者さんの病変・異常を発見することができるというのが放射線技師の仕事の面白さです。向いているのは、自分の技術に誇りを持てる人。それでいて積極的に患者さんと関わりたいというよりは、裏方から医療を支えたいという考えの人に向いています。
また、地道にコツコツと物事を頑張ることのできる人に向いているでしょう。マメな性格の人に向いているということですね。病院内での地位が低いことを気にせず、自分の仕事に真摯に向き合うことのできる人で、マメであれば、性格上は文句なしに向いているでしょう。

>> Welfare & Nursing Care Company employee

「行きましょう。行きましょう。あの人を助けに行きましょう!!」
介護・福祉系企業社員

介護・福祉系企業社員
老いやケガ、生まれつき不自由な人々を助け、この世に生きる喜びを伝える。「業界の天使」とも呼ばれる。在宅老人ホーム以外にも、介護用品などに注力し始めている。

●介護・福祉系企業社員の仕事内容
高齢者や障害者など、日常生活に支障がある人々のためのサービスを行うのが介護・福祉系企業です。要介護認定を受けた高齢者に訪問介護や通所介護などの在宅サービスを行ったり、特別養護老人ホームなどの施設サービスを提供したりしています。高齢者の割合は年々増加しており、それにともなって新たな施設やサービス、組織が展開され、異業種からの参入も増加するなど、急速に市場が拡大しています。しかし、それらを担う人材が不足しており、人材の確保と育成が福祉業界の課題となっています。

※給料の算出には求人や口コミ、厚生労働省の労働白書を参考にしております

● 介護・福祉系企業社員に向いているタイプ

人の気持ちに寄り添うことができる優しい性格の人が向いています。しかし、綺麗事だけでは済まない仕事もあるので、ある意味「仕事は仕事」とビジネスライクに割り切ることも時には必要になります。また、介護の現場で働くには人を持ち上げたり支えたり介助する体力が必要なので、健康に自信がある人のほうがよいでしょう。肉体的、精神的にハードな仕事であることから、業界全体で慢性的な人手不足となっています。求人数は全国的に非常に多く、未経験や年齢が高めでも採用されることもあります。資格と経歴があれば、より多くの選択肢から働く場所を選べるでしょう。

介護・福祉系企業社員の平均給料・給与

28万円

初任給：20万円／生涯賃金：1億9264万円

介護・福祉系企業社員の生涯賃金は、新卒が終身雇用で65歳まで雇用されたと想定して、22歳から65歳までの43年間と平均給料・ボーナスを掛け合わせた数字となっております。

● 介護・福祉系企業に関わる職種

介護・福祉系業界を支えている、もっとも重要な職種は介護福祉士です。実際の介護を担当する職業で、年々需要は高くなっています。ケアプランを作成するケアマネージャーも欠かせない存在です。そのほか、医療行為を担当する看護師や各科の医師、歯科医などの医療職や、リハビリを担当する理学療法士も業界には必要な人材です。要介護者や困っている人の生活を支援する社会福祉士やソーシャルワーカー、精神的な悩みを抱える人のカウンセリングを行う臨床心理士なども、老人介護だけでなく福祉業界全般で活躍しています。多くの専門職が国家資格であり、資格を取るのに養成機関の卒業や実務経験が求められることもあります。資格があれば手当が付いたり転職のときに有利になったりするため、キャリアアップを目指すなら資格取得は必須です。

>> *Care Worker*

「介護パワードスーツは今後の介護に革命を起こしてくれると期待する」

介護福祉士

介護福祉士
三大福祉国家資格「三福祉士」の一つ。「身体介護」に特化した力系の福祉部門ジョブ。テクノロジーが発達すると、パワースーツを装備し、スキル「軽々」を発動させることができる。

●介護福祉士の仕事内容
介護福祉士は、施設、在宅にて高齢者の入浴・排泄・食事など身辺の世話をします。勘違いしている方も多いのですが、介護福祉士は高齢者に対してすべての支援を行う仕事ではありません。それぞれの人のできないことだけを「手伝う」仕事です。例えば、自分で食べられる人に対して食事の世話をすることはしません。身体的な事情で、どうしても自分ではできないことを手伝い、できるだけ自立した生活をすることができるようにするのが、介護福祉士の仕事というわけですね。

※給料の算出には求人や口コミ、厚生労働省の労働白書を参考にしております

● 介護福祉士になるには？
介護福祉士は、国家試験を受けて資格を取得することが必要になりました。介護福祉士国家試験を受けるには実務経験が必要で、福祉系の高校に通っていた人や介護の現場で働いている人、また実技試験の免除など条件がいろいろあるので、自分がどのような条件に合致しているかよく調べる必要があります。国家試験ですが難易度はそこまで高くなく、合格率は60％を前後していて、ここ数年は合格率が高くなってきています。特別養護老人ホームやデイサービス事業所、介護老人保健施設など、働く場所も多く、求人もたくさんあります。

介護福祉士の平均給料・給与

23万円

初任給：10万円〜 ／ 生涯賃金：1億5824万円

介護福祉士の生涯賃金は、新卒が終身雇用で65歳まで雇われたと想定して、22歳から65歳までの43年間と平均給料・ボーナスを掛け合わせた数字となっております。

● 介護福祉士の仕事の面白さ
この仕事の面白さは、自分の特技を活かすことができる場面が多いというところにあります。最近では在宅よりも施設介護が一般的です。介護福祉施設ではレクリエーションが行われ、内容はそれぞれ施設によって違います。ピアノや歌、朗読など、それぞれの介護福祉士が自分の特技をレクリエーションに取り入れているからです。そのため、レクリエーションの場は利用者にとっても介護福祉士自身にとっても楽しみになっています。シフト勤務の上、激務で辛い仕事であるという認識をしている人も多いですが、辛い中に楽しみがあるからこそメリハリのある仕事をしていけるのです。それゆえ、向いているのは人の役に立つことに誇りを持てる人です。

>> *Care Manager*

「努力するのは老人も若者も同じ。ただ、その壁が高くなるのが老人です」

ケアマネージャー

ケアマネージャー
計画系スキルで、介護プラン作成や介護支援を分析する「コーチングエンジェル」。要介護認定などを受けた介護者に給付計画を立てたり、相談に乗ったりもできる指南役的存在

●ケアマネージャーの仕事内容
ケアマネージャーは介護支援専門員と呼ばれ、要介護認定を受けて介護保険サービスを利用する方やその家族からの相談に応じたり、役所や介護施設、介護サービス会社などと連絡をとって調整を行ったり、患者さんのためのケアプラン（介護サービス計画）の作成をしたりする仕事です。どこの施設で、どのような頻度で、どういった介護を受けるのか、そしてそれを要介護度に応じた限度額の範囲内で決めていきます。超高齢社会の中で今後増えていく介護の需要に備え、より手厚い介護を行うために活躍する職業です。

240

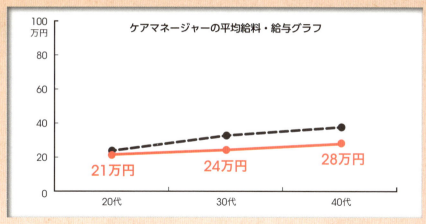

※給料の算出には求人や口コミ、厚生労働省の労働白書を参考にしております

● ケアマネージャーの仕事の面白さ・向いている性格

要介護者と真摯に向き合い、介護者だけではなく、その家族のケアもしながら、患者に必要なサービスを選択してケアプランを作るので、患者さんと向き合う時間は長くなります。自分の立てたプランで、一人でも多くの人をケアして穏やかな気持ちになってもらいたいと思い、患者さんたちから感謝の気持ちを伝えられるような瞬間には、やりがいを感じられるでしょう。介護は一歩間違えれば、怪我や事故につながることもあるので、非常に責任の重い仕事ですから、責任感が強いことはもちろん、常に適正な判断ができる人が向いているといえます。

ケアマネージャーの平均給料・給与

24万円

初任給：22万円 ／ 生涯賃金：1億6512万円

ケアマネージャーの生涯賃金は、新卒が終身雇用で65歳まで雇用されたと想定して、22歳から65歳までの43年間と平均給料・ボーナスを掛け合わせた数字となっております。

● ケアマネージャーのキャリアモデル

ケアマネージャーになるには、講習会や通信講座、あるいは独学で介護の知識を学び、各都道府県が実施している「介護支援専門員実務研修受講試験」を受験します。受験資格は、保健・医療・福祉分野で通算5年以上の実務経験があることとされています。合格した後、介護支援実務研修を修了し、介護支援専門員証の交付を受けます。おもな職場は病院や介護福祉施設となり、給与については雇用形態や勤務地によってさまざまです。現在、ケアマネージャーの7～8割が女性で、結婚して子育てをしながら続ける人も多いです。介護福祉士などとは違い、夜勤がないこともあって、家庭と仕事を両立しやすいようです。また、雇用形態については正社員だけではなく、パート勤務も多いので、子どもが小さいうちはパートにし、その後正社員を目指すといった人もいます。

» Certified Social Worker

「苦悩する者のために戦う者が天使である」
社会福祉士

社会福祉士は「社会福祉士及び介護福祉士法」で規定された社会福祉業務に携わる人の国家資格です。精神もしくは肉体的な障害、あるいは環境上の理由から日常生活を営むのに支障がある人の相談に応じて助言、指導を行い、適切な福祉サービスが受けられるよう福祉施設、医療機関、行政などと連絡調整をしながら支援していく仕事です。障害者や生活保護受給者ら弱者が社会から孤立することを防ぐための専門的な知識と技術を持った人ともいえるでしょう。介護福祉士、精神保健福祉士とあわせ、「三福祉士」と呼ばれています。

社会福祉士の平均給料・給与
24.3万円
初任給：13万円～／生涯賃金：1億6718万円

社会福祉士の生涯賃金は、新卒が終身雇用で65歳まで雇用されたと想定して、22歳から65歳までの43年間と平均給料・ボーナスを掛け合わせた数字となっております。

社会福祉士の平均給料・給与グラフ

18万円　22万円　24万円

※給料の算出には求人や口コミ、厚生労働省の労働白書を参考にしております

社会福祉士
福祉三天使の一人。別名「ジェネラリストエンジェル」。三大福祉職であり、身体上・精神上の障害があるために日常生活を営むのに支障がある人にお告げや指導・援助を行う。

社会福祉士の受験資格を得るためには福祉系大学で所定の単位を取得するか、相談援助実務を積んだ上で養成施設に通うかしなければなりません。合格率も30.2％（平成29年度）と難関です。しかし資格を取得すれば地域包括支援センター、老人ホーム、児童福祉施設、知的障害者福祉施設、自治体の福祉事務所、病院、福祉サービスを行う民間企業など幅広く求人があります。給与は21万～23万円前後となりそうです。

>> Dentist

> 「もし痛かったら左手を挙げてくださいというセリフは私だけに許されている」

歯科医

歯科医は歯、歯茎など口腔内から顎、顔面下部にかけての疾病を診察、治療する医師です。虫歯治療をメインに、入れ歯治療、矯正治療、歯周病治療など狭い部位ですが仕事は多岐にわたります。歯科医になるために必要なのは医師免許ではなく、歯科医師免許。歯学部（6年制）を卒業し、歯科医師国家試験予備試験に合格、その後1年の卒後臨床研修をへて歯科医となります。ここから病院勤務、歯科医院勤務、あるいは大学院に進学といった進路に分かれます。

歯科医の平均給料・給与

60万円

初任給：20万円〜 ／ 生涯賃金：3億8400万円

歯科医の生涯賃金は、終身雇用で65歳まで雇用されたと想定して、25歳から65歳までの40年間と平均給料・ボーナスを掛け合わせた数字となっております。

歯科医の平均給料・給与グラフ

35万円　60万円　90万円

※研修医時代は国から20万円程度の支給があります　※給料の算出には求人や口コミ、厚生労働省の労働白書を参考にしております

歯科医

歯専門の医術職。別名「削り屋」。ドリルとバキュームを駆使し歯を治療する。

勤務医をへて開業する歯科医が多いですが、勤務医と開業医ではかなりの年収差があります。しかし歯科医は幼児から高齢者まで幅広い年代の患者さんを相手にしなければなりません。開業医は多分に客商売の側面があり、評判はよくも悪くも口コミで広まります。開業が成功するには、技術はもちろんのことですが、患者に親身になって接し、丁寧に症状を説明する姿勢が求められます。

第6章　医療・介護系職業

» Dental Technician

「なぜ磨くのかって？ それは近い将来金歯のように輝くためです！」
歯科技工士

歯科技工士
医療技術系ジョブの一つ。銀歯や差し歯、義歯を精製する。スキル「研磨」で、歯のディテールまでこだわった最高の一品を作り上げる。美しさや機能性にこだわるため「歯のアーティスト」とも。

●歯科技工士の仕事内容
歯科技工士は、歯科医師や歯科衛生士の依頼によって、歯の詰め物や被せるもの、入れ歯や差し歯、歯の矯正装置、マウスピースなど、口の中で使われるあらゆるものを作成する仕事です。歯科医師が虫歯のある歯を削った後、歯型を取り、その型が歯科技工士のもとに渡されます。ちょっとでも型があわないと、せっかく詰めたものをさらに削ったり、きちんとあわなければ詰め物が取れてしまったり、歯がしみて痛いなど、少しの加工の違いで患者さんが不快に思ってしまうので、神経を使う細かい作業が求められる仕事です。

※給料の算出には求人や口コミ、厚生労働省の労働白書を参考にしております

●歯科技工士の仕事の面白さ・向いている性格

患者さんそれぞれにあった形の義歯や詰め物などを作り上げる仕事なので、歯科に対する知識を持ちながらも、手先が器用であって、細かくて緻密な作業をコツコツ続けることができる人が向いています。職人のような技術を習得にするには、日々の努力と試行錯誤、そしてチャレンジする気持ちが大事です。また、患者さんと接する機会がないので、人と接するよりは、自分の作業に没頭したい人にはぴったりです。表に出ることはないですが、技術を磨けば独立も夢ではなく、男女の差もなく、技術を身につけることで自分の評価を得られることが歯科技工士の魅力です。

歯科技工士の平均給料・給与

32万円

初任給：15〜18万円／生涯賃金：2億4080万円

歯科技工士の生涯賃金は、新卒が終身雇用で65歳まで雇用されたと想定して、22歳から65歳までの43年間と平均給料・ボーナスを掛け合わせた数字となっております。

●歯科技工士のキャリアモデル

専門学校、短大、大学などの歯科技工士養成施設を卒業後、歯科技工士国家試験を受けて合格して保健所に免許申請を行うと、歯科技工士免許証が交付されます。それから歯科技工所もしくは歯科医院、病院に就職します。給与は医療系の専門職としてはやや低めで、長い年月をかけて技術を磨いてキャリアを積んでいかないと、給与アップは難しいでしょう。歯科技工士は時間のかかる長時間労働になることと、自分の腕で仕事をこなしていく技術職であることから、結婚や子育てでいったん現場を離れてしまうと、ブランクの穴を埋めるのは大変です。高い技術を身につけ、頑張って腕を落とさないようにして復職を目指す、という長期プランを考える必要があります。ただ、大きな歯科医院や大学病院など制度が整った職場に勤めることができれば、結婚や出産後も仕事を続けやすいようです。

>> Dental Hygienist

「喉を締めながら口を大きく開けるのが咳き込まない秘技です」

歯科衛生士

歯科衛生士
歯科医の業務を補助する援護系のジョブ。職場に花をもたらすことから別名「デンタルフラワー」と呼ばれる。スキル「歯石削り」などを駆使し、虫歯予防の援護射撃も行うため、攻防に長けた賢者と称される。

●歯科衛生士の仕事内容
歯科衛生士は、患者さんの口の中の健康をサポートする役割で、歯科予防処置、歯科診療補助、歯科保健指導の業務を行います。口の中に手を入れて仕事をすることができない「歯科助手」とは違い、歯石や歯垢といった口の中の治療を行えるのは「歯科衛生士」であり、国家試験である歯科衛生士試験に合格し、厚生労働大臣の免許を受けることが必要です。歯の健康に関するスペシャリストという職業で、いわば歯科医院の看護師のような存在であり、女性が中心となって活躍しています。

※給料の算出には求人や口コミ、厚生労働省の労働白書を参考にしております

● 歯科衛生士の仕事の面白さ・
　向いている性格
　口の中をケアする仕事なので清潔感を持つことと、小さな子どもからお年寄りまで幅広い年齢層が来るので人と接することが好き、そして歯石取りなどの細かい作業が多いので、手先が器用であることも重要です。痛くて嫌い、怖くて行きたくないなどという不安要素をイメージされがちな歯科医院で、患者さんの気持ちをケアしながら、虫歯や歯周病を改善していきます。その様子を直接見ることができるので、仕事への達成感を感じながら働くことができ、患者さんが笑顔で治療を終えて帰る姿を見ることは、仕事を頑張る気持ちの支えになります。

歯科衛生士の平均給料・給与
25万円
初任給：18万円／生涯賃金：1億7200万円
歯科衛生士の生涯賃金は、新卒が終身雇用で65歳まで雇用されたと想定して、22歳から65歳までの43年間と平均給料・ボーナスを掛け合わせた数字となっております。

● 歯科衛生士のキャリアモデル
　高校卒業後、専門学校、短大、大学の歯科衛生士養成機関で勉強し、歯科衛生士の国家試験を受けて合格し、免許を得てから歯科医院もしくは保健所、企業の診療所に勤めます。ほとんどの人が個人の診療所に勤めるので、キャリアアップを目指すなら、フリーランスとして複数の歯科医院を掛け持ったり、ある程度の規模の病院や介護施設、もしくは歯ブラシメーカーへ転職をしたりするなど、技術と知識を違う道へ活用することも考えたほうがよいでしょう。ただ、女性の成り手が多い職業ということから、結婚や出産で離職する人が多く、慢性的に人手不足の状態なので、求人は常に出ていることから、いったん仕事を離れても復職しやすいようです。自分の生活スタイルにあわせて働くことが可能なので、資格を持っていればいつでも働けるという女性にとってはありがたい職業です。

>> *Medical Assistant*

「もう病気にならないよう、あなたの診察券に魔法をかけておいたわ」

医療事務

医療事務
別名「カルテの天使」。看護師が治療補助で癒やしを与えるなら、医療事務は受付で安心を与える。カルテ整理や受付以外にも精算業務なども行う。スキル「問診票」は医者にスムーズに分析結果を知らせる。

●医療事務の仕事内容
医療事務は、病院やクリニックで医療に関わる事務処理を行います。医療に関する専門的な知識はもちろんのこと、カルテ出し、会計処理、パソコン入力、介添え、簡単な看護補助のスキルも必要です。病院の窓口として患者さんを迎え、診察申込書を書いてもらったり、診察券や保険証などを確認したり、患者さんの予約の確認なども行います。また、診察が終わると「レセプト」と呼ばれる診察報酬明細書を作成します。カルテの内容を把握しながら、データを入力し、正確に処理をする必要があります。

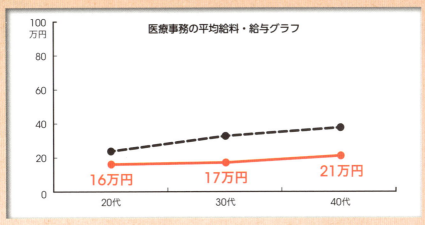

※給料の算出には求人や口コミ、厚生労働省の労働白書を参考にしております

●医療事務の仕事の面白さ・向いている性格

パソコンに向かう事務仕事が多いと思われるかもしれませんが、実際には受付や処方箋の窓口業務をこなすことが多いため、患者さんとのコミュニケーションをうまく行うことが重要になってきます。患者さんの気持ちを汲み取って、不安や心配事を取り払うように声をかけて接することで、少しでも患者さんの気持ちを軽くしてあげるようにしたいもの。そんな気遣いと心配りができることが大切です。また、レセプト業務は、請求書期限までに提出をしなければならないので、締め切りを守る真面目さと、手際よく仕事をこなせる要領のよさも必要です。

医療事務の平均給料・給与

16万円

初任給：12〜19万円／生涯賃金：1億1008万円

医療事務の生涯賃金は、新卒が終身雇用で65歳まで雇用されたと想定して、22歳から65歳までの43年間と平均給料・ボーナスを掛け合わせた数字となっております。

●医療事務のキャリアモデル

民間の資格が必要とされますが、一般的な事務職と給与はあまり変わりがありません。年収は勤務年数や実力にくわえて、勤務先の病院やクリニックによって違いがありますが、全体の平均年収は300万〜400万円です。何かの試験を受けてスキルアップをしていくというよりは、勤続年数によって収入をアップしていくという状況がほとんどですが、事務職の給与水準は年々下落していくのが現状です。ただ、医療事務の場合は契約社員やアルバイトなどの雇用形態も多く、結婚や出産をしても勤務時間を自分に合わせやすいため、長年続けて働く女性が多いようです。産休や育休を取って、やったことのないパート業務を最初から覚えるよりも、資格やスキルがあれば経験者として職を探せるので、仕事復帰がしやすく、女性には人気の高い職業といわれています。

>> *Physiotherapist*

理学療法士

「光線・寒冷・水・電気すべてを使いこなす『全属性天使』が理学療法士！」

理学療法士
「動作」を司る天使系ジョブ。別名「モーションエンジェル」。電気刺激、温熱、寒冷、光線、水を駆使する「物理療法」や、体操などの運動で、基本的動作能力の回復を図る。

●理学療法士の仕事内容
身体に障害のある人、障害の発生が予測される患者さんに対し、基本動作能力（座る、立つ、歩くなど）の回復や維持ができるようにし、日常生活が送れるように支援する仕事です。その部分の基本動作を回復させるため、物理療法や運動療法などにより、リハビリを行います。また、治療や支援の内容については、理学療法士が患者さんそれぞれの目標に向けてプログラムを作成します。理学療法の中ではスポーツリハビリがもっとも知られているかもしれませんが、老人保健施設などにも理学療法士の仕事はあります。

※給料の算出には求人や口コミ、厚生労働省の労働白書を参考にしております

● 理学療法士の仕事の面白さ・向いている性格

理学療法士は、リハビリをして日常生活を送れるようにするなどといった、一つの目標に向かって、患者さんと二人三脚で頑張っていく仕事です。患者さんのためにリハビリスケジュールを考えて、実際に物理療法や運動療法などを施したりして、最終目標を達成したときに大きな喜びを感じられます。専門職として何かを極め、他人のために頑張れる人に向いています。障害のある人、介護者の気持ちを汲んで、確認し、心を通い合わせながら進めていく人を支える医療は、超高齢社会の日本にはますます必要になるでしょう。

理学療法士の平均給料・給与

30万円

初任給：10万円～ ／ 生涯賃金：2億0640万円

理学療法士の生涯賃金は、新卒が終身雇用で65歳まで雇用されたと想定して、22歳から65歳までの43年間と平均給料・ボーナスを掛け合わせた数字となっております。

● 理学療法士のキャリアモデル

専門学校や大学を出て、国家資格取得をへて理学療法士になるのですが、手取りの平均も約25万円となっており、さらにリハビリのサポートというものは、価値の見えにくい仕事です。それゆえ、理学療法士はなかなか評価の難しい職業ですから、キャリアアップも簡単ではありません。普通に就職し、長く勤めて管理職を目指すか、自分の思う通りの施設を作って開業することです。理学療法士は手堅い職業ではあるので、女性が結婚や出産をしても、そのまま勤めることができる仕事です。開業となるとそうもいきませんが、診療所などに勤務していれば、問題なく子育てをしながら続けられるはずです。理学療法士の男女の比率はほぼ半々で、出産しても働ける環境が整いやすいということで、女性のなり手も増加傾向にあります。将来のことを考えれば、女性も安心して選べる資格の一つだといえます。

>> *Childminder*

「勤務中にたくさんプロポーズされるお仕事です」
保育士

保育士
子どもの保育に関するスペシャリスト。クラスは「保育士」「病児保育士」がある。トロッコを駆使し子どもを運搬するスキル「集団移動」で、周囲を笑顔にする癒やし系ジョブ。

●保育士の仕事内容
保育士の仕事は、仕事や家庭の事情などで子どもたちの世話ができない親の代わりに乳幼児を預かり、身の回りの世話や遊びなど、保育全般を行うことです。心身の健康的な発達を目的とする保育指導カリキュラムを前提とした、未就学児童への基本的な生活指導を行います。また、集団生活や地域との関わりの中で社会性を養わせる役割も担っています。厚生労働省管轄の国家資格であり、保育士一人が担当できる児童数などにも細かい規定が決められています。保育時間が原則8時間以上と長く、共働き世代の強い味方です。

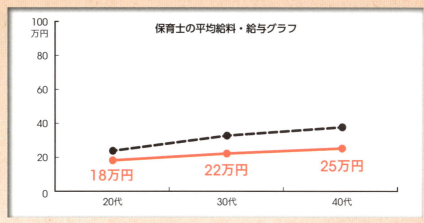

※給料の算出には求人や口コミ、厚生労働省の労働白書を参考にしております

●保育士の仕事の面白さ・向いている性格

保育士は、母親の代理として子どもたちの成長を見守る重要な仕事です。子ども好きであることは第一条件で、健康で体力があり、感受性が豊かで明るい性格の人が向いています。幼児期は人格形成においても大切な時期であり、保育士の責任も重大です。優しく甘やかすだけでなく、時には厳しい態度で接することも必要となります。ピアノや絵の技能も仕事に活かすことはできますが、それよりも子どもに寄り添う心を持っていることが重視されます。子どもたちからさまざまなことを学びとり、人間的に成長していくことができるのが、保育士の仕事の魅力でもあります。

保育士の平均給料・給与

22万円

初任給：15～18万円／生涯賃金：1億5136万円

保育士の生涯賃金は、新卒が終身雇用で65歳まで雇用されたと想定して、22歳から65歳までの43年間と平均給料・ボーナスを掛け合わせた数字となっております。

●保育士のキャリアモデル

保育士になるには、国家試験に合格しなければなりません。短大卒業程度の学歴、または専門学校、短大、大学など指定保育士養成施設を修了していることが受験要件となります。公立・民間の保育所、乳児院、児童養護施設、知的障害児施設や肢体不自由児施設などの児童福祉施設がおもな就職先となります。最近ではベビーホテルや企業が併設している託児所、デパートやショッピングセンター内の保育ルームなどに勤める保育士もいます。また、ベビーシッターや自治体の認定を受けて乳幼児を預かる家庭福祉員（保育ママ）などでも、保育士が活躍しています。手取りは10万～20万円と決して高くはありませんが、長時間保育や休日・夜間保育などのニーズが高まっており、短時間勤務のパートやアルバイトなど、働き方を選ぶこともできます。職場の理解もあり、結婚や出産後も続けられる仕事です。

>> Clinical Psychotherapist

「ローラが走るワケは、走ることがよりよき前進を生むからよ」
臨床心理士

依頼者の心の問題を心理学の知識を用いて、サポート、解決するのが仕事です。現代社会はストレスに溢れていることもあり、心の問題を抱えている人は非常に多いです。心の病気にまで発展してしまうこともあります。臨床心理士は依頼者の話を聞いて理解したうえで、悩みを解決できるようにサポートします。相手の考えを否定したり、何かを強制的に指示したりはしません。カウンセリングには非常に神経を使うので精神的にタフな人、観察力に優れた人やコミュニケーション能力に自信がある人などが向いている職業です。精神的に弱いと自分が追い込まれてダウンしてしまいます。

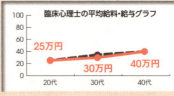

臨床心理士の平均給料・給与

28万円

初任給:20万円〜／生涯賃金:1億8368万円

臨床心理士の生涯賃金は、大学院修了の年齢24歳から65歳まで雇われたと想定して、その41年間と平均給料・ボーナスを掛け合わせた数字となっております。

臨床心理士の平均給料・給与グラフ

	20代	30代	40代
	25万円	30万円	40万円

※給料の算出には求人や口コミ、厚生労働省の労働白書を参考にしております。

臨床心理士

心理系職業の上級ジョブ。「サイコウィッチ」と呼ばれ、メンタル系状態異常を検知・回復させるスキルを有する。クラスには、「学校臨床」「病院臨床」「産業臨床」がある。資格取得難易度はSクラス。

臨床心理士は人々の負の感情を一身に受ける仕事です。そのため、感受性が高すぎる人は精神的ダメージを負うことになります。そういう人はそもそも向いていません。しかし、負の感情を理解して一緒に問題解決に乗り出し、相手の考え・人生が未来へと向かっていくことには、とても大きなやりがいがあります。向いているのは冷静に物事を分析、判断できる人です。人々の感情さえも冷静に分析しなければ、この仕事は務まりません。

>> Clinical Engineer

臨床工学技士
「マシンは人より優れていると断言できるか？」

人工呼吸器、人工心肺、血液透析器、高気圧治療、心臓カテーテルなどの医療機器や生命維持装置の操作、保守点検を行うのが、おもな業務です。高度医療における基幹業務であり、医学知識と工学知識の両方を兼ね備えています。医療機器のスペシャリストといっても過言ではありません。4年制大学で臨床工学・医用電子工学などを専攻して、臨床工学技士国家試験に合格すると、臨床工学技士になれます。その後は医療メーカーや医療機関に就職したり、大学院に進学したりします。視能訓練士学校や義肢装具士学校などで1年以上修業した者もいくつか要件を満たせば受験資格を得ることができます。

臨床工学技士の平均給料・給与
28万円
初任給：19万円～／生涯賃金：1億9264万円

臨床工学技士の生涯賃金は、新卒が終身雇用で65歳まで雇われたと想定して、22歳から65歳までの43年間と平均給料・ボーナスを掛け合わせた数字となっております。

臨床工学技士の平均給料・給与グラフ

	20代	30代	40代
	23万円	26万円	36万円

※大学病院と一般診療所で差があります　※給料の算出には求人や口コミ、厚生労働省の労働白書を参考にしております

臨床工学技士
強力な兵器「生命維持管理装置」を扱う操作系ジョブ。呼吸・循環・代謝などをマシンの力で補助し、人をロボット的視点から支える。別名「医療サイボーグ」とも呼ばれる。

臨床工学技士は、医療の現場においてさまざまな医療機器の操作と補助をする仕事です。機械のスペシャリストというわけです。この仕事の面白いところは責任の重さと機械いじりの楽しさにあります。逆にいえば、その仕事がきっちりとできていなければ患者さんの命を危険にさらすことになります。向いているのは、細かい性格で、何にでも徹底的で完璧主義という人です。さらに、医療現場に興味があり、機械いじりが好きなら完璧です。

第6章　医療・介護系職業

>> Pharmaceutical Company employee

製薬会社社員
「不老不死の薬を完成させた時が、終わりの始まりです」

製薬会社社員
「街角の白魔道士」と呼ばれる薬剤師や医者と連携し、MRを通じて人を治療する薬を届ける。「病」という名の敵と常に戦い続ける。

薬の需要は景気に左右されないため、不況に強いといわれます。新薬の認可は減りつつありますが、iPS細胞の登場を機に再生医療分野に挑戦したり、アジアや欧米に販路を広げたりと、各社経営努力を重ねています。再編や合併を繰り返して成長してきた業界であり、近年では海外メーカーとの合併や買収も盛んに行われています。医学部や薬学部といった難関学部出身者が多く、業界全体の平均年収は高めです。資格職が多いので転職にも困らないといったメリットもあります。

平均給料・給与
51万円
初任給：23万円
生涯賃金：3億5088万円
※生涯賃金は、想定雇用期間43年間と平均給料・ボーナスを掛け合わせた数字となっております。

平均給料・給与グラフ
20代 35万円 / 30代 45万円 / 40代 54万円
※給料の算出には上場企業のIR情報を参考にしております。

>> Transplant Coordinator

移植コーディネーター
「その場で決断を迫ることが一番大変な仕事です」

移植コーディネーター
第8の調停者。臓器移植のためにレシピエントとクライアントの架橋を作るジョブ。機会を逃さぬため、契約武器「印鑑」を携帯している。

移植コーディネーターとは、ドナーから提供された臓器が適切な患者に移植されるよう、調整、斡旋する仕事です。臓器の提供者（ドナー）側と、移植患者（レシピエント）側、両者にコーディネーターが存在します。提供者側のドナーコーディネーターは、ドナーの家族と面談し、意思決定を支援します。臓器移植に関する啓蒙活動も行います。移植患者側のレシピエントコーディネーターは、移植医や看護師などが担当し、移植希望者への説明や生活指導、心身のケアを行います。

平均給料・給与
32万円
初任給：21万円
生涯賃金：2億2016万円
※生涯賃金は、想定雇用期間43年間と平均給料・ボーナスを掛け合わせた数字となっております。

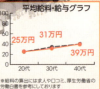

平均給料・給与グラフ
20代 25万円 / 30代 31万円 / 40代 39万円
※給料の算出には求人や口コミ、厚生労働省の労働白書を参考にしております。

≫ Psychiatric Social Worker

「愛はいくらでも与えていいものである」
精神保健福祉士

精神保健福祉士

福祉系三大国家資格「三福祉士」の一つ。精神障害者の心を癒やすエンジェルヒーラー。両手から出るほのかな光は、精神障害者たちに癒やしを与える。「介護七天使」の一人でもある。

精神科病院や心療内科、障害福祉サービス事業所、福祉行政機関、司法施設などで、精神障害者やその家族の生活を支援します。医療職ではないので、治療を担うわけではありません。日常生活訓練では家事などの基本動作を指導し、就労前訓練では就職活動に関する助言や支援をします。看護師や臨床心理士などと連携し、主治医から意見・指導を受けながら業務を行います。行政手続きや退院支援、事務手続きなども行うため、事務作業の能力とコミュニケーション能力も必要です。

平均給料・給与
27万円
初任給：19万円〜
生涯賃金：1億8576万円
※生涯賃金は、想定雇用期間43年間と平均給料・ボーナスを掛け合わせた数字となっております。

平均給料・給与グラフ
	20代	30代	40代
	25万円	27万円	29.5万円
※給料の算出には求人や口コミ、厚生労働省の労働白書を参考にしております

≫ Orthoptist

「かっこよく働く人たちが目を大事にしているのは明らかな事実でしょう！」
視能訓練士

視能訓練士

医師と連携し、目の機能を回復させるジョブ。別名「両眼の魔女」。スキル「目の検査」は医療資格であり、状態異常の回復スキルも持つ。

視能訓練士は視力・屈折検査、眼圧検査、視野検査や矯正訓練、リハビリなどを行う、眼科医療をサポートする専門職です。専門学校か大学の専門学科を卒業後、国家試験に合格すると、視能訓練士として働くことができます。現在、超高齢社会もあって眼科医療は人手不足が予測され、今後も需要が高まる職業だと考えられます。男女差もなく、結婚や出産しても続けやすくなるでしょう。斜視や視力の検査は子どもを対象とすることが多いので、子どもを扱う意味では女性の視能訓練士のほうがよい場面も。

平均給料・給与
20万円
初任給：18万円
生涯賃金：1億3760万円
※生涯賃金は、想定雇用期間43年間と平均給料・ボーナスを掛け合わせた数字となっております。

平均給料・給与グラフ
	20代	30代	40代
	25万円	30万円	35万円
※給料の算出には求人や口コミ、厚生労働省の労働白書を参考にしております

第6章　医療・介護系職業

▶▶ Music Therapist

「C、G、Am、Em、F、C、F、G。暗号を紐解いた者こそが癒やしを与えられるんです」

音楽療法士

音楽療法士

ダビデの竪琴を装備し、音楽の力で精神や体力を治癒させる「音魔導士」。演奏家と看護師など２つのジョブ経験が必要です。

音楽療法士は音楽が持つ力を使って、心身に不調をきたす人、精神的に辛い人を回復へ導いていく仕事です。音楽を聴く、歌う、演奏することは、認知症や精神障害者、高齢者、薬物依存症者などの心身に治療の効果があるといわれています。ただし、正式なプログラムとして採用している施設は少なく、施設の職員となって、補助的に活かすというほうが現実的です。施設の職員として働く場合、その施設の育児制度が充実しているのであれば、結婚や出産をへても続けられる職業です。

平均給料・給与

28万円

初任給：18万円～
生涯賃金：1億9264万円

※給料・賞与金は、想定雇用期間43年間と平均給料・ボーナスを掛け合わせた数字となっております。

平均給料・給与グラフ

23万円　27万円　35万円
20代　30代　40代

※給料の算出には求人や口コミ、厚生労働省の労働白書を参考にしております。

▶▶ Acupuncturist

「いつも私自身に問うてます。何本刺せばいいのか、と」

鍼灸師

鍼灸師

はり師ときゅう師の２つの資格を兼ね備えたジョブ。身体へ加えた物理刺激による治療的経験を集積させた歴史ある職業だ。

鍼灸師は「はり師」と「きゅう師」の両方の国家資格を取得した人のことをいいます。体に、はりや灸を用いて刺激を与えることで、体の中のさまざまな治療を行い、健康を促していきます。はりは、はりを患部に刺して治療をし、灸は、もぐさを燃焼させて人体にあるツボに刺激を与えることで、体の不調を改善していきます。キャリアアップを目指す場合は、独立開業することになります。女性の鍼灸師は増加傾向にあり、美容業界への進出も増えています。

平均給料・給与

27万円

初任給：15万円～
生涯賃金：1億8576万円

※給料・賞与金は、想定雇用期間43年間と平均給料・ボーナスを掛け合わせた数字となっております。

平均給料・給与グラフ

20万円　28万円　35万円
20代　30代　40代

※給料の算出には求人や口コミ、厚生労働省の労働白書を参考にしております。

あん摩マッサージ指圧師

鍼灸師と似ていますが、マッサージを主体とする国家資格です。肩こりや腰痛、頭痛などの症状を、手や指などを用いたマッサージで解消、軽減します。交通事故のリハビリテーション、介護施設でのサポート、マッサージ医院などで働いています。独立開業する人も多いです。

あん摩マッサージ指圧師の平均給料・給与グラフ
20代 18万円／30代 32万円／40代 36万円
※給料の算出には求人や口コミ、厚生労働省の労働白書を参考にしております

平均給料・給与 30万円
初任給：18万円／生涯賃金：1億5480万円
生涯賃金は、想定雇用期間43年間と平均給料を掛け合わせた数字となっております。

独立開業して資金繰りがよいケースだと、年間600万円の収入があるそうです。その場合、30万円近くの手取りもあり得るため、給与格差が生まれやすい職業といえます。

医療ソーシャルワーカー

医療ソーシャルワーカーというのは、保健医療機関で患者さんの社会復帰のためのアドバイスをする仕事です。経済や心理、社会の状況などを読み取り、患者さんやその家族にアドバイスや具体的な援助をします。カウンセラーや介護福祉士などと連携して仕事をします。

医療ソーシャルワーカーの平均給料・給与グラフ
20代 22万円／30代 25万円／40代 29万円
※給料の算出には求人や口コミ、厚生労働省の労働白書を参考にしております

平均給料・給与 25.3万円
初任給：15〜万円／生涯賃金：1億7406万円
生涯賃金は、想定雇用期間43年間と平均給料・ボーナスを掛け合わせた数字となっております。

医療ソーシャルワーカーという資格はありませんが、働いている人は社会福祉主事任用資格や社会福祉士、精神保健福祉士の資格を持っている人が多いです。

医療秘書

病院などの医療機関に勤務し、医学知識、医療知識を有する事務管理の秘書です。医師の補佐と、医療事務の処理、患者と医師、ソーシャルワーカーなどを仲介し、医療スタッフと連携させます。診療報酬明細書作成、医療保険などの法規関係の仕事もあります。

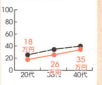
医療秘書の平均給料・給与グラフ
20代 18万円／30代 26万円／40代 35万円
※地域により差があります

平均給料・給与 32万円
初任給：18万円／生涯賃金：2億2016万円
生涯賃金は、想定雇用期間43年間と平均給料・ボーナスを掛け合わせた数字となっております。

医療事務として勤務後、そのスキルをもとに医療秘書として雇用条件のよい公共性の高い市立病院などの大きな職場を目指すことで、給料アップが望めます。

介護事務

介護事務の仕事内容は、基本的には普通の事務員と同じという職場が多いようです。仕事は事務員ですが、職種的には「介護」になります。介護事務の仕事でとても大切なことは、介護保険の手続き諸々で、細かいところまでしっかりと管理しなければいけません。

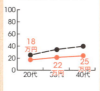
介護事務の平均給料・給与グラフ
20代 18万円／30代 22万円／40代 25万円
※地域により差があります

平均給料・給与 22万円
初任給：12万円／生涯賃金：1億5136万円
生涯賃金は、想定雇用期間43年間と平均給料・ボーナスを掛け合わせた数字となっております。

これから介護施設などもどんどん建設されていくと予想されるので、今後介護事務はよりいっそう必要とされるはずです。ただ、事務職全般、給与は安い傾向があります。

カイロプラクター

カイロプラクターの仕事は、骨盤や背骨を矯正することです。ずれた骨盤などの矯正には、医薬品の投与や外科による治療が用いられることが多いのですが、カイロプラクティックではそれを用いずに治療をします。医療ではなく、民間療法と位置づけられています。

平均給料・給与
25万円
初任給：10万円〜／生涯賃金：1億7200万円
生涯賃金は、想定雇用期間43年間と平均給料・ボーナスを掛け合わせた数字となっております。

カイロプラクターは、一般的には開業すると500万〜1000万円程度稼げるといわれています。1000万円を得ている人は多くいませんが、数としては少なくもありません。

看護助手

看護助手は医療行為以外により看護師の仕事を支えます。具体的には介助などで、患者が歩くことが困難であれば移動補助をしますし、一人で入浴できなければ入浴の補助をします。そのほか、排泄補助や食事補助など、日常生活を一番近くで支えることが仕事です。

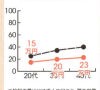

平均給料・給与
19万円
初任給：15万円〜／生涯賃金：1億3072万円
生涯賃金は、想定雇用期間43年間と平均給料・ボーナスを掛け合わせた数字となっております。

看護助手の仕事をするのに資格は必要ではありませんが、資格を持っておいたほうがよいです。介護職員初任者研修を受けておくとよいでしょう。

義肢装具士

義肢装具士の仕事内容は、何らかの理由で手足など体の一部を失ってしまったり、動かなくなってしまったりした人のために、義肢や装具を作ることです。義肢の種類は主に義手、義足で、患者一人ひとりに合ったものを作らなければいけません。

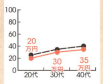

平均給料・給与
25万円
初任給：15万円〜／生涯賃金：1億7200万円
生涯賃金は、想定雇用期間43年間と平均給料・ボーナスを掛け合わせた数字となっております。

義肢装具士は医療現場に携わる職業にしては給与が安い傾向にあります。義肢装具士として働く人は、この仕事を心からやりたいと思っている人が多いようです。

救急救命士

救急救命士の仕事は、救急車へ一緒に乗って病院まで患者を搬送することです。もし患者が救急車で搬送中に心肺停止状態になってしまった時に医師の指示に従って対処するのも、救急救命士の仕事の一つです。ほとんどの人は消防署に勤務しています。

平均給料・給与
34万円
初任給：15万円〜／生涯賃金：2億3392万円
生涯賃金は、想定雇用期間43年間と平均給料・ボーナスを掛け合わせた数字となっております。

救急救命士国家資格を取得し、消防官採用試験を受けなければ救急救命士にはなれません。救急救命士養成学校を卒業するか、消防士として実務経験を積んで受験資格を得ます。

言語聴覚士

脳卒中などによる失語症、聴覚障害者、発達障害など、世代に関係なく必要とされる、言語障害に対する対処法や検査、評価を実施し、必要に応じた訓練、補助、助言や指導を行う専門家です。病院やリハビリテーション施設、老人介護施設などで働いています。

平均給料・給与
31万円
初任給：18万円／生涯賃金：1億5996万円

生涯賃金は、想定雇用期間43年間と平均給料を掛け合わせた数字となっております。

介護施設などの場合は、介護保険の兼ね合いから、比較的、仕事は安定し、それほど重労働でもないそうですが、給与はやはり低いです。求人は今が一番多いようです。

研修医

法律上では、研修医も普通の「医者」として扱われます。大学の医学部を卒業し、2年間程度の総合研修を病院で受けた後、専門科で更に研修、及び見習いとして主任医師のもとで働くことが多いそうです。いわば、研修医とは、病院での経験の浅い医師の呼び名です。

平均給料・給与
33万円
初任給：18万円／生涯賃金：792万円

生涯賃金は、想定雇用期間2年間と平均給料を掛け合わせた数字となっております。

以前の研修医制度では比較的安い給与だといわれましたが、現在は初期臨床研修期間が2年に義務化され、アルバイトを禁止し、給与30万円を保証する制度になっています。

細胞検査士

細胞検査士は、患者から採取した細胞を標本にして染色し、顕微鏡で観察して、異常細胞やがんなどの悪性細胞を見つけたり、良性・悪性の判断をしたりするのが仕事です。がん専門病院、総合病院、大学病院、検診・検査センターのほか、保健所や製薬会社などが就職先となります。

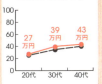

平均給料・給与
35万円
初任給：24万円〜／生涯賃金：2億4080万円

生涯賃金は、想定雇用期間43年間と平均給料・ボーナスを掛け合わせた数字となっております。

細胞検査士になるには認定試験を受ける必要があります。養成コースが設置された学校で所定単位を取得するか、臨床検査技師か衛生検査技師の資格を取得すると受験資格が得られます。

作業療法士

身体・精神障害やその発生予防のため、対象者の主体的な生活の改善や修復など、諸機能の回復や維持継続、開発を促す作業活動を指導、及び援助する国家資格所有者です。独立した生活を送るのに支障がある、身体障害者や精神障害者のために、日々の生活を支援します。

平均給料・給与
28万円
初任給：17万円／生涯賃金：1億4448万円

生涯賃金は、想定雇用期間43年間と平均給料を掛け合わせた数字となっております。

現在、養成校卒業者の就職先は高齢者介護医療現場がもっとも多いです。常勤と非常勤があり、多くは常勤が月給制、非常勤は時給1500円前後が相場のようです。

歯科助手

受付や電話対応、カルテの管理、診察補助、治療費の計算、器具の洗浄や手入れ、病院内の掃除、備品の発注など、幅広い仕事があります。また、患者さんを精神的にサポートする役目もあります。資格はなくてもできる仕事ですが、経験が重視されます。

平均給料・給与
21.3万円
初任給：15万〜18万円／生涯賃金：1億4654万円
生涯賃金は、想定雇用期間43年間と平均給料・ボーナスを掛け合わせた数字となっております。

クリニックによって給料や待遇はさまざまですが、患者さんの数が多く、評判がよいクリニックは、スタッフの定着率もよく、給与も高い場合が多いようです。

手話通訳士

手話通訳士の仕事は、言葉を手話に通訳し、耳が聞こえない人がコミュニケーションをとることができるようにすることです。障害者だけではなく、耳の遠い高齢者に対しても通訳するため、さまざまな社会福祉施設で手話通訳士の仕事はあります。

平均給料・給与
20万円
初任給：10万円〜／生涯賃金：1億3760万円
生涯賃金は、想定雇用期間43年間と平均給料・ボーナスを掛け合わせた数字となっております。

手話通訳士には高い技術が必要とされるにもかかわらず、国家資格はありません。ただ、介護福祉施設で働く場合には、介護福祉士などの資格が求められることもあります。

助産師

妊娠から出産、産後までトータルに女性をサポートする仕事です。やりがいのある仕事ですが、出産はいつ始まるか予測できないので、勤務は不規則になりがちで、産婦人科医の不足のため、勤務時間も長くなる傾向があります。休日出勤になることもよくあります。

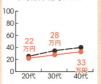

平均給料・給与
27万円
初任給：18〜20万円／生涯賃金：1億8576万円
生涯賃金は、想定雇用期間43年間と平均給料・ボーナスを掛け合わせた数字となっております。

一人ひとりの妊婦さんに合わせた対応ができるのが開業助産師の魅力です。勤務助産師の平均年収が約500万円で、開業すると収入が増えるケースが多いです。

診療情報管理士

診療情報管理士はカルテや検査結果といった診療情報の管理を行う仕事です。業務内容は大きく「診療情報のチェック・収集」「データ入力」「データの分析」の3つです。患者さんの治療のために、正しく診療情報を管理・分析できる診療情報管理士の力が必要です。

平均給料・給与
22万円
初任給：17万円〜／生涯賃金：1億5136万円
生涯賃金は、想定雇用期間43年間と平均給料・ボーナスを掛け合わせた数字となっております。

医療事務として働くこともあるため、給料は最低で10万円のときも地方によってはあるようです。求人を探すなら、医療の仕事に特化した求人サイトがおすすめです。

生活相談員

特別養護老人ホームや指定介護老人福祉施設などの介護施設で、入居希望者の受け入れ時の相談や、入居者や家族との面談、入居に向けた契約書や支援計画書といった書類の作成などを行います。勤務する施設によっては入居者の送迎業務や、介護業務が含まれることもあります。

※給料の算出には求人や口コミ、厚生労働省の労働白書を参考にしております。

平均給料・給与

23万円

初任給：18万円／生涯賃金：1億5824万円

生涯賃金は、想定雇用期間43年間と平均給料・ボーナスを掛け合わせた数字となっております。

給料は施設によって異なります。勤務する地域や業務内容の違いから給与に差が出ることもあります。ケアマネージャーへとステップアップすることで給与も上がります。

専門看護師

専門看護師認定試験に合格した看護師で、精神看護から感染症看護まで11種類の専門分野があります。保健医療福祉と看護学発展のための資格であり、日本看護協会が行う試験に合格した人が、看護師の実践教育、調整などを行えるのが特徴です。

※給料の算出には求人や口コミ、厚生労働省の労働白書を参考にしております。

平均給料・給与

32万円

初任給：19万円／生涯賃金：2億2016万円

生涯賃金は、想定雇用期間43年間と平均給料・ボーナスを掛け合わせた数字となっております。

一般的な看護師の平均給与水準は、最高で32万円台です。基本、専門看護師は看護師と同等の年収で、450万円以上、500万〜550万円ほどにはなると推測できます。

調剤薬局事務

調剤薬局事務が行うのは、薬剤師のサポートです。薬剤師は調剤業務や薬の鑑査、服薬業務など、薬と患者さんに関わる仕事をします。そのほか、調剤薬局事務が行うのはレセプト業務がメイン。調剤報酬請求事務と呼ばれる仕事で、ほかの一般的な事務員とあまり変わりがありません。

※給料の算出には求人や口コミ、厚生労働省の労働白書を参考にしております。

平均給料・給与

18万円

初任給：12万円〜／生涯賃金：1億2384万円

生涯賃金は、想定雇用期間43年間と平均給料・ボーナスを掛け合わせた数字となっております。

薬剤を扱う事務処理になるので、薬剤に関しての知識が必要です。さまざまな認定資格がありますが、メジャーなものでは、調剤報酬請求事務専門士という資格があります。

登録販売者

一般用医薬品の販売を行うことが登録販売者のおもな仕事です。ただし、販売を行えるのは一般用医薬品の第2・第3類のみで、第1類は薬剤師のみが販売に携わることができます。第2・第3類が全体の90%を占めているため、ほとんどの医薬品は販売できるといえます。

※企業により差があります。

平均給料・給与

20万円

初任給：18万円／生涯賃金：1億3760万円

生涯賃金は、想定雇用期間43年間と平均給料・ボーナスを掛け合わせた数字となっております。

アルバイトやパートの時給相場は800〜1000円程度です。ただ、働く地域や店舗規模によって時給が高くなったり低くなったりするので、この数字は目安に過ぎません。

第6章　医療・介護系職業

ナニー

乳児や幼児までの、育児全般と、しつけ、教育、社会性の教育など、幼稚園、保育園などのカリキュラムに準じた、知育教育までを含めた、育児のプロフェッショナルです。アドバイザー的な役割もあり、保護者の子育ての相談など、幅広い知識で対応する仕事です。

ナニーの平均給料・給与グラフ

※給料の算出には求人や口コミ、厚生労働省の労働白書を参考にしております

平均給料・給与
25万円
初任給：19万円／生涯賃金：1億7200万円

生涯賃金は、想定雇用期間43年間と平均給料・ボーナスを掛け合わせた数字となっております。

高収入を得るためには、子育て経験があること、保育園や幼稚園などでの実務経験が資格所有者として3年くらいはあること、教員資格を持っていることの3つが必要です。

胚培養士

配偶子、受精卵、精子を専門に扱い、体外受精や顕微授精といった生殖補助医療を行う仕事です。具体的にいうと培養室の管理や設計、培養環境の管理、精子・卵子の培養、授精操作などを行います。胚培養士の腕が不妊治療の成功率を左右するともいわれています。

胚培養士の平均給料・給与グラフ

※給料の算出には求人や口コミ、厚生労働省の労働白書を参考にしております

平均給料・給与
27万円
初任給：18万円〜／生涯賃金：1億8576万円

生涯賃金は、想定雇用期間43年間と平均給料・ボーナスを掛け合わせた数字となっております。

胚培養士になるための公的資格はありませんが、胚培養士のほとんどは臨床検査技師、または大学で獣医畜産や農学などを学んでいた人たちです。

法医学医

法医学医は、事件や事故を解決するために、医学的、科学的見地から判断を下す医師です。死体の司法解剖やDNA鑑定、親子鑑定などを行います。大学の法医学教室や研究機関が勤務先となります。医師免許、死体解剖資格のほか、200例以上の法医解剖経験などが必要です。

法医学医の平均給料・給与グラフ

※給料の算出には求人や口コミ、厚生労働省の労働白書を参考にしております

平均給料・給与
42万円
初任給：30万円／生涯賃金：2億6880万円

生涯賃金は、想定雇用期間43年間と平均給料・ボーナスを掛け合わせた数字となっております。

犯罪の解明などに関わるため、鋭い観察力と公正な判断力が求められる仕事です。しかし、年収は40代で800万〜900万円と医師としては低い傾向にあります。

ホームヘルパー

ホームヘルパーには、職種が2種類あり、介護などを必要とする家庭で、1〜2時間程度、掃除や食事の支度などの手伝いをするタイプと、1回30分程度のおむつ交換、安否確認などを行う24時間対応の介護予防訪問介護が該当します。

ホームヘルパーの平均給料・給与グラフ

※給料の算出には求人や口コミ、厚生労働省の労働白書を参考にしております

平均給料・給与
18万円
初任給：15〜16万円／生涯賃金：1億2384万円

生涯賃金は、想定雇用期間43年間と平均給料・ボーナスを掛け合わせた数字となっております。

平均時給は1270円前後で推移しており、パート・アルバイトとしては時給はよいほうですが、1日8時間以内の交代制もあるため、月給で考えると低くなります。

保健師

民間企業や大学病院、各地方保健センターなどに勤務し、衛生や保健指導などを行います。栄養士や医師なども、保健師としての業務は行えます。保健師国家資格所有者だけが「保健師」を名乗れる、名称独占の国家資格所有者になります。

平均給料・給与
32万円
初任給：19～22万円／生涯賃金：2億2016万円
生涯賃金は、想定雇用期間43年間と平均給料・ボーナスを掛け合わせた数字となっております。

給与以外の、賞与などの臨時収入、手当は非常に少なく、また医師や栄養士など資格所有者でも行える業務形態なので、給与は若干低めの設定が多いそうです。

幼稚園教諭

幼稚園は、文部科学省の管轄下にあり、学校教育法に基づいた施設です。仕事は、子どもと遊んだり、歌ったり、食事の世話、預かり保育などのほか、行事の計画・準備、バスでの送迎、教室の掃除、備品の準備など子どもと過ごす以外の仕事が意外に多くあります。

平均給料・給与
22万円
初任給：15万円／生涯賃金：1億5136万円
生涯賃金は、想定雇用期間43年間と平均給料・ボーナスを掛け合わせた数字となっております。

公立の幼稚園教諭は公務員扱いのため、昇給や福利厚生の面では圧倒的に私立より充実しており、5年後、10年後の給料は公立のほうが高くなる傾向があります。

リハビリ助手

病院や介護施設などで、リハビリテーションを必要としている高齢者や障害者の援助をするのが仕事です。実際のリハビリテーションは理学療法士が主体となって行います。リハビリ助手は、理学療法士の指示のもと、患者の誘導、器具の準備や操作、訓練の援助などをします。

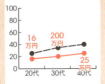

平均給料・給与
20万円
初任給：16万円／生涯賃金：1億3760万円
生涯賃金は、想定雇用期間43年間と平均給料・ボーナスを掛け合わせた数字となっております。

専門の養成学校を卒業していたり、医療、介護系資格などを持っていたりすると就職に有利です。リハビリ助手のアルバイトをしながら、資格取得を目指す学生も。

臨床検査技師

医師または歯科医師の指示に従って、患者（検体）からの検査で得られた情報を、正確に分析し、評価し、適切な情報を提供します。現代医療において核となる職業の一つで、検査情報を得るための必要な専門技術と専門知識を有する国家資格取得者です。

平均給料・給与
37万円
初任給：25万円／生涯賃金：2億5456万円
生涯賃金は、想定雇用期間43年間と平均給料・ボーナスを掛け合わせた数字となっております。

30代平均で、手取り30万円前後ですから、さまざまな業種と比較し、平均的な水準ということができます。10年ごとに月収約8万～10万円上昇する感じです。

Column

企業戦士 VI

健全な企業経営に欠かせないのが、経理職。ただ電卓を叩く仕事ではなく、経営者の目線でお金を管理する専門職でもあるのです。ミスは許されない責任重大な職種です。経理職は経営を支えているという誇りをもって、今日も数字に向かっています。

経理職

「世間は欺けても私の目は誤魔化せない」

経理とは、会社の運営に関わるお金を記録、管理するのが仕事となります。現金や預金、小切手の管理、支払い、受取を行う「出納業務」や、会社の行った取引を記録する「会計業務（簿記）」などがあります。月末には月次決算、年末には年次決算があります。従業員の毎月の給与や社会保険料の計算、消費税や法人税の計算や納付なども行います。会社の財務状況を見ることができるため、時には経営者にアドバイスをすることもあります。規模の小さい会社では、総務や一般事務が経理を兼ねることもあります。

平均給料・給与
20万円
初任給：10万円〜
生涯賃金：1億3760万円

生涯賃金は、想定雇用期間43年間と平均給料・ボーナスを掛け合わせた数字となっております。

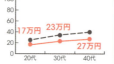

平均給料・給与グラフ
17万円　23万円
27万円
20代　30代　40代

※給料の算出は求人や口コミ、厚生労働省の労働白書を参考にしております。

経理職

お金の流れを司るジョブ。スキル「財務諸表」で経営成績を報告するための事務処理を行う。その能力は経営者に近く、税理士や会計士と連携するための折衝スキルも高いといわれている。

chapter 7

芸能・マスコミ・クリエイティブ系職業

Liver

「お金を投げよう！ 投げ銭の時代がやってきたよ!!」
ライバー

ライバー
大道芸から発展した新しいジョブ。歌ったりパフォーマンスを動画で配信する。収入は「ネット投げ銭」によるもので、スターは「神」と呼ばれる。神への投げ銭は「お賽銭」と呼ばれることもある。

●ライバーの仕事内容
ライバーとは、おもにライブストリーミングサービス「17 Live（イチナナライブ）」で動画を配信するのが仕事です。「イチナナライバー」とも呼ばれます。「17 Live」とは台湾発のライブ配信アプリで、視聴者からライバーへ「ギフト」と呼ばれるお金を送ることができる、投げ銭制を導入しているのが特徴です。2018年現在、世界で4000万ユーザーを突破し、約7000名以上のライバーが活躍中です。歌ったり、踊ったり、情報を発信したり、トークをしたり、さまざまな内容のライブを配信しています。

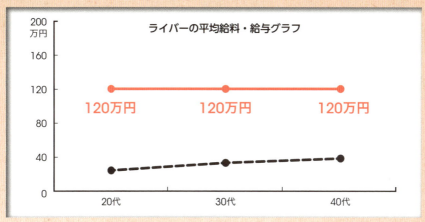

※平均給料は、公式サイトで公表されている国内トップ50名のライバーの報酬とギフト数と、取材をもとに算出しています

● ライバーになるには？
スマートフォンにインストールしたアプリから生配信をすぐに開始することができるため、撮影機材の準備なども特に必要ありません。SNSで情報を拡散する、もしくは視聴者とのやりとりで支援者を増やしていくことができれば大きな収入を得ることも可能です。人気を獲得するためには企画を考えながら配信することも大切です。ライバーには「一般ライバー」と「公式ライバー」が存在します。一般ライバーは誰でもなれますが、公式ライバーは運営会社から認定された人のみがなれます。人気公式ライバーとして上位を獲得すると、アプリストアの広告モデルとなったりする特典があるようです。

ライバーの平均給料・給与

120万円

初任給：**不明** ／ 生涯賃金：**1億0080万円**

ライバーの生涯賃金は、18歳から25歳までの7年間活動したと想定して、それと平均給料を掛け合わせた数字となっております。

● ライバーとして収入を得る方法
ライブ配信をすると、視聴者からバーチャルギフトが贈られます。このギフトの量に応じて報酬がライバーに支払われるシステムになっています。ライバーが受け取るロイヤリティの比率は10〜30%といわれており、もらったギフトと、ライブ配信と投稿のリーチ数によって変動します。ライバーとして高収入を得るためには、まずは定期的に支援してくれるフォロワー（ファン）を増やすことが重要です。ちなみに17 Liveは他動画サイトと違い、ライブ配信を長時間やる人を優遇しトップページに掲載するという仕組みがあるようです。そのため1日10時間や24時間耐久配信などをやる人もいます。また、返信はこまめにし、ファンを大切にする精神が大事で、さらには投げ銭をしてくれる人を特に大切にすることが必要だそうです。中には月収300万円以上稼ぐ人もいます。

>> Pro Blogger

「プロの時代は終焉し、次は第4世代のブログへ！」
プロブロガー

プロブロガー
炎上を恐れもせず自分の意思をネットで表現する新しいジョブ。リンゴの甲冑を身につけ、キーボードの盾で炎を防ぎ、マウスの剣で鎮火させるその姿はまさに「特攻騎士」である。

●プロブロガーの仕事内容
プロブロガーとは、近年台頭してきた新しい職業です。簡単にいうと「ブログでお金を稼ぐ仕事」です。日々新しい情報にアンテナをはり、記事を寄稿したり、意見を述べ、読者に伝えることがおもな仕事内容となります。ブロガーには、IT系に特化した人や、製品レビューに特化した人、稼ぎ方や生き方、働き方などさまざまなジャンルがあります。ネットに自分の意見や意思を公開するため賛否両論が生まれやすく、時には炎上したりもするようです。

※完全歩合や人気で左右されるため、プロとして都内で1か月生活可能な給与として算出しております

● プロブロガーになるには？
プロブロガーになるには特に資格や免許などはいりません。とにかく世間で注目を浴びるようなブログを書くことが必須です。プロブロガーとアマチュアブロガーの境界線はさまざまですが、「生計を立てているか否か」になるようです。売上40万～50万円程度だと普通に生きていけるレベルでプロ。年収だと600万～1000万円。売上が15万円ほどだと一人で食べていくのは厳しいので「アマチュア」だそうです。一番大変なのが、毎日ブログ記事を書いても収益に結びつかないことやアクセス数が上がらないことだそうです。そのため、疲弊して断念する方も多いようです。

プロブロガーの平均給料・給与

30万円

初任給：**不明** ／ 生涯賃金：**5400万円**

プロブロガーの生涯賃金は、ブログの連載を15年間続けたと想定して、それと平均給料を掛け合わせた数字となっております。

● プロブロガーになるための時間ってどのくらい必要？
プロブロガーになるためにはまず食べていけることが大前提です。最初から著名人であればブログを作ればすぐにある程度のアクセスは見込めますが、まったくの素人の場合は稼げるまでにどのくらいかかるのでしょうか。人気ブロガーのブログ発足を見てみると、最低でも1年以上。1年半～2年ぐらいはやり続けないとプロと呼べるところまではいけないようです。そしてその期間に加え何よりも大事なのが「影響力を与えられる記事を書く」ことです。影響を与え、爆発的に流行するような記事を毎回書けば1か月でもプロになれる完全弱肉強食の世界でもあります。1年以上継続していればそのカテゴリーではある程度のスペシャリストに。

≫ *YouTuber*

「大人よりも子どもたちが稼ぐ『新時代』がはじまりました」
YouTuber

YouTuber
YouTubeという動画サイトで活躍するタレント。人気ジョブランキングでも上位に君臨し始めた新世代ジョブの一つ。トップになれば、富と名声を得ることができる一攫千金型の職業だ。

●YouTuberの仕事内容
動画を作ってYouTubeにアップし、それで広告収入を得るのが仕事となります。多彩な動画があり、どんな動画を作るのも自由ですが、実際には人気があるジャンルで成功しなければ厳しい世界でもあります。そのような動画をアップする人たちがYouTuber（ユーチューバー）と呼ばれています。国内外でかなりの数の人が専業になってきたのが最近の特徴です。およそ8割の人が月1000円未満の収入となります。100万円以上を稼ぐ人は数％以下。広告収入なしで、単に動画投稿だけのユーザーもいます。

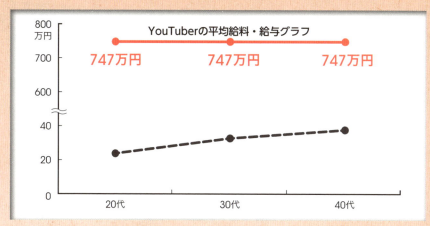

※給料の算出には有名YouTuberの動画再生数を参考にしております

● YouTuberになるには？
保護者の承諾があれば18歳未満でも収入を得ることができます。最近では「キッズYouTuber」といわれる子どもたちの動画も大躍進しています。必要な機材は、パソコン、デジタル一眼などのカメラ、テロップで使う編集ソフトや加工用ソフトなどです。クオリティの高い動画を作るには、それなりの動画制作の技術が必要となります。また、SNSアカウントやブログなど、ほかのサービスとの連携をすることが再生数の上昇につながります。動画の投稿は質よりも数であり、できれば毎日投稿することが必要です。人気YouTuberの中には、撮影のために防音設備のある家や事務所を借りている人もいます。

YouTuberの平均給料・給与
747 万円
初任給：1万円 ／ 生涯賃金：8億9640万円

YouTuberの生涯賃金は、活躍できる期間を10年間と想定して、それと平均給料を掛け合わせた数字となっております。

● YouTuberのキャリアモデル
YouTuberとして稼ぐには再生回数と広告の表示数が重要になります。月によって変動はありますが、動画1再生につき平均0.02〜0.2円の間の収入となるようです。月に10万円以上の収入を得ようとすると、500万回再生が必要になります。人気のYouTuberでも1動画当たり30万〜40万回、多くても100万回の再生数なので、専業でやるにはかなり厳しい職業です。女性YouTuberが活躍しているジャンルは、コスメやメーク、ファッション、料理、英会話、ゲーム実況などです。女性ならではの視点を活かした動画が人気を集めています。また、アイドル的な活動をしている人もいます。YouTuberを専門にマネージメントを行うプロダクション事務所もあります。広告の選択から撮影のサポートまで行う広告代理店や芸能事務所のような事業形態であり、今後ますます発展していくと予想されます。

>> *Club DJ*

「音楽は神からの啓示である」
クラブDJ

クラブDJ
精霊系ジョブ。二つ名は「音によって脳内をハックする者」。クラブといわれる「館」に音霊を降臨させ、人々を音の世界へ誘う。電気音楽「EDM」の音霊がここ最近多い。レゲエでは「セレクタ」とも呼ばれる。

●クラブDJの仕事内容
クラブDJの仕事は、クラブ内のBGMを選曲して流し、クラブ内を盛り上げることです。その場にぴったりと合った音楽をかけることが求められます。クラブによっては、曲の種類を日によってあらかじめ決めたりしているところもあります。テーマが統一されているクラブもあり、自分が精通している音楽のジャンルでクラブを選ぶこともできます。クラブDJの中には音を作ったり、プロデュースをしたりする人もいて、スクラッチ専門のDJなどジャンルもたくさんあります。

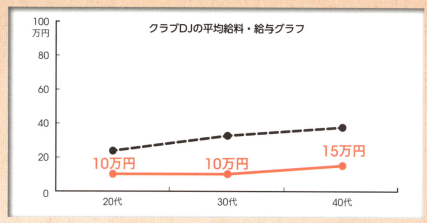

※給料は実力社会でもあるので口コミから推測しております

●DJ初心者が有名になるには
どうしたらいいの？

DJ初心者が有名になるには、とにかく有名なクラブやDJとコネを作ることです。有名になるためには、もうすでに有名な人や店とつながりを持つことが近道でしょう。さらに、コネ作りだけではなく、自作ミックスを作るなどの取り組みも必要だと思われます。ミックスとは、曲と曲をスムーズにつないでいく技術のこと。高度になると、文字どおり複数の曲を混ぜてまったく新しい曲のようにすることも可能です。世界的に有名なDJは、自分でミックスを作ってそれを流していることが多いです。地道に努力し、かつ大胆に行動することが、有名になるには大切です。

クラブDJの平均給料・給与

15万円

初任給：10万円〜 ／ 生涯賃金：1億0980万円

クラブDJの生涯賃金は、現役DJの最高年齢が81歳だったので（給料BANK調べ）、20歳から81歳までの61年間活動したと想定して、それと平均給料を掛け合わせた数字となっております。

●クラブDJになるには？

働き方としては、いくつか代表的なものがあります。まずは専属のDJですが、これは一つの店舗に勤務するタイプのDJです。求人に応募したり、コネで入ったりする人が多くなっています。客として通いつめて、スタッフに顔を覚えてもらい、DJになる人も多いようです。DJのスクールでプロと知り合い、斡旋でDJになる人も多いですよ。フリーのDJについてですが、より広く深いコネが必要となります。ただ最近では掲示板などで募集しているところもあるので、そういったところに応募するといいでしょう。しかし、集客ノルマがある場合があります。そういった場合には、ノルマを達成しなければ赤字になってしまうため、人を呼べるDJでなければ難しいです。あとは、タレントとしてDJ活動をする場合ですが、これはまれです。

>> A Member of the Theater Company SHIKI

「獣を憑依させてこそ四季の役者なのよ」

劇団四季団員

劇団四季団員
商業劇団の２TOPに君臨している劇団の団員。商業劇団の覇者が劇団四季とするなら、王者が宝塚歌劇団である。四季の役者は動物を憑依させるスキル「獣化」を習得している。

●劇団四季団員の仕事内容
劇団四季は言わずと知れた日本最大級の商業演劇の劇団。浅利慶太が代表を務めていた四季株式会社が製作や企画、運営を行っています。仕事は、舞台に立つ俳優と演劇を裏で支えるスタッフの2つに分けられます。俳優は普段は基本的なレッスンを受け、出演演目が決まればその稽古をし、出演に備えます。スタッフは、企画、製作、営業、音響、照明、小道具、ヘアメイクなどさまざまな職種があり舞台を支えます。どちらもお客様を感動させるという気持ちが必要な仕事です。

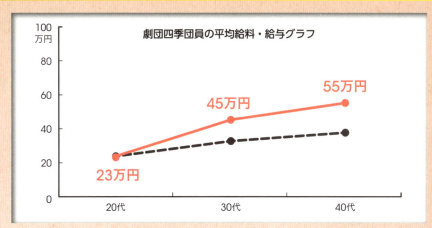

※ネットの口コミや噂をもとに独自に算出しています　※俳優志望の研究生は無給です

●劇団四季の有名な人はどのくらい給料がもらえるの？

劇団四季の俳優さんの収入は出演回数に俳優単価をかけて計算されるそうです。年収1000万円を超える人が50人以上いて、2000万円も10人程度、3000万円に達する人もいるようです。やはり主役級になると、年収は高くなります。例えば、主役（15年目）、年間212ステージで年収1132万円、同じく主役（10年目）、227ステージで980万円、準主役（6年目）、310ステージで1023万円、6年目329ステージで1480万円などとなっているようです。今までの最高は約3000万円のようですが、ステージ数で考えると、決して高すぎない気もします。

劇団四季団員の平均給料・給与

40万円

初任給：20万円／生涯賃金：7200万円

劇団四季団員の生涯賃金は、想定活動期間15年間と平均給料を掛け合わせた数字となっております。

●劇団四季に入るには？

研究生のオーディションを受けるか、即戦力となる一般コースのオーディションを受けて合格すれば、劇団員になることができます。研究生の場合は、オーディションに合格すると1年目は無給ですが、レッスンが無料で受けられるようになり、そこから実力に応じて舞台に立つチャンスが与えられるようです。一般コースの場合は、ヴォーカル部門、ダンス部門、演技部門の部門に分けてオーディションが行われ、年齢や性別、国籍に関係なく応募することができます。合格すると、劇団と契約を結び、レッスンや稽古をしながら舞台のチャンスを目指します。研究生から劇団の俳優になれた場合、年俸制になりますが、ステージへの出演回数で年収が変わるようです。入団から数年は年収200万円以下という話もあるので、劇団の収入だけで生活していくのは難しい場合も。

>> Cosplayer

「もっともっと可愛くなりたい！　かっこよくなりたい！」

コスプレイヤー

コスプレイヤー
幻想キャラを己のアイデンティティに憑依させ、あらゆるものに変身することができるジョブ。別名「変身師」。略して「レイヤー」とも。

● コスプレイヤーの仕事内容

コスプレとは、アニメやゲームなどの登場人物やキャラクターに扮する行為をいいますが、そのコスプレを行う人をコスプレイヤーといいます。好きなアニメキャラやオリジナルキャラになり、撮影会やイベント、オリジナルブランドの作成、アイドル活動、ニコニコ動画、YouTubeなど多岐にわたる活動をします。年々新しいアニメが出てくるためコスプレイヤーを見ると、その年に流行したゲームやアニメがわかるなど、アニメやゲームなどのサブカルチャー文化を支えている人たちでもあります。

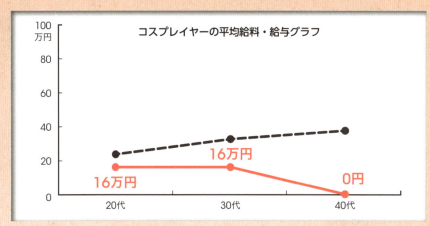

※個人差がかなりあります　※給料は口コミなどをもとに独自に算出しております

●コスプレイヤーになるには？

コスプレイヤーになるには、特に資格はいりません。衣装やウィッグを用意して撮影すれば立派なコスプレイヤーになります。といっても、やはり一人でやっていても楽しくないので、最初は、コスプレイヤーの知人やお友達などを見つけるとよいでしょう。特に最近ではSNSなどが活発で、コスプレイヤーさんがたくさんいるSNSに登録してお友達や撮影を一緒にしてくれる人を探すのがいいでしょう。ニッチなコミュニティなのである程度のルールなどもあるそうです。男女比率は1:9と圧倒的に女性が多く、女性社会が形成されているようです。

コスプレイヤーの平均給料・給与

16万円

初任給：6500円／生涯賃金：4032万円

コスプレイヤーの生涯賃金は、18歳から39歳まで21年間活動したと想定して、それと平均給料を掛け合わせた数字となっております。

●コスプレイヤーは実際には出費も多いため稼ぐことはできない？

コスプレイヤーになぜコスプレをやっているのか？　と聞いたら、お金よりもアニメキャラになることで「アイデンティティが保たれる」「変身願望が満たされる」「自分の存在を確認できる」などの意見があり、お金のためにやっていないということがわかりました。実際に出費も多く、撮影会などで稼いだお金は衣装代金に消えることが多いようです。そのため、専属でコスプレイヤーをやっているという人はごく少数で、社会人や学生をやりながら趣味の一環として行っている人が多いようです。2010年度の調べによると、月にコスプレにかける費用は、2万〜5万円が約40％、5万〜10万円の人が約20％で、10万円以上使う人も約5％いました。お金よりも大事なものを求めているコスプレイヤーはある意味周囲に夢を与えている職業といってもいいかもしれません。

>> Instagrammer

インスタグラマー

「希望だけが存在する世界であなたは本当に生きていると感じますか？」

インスタグラマーとは、画像共有サービスのインスタグラムの利用者のうち、多数のフォロワーを抱え、発信力のある個人を指します。世間に大きな影響力を持つインフルエンサーとして認知されています。トップインスタグラマーは全体の1％といわれ、20〜30代の女性が中心です。食事や子ども、ファッションなど、ジャンルを絞った写真を投稿する場合が多いです。企業からの依頼でPR投稿をし、宣伝費を稼ぎます。フォロワーをブログに誘導してアフィリエイトなどによって収益を得る人もいます。人気のインスタグラマーはイベントに呼ばれたり、書籍を出すこともあります。

インスタグラマーの平均給料・給与

27万円

初任給：3万円〜／生涯賃金：3240万円

インスタグラマーの生涯賃金は、10年間活動したと想定して、それと平均給料を掛け合わせた数字となっております。

インスタグラマーの平均給料・給与グラフ

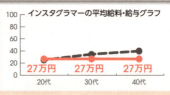

※給料の算出には求人や口コミ、厚生労働省の労働白書を参考にしております。

インスタグラマー

写真を投稿し、#（ハッシュタグ）を駆使して情報を広めるインフルエンサー。世界で月間8億人が利用しており、その影響力は絶大。視覚魔法「インスタ映え」によってフォロワーの心を摑む。

地道にフォロワーを増やすのが、トップインスタグラマーへの第一歩です。投稿は1日最低3回以上が望ましく、フォロワーとマメにコミュニケーションを取ることが重要です。個性を出すために写真の構図や加工技術を身につける必要もあります。企業によって異なりますが、ギャランティは1フォロワー＝1円または1投稿あたりいくらという計算となります。トップインスタグラマーからモデルやタレントになると、イベント参加だけで30万円の収入を得る人もいるそうです。

>> Voice Actor

「あなたを三次元から二次元の世界へ引き込みます」
声優

アニメや映画、ドラマの吹き替え、テレビやラジオのナレーション、ゲームのキャラクターの声、電車や駅のアナウンスなど、声を使う仕事をするのが声優です。舞台への出演や朗読、司会、ラジオのパーソナリティーなどの、幅広い範囲で活躍しています。声だけでなく、表現力や演技力も必要になります。人気の声優になると、CDを出したり、音楽ライブを開催したり、写真集を出したり、映画に出演したりすることもあります。アニメ声優の中にはアイドルとして注目を浴びる人もおり、現在声優は憧れの職業となっています。声優になるには声優科のある専門学校や養成所に入るのが一般的です。

声優の平均給料・給与
16万円
初任給：6万円〜／生涯賃金：8256万円

声優の生涯賃金は、22歳から65歳までの43年間活動したと想定して、それと平均給料を掛け合わせた数字となっております。

声優の平均給料・給与グラフ

12万円　17万円　22万円
20代　30代　40代

※給料の算出には求人や口コミ、厚生労働省の労働白書を参考にしております。

声優
己の声を触媒にし、キャラクターや映像に命を吹き込むサモン系ジョブの一つ。別名「ボイスサマナー」。歌手やアイドルタレントとして活躍することも。天性と努力で得た独特の声は最強の武器だ。

アニメの吹き替えの仕事の収入は、声優のランクで決まります。報酬は30分1万5000〜4万5000円で、ギャラの上限がないランクもあります。CMやアナウンス、ナレーション、ゲームなどの仕事は報酬の規定がないため、アニメの仕事よりも報酬が高いことがあります。トップクラスになると、年収が1億円ということもあるとか。駆け出しのうちは収入が低く、ほとんどの人がアルバイトと掛け持ちしている状態です。オーディションでいい役をもらうことがキャリアアップにつながります。

第7章　芸能・マスコミ・クリエイティブ系職業

>> Utai Te

歌い手

「音楽が音楽を超える瞬間を俺たちは見せたいのさ！」

まず歌手と違うのは、日本の動画投稿サイト「ニコニコ動画」への動画投稿、ニコ生中継などで、自分のチャンネルを持ち、自宅や貸しスタジオで収録した自分の歌唱力を披露する人が、通称「歌い手」と呼ばれています。ニコニコ動画の運営サイトでは、再生回数が特に多ければ、契約という形もあるそうですが、大半は広告収入や、自主制作CDの販売、iTunesでの曲販売が中心となって、その収入を目的としている例が多いそうです。アマチュアバンドの広告宣伝に一役買っているところが大きいですね。誰にでもできそうですが、周囲の環境が大声を出しても構わないなど、ある程度の条件が必要です。

歌い手の平均給料・給与

不明

初任給：0〜1万円／生涯賃金：不明

歌い手の生涯賃金は、情報が少ないため不明です。

歌い手の平均給料・給与グラフ

20代	2万円
30代	2万円
40代	0円

※歌い手は素人という概念もあり、プロとしての平均値は算出できません。

歌い手

ニコニコ動画で既存曲やオリジナル曲を投稿するボーカリストの総称。素人が歌うから歌手ではなく「歌い手」という名称になる。最近台頭してきた芸能職で、プロシンガーにクラスチェンジも可能。

歌い手になるには、ニコニコ動画、ニコ生のアカウントを持つこと、自分のチャンネルを作ること、動画撮影に必要な機材（スマホでも構わない）などがそろっている必要があります。年齢制限はありませんが、著作権侵害、誹謗中傷、発言などには充分注意したほうがいいです。またコミュニティサイトなどでの、マメなファンとの交流も欠かせないので、動画投稿だけではなく、ファンサイト運営に関して、積極的でなければなりません。

282

>> Publishing Company employee

出版社社員

「運命や希望に出会える人が一人でも増えるように一冊でも多く「本」を刷るのです!」

書籍や雑誌の企画、制作、販売を行うのが出版社社員の仕事です。書籍には小説、ライトノベル、雑誌、漫画、ムック本など多くのジャンルが存在し、いろいろな職種の人が関わっています。スマートフォンやタブレット端末が普及したことで書籍離れが深刻化しています。各社デジタルメディアや電子書籍事業を展開したり、他業種の企業と経営統合するなど努力をしています。通信教育、チケット販売、カーナビの地図データベース事業など、多角展開している企業が業績を伸ばしているので、新たなビジネスモデルの構築が生き残りの鍵となりそうです。

出版社社員の平均給料・給与

27万円

初任給:21万円 / 生涯賃金:1億8576万円

出版社社員の生涯賃金は、新卒が終身雇用で65歳まで雇用されたと想定して、22歳から65歳までの43年間と平均給料・ボーナスを掛け合わせた数字となっております。

出版社社員の平均給料・給与グラフ
- 20代: 27万円
- 30代: 36万円
- 40代: 43万円

※給料の算出には上場企業のIR情報を参考にしております

出版社社員

さまざまな情報を収集し、本として記録を残す。漫画、図鑑、ビジネス、小説などジャンルは多岐にわたり、いろいろなログを取り編集するため「業界のログテイマー」と呼ばれる。

トレンドに応じた書籍を作るためには、時代の流行や消費動向を敏感に察知する能力が必要になります。ヒット作を生み出すには、柔軟な発想力も欠かせません。書籍を作る過程には、作家を筆頭にカメラマンやデザイナーなど個性的なクリエイターも多く、彼らをまとめるコミュニケーション能力の高さも求められます。部署によっては休日に出勤したり、校了間際は徹夜となったりすることもあるなど、知力とともに体力も求められる仕事です。苦労した分、自分が担当した書籍が重版されると大きな喜びとなります。

>> Light Novelist

「ラノベ作家になりたい者は魔法のフレーズ『異世界』を唱えよ！」
ライトノベル作家

ライトノベル作家
サモン系ジョブの一つ。「ライトノベル」と呼ばれる、文字系召喚獣を駆使し、小説「軽文学」を作る。おもに中高生をターゲットに幻想の世界へ誘う。最近は「なろう作家」など新しいジャンルへ派生している。

●ライトノベル作家の仕事内容
「ラノベ」（ライトノベルの略）は、アニメのように非現実的な、あるいはサブカルチャーの中で生まれたような、新しいスタイルの小説のジャンルです。出版社も、大手から非常に小さな電子書籍だけを扱うところまで多種多様に存在し、出版社ごとに得意なジャンルの棲み分けがされています。10代向けの比較的読みやすい文章、親しみやすい架空のストーリーや、疑似恋愛、恋愛などのストーリーが多く、作家の裾野も大変広い分野です。

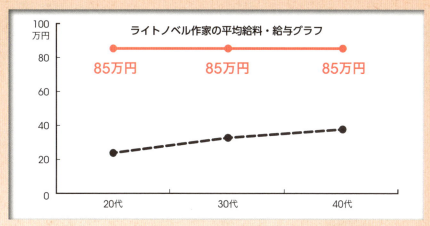

※給料の算出には求人や口コミ、厚生労働省の労働白書を参考にしております

●ライトノベル作家になるには？

現在は、入稿がほとんど電子媒体になっていますので、まずは高性能パソコンを用意し、創作環境を整え、「本業」として取り組むことを考えなければいけません。大量にコンテンツがありますからラノベは審査が厳しく、出版社ごとに得意なジャンルを持っています。ラノベ作家になるには、出版社が主催する新人賞などを通じて、自分の作風に合った出版社を見つけ、公募に応募することです。毎月、1冊は書ける体力とアイデア、そして40字×17行×300ページ（原稿用紙500枚程度）の執筆力が必要です。読者対象を定め、まずはラノベの大賞を狙うのが一般的です。

ライトノベル作家の平均給料・給与
85万円
初任給：5万円 ／ 生涯賃金：3060万円

ライトノベル作家の生涯賃金は、ライトノベル作家の平均活動期間が3年といわれるので、トップランカーの年間印税と平均活動期間から算出しました。

●ライトノベル作家の給料の仕組みは？

平均給料は、オリコンによるラノベ売上ランキング2018年度版から算出しました。1位から10位までの平均売上部数が約17万部で、1冊600円、一般的な印税10％とすると、年間印税額は約1020万円となります。月収換算にすると85万円です。インターネットの情報によると、新人賞以来、出版社から作品を発表し、1年間に3～4冊出版できたとすると、印税で150万～280万円程度得られるそうです。ただし、売れない場合は1冊で打ち切りになることもあります。ちなみにシリーズ累計2000万部を売り上げた『涼宮ハルヒの憂鬱』は2000万部×70円＝約14億円の印税となります。2018年の売上部数ランキング1位は約24万部ですが、2015年のランキング1位は約120万部だったことを考えると、ラノベ業界は厳しくなっているといえます。

>> Editor

「最高のモノができるまで修正を入れます。客観的な鬼になります」

編集者

編集者
古代より受け継がれし「編集」をするスキルを持つジョブ。「編む者」と呼ばれ、舎人親王から始まる古代系職業の一つ。編術「修」「註」「改」「削」は編集者だけが持つ特権スキル。

●編集者の仕事内容
編集者とは、書籍の企画・制作を行うのが仕事です。読者層などから判断して売れるような本の企画を立て、企画実現のために取材先やライターなどに依頼をします。取材交渉からカメラマン、デザイナー、イラストレーター、モデルなどの手配、予算管理、制作進行と仕事は多岐にわたります。外部に依頼した文章や写真を校正して修正依頼をしたり、自分で修正したりもします。そしてその文章や写真を使って全体的なページを作っていきます。最近では電子雑誌などの媒体を手がけることもあります。

※給料の算出には求人や口コミ、厚生労働省の労働白書を参考にしております

●編集者になるには？

編集者になるには決まったステップを踏まなければいけないということはなく、大学の専門分野も問われないことが多いです。出身者が多いのは文学・文芸学科などですが、どの分野を出ていても編集の職に就くことができます。書籍の編集に携わるには、出版社に就職するのが一番の近道です。ただし、会社の規模や扱う書籍によって、待遇にはかなり差があります。大手出版社は非常に人気が高く、新卒で入社するには倍率が200倍以上になるともいわれています。中途採用も多くありますが、出版社の下請けを行っている編集プロダクションに就職して経験を積む方法もあります。

編集者の平均給料・給与
39万円
初任給：15万円／生涯賃金：2億6832万円

編集者の生涯賃金は、新卒が終身雇用で65歳まで雇用されたと想定して、22歳から65歳までの43年間と平均給料・ボーナスを掛け合わせた数字となっております。

●編集者の種類

編集者といっても種類があり、大きく2つに分けられます。1つは作家付きの編集者、もう1つは主体となって企画を作る編集者です。作家付きの編集者は、作家をサポートしたり盛り上げたりして本を作るのが仕事です。漫画の編集者や小説などの書籍の編集者がこれにあたります。企画を作る編集者は、雑誌編集者がその典型であり、昨今ではWEBの編集者などもいます。文庫などの一般書籍でも、作家が付かず編集者が中心となって作られているものもあります。どの編集者にも企画力や文章力が必須です。校正をするためには、自分自身に高い文章力が備わっていなければなりません。また、コミュニケーション能力も求められます。特に小説や漫画の編集者は、独特な世界観を持っている作家を相手にすることも多く、特別な神経が必要とされるのです。

» Newspaper Office employee

新聞社社員
「情報は人を生かしも殺しもする。常に公正であれ！」

新聞社社員
取材によって得た情報を朝と夕方に新聞によって広める。記者クラブによって政府ともコネクションを持ち、放送業界にも絶大な影響力を誇る。情報を武器に世間を渡る「業界の諜報員」。

●新聞社社員の仕事内容
新聞社社員は、取材をして執筆した記事を編集、印刷し、系列販売店などを通じて販売するのが仕事です。国内全域が対象の全国紙と、地域ごとに発行されるブロック紙、地域密着の地方紙、スポーツ新聞などがあります。1950年代には各新聞社がこぞってテレビ局を設立し放送業界にも大きな力を持つようになりましたが、現在はインターネットの登場などメディアが多様化し、市場規模は縮小傾向にあります。しかし、新聞の購読者が減少しても、新聞業界の持つ発言力はいまだ健在です。

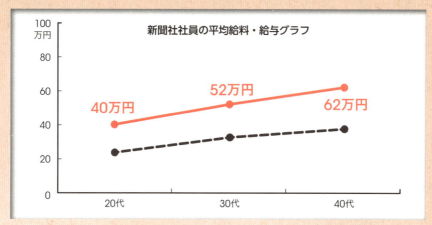

※給料の算出には上場企業のIR情報を参考にしております

● 新聞社社員に向いているタイプ

いち早く最新のニュースを流すためには、常にアンテナを張りあらゆる情報に敏感でなければなりません。学力、知力があるのはもちろんのこと、社会情勢に関心が強いことが重要な資質となります。また、公正・中立な視点を持つことも求められます。特ダネを手にするためにはフットワークの軽さや人脈も必要です。新聞記者は特ダネを手に入れるためなら、時間を問わず取材に行かねばなりません。朝刊に間に合わせるためには深夜1時半頃が最終版の締め切りとなることから、不規則な生活になりがちです。常に呼び出しに備えて、携帯の電波があるところにしか行かないなど、気を配ることも必要です。

新聞社社員の平均給料・給与

59万円

初任給：23万円／生涯賃金：4億0592万円

新聞社社員の生涯賃金は、新卒が終身雇用で65歳まで雇用されたと想定して、22歳から65歳までの43年間と平均給料・ボーナスを掛け合わせた数字となっております。

● 新聞社に関わる職種

新聞社は広告業界や印刷業界とも関係が深く、多くの職種の人が関わっています。新聞記者が取材し執筆した記事が紙面に掲載され、新聞の質を高めます。インターネットだけでは得られない当事者の生の声や正確な情報を伝えるのが、新聞記者の使命でもあります。そして報道カメラマンの撮った写真が真実味を強め、人々の感情に訴えかけます。また、4コマ漫画を担当する漫画家や、連載小説を執筆する小説家なども新聞に関わる職種です。新聞社には編集面の最高責任者である主筆がいます。主筆は論説を担当する新聞社や出版社にしかない特別な役職で、社長や上級役員が就任するのが一般的です。そのほか、紙面に載せる広告スペースを販売する営業職や、新聞社主催のイベントや展示会などを開催する事業担当者も新聞社に欠かせない重要な職種です。

>> *TV Caster*

「美貌と頭脳を兼ね備えたアイドルサラリーマンよ」
アナウンサー

アナウンサー
トップクラスの事象伝達系ジョブ。自分の声や言葉を魔法に変換する武器「マイク」を装備。このマイクには言霊が宿っており、言葉を具現化する能力がある。

●アナウンサーの仕事内容
おもにテレビなどのメディアで活躍するテレビ局の社員で、番組の司会進行やニュース番組の原稿読み、バラエティ番組への出演などをします。メディアの花形職業として、大変人気が高い職業です。アナウンサーでもトップクラスになると1200万～1500万円の年収となるようです。特にキー局（フジテレビや日本テレビ、TBS、テレビ朝日）のアナウンサーは年収が高い傾向があります。フリーアナウンサーになると年収2000万円以上もらっているという話もありました。

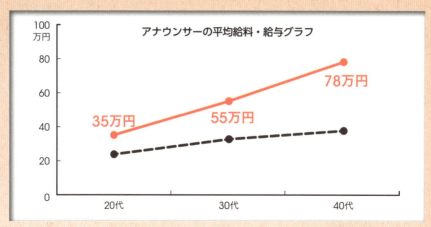

※給料の算出には求人や口コミ、厚生労働省の労働白書を参考にしております

● アナウンサーになるには？
テレビ局やラジオ放送局に入社するには、短大卒以上の学歴が必要です。在学中にアナウンススクールなどで基本的な知識と技術を身につける人が多いです。民放キー局のアナウンサー試験の倍率は数千倍ともいわれる狭き門。全国に100以上あるローカル局の募集も高倍率となっています。入社試験は一般的に、筆記、音声テスト、カメラテスト、フリートーキング、面接などです。採用にあたっては、幅広い知識や学力、コミュニケーション能力、容姿、仕事に対する情熱など、総合的に判断されます。新卒者を対象としていることがほとんどですが、ローカル局では中途採用を行っているところもあります。

アナウンサーの平均給料・給与
56万円
初任給：23万円〜 ／ 生涯賃金：3億8523万円

アナウンサーの生涯賃金は、新卒が終身雇用で65歳まで雇用されたと想定して、22歳から65歳までの43年間と平均給料・ボーナスを掛け合わせた数字となっております。

● アナウンサーの仕事の面白さ・向いている性格
世間の好感度も高く、華やかなイメージのあるアナウンサーですが、勤務時間が不規則でハードな仕事となるため、精神的にも体力的にもタフであることが求められます。また、視聴者に情報を正確に伝えなければならないため、正しい日本語を使い、明瞭な発声ができることが必須のスキルとなります。アナウンサー次第で視聴率が決まることもあり、イメージも重要です。タレントのように活躍している女性アナウンサーですが、待遇は会社員となるため、社員である以上仕事を選ぶことはできません。ニュースを読むこともあればバラエティ番組に出演することもありますし、リポーターとして自ら取材をすることもあります。多くの現場に柔軟に対応するには、一般常識や幅広い知識を身につけなければなりません。どんな事態にも冷静に対処し、感情をコントロールできる人が向いています。

第7章 芸能・マスコミ・クリエイティブ系職業

>> *TV Station employee*

「テレビの役割、テレビの使命って何なんだ!!」
テレビ局社員

テレビ局社員
すべての真実を映し出すテレビカメラを使い、世間に絶大なる影響を与える。個性を強みとすることができ、自分自身を武器として戦う。真実と嘘を見抜ける力がなければ生き残れない。

● テレビ局社員の仕事内容

公共放送のNHKのほか、日本テレビ、テレビ朝日、TBS、テレビ東京、フジテレビの民放5局、それらの系列局、ケーブルテレビ局などで働いているのがテレビ局社員です。最近ではインターネット放送局もあります。そしてテレビ局の下請けとして番組制作会社が多数存在します。最近では視聴率が低下し、経営の迷走や広告収入の減少が報道されていますが、各社番組の改編や改革の努力をしています。ネット配信など新しいサービスが始まり、高精度の4K放送、8K放送など技術革新も進んでいます。

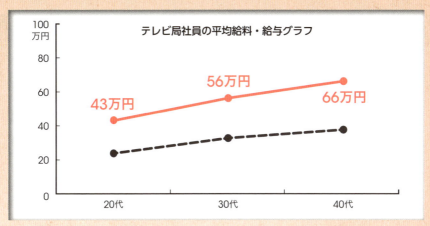

※給料の算出には上場企業のIR情報を参考にしております

●テレビ局社員に向いているタイプ

斬新な発想力のある人が、放送作家やディレクターに向いています。荒唐無稽に思える企画でも、視聴者にヒットしブームを巻き起こすこともあります。ただし、プロデューサーになるとそうしたアイデアを現実的な予算でどう実現するかを考えなければならないので、冷静な判断力と実行力が必要になります。キー局と下請け制作会社では年収や待遇に大きな差がありますが、どちらも激務であることに変わりはなく、フットワークの軽い人材が重宝されます。深夜や早朝の番組に対応することから、不規則な勤務状態となることもあります。体力に自信がある人のほうが向いているでしょう。

テレビ局社員の平均給料・給与

62万円

初任給：24万円／生涯賃金：4億2656万円

テレビ局社員の生涯賃金は、新卒が終身雇用で65歳まで雇用されたと想定して、22歳から65歳までの43年間と平均給料・ボーナスを掛け合わせた数字となっております。

●テレビ局に関わる職種

テレビ局には多くの職種の人が関わっています。テレビ番組の統括責任者であるテレビプロデューサーや、演出を担当するディレクター、撮影するカメラマン、音声を録音する音声技術者、大道具や小道具などの美術スタッフなどがいます。また、放送作家や脚本家など、バラエティ番組やドラマの台本を書く人もいます。アナウンサーがニュースを読み、役者やお笑い芸人、アイドルなどが表舞台に立ち、番組やドラマを盛り上げ、彼らをヘアメイクやスタイリストがより華やかにします。その影で、アシスタントディレクターが活躍しています。アシスタントディレクターの仕事は、ディレクターの補佐です。番組制作におけるさまざまな仕事（おもに雑用）を任されます。備品の準備、キュー出し、カンペ持ち、テロップ入れの作業など、山のように仕事があります。

>> TV Producer

テレビプロデューサー
「全員がリーダーで全員がアイドルでいいじゃない」

テレビプロデューサーは、テレビ番組の制作を統括する責任者です。企画の決定、予算の管理、スタッフやキャストの決定、スケジュール管理などを一手に担う番組の最高権力者です。番組制作の進捗状況に目を光らせて、予算内で収めて、納期に間に合わせるよう知恵を働かせます。主要スタッフと打ち合わせをし、タレントの所属事務所に出演交渉を行い、番組の放送が終わった後のクレーム対応まで、あらゆる責任を引き受け、番組制作を支えます。常に「思い通りになる楽しさ」と「思い通りにならない難しさ」との間で揺れ動き、変わりゆく状況に臨機応変に対応できる能力が必要な仕事です。

テレビプロデューサーの平均給料・給与
83万円

初任給：23万円 ／ 生涯賃金：5億7104万円

テレビプロデューサーの生涯賃金は、新卒が終身雇用で65歳まで雇用されたと想定して、22歳から65歳までの43年間と平均給料・ボーナスを掛け合わせた数字となっております。

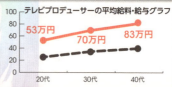

テレビプロデューサーの平均給料・給与グラフ
20代：53万円／30代：70万円／40代：83万円

※給料の算出には求人や口コミ、厚生労働省の労働白書を参考にしております

テレビプロデューサー
メディア三天帝の一人。番組企画からスポンサー探しまで、テレビ番組の核を担うジョブ。番組すべての責任を負う。テレビを駆使した圧倒的な拡散力から「拡散皇帝」と称される。

テレビプロデューサーになるには、テレビ局に入社し、社内で昇進する必要があります。制作部署に配属されて、まずはアシスタントディレクターとして働き、次にディレクターに昇進し、経験を積んでプロデューサーになります。テレビ局に入社するには有名大学を卒業し、高倍率な入社試験をパスする必要があります。番組制作会社に入る道もありますが、局のプロデューサーに比べて、権限も影響力も小さく、番組の予算と日程管理がおもな仕事となります。

>> Movie Director

映画監督

「赤ちゃん・動物・モノに勝る役者はこの世にいない」

映画監督は、映画の撮影現場における責任者です。原作や主演が決まってから、監督が指名されることもありますが、基本的に映画の内容については全権を持っています。キャストやスタッフの決定にも大きな権限を持ち、カメラマンや脚本から助監督に至るまで、常に同じスタッフが担当する場合も多くあります。撮影現場では演出の指揮や出演者への演技指導を行います。映画では主役、脇役、エキストラ、小道具、大道具、背景まで、画面に映るすべてのことに注意しなければいけません。完成ビジョンをしっかりと思い描けて、なおかつ、その実現には広く細かい配慮のできる人が向いています。

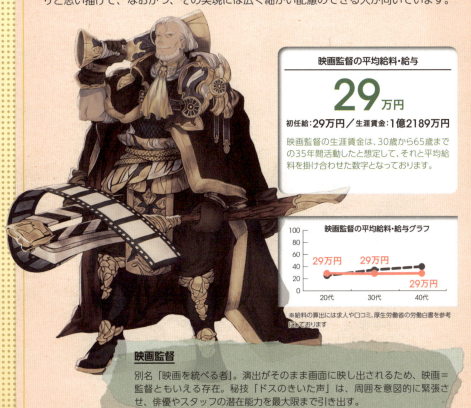

映画監督の平均給料・給与
29万円

初任給：29万円 ／ 生涯賃金：1億2189万円

映画監督の生涯賃金は、30歳から65歳までの35年間活動したと想定して、それと平均給料を掛け合わせた数字となっております。

映画監督の平均給料・給与グラフ

※給料の算出には求人や口コミ、厚生労働省の労働白書を参考にしております。

映画監督

別名「映画を統べる者」。演出がそのまま画面に映し出されるため、映画＝監督ともいえる存在。秘技「ドスのきいた声」は、周囲を意図的に緊張させ、俳優やスタッフの潜在能力を最大限まで引き出す。

映画監督になるのに決まった道はありません。大学の映画学科などを卒業した人もいれば、映像とは無関係な学校を出て一流の監督になった人もいます。役者やミュージシャン出身者も、テレビCM制作出身者もいます。共通しているのは映画が好きなことくらいです。日本でも海外でも、自主映画祭やコンテストで名を上げて、商業作品に起用される監督も大勢います。まずは自分なりに映画を撮ってみることから始めてみましょう。

Talent Agent

「称賛を浴びた後は嫉妬が待っているわ。それが芸能界」

芸能マネージャー

芸能マネージャーのおもな仕事は、担当タレントのスケジュール管理と営業です。タレントは信用が命、スケジュールの遅れは仕事を失う事態に直結します。報酬や知名度アップにつながる「おいしい仕事」を取ってこられるかもマネージャー次第。現場の関係者にタレントと自分自身を売り込んで、次の仕事につなげていきます。さらに、タレントをどう売っていくか、どうすれば売れるのか、タレント本人や事務所のスタッフと一緒に考え、仕事の方向性を考えるのも大切な仕事です。芸人を役者にしたり、アイドルをキャスターにしたりなど、タレントを育てる仕事の作り方を考えていきます。

芸能マネージャーの平均給料・給与

27万円

初任給：19万円～ ／ 生涯賃金：1億8567万円

芸能マネージャーの生涯賃金は、新卒が終身雇用で65歳まで雇用されたと想定して、22歳から65歳までの43年間と平均給料・ボーナスを掛け合わせた数字となっております。

芸能マネージャーの平均給料・給与グラフ
- 20代：23万円
- 30代：28万円
- 40代：30万円

※給料の算出には求人や口コミ、厚生労働省の労働白書を参考にしております

芸能マネージャー

タレントの活動をサポートする後方支援型ジョブ。スケジュール管理・営業活動などを得意とする。裏方「KUROKO」から始まるが、アイドルや俳優を操る上級職「傀儡士」となる者もいる。

芸能マネージャーに資格は必要ありませんが、「普通自動車免許」は必須条件となります。また、芸能プロダクションも会社組織なので、大卒のほうが入社しやすいようです。学生時代にサークル活動などを通じて、人脈を作り、学生という立場を利用していろいろな場所に赴いて経験を積んだ人がマネージャーとしても活躍しています。芸能マネージャーの募集は求人誌や転職支援サイトのほか、芸能事務所のホームページにも掲載されています。

>> Movie Company employee

映画会社社員

「夢を見せ、夢に生きるためなら、命をかけられる」

映画会社社員は、映画を作り、宣伝し配給、上映するのが仕事です。映画業界は「制作」「配給」「興行」の3部門によって構成されています。売上の半分を興行が持っていくことから、その3部門すべてを担う東宝、東映、松竹やカドカワなどの大手と、ほかの零細制作会社の売上の差は非常に大きくなっています。しかし、単館系映画からヒット作が生まれることもあるので、夢のある業界です。デジタル化が進み作品数は激増し、誰でも映画が撮れる時代が到来しました。大画面テレビやスマートフォンの普及により映画鑑賞の選択肢も増えています。体験型システムの導入など映画館も進化しています。

映画会社社員の平均給料・給与

38万円

初任給：21万円 ／ 生涯賃金：2億6144万円

映画会社社員の生涯賃金は、新卒が終身雇用で65歳まで雇用されたと想定して、22歳から65歳までの43年間と平均給料・ボーナスを掛け合わせた数字となっております。

映画会社社員の平均給料・給与グラフ

年代	20代	30代	40代
給料	27万円	36万円	43万円

※給料の算出には上場企業のIR情報を参考にしております

映画会社社員

映画配給や映画の制作に携わる。別名「業界のゴールドラッシュ」。映画がヒットすると莫大な興行収入を得る。テレビやおもちゃ、ゲームなどに波及し一大ブームを作ることも可能だ。

映画業界は学歴や資格は関係なく、才能とセンスで勝負する世界です。独特の発想力がありながら、それを表現する能力、技術のある人が向いています。センスを磨くのも努力のうちなので、幅広いジャンルにアンテナを巡らせて情報を吸収し、作品を作り続ける努力が重要です。才能次第で出世や注目のチャンスがあるのが映画業界の魅力であり、エンドロールで自分の名前が流れると感動するといいます。映画製作には映画監督、脚本家、録音技師、カメラマンなど多くの職種の人々が携わっています。

第7章 芸能・マスコミクリエイティブ系職業

>> *Chief Editor*

出版社編集長
「願望を言語化すると欲望に変わる」

出版社編集長

メディア三天帝の一人。雑誌・書籍の総責任者。出版社の顔であり、言動に多大な責任がかかるスキル「一挙手一投足」を操り、「美魔女」など流行語を生み出しては、世間を動かしていく。

大手出版社の編集長は原稿を書いたり、取材をしたりすることはほとんどありません。書籍や雑誌の企画を決定し、進行状況のチェックを行うほか、大物作家や政治家、経営者といった、売れ行きに影響を及ぼす人の接待などを行います。中小出版社の編集長は、編集会議に出て、取材やインタビュー、記事の作成や画像選びに編集後記まで、編集者とともに行います。デザインやイラストの発注や印刷所との連絡など、本ができあがるまでの一連の仕事に携わることも珍しくありません。

平均給料・給与
68万円
初任給：—
生涯賃金：4億6784万円

※生涯賃金は、想定雇用期間43年間と平均給料・ボーナスを掛け合わせた数字となっております。

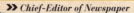

平均給料・給与グラフ
0円 / 62万円 / 73万円
20代　30代　40代

※給料の算出には求人や口コミ、厚生労働省の労働白書を参考にしております。

>> *Chief-Editor of Newspaper*

新聞社主筆
「ペンは剣より強いがペンと剣を融合すればさらに強い」

新聞社主筆

新聞記者を統率する編集長。別名「情報皇帝」。スキル「一次情報」で新しい情報を常に仕入れる。新聞社によってそれぞれの色（思想）があり、権力を監視する機能も有する。

主筆とは新聞社の編集業務や論説における最高責任者です。すべての新聞社が主筆を置いているわけではなく、その定義も各社で多少異なりますが、論説やニュースを含め、新聞の意見や紙面づくりの方針を決めるという点では共通しているようです。ある新聞社では、主筆の指導のもとで、役員や各局長が定期的に集まり、紙面構成や論調などを決めているそうです。新聞社では、言論の自由や編集の独立性を守るため、経営とは切り離して主筆が編集面の最高責任者を担っています。

権力監視

平均給料・給与
183万円
初任給：—
生涯賃金：1億0980万円

※一部を除き、主筆は3～5年程度務めるのが一般的であり、想定雇用5年間と平均給料を掛け合わせた数字となっております。

平均給料・給与グラフ
0円　0円　183万円
20代　30代　40代

※年代ごとの平均金額はありません

» Actor

「人生を悲劇にするか喜劇にするか、演じるのは私」

俳優

俳優

映画や舞台、テレビでさまざまな役をこなす芸術職。スキル「魂の召喚」は、あらゆる職業、性別、世代の登場人物になりきることができる。

映画やドラマ・舞台に役者として出演することが仕事です。オーディションを受けて役をもらい、台本をもとに役作りを行います。有名俳優ともなれば年収1億円以上稼ぐ人もいますが、俳優だけでは食べていけず、アルバイトをしている人もたくさんいます。芸能事務所や劇団に所属している人、フリーランスで活動している人などさまざまです。養成所出身者もいれば、モデルや歌手から俳優となる人も。美人でなくても圧倒的な個性や演技力があれば活躍できる、夢のある職業です。

平均給料・給与
10万円
初任給：5000円
生涯賃金：6360万円

※生涯賃金は、22歳から75歳までの53年間活動したと想定して、それぞれ平均給料を掛け合わせた数字となっております。

平均給料・給与グラフ

	20代	30代	40代
	10万円	10万円	10万円

※給料の算出には求人や口コミ、厚生労働省の労働白書を参考にしております。

» Race Queen

「勝利の女神の代理人は芸能人の卵」

レースクイーン

レースクイーン

「速戦の女神」と呼ばれ、「スピードの戦」に幸運をもたらすシンボル。女王のほほ笑みを受けたものはその年の戦いを制するともいわれる。

カーレースやバイクレースなどで、スポンサーの宣伝活動やイベントトーク、メディア取材、ドライバーのサイン会補助などのレース会場周辺の雑用から、モデルとしての活動がおもな仕事です。容姿のほか、体力があり、上昇志向が強く、メンタル面で強い性格の人が向いています。サーキット専属のレースクイーンの倍率は25倍といわれ、非常に厳しい世界です。イベントコンパニオン中心の芸能事務所からオーディションに応募し、レースクイーンとなるのが一般的です。

平均給料・給与
21.5万円
初任給：5万円
生涯賃金：3870万円

※生涯賃金は、20歳から35歳までの15年間活動したと想定して、それぞれ平均給料を掛け合わせた数字となっております。

平均給料・給与グラフ

	20代	30代	40代
	24万円	19万円	0円

※給料の算出には求人や口コミ、厚生労働省の労働白書を参考にしております。

第7章 芸能・マスコミ・クリエイティブ系職業

>> Game Planner

「偉大なる自然が持っていたものを発見することが創造である」
ゲームプランナー

ゲームプランナー
ゲームの始まりを担う創造者。別名「The Creator」。企画ですべてが決まる責任の重い仕事。論理的思考、コミュ力、発想力、すべての能力が必須である。スキル「カリスマ」を駆使してゲームを世に送り出す。

●ゲームプランナーの仕事内容
ゲームプランナーの仕事はとても幅が広いです。まず、タイトル、ジャンル、プレイ人数、プラットフォーム、コンセプト、ターゲット、セールスポイント、ゲームシステム、あらすじ、キャラクター設定（重要な部分）などを盛り込んだ企画書を作成します。その後、仕様書を作ります。仕様書とは、それぞれの担当者の仕事の設計図のようなもので、具体的に仕事を割り振っていきます。難易度を決めたりするゲームバランスの調整や、不具合がないか確認するデバッグ作業なども行うことがあります。

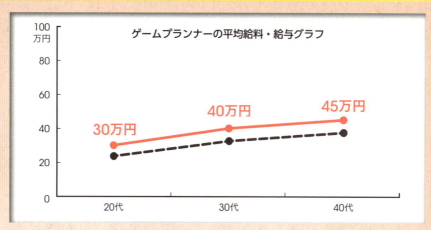

※給料の算出には求人や口コミ、厚生労働省の労働白書を参考にしております

●ゲームプランナーになるには？
最近ではゲームプランナー学科のある専門学校もあり、基本を勉強することができます。ゲームプランナーになるのに必要な資格はありませんが、業務上、取っておくと便利な資格がいくつかあります。まず、英語関係のスキルを証明するTOEICなどの資格です。ゲームソフトは日本で開発しても日本だけで売られるものではなく、海外でも発売されていますし、海外のゲームを日本で発売するということもあります。また、企画をするという性質上、どういうものがどういう層に売れるのか、どう売ればいいのか考えてプレゼンしなければならないので、マーケティング関連の資格も取っておけば有利になるでしょう。

ゲームプランナーの平均給料・給与

38.3万円

初任給：15万円〜 ／ 生涯賃金：2億6350万円

ゲームプランナーの生涯賃金は、新卒が終身雇用で65歳まで雇われたと想定して、22歳から65歳までの43年間と平均給料・ボーナスを掛け合わせた数字となっております。

●ゲームプランナーの仕事の面白さ・向いている性格
ゲームプランナーの仕事は、ゲームが好きという人には天職でしょう。自分がゲーム全体の企画やコンセプトなどを決めるため、大変で責任重大ですが、その分やりがいも大きい仕事です。新しい物を生み出すということと、評価がすぐ反映し仕事をやっていてよかったと感じる瞬間が多いのが、この仕事の面白さといえるでしょう。人間関係を重視する仕事のため、向いているのはクリエイターという少しクセのある人たちをまとめながら、仲良く仕事を進めていける人です。そのため、明るく元気で人当りが良い性格の人が特に向いているといえるのです。チームをまとめる高いコミュニケーション能力と、ユーザーのニーズを把握する分析力、そして新しい企画を生み出す柔軟な発想力が、ゲームプランナーには欠かせない資質といえるでしょう。

>> Pro Gamer

「一日10時間以上ゲームをする必要がある」
プロゲーマー

プロゲーマー
操作系ジョブ。世界戦が多い。FPSや格闘ゲームで賞金を稼ぐ。別名「バーチャルバウンティハンター」とも呼ばれる。ゲームはeSportsと呼ばれ、練習時間は一日10時間以上である。

● プロゲーマーの仕事内容
定義は曖昧ですが、「ゲームをすることで収入を得ている人」がプロゲーマーです。ゲーム会社のイベント契約で、スポンサーからギャラをもらっての実演、大会出場の賞金報酬や、対戦イベントでの報奨金などがおもな収入源となります。平均年齢は20～30代前半までが中心で、世界的には中国とアメリカ、韓国などにトッププレイヤーが多いです。日本ではマイナーな存在ですが、中国やヨーロッパではスポーツとして認知されています。定期収入ではないため、ギャラ、賞金獲得は月単位で相当に変動します。

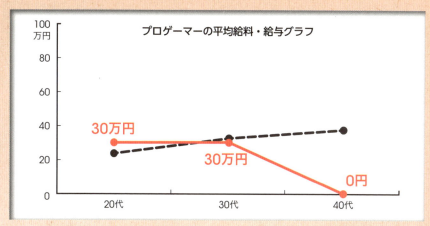

※40代は体力的に難しいので0として算出しております　※給料の算出には求人や口コミ、厚生労働省の労働白書を参考にしております

● プロゲーマーって最高どのくらい稼げるの？

日本人プロゲーマーで、正確な年収を公表している人はほとんどいません。推定年収は、国内トップクラスのプロゲーマーで2000万円ほどといわれています。プロゲーマーの草分け的存在であるウメハラ氏が、あるメディアの取材で「（世界的プロゲーマーの）ジョナサン・ワンデル氏の1億円よりは安い」と明かしたこと

プロゲーマーの平均給料・給与

30万円

初任給：10万円／生涯賃金：4320万円

プロゲーマーの生涯賃金は、活躍するであろう18歳から30歳までの12年間と平均給料を掛け合わせた数字となっております。

と、彼の獲得賞金額がその根拠のようです。近年、eSportsは世界的ブームとなっており、賞金総額が10億円を超えるような大規模な大会も開催されています。世界のトッププレイヤーには年収2億〜3億円を稼ぐ人もおり、日本のプロゲーマーとの差が大きくなっています。

● プロゲーマーになるには？

最近ではプロゲーマーとしての基礎を学べる専門学校もありますが、本気で考えるなら、英語圏への留学を視野にまずは英語力を身につけることが先決です。そこからオンライン対戦型のゲームに参加して、海外との交流、遠征のための資金を用意し、海外での大きな大会へ出場しましょう。日本の場合は個人で楽しむクローズドなゲームが主流ですが、海外ではeSports＝電子スポーツとして認知されています。台湾やアジアの大学では、通学のかたわらゲームの練習をするプロゲーマーも多いです。できれば10代からオンライン対戦型ゲームにのめり込む必要があります。日本では格闘ゲームが中心ですが、世界ではFPSと呼ばれるシューティングゲームやアクションゲームが主流となっているので、そうした海外で人気のゲームに強くなっていけば稼ぎやすいかもしれません。

>> *Game Maker employee*

ゲーム会社社員

「サラリーマンをクラスチェンジさせるのが使命である！」

ゲーム会社社員
「ゲーム」という新しいエンターテインメントで人々を魅了する。テレビ業界・レジャー業界・旅行業界などがライバルだ。ゲーム業界はスマホと連携し、未来の主力業界の一つになる。

●ゲーム会社社員の仕事内容
日本のゲーム機が世界中で大ヒットし、スマートフォン向けのソーシャルゲームが急成長するなど、ゲーム業界は日本経済にとって重要な産業となっています。ゲーム会社社員は、メガヒットを狙って新しいコンテンツを常に模索することが仕事となります。ほかの業界と比べると就労者の平均年齢も若く、新規参入も多く、競争は熾烈です。数年単位で新しい技術を搭載したゲーム機が登場し、大きな経済効果を生んでいます。VRなど新しい技術の投入や、eSportsの流行、アジア市場への展開も注目されています。

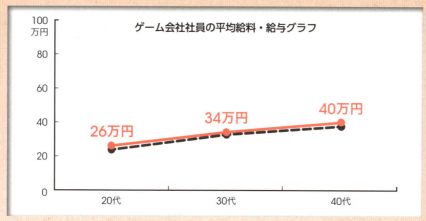

※給料の算出には上場企業のIR情報を参考にしております

●ゲーム会社社員に向いているタイプ
世の中で今何が流行っているのか、消費者のニーズをキャッチし、時流を見極める情報収集能力の高い人が向いています。納期がタイトになることが多いので、時間管理や体調管理がきちんとできることも必須です。ゲーム制作はチームで取り組むことから、コミュニケーションスキルも求められます。ゲーム会社にはもともとゲームやアニメが好きという人が就職する傾向があるため、「コミケ」など大きなイベントがある時期には有休消化率が高くなるといいます。好きなことを仕事にできるという点も、ゲーム会社で働く魅力でしょう。激務なこともありますが、ゲームがヒットすると苦労も報われます。

ゲーム会社社員の平均給料・給与

36万円

初任給：23万円／生涯賃金：2億4768万円

ゲーム会社社員の生涯賃金は、新卒が終身雇用で65歳まで雇用されたと想定して、22歳から65歳までの43年間と平均給料・ボーナスを掛け合わせた数字となっております。

●ゲーム会社に関わる職種
ゲームのテーマや世界観、設計図ともいえる構成案を考えるゲームプランナーがゲーム業界には欠かせません。ゲームプランナーの作った仕様書に基づいて、ゲームクリエイターがゲームを作ります。シナリオライターが関与することもあります。予算やスタッフ配置、スケジュールを管理するゲームプロデューサーも重要な職種です。ゲームプロデューサーは運営開発を全体的に指示するという役割から、学歴よりも経験が重視されます。そのほか、キャラクターなどをデザインするデザイナー、プログラミングをするプログラマー、音楽や効果音を作るサウンドクリエイターなど、さまざまな職種の人たちがゲーム制作の工程に携わります。ゲーム業界には年功序列の考え方はあまりなく、若手でも優秀な人材はどんどん上に上がっていくこともできます。

第7章　芸能・マスコミ・クリエイティブ系職業

>> Choreographer

振付師

「さあ、踊るのです！ 踊り狂って世を直すのです！」

振付師は、ダンサーや歌手にダンスの振りを付ける仕事です。テレビ、映画、舞台、CMなど、活動の場は多岐にわたります。アイドル歌手などはデビューから一貫して同じ振付師が担当する場合も多く、個々の癖や得意な部分を活かした踊りを付けてくれるなど、裏方として重要な存在となっています。ダンスの実力はもちろんですが、指導力やコミュニケーション能力も必要とされます。スポーツの世界、新体操やフィギュアスケート、シンクロナイズドスイミングなどにも振付師はいますが、競技選手出身者が多く、いわゆる芸能界で活躍する振付師とは異なるキャリアを積んでいます。

振付師の平均給料・給与
40万円

初任給：20万円〜 ／ 生涯賃金：1億6800万円

振付師の生涯賃金は、20歳から55歳までの35年間活動したと想定して、それと平均給料を掛け合わせた数字となっております。

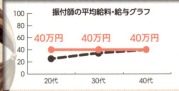

振付師の平均給料・給与グラフ

※給料の算出には求人や口コミ、厚生労働省の労働白書を参考にしております

振付師
曲・CMに踊り・舞を付け、歌手やダンサーに振付を教えるジョブ。作った舞を覚えた人は「パペッター」と化し、人を魅了するダンスや歌を披露する。インパクトのある振付で、流行させることも。

現役のダンサーや引退したダンサーが振付師になるケースが一般的です。まずはダンサーとして、実力を磨き、実績を積むことが大切になります。振付とは、創作ダンスの一種でもあります。日本舞踊、ヒップホップ、ジャズダンス、ソシアルダンスなど、さまざまな踊りに精通し、面白い動きのアイデアを考えられる人が向いているでしょう。オファーを受ける有名どころ以外はオーディションを受けて仕事を獲得するのが一般的です。

>> Calligrapher

書道家
「バクザン先生の言葉には書道以上の重みを感じます」

書道家になるには、まず自分が教えを請いたいと思う先生と出会うことです。その人に書道について技術的指導を受け、先生に認められるほどのものが書けるようになれば、個展や展覧会出品などへの道も開けます。書道家は生活を安定させることがかなり難しく、金銭的に苦労する人が後を絶たない職業です。生活を安定させるには流派に所属するという手もあります。流派に所属すると、その流派の先生方からの紹介で仕事が受けやすくなったり、副業の紹介なども受けやすくなったりします。こまめに営業活動をして小さな仕事をコツコツしていく人もいるようですね。

書道家の平均給料・給与

16万円

初任給：5万円～　／　生涯賃金：1億1712万円

書道家の生涯賃金は、平均寿命の83歳まで自営業をしたとして、22歳から83歳までの61年間と平均給料を掛け合わせた数字となっております。

書道家の平均給料・給与グラフ

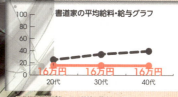

※非常勤講師が多いので時給で算出しております

書道家

三筆士の一人。伝統芸術ジョブ。東洋の造形芸術。文房四宝を駆使し、文字を美しく表現する。スキル「永字八法」には書に必要なすべてのスキルが含まれている。

書道家の仕事内容は、書道教室を行っているかどうかによって変わります。だいたいの書道家は作品を売って生活費を稼いでいるようです。文字を書くというのは、きれいな文字を書けばいいということではなくて、力強い文字や、やわらかくやさしい文字など個性的な文字を筆やそのほかの道具で表現し、作品を作るということです。書道教室を開いている人は、作品も作りながら書道の基本について生徒たちに教えるという仕事をしています。

第7章　芸能・マスコミ・クリエイティブ系職業

>> Street Performer

大道芸人

「芸が上手なだけの人より、楽しい人のほうが印象に残る!」

ジャグラー、パフォーマンス、マジックショー、けん玉、コメディマイムなどで、駅前、イベント会場、商業施設、路上などを利用して、芸を披露し、道行く人から「投げ銭」で生計を立てている人たちです。近年、人口数が多く、かなりの芸人が存在する分野ですね。大道芸人の場合は、事業所などからもらう給与ではなく、売上としての収入ということになるので、個人事業主と似たような感覚となります。20代前半から始め、概ね40歳手前まで、芸人として生きる人が多いようです。祭日など、何かの商業施設のイベントに呼ばれる場合は、出演料という形でギャラを受け取ります。

大道芸人の平均給料・給与

25万円

初任給:4万円 / 生涯賃金:1億2900万円

大道芸人の生涯賃金は、22歳から65歳までの43年間活動したと想定して、それと平均給料を掛け合わせた数字となっております。

大道芸人の平均給料・給与グラフ

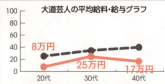

8万円　25万円　17万円
20代　30代　40代

※給料の算出には求人や口コミ、厚生労働省の労働白書を参考にしております

大道芸人

別名「路上パフォーマー」。路上や街頭で行われるさまざまな芸能の総称。プロクラスになると子どもたちを魅了し、素敵な世界へ誘うことも……。投げ銭システムやイベント興行で収益を得る。

有名大道芸人のほとんどの人が、海外の大きなコンテストの優勝者や専門のコンクールなどに入賞して、技術を認められています。そのため、海外に行くことが多く、初期投資が鍵となります。国内では、最初、アルバイトをしながら休みの日に大道芸をする人も多いのですが、人気が出てくると、毎日の移動のため、専業にならざるを得ないケースが多いそうです。毎日の練習とある程度の語学力、営業力、声量なども必要になります。

>> A member of the Takarazuka

> 「老若男女誰もが楽しめる国民劇が我ら宝塚歌劇団である！」

宝塚女優

女性だけで構成された歌劇団で、養成学校から劇場まで、阪急阪神東宝グループが運営する、未婚が前提の団員だけの歌劇団です。兵庫県と東京都に劇場を所有し、年間10回の定期公演を行っています。古典文学や現代映画、漫画まで幅広いジャンルの演目を脚色して、オリジナルとは異なった演出などで人気を博しています。研修中7年間は、給与としてOL並に支給されますが、舞台デビュー後は契約になるため、給与は事実上なくなるそうです。各個人契約額が異なるほか、「すみれコード」と呼ばれ、宝塚の夢を壊さぬように公表はしません。そのため、給与は予測で算出しています。

宝塚女優の平均給料・給与

32万円

初任給：12万円／生涯賃金：7680万円

すみれコードと呼ばれる宝塚歌劇団の規範があり、その規範に給料の公開はそぐわないため正確な平均給料は不明です。生涯賃金は想定活動期間を20年として独自に算出しました。

宝塚女優の平均給料・給与グラフ

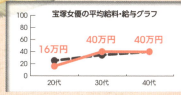

- 20代：16万円
- 30代：40万円
- 40代：40万円

※ネットの口コミや噂をもとに独自算出　※30代、40代はトップクラスの女優として算出しております

宝塚女優

日本が誇る最強の帝国歌劇団の団員。宝塚歌劇団は商業劇団の「王者」である。師団は「花」「月」「雪」「星」「宙」がある。各師団のトップスターはジェンヌ100人ほどの歌劇力を保持する。

現在のトップスターは、事実上の給与はなくて、1回の公演で100万円前後を報酬として受け取っているそうです。とはいえ、かつらやアクセサリーの購入などかなり自費のものが多いという話です。専科として特定の「組」に入らないのなら、トップで年間500万〜900万円の報酬を受ける場合があるそうです。トップ以外は、年間300万〜500万円程度。舞台に立てるのはほんのひと握りの劇団員だけなのです。

>> *Animator*

アニメーター
「『24』と『12』という数字の間に 私は新しい何かを垣間見た」

アニメーター
動く絵を召喚するサモン系ジョブの一つ。召喚魔法「ノイタミナ」によって召喚されたアニメ獣は、オタ族たちを寝不足にさせるとか。

プロダクション、制作会社などで、作画や鉛筆・電子媒体での動画制作などを行う仕事です。以前は映画やテレビのアニメ番組制作が主流でしたが、現在はネット動画も多く制作しています。専門学校や美術大学などでデザインやデッサンなどの基礎技術、専門用語や理論を身につけるとよいでしょう。年収300万円を超えるには大手制作会社や、アニメやCGを同時に扱うエンタメ系の制作会社などに就職する必要があります。フリーでは原画1枚80円で月数万円にしかならないことも。

平均給料・給与
22万円
初任給：1万円
生涯賃金：1億5136万円
※生涯賃金は、想定雇用期間43年間と平均給料・ボーナスを掛け合わせた数字となっております。

平均給料・給与グラフ
14万円 / 25万円 / 27万円
20代 30代 40代
※給料の算出には求人や口コミ、厚生労働省の労働白書を参考にしております。

>> *Illustrator*

イラストレーター
「子ども心に戻っても私は芸術家でいられますか？」

イラストレーター
サモン系ジョブの一つ。オリジナルキャラクターをソシャゲや小説に召喚し人々を魅了する。スキル「厚塗り」はイラストに重厚感を出す。

イラストレーターは絵を描くのが仕事です。ゲーム業界やアニメ業界などでデザイナーを兼ねているイラストレーターも多くいます。雑誌や宣伝ポスター、自社サイトに掲載するイラストなど広報用のイラストを描く仕事もあります。フリーランスで働く人が多いのも特徴ですが、専業で食べていける人はごく少数です。女性は色彩感覚に優れているともいわれており、イラストレーターに向いているといえます。在宅でも仕事ができるので、結婚・出産後も続けることができる仕事です。

平均給料・給与
15万円
初任給：5万円～
生涯賃金：1億4640万円
※生涯賃金は、平均寿命の83歳まで自営業をしたとして、61年間と平均給料を掛け合わせた数字となっております。

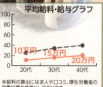
平均給料・給与グラフ
10万円 / 15万円 / 20万円
20代 30代 40代
※給料の算出には求人や口コミ、厚生労働省の労働白書を参考にしております。

≫ Opera Singer

「膝を震わせ口から巨大な音色を放つのがオペラ歌手です」
オペラ歌手

オペラ歌手
別名「歌うT-REX」。地球を共鳴させ美しい咆哮を響かせるジョブ。スキル「ソプラニスタ」を使える歌手は希少種と呼ばれ、日本では岡本知高が有名である。

オペラとは、演劇と音楽の2つの要素によって構成されている舞台芸術です。オペラ歌手はセリフを歌い、役を演じるのが仕事です。オペラ歌手になるためには、まずは有名な音大の声楽科を出る必要があります。テノールやソプラノといったオペラ歌手の歌い方、声楽家の歌い方というのは、特徴的なものです。入学する前にも習っておきたいというのであれば、声楽家として講師をしている人につきましょう。ほとんどのオペラ歌手がヨーロッパを中心に仕事をしています。

平均給料・給与
74.1万円
初任給：12万円〜
生涯賃金：3億8235万円
※生涯賃金は、22歳から65歳までの43年間活動したと想定して、それに平均給料を掛け合わせた数字となっております。

平均給料・給与グラフ
- 20代: 74.1万円
- 30代: 74.1万円
- 40代: 74.1万円

※初任給は端給、平均給料はギャラの平均金額より算出しております。

≫ Reader Model

「最大の武器　それは"親近感"」
読者モデル

読者モデル
女子大生やOL、主婦などの肩書で一般読者として誌面に登場するモデル。腹黒いモデルも多く、たまに「毒モ」と揶揄されることも。

ファッション雑誌などに登場する、一般人という立場のモデル。身長などの制限はあまりなく、親しみのある読者の一人として参加する形になります。雑誌の募集に応募するか、スカウトや友達の紹介で読者モデルになる人もいます。ギャラは1回の仕事で3000〜5000円程度が多く、交通費だけという場合も。人気が出てプロのモデルになる人もいれば、タレントとして活躍する人もいます。主婦でも読者モデルとなることができ、雑誌によって幅広い年代の女性が活躍できる職業です。

平均給料・給与
5万円
初任給：1万円
生涯賃金：420万円
※生涯賃金は、18歳から25歳までの7年間活動したと想定して、それに平均給料を掛け合わせた数字となっております。

平均給料・給与グラフ
- 20代: 5万円
- 30代: 5万円
- 40代: 5万円

※給料の算出には求人や口コミ、厚生労働省の労働白書を参考にしております。

第7章　芸能・マスコミ・クリエイティブ系職業

アイドル

若い世代を中心とした支持層のあこがれの存在として、歌や声優、演劇やタレント業を行う芸能人です。以前は歌手が主体でしたが、近年ではモデルやタレント兼業で歌を歌うといった活動が中心となります。ライブ活動をおもに行うアイドルは「地下アイドル」と呼ばれます。

アイドルの平均給料・給与グラフ
96万円（20代）／50万円（30代）／50万円（40代）
※売れているアイドルから算出しております

平均給料・給与
65万円
初任給：1万円／生涯賃金：5460万円
生涯賃金は、活躍するであろう18歳から25歳までの7年間と平均給料を掛け合わせた数字となっております。

事務所のマージンは、個人により異なるそうですが、ギャラの約4割をアイドルの報酬としている例が多いそうです。売れておらず給料はほぼ0というアイドルもいます。

アシスタントディレクター

テレビ局のキー局局員と、制作会社、アルバイトや派遣などのフリーの3つの雇用があり、取材先のロケハン、撮影シミュレーション、ロケ準備、ディレクターのフォローなどを行います。映像制作に関しての雑用のほとんどを請け負うといってよいでしょう。

アシスタントディレクターの平均給料・給与グラフ
17万円（20代）／24万円（30代）／34万円（40代）
※給料の算出には求人や口コミ、厚生労働省の労働白書を参考にしております

平均給料・給与
24万円
初任給：17万円／生涯賃金：1億6512万円
生涯賃金は、想定雇用期間43年間と平均給料・ボーナスを掛け合わせた数字となっております。

一番給与と待遇がいいのは、キー局などの直接雇用です。難関ですが、この場合、アシスタントからスタートして、チーフ、ディレクターと昇格・昇給が望めます。

演歌歌手

演歌歌手の仕事内容は、演歌を歌うことです。CDを出したり老人ホームや公民館、スナックなどで歌を披露したりとさまざま。さらに文化教室などで、歌の先生をしている人もいたりします。演歌業界では1曲ヒットすればその曲だけで食べていけるといわれています。

演歌歌手の平均給料・給与グラフ
20万円（20代）／45万円（30代）／70万円（40代）
※実力社会のため算出が難しく、ネットの口コミを参考にしております

平均給料・給与
不明
初任給：10万円～／生涯賃金：不明
演歌歌手の生涯賃金は、情報が少なく算出不能です。

演歌歌手になる道のりは遠く険しいですが、音楽教室や音楽大学、専門学校などに進む人が多いようです。レコード会社や音楽事務所にデモテープを送って売り込みます。

演出家

演劇やオペラ、ミュージカル、バレエなど舞台芸術の演出を行うのが仕事です。戯曲を解釈してコンセプトを決め、役者やスタッフとともに作品を作り上げます。アニメの演出家の場合、アニメーションの動きや声優の演技、音楽などに指示を出して、イメージを具体化していきます。

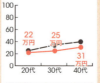

演出家の平均給料・給与グラフ
22万円（20代）／25万円（30代）／31万円（40代）
※給料の算出には求人や口コミ、厚生労働省の労働白書を参考にしております

平均給料・給与
26万円
初任給：20万円／生涯賃金：1億7888万円
生涯賃金は、想定活動期間43年間と平均給料・ボーナスを掛け合わせた数字となっております。

舞台の演出家はフリーランスがほとんどで、演出の仕事だけで食べていける人は一握りしかいません。アニメの演出家になるにはアニメ制作会社での経験が必須です。

音楽プロデューサー

CD・DVDの制作や販売、コンサートの企画立案・演出のほか、新人ミュージシャンやタレントの発掘や育成などを行います。アーティストのコンセプトを決め、それに合わせた楽曲を選びプロモーションを仕掛けるため、音楽の才能やマーケティングの知識、幅広い人脈が求められます。

音楽プロデューサーの平均給料・給与グラフ
※個人差がかなりあります

※給料の算出には求人や口コミ、厚生労働省の労働白書を参考にしております

平均給料・給与
25万円
初任給：19万円／生涯賃金：1億2900万円
生涯賃金は、想定活動期間43年間と平均給料・ボーナスを掛け合わせた数字となっております。

音楽系の専門学校や大学を卒業してレコード会社や音楽プロダクションなどに入社し、下積み後にプロデューサーになるのが一般的。ミュージシャンから転身する人もいます。

音響技術者

コンサートや舞台、レコーディングスタジオでCDなどの録音を行う際に音響の調整を行うのが仕事です。建物の防音対策や空調の消音などを行う音響技術者もいます。厚生労働省管轄の国家資格である「舞台機構調整技能士」などを持っていると、就職する際に有利になります。

音響技術者の平均給料・給与グラフ

※給料の算出には求人や口コミ、厚生労働省の労働白書を参考にしております

平均給料・給与
35万円
初任給：18万円／生涯賃金：2億4080万円
生涯賃金は、想定雇用期間43年間と平均給料・ボーナスを掛け合わせた数字となっております。

勤務する会社の規模によって年収に差があります。スキルや技術を磨きフリーランスとして独立し、有名ミュージシャンを担当して年収1000万円を超える人もいます。

カーデザイナー

自動車のデザインをするのが仕事です。車体の外観（ボディ）をデザインするのがエクステリアデザインで、計器類やシートなど自動車の室内をデザインするのがインテリアデザインです。また、自動車のボディカラーを決定する、色を専門にデザインするカーデザイナーもいます。

カーデザイナーの平均給料・給与グラフ

※給料の算出には求人や口コミ、厚生労働省の労働白書を参考にしております

平均給料・給与
37.7万円
初任給：22万円／生涯賃金：2億5938万円
生涯賃金は、想定雇用期間43年間と平均給料・ボーナスを掛け合わせた数字となっております。

自動車会社ではエンジニアと同じ技術職として扱われており、給与体系もそれに準じています。大手自動車会社では役職がつくと年収1400万円になることもあります。

画家

画家の仕事内容は、キャンバスに絵を描くことのようですが、キャンバスに限らず、布や木などでも絵が描かれていれば作品になります。近年、デジタル（パソコンソフトなど）で絵を描く画家も出てきていて、これからさまざまな方法が生まれてくると予想されます。

画家の平均給料・給与グラフ
※収入に個人差があります

平均給料・給与
30万円
初任給：12万円／生涯賃金：2億1960万円
生涯賃金は、平均寿命の83歳まで活動したと想定して、22歳から83歳までの61年間と平均給料を掛け合わせた数字です。

個展などを開いているような有名な画家は年間900万円くらい稼いでいることが多いようです。有名でも安く絵を売っていると300万〜400万円前後の収入という人もいます。

歌舞伎役者

歌舞伎役者の仕事は舞台だけではありません。無名の役者だと自分の師匠の身の回りの世話も仕事になっています。さらに自分が舞台に出ない時は、もし事故があった時にもすぐ対処できるように黒い服を着て舞台の袖で待機していなければいけません。

平均給料・給与
39万円
初任給：不明／生涯賃金：2億8548万円

生涯賃金は、平均寿命の83歳まで活動したと想定して、22歳から83歳までの61年間と平均給料を掛け合わせた数字です。

一般人が歌舞伎役者になるには歌舞伎役者として働いている人の弟子になるか、養成所に入学するかの2つの方法があります。しかしどちらから入っても厳しい世界です。

脚本家

映画やテレビドラマ、舞台、アニメなどの脚本を書くのが仕事です。最近では漫画原作やゲームシナリオを書く脚本家もいます。経験と技術、そしてセンスが必要とされます。ギャラは尺と呼ばれる放送時間によって変わります。1時間ドラマ1本で30万〜60万円が相場です。

平均給料・給与
42万円
初任給：10万円／生涯賃金：2億8896万円

生涯賃金は、想定活動期間43年間と平均給料・ボーナスを掛け合わせた数字となっております。

ハリウッドと違い日本の脚本家は事前に契約を結ぶことなく口約束で仕事をすることがほとんどです。新人ではタダ同然のギャラのこともあります。才能のほか人脈も重要です。

キャラクターデザイナー

アニメ制作会社やゲームメーカーなどの開発部門やデザイン事務所で、自社のオリジナルキャラクターやクライアントの依頼に沿ったキャラクターの制作をするのが仕事です。デザイン専門学校や美術大学などで、デザインの基礎知識と技術を身につけると就職に有利になります。

平均給料・給与
29万円
初任給：12万円／生涯賃金：1億9952万円

生涯賃金は、想定雇用期間43年間と平均給料・ボーナスを掛け合わせた数字となっております。

給料は勤務する会社の規模によって大きく異なりますが、高収入を稼げるのはごく一部の人だけです。自分が制作したキャラクターが大ヒットしても、収益は会社に入ります。

グラフィックデザイナー

グラフィックデザイナーは、さまざまな企業でおもに平面のデザインをします。その媒体は、雑誌・新聞・広告・ポスター・パッケージ・商品ロゴにWEBサイトとさまざま。一昔前までは紙とペンでデザインをしていましたが、最近ではパソコンでデザインをするのが主流です。

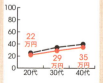

平均給料・給与
29万円
初任給：13万円〜／生涯賃金：1億9952万円

生涯賃金は、想定雇用期間43年間と平均給料・ボーナスを掛け合わせた数字となっております。

一般的には大学や短大・専門学校に通ってスキル・知識を身につけます。そこからプロダクションやデザイン事務所、広告代理店や印刷会社などに就職したりします。

クリエイティブディレクター

広告クリエイティブの総責任者を指します。CD（シーディー）と略して呼ばれることもあります。通常、一人のクリエイティブディレクターのもとに、コピーライター、アートディレクター、CMプランナーなどのスタッフが集まり、チームが組まれて広告制作が行われます。

クリエイティブディレクターの平均給料・給与グラフ
※給料の算出には求人や口コミ、厚生労働省の労働白書を参考にしております

平均給料・給与
39.3万円
初任給：24万円／生涯賃金：2億7038万円
生涯賃金は、想定雇用期間43年間と平均給料・ボーナスを掛け合わせた数字となっております。

広告代理店や制作会社、編集プロダクションなどで求人募集があります。まずはコピーライターやデザイナーとしてキャリアをスタートさせ、経験を積むことが必須です。

ゲーム音楽作曲家

ゲームのBGMや効果音を作るのが仕事です。最近では「サウンドクリエイター」と呼ばれることもあります。ゲームが持つ世界観やゲーム内のあらゆる要素をサウンドで表現し、ゲームをより楽しめるように演出をします。おもにパソコンや電子音楽機器を使って作曲をします。

ゲーム音楽作曲家の平均給料・給与グラフ
※給料の算出には求人や口コミ、厚生労働省の労働白書を参考にしております

平均給料・給与
29万円
初任給：5万円／生涯賃金：1億9952万円
生涯賃金は、想定活動期間43年間と平均給料・ボーナスを掛け合わせた数字となっております。

大手ゲーム会社の場合、社員がゲーム音楽を作っていることが多く、月給の中に作曲のギャラも含まれています。フリーの場合、1曲あたり1万～10万円のギャラとなります。

ゲームプログラマー

ゲームプログラマーになるためには、プログラミングについて学ぶ必要がありますが、資格は特にないようです。ただし、面接の際に自分のスキルを示すための資格は有効でしょう。TOEICや英語検定は、現場で英語を読み、話す時に役立つようです。

ゲームプログラマーの平均給料・給与グラフ
※給料の算出には求人や口コミ、厚生労働省の労働白書を参考にしております

平均給料・給与
35万円
初任給：15万円～／生涯賃金：2億4080万円
生涯賃金は、想定雇用期間43年間と平均給料・ボーナスを掛け合わせた数字となっております。

ゲームプログラマーの仕事は、企画書や仕様書に基づいて、ゲームのプログラムを書きゲームを形にすることです。企画段階でそのゲームが実現可能かの判断もします。

ゲームプロデューサー

ゲームプロデューサーというのは、ゲームの企画の総責任者です。ゲームディレクターと混同されることが多いですが、ディレクターは現場の制作を管理する仕事であり、プロデューサーは予算・スタッフ配置・スケジュールなどといった企画全体を管理する仕事となっています。

ゲームプロデューサーの平均給料・給与グラフ
※給料の算出には求人や口コミ、厚生労働省の労働白書を参考にしております

平均給料・給与
35万円
初任給：20万円～／生涯賃金：2億4080万円
生涯賃金は、想定雇用期間43年間と平均給料・ボーナスを掛け合わせた数字となっております。

運営開発を全体的に指揮するという、とても重要な役割であるため、学歴よりも経験が重視されます。しかし、まずゲーム業界に入らないと経験が積めません。

第7章 芸能・マスコミ・クリエイティブ系職業

工業デザイナー

プロダクトデザインの分野で、工業製品などを手がけるのが、インダストリアル系工業デザイナーです。ジャンルとしては、プロダクトデザインなので、自動車設計、カメラ、電化製品など非常に幅が広いのが特徴です。大卒者がもっとも待遇がいいようです。

工業デザイナーの平均給料・給与グラフ
20代 25万円 / 30代 36万円 / 40代 40万円
※給料の算出には求人や口コミ、厚生労働省の労働白書を参考にしております

平均給料・給与
32万円
初任給：20万円〜／生涯賃金：2億2016万円
生涯賃金は、想定雇用期間43年間と平均給料・ボーナスを掛け合わせた数字となっております。

平均年収はだいたい550万〜1100万円ですが、雇用される職場で、主任デザイナーとなるか、社内デザイナーの一人であるかによって、大幅に給与は上下します。

サウンドプログラマー

現在では、サウンドクリエイターという名前で浸透している、おもにデジタルコンテンツのサウンド担当クリエイターです。効果音から、作曲、ゲームのさまざまなサウンドや、WEBでのクリック音などを手がけます。デジタルサウンドを作る専門職です。

サウンドプログラマーの平均給料・給与グラフ
20代 29万円 / 30代 40万円 / 40代 40万円
※給料の算出には求人や口コミ、厚生労働省の労働白書を参考にしております

平均給料・給与
35万円
初任給：18万円〜／生涯賃金：2億4080万円
生涯賃金は、想定雇用期間43年間と平均給料・ボーナスを掛け合わせた数字となっております。

年収を上げるためには、難関である大手ゲーム会社などに就職するか、DAW（パソコン専用ソフト）の開発などを行う、中小企業への就職がまず必要となります。

作詞家

楽曲のメロディ、リズムに乗せて上手く歌詞を作成し、自分で作曲、あるいは音楽家に提供して、おもに、その作品の販売総数から得られた印税を収入とする仕事が作詞家です。小説家、あるいはミュージシャンや音楽プロデューサーが兼業する場合もあります。

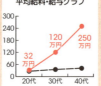

作詞家の平均給料・給与グラフ
20代 32万円 / 30代 120万円 / 40代 250万円
※作詞家は印税報酬がほとんどで、個人差があります

平均給料・給与
110万円
初任給：3万円〜／生涯賃金：8億0520万円
生涯賃金は、平均寿命の83歳まで自営業をしたとして、想定活動期間61年間と平均給料を掛け合わせた数字となっております。

曲への理解もあるため、最初は、ミュージシャンや歌手向けに作詞を提供することから始め、やがて受注されるようになって独立するケースが多いです。

装丁家

書物のカバー、表紙、トビラ、帯などの外装のデザインから、版型、版面、見出しや本文書体、本文用紙の指定など編集的要素を含めた、本のトータルデザインを行うのが仕事です。ブックデザイナーとも呼ばれます。装丁によって本の売れ行きが左右されることもあります。

装丁家の平均給料・給与グラフ
20代 27万円 / 30代 38万円 / 40代 48万円
※給料の算出には求人や口コミ、厚生労働省の労働白書を参考にしております

平均給料・給与
38万円
初任給：10〜15万円〜／生涯賃金：2億6144万円
生涯賃金は、想定雇用期間43年間と平均給料・ボーナスを掛け合わせた数字となっております。

出版社や印刷会社の社員の場合、年収は300万〜600万円です。フリーランスでは下は150万円、上は6000万円ともいわれます。月間15冊も手掛ける人もいます。

茶道家

表千家、裏千家、武者小路千家が、日本では有名な家元になります。ほかにも門弟100名以下の無数の家元が存在しています。多くは、弟子に流儀の伝搬を行うのが主体で、茶道という流派ごとのルールを教えるのがその目的ともいえます。

平均給料・給与
60万円
初任給：0円／生涯賃金：3億8160万円
生涯賃金は、活動するであろう30歳から平均寿命の83歳までの53年間と平均給料を掛け合わせた数字となっております。

茶会の報酬と、お弟子さんからの許状申請料、挨拶料などから収入を得ています。定期的な茶会以外に、臨時収入が多いので、毎月の収入は大幅に変わることが多いです。

指揮者

クラシックコンサートの指揮というイメージがありますが、ステージに上るまでにそのオーケストラ、アンサンブルに自分の解釈による、演奏を指導する立場が指揮者です。ほぼすべてのクラシック曲のイメージに精通し、音楽的知識は楽器演奏者よりも多いです。

平均給料・給与
35万円
初任給：20円〜／生涯賃金：1億8060万円
生涯賃金は、想定活動期間43年間と平均給料を掛け合わせた数字となっております。

手取りはだいたい1回の公演で16万〜63万円となるそうです。小澤征爾クラスで、1回の公演総合（週単位）で500万円くらいだといわれています。

照明技師

映画の撮影照明、テレビやケーブルテレビ、BSなどの放送局での照明技師が一般的にいわれる照明技師です。雇用はアシスタントからが多く、プロダクションや芸能事務所に通じる経営者が主体となり、その補助として雇用され、技術を磨くイメージが強いです。

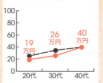

平均給料・給与
28万円
初任給：18万円／生涯賃金：1億4448万円
生涯賃金は、想定雇用期間43年間と平均給料を掛け合わせた数字となっております。

技師といっても、資格などはなく、いわゆる、プロカメラマンのアシスタントと似たような職種です。師弟制のようなところがあるので、肉体労働的な要素が多分にあります。

新聞記者

新聞記者の仕事は、新聞の紙面に掲載する記事を作成することです。現在、何が起こっているのかという情報をいち早く入手し、面白そうな情報に対して取材を行います。取材のためにカメラマンやアシスタントを連れていく場合もありますが、単独取材も多いです。

平均給料・給与
50万円
初任給：20万円〜／生涯賃金：3億4400万円
生涯賃金は、想定雇用期間43年間と平均給料・ボーナスを掛け合わせた数字となっております。

全国紙では平均年収が1000万円を超えるところもありますが、地方紙では500万円前後のところもあります。近頃はどこの新聞社も新規購読者獲得に悩んでいるようです。

戦場カメラマン

ほとんどがフリーカメラマンで、最初は外部委託として大手新聞社や、週刊誌などと専属契約し、紛争地への取材依頼に対応できれば戦場カメラマンとなります。センセーショナルで、貴重な危険地域の画像、映像を集めて、マスメディアに売り込むのが仕事です。

平均給料・給与

39万円

初任給：5万円～／生涯賃金：1億6380万円

生涯賃金は、想定活動期間35年間と平均給料を掛け合わせた数字となっております。

給料の手取りは買取りの単価で決まります。映像の場合は紛争地、危険地域のものは、30万円単位、画像は単価1枚5万円前後となっています。

殺陣師

時代劇などで殺陣を演じ教える人。若い時は、ほとんどがエキストラ出演がメインで、全国のロケ地、テレビ局などへの移動も非常に多く、人によってはスケジュールがかなり過密です。年齢が上がって、出演回数を重ねると、出演者に対し、立ち回りを教える立場になります。

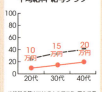

平均給料・給与

8万円

初任給：8000円～／生涯賃金：4128万円

生涯賃金は、想定活動期間43年間と平均給料を掛け合わせた数字となっております。

有名な殺陣師の場合は、出演者の指導のギャラ、各地でのアクション指導、教室などを経営していますから、年収は500万円以上にはなるはずです。

テレビディレクター

テレビ番組制作の現場における責任者です。出演者への演技指導やカメラワークなどの演出、収録したVTRの編集などを行い、番組を作り上げます。アシスタントディレクター（AD）として現場の仕事を覚え、ステップアップします。体力があり、面白い人が好まれるようです。

平均給料・給与

31万円

初任給：22万円～／生涯賃金：2億1328万円

生涯賃金は、想定雇用期間43年間と平均給料・ボーナスを掛け合わせた数字となっております。

ADとして5年間ほど下積みをして、ディレクターになることが多いようです。ADとディレクターでは、給与が3倍も違うことがあります。人気番組を制作すると評価が上がります。

陶芸家

陶芸家の多くは、陶芸教室やイベント、生活用品などの販売で生計を立てています。自分で作る場合は窯元でないと無理です。名産品を作っている窯元で修業し、独立するタイプと、美術系大学を卒業後、資金を得て陶芸教室を経営するなどの道があります。

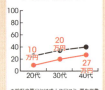

平均給料・給与

24万円

初任給：0万円～／生涯賃金：1億2384万円

生涯賃金は、想定活動期間61年間と平均給料を掛け合わせた数字となっております。

人間国宝クラスになると年収1500万円以上になることもありますが、光熱費、薪代、ガス、電気代など、出費も多く、支出が収入を上回ることが多いそうです。

塗師

「塗師」とは、漆器職人のことです。漆を扱うため、伝統工芸に関する仕事で、場合によっては、歴史的重要文化財の修復にもかかわることがあります。伝統文化を守る役割もあり、商工費補助金として、協同組合などに国から補助金を受けていることが多いです。

平均給料・給与
26万円
初任給：16～22万円／生涯賃金：1億7888万円
生涯賃金は、想定活動期間43年間と平均給料・ボーナスを掛け合わせた数字となっております。

平均労働時間は月180時間で、平均的なサラリーマンと同程度、仕事によっては残業もあります。ボーナスも工房次第で設定され、最近では給与制がかなり定着しています。

噺家（落語家）

噺家とは口演で収入を得る人たちのことをいい、落語家とも呼ばれます。戦前は寄席がおもな活動の場でしたが、現在はそれだけではなく、営業やテレビ・ラジオの司会なども行っています。「真打ち」「二ツ目」「前座」「前座見習い」といったように階級があります。

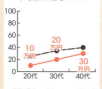

平均給料・給与
34.3万円
初任給：5000円～／生涯賃金：2億5107万円
生涯賃金は、平均寿命の83歳まで自営業をしたとして、61年間と平均給料を掛け合わせた数字となっております。

噺家はワリと呼ばれる独自の給料システムによって収入を得ています。ワリとは寄席の全収入から興行主の取り分と経費を差し引き、残った額を分配するというものです。

ピアニスト

ピアニストの仕事内容というのは、さまざまな場所でピアノを演奏することです。一般的にプロのピアニストといわれているのは、クラシックを弾くピアニストです。そのほかにも、ジャズピアニスト、バレエピアニスト、ブライダルピアニスト、伴奏ピアニストなどがあります。

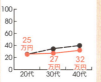

平均給料・給与
28万円
初任給：10万円～／生涯賃金：2億0496万円
生涯賃金は、平均寿命の83歳まで活動したと想定して、61年間と平均給料を掛け合わせた数字となっております。

音楽大学などに入るための前提条件として「幼いころからピアノを習うこと」と語っている人がいますが、音階もわからないのに半年で音大に入学を果たした人もいます。

ピアノ調律師

ピアノという楽器は、調律をしないでいると、ゆっくりと少しずつ音程が下がっていくものです。調律をすることによって、下がってずれてしまった音程を、正しい音程・音色に整えます。調律以外にも、調律師の仕事が3つあります。整音、整調、修理です。

平均給料・給与
25万円
初任給：17万円～／生涯賃金：1億7200万円
生涯賃金は、想定雇用期間43年間と平均給料・ボーナスを掛け合わせた数字となっております。

ピアノ調律学校を出るのが、調律師になる第一歩といわれています。集中力とそれを持続させる持久力が必要で、調律する体勢をとるためには150cm以上の身長が必要です。

第7章 芸能・マスコミ・クリエイティブ系職業

美術商

絵画や彫刻などの美術品・芸術作品を仕入れ、販売するのが仕事です。特に絵画を取り扱う美術商のことを画商と呼びます。美術家から直接買い取りコレクターに販売することもあれば、オークションで買った美術品を転売することもあります。専門分野の深い知識が必要になります。

美術商の平均給料・給与グラフ
※給料の算出には求人や口コミ、厚生労働省の労働白書を参考にしております

平均給料・給与
23万円
初任給：16万円／生涯賃金：1億5824万円
生涯賃金は、想定活動期間43年間と平均給料・ボーナスを掛け合わせた数字となっております。

個人経営の画廊やギャラリーでは、店の売り上げに応じて収入は変動します。美術の知識だけでなくマーケティングや人脈も重要です。販売以外に鑑定で収入を得る人もいます。

フラワーデザイナー

結婚式で使うブーケのデザインをしたり、コサージュを作ったり、お店に飾るための生け花をアレンジしたりと、花とデザインに関わることが仕事の内容です。活躍の幅はとても広く、飲食店、ショップ、結婚式場、テレビ番組、雑誌などがあります。

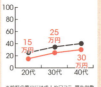

フラワーデザイナーの平均給料・給与グラフ
※給料の算出には求人や口コミ、厚生労働省の労働白書を参考にしております

平均給料・給与
25万円
初任給：10万円～／生涯賃金：1億7200万円
生涯賃金は、想定雇用期間43年間と平均給料・ボーナスを掛け合わせた数字となっております。

フラワーアレンジメントやプリザードフラワーの教室を開業すると、だいたい平均で年収400万～600万円ほど稼げるということもあるようです。

舞妓

京都などの花街におけるお茶屋（料亭や有名旅館などの施設）の女将に指名され、座敷へ上がって芸妓の三味線などに合わせ、舞を披露するのが舞妓のおもな仕事です。置屋に居住し、芸事や舞を修練し、最終的に芸妓を目指します。

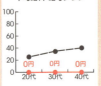

舞妓の平均給料・給与グラフ
※実質賃金は15～30万くらい（衣食住の費用は女将持ち）です

平均給料・給与
0円
初任給：0円／生涯賃金：0円
祝儀は置屋の収入で、お給料は実質もらわないため0円となります。

舞妓のスタートは、中学卒業から高校卒業前がベストで、基本は15歳以上、17歳までに花街で芸妓となる意思の確認を置屋の女将に示す必要があります。

マジシャン

マジシャンの仕事内容は、簡単に言えば「マジックを披露すること」。軽いものだとトランプやコインを使ったもの、大掛かりなものだと、爆破系や串刺し・人体切断・脱出系などがあります。いろいろなマジックをその場に応じて披露するのが仕事です。

マジシャンの平均給料・給与グラフ
※有名マジシャンを除きます

平均給料・給与
20万円
初任給：5万円～／生涯賃金：1億0320万円
生涯賃金は、想定活動期間43年間と平均給料を掛け合わせた数字となっております。

ほとんどのマジシャンは1ステージ5000～2万円で受けているのが現状です。マジシャンのみで食べている人は少なく、アルバイトをしている人もたくさんいます。

漫画家

出版社などの依頼を受けて作品を描くのが漫画家の仕事です。雑誌掲載時の原稿料や単行本の印税などから収入を得ています。最近では電子書籍やWEBコミックなどデジタル媒体で作品を発表する漫画家も増えています。また、企業のPR漫画など、広告業界でも需要があります。

漫画家の平均給料・給与グラフ

平均給料・給与 53万円
初任給：17万円／生涯賃金：3億6464万円
生涯賃金は、想定活動期間43年間と平均給料・ボーナスを掛け合わせた数字となっております。

原稿料は雑誌1ページあたり9000～1万円であることが多いです。週刊誌の場合、1週分19ページとして、約19万円が原稿料になります。コミックスの印税は約10%です。

ラジオDJ

ラジオDJ（パーソナリティー）の仕事は、ラジオでトークを中心として番組を進行させていくことです。パーソナリティーによって得意分野がありますし、ラジオ局側もパーソナリティー個人個人の持ち味を活かした番組を作ろうとします。人気により給料格差が激しい職種です。

ラジオDJの平均給料・給与グラフ

平均給料・給与 43万円
初任給：0円～／生涯賃金：2億2188万円
生涯賃金は、想定活動期間43年間と平均給料を掛け合わせた数字となっております。

年収は、ラジオ局社員か、芸能プロダクション所属か、フリーランスかでかなり開きがありますが、300万～800万円になるといわれています。

レコーディングエンジニア

レコーディングスタジオやレコード会社で、アーティストがスタジオでレコーディングを行う際に、レコーディングからマスタリングまでを手掛けるのが仕事です。歌手やコーラスグループ、オーケストラなどの歌や演奏を録音し、音量のバランスを調整して楽曲として完成させます。

レコーディングエンジニアの平均給料・給与グラフ

平均給料・給与 37万円
初任給：16万円／生涯賃金：2億5456万円
生涯賃金は、想定雇用期間43年間と平均給料・ボーナスを掛け合わせた数字となっております。

専門学校で音響機器の操作や、音楽ソフトのProToolsのデジタル処理技術を学ぶ人が多いです。給料の高い大手レコーディングスタジオは都内に集中しており、採用は狭き門です。

レゴ職人

デンマーク発祥のレゴブロックを使って立体作品を作るのがレゴ職人です。レゴ社から正式に認定されたレゴ職人は「レゴ認定プロビルダー」と呼ばれます。「レゴ」の商標を使用できるのは認定プロだけです。レゴランドで働く「レゴ・マスターモデルビルダー」もいます。

レゴ職人の平均給料・給与グラフ

平均給料・給与 34万円
初任給：34万円／生涯賃金：2億3392万円
生涯賃金は、想定活動期間43年間と平均給料・ボーナスを掛け合わせた数字となっております。

レゴ認定プロビルダーは、基本的にはフリーで活動しており、企業の依頼を受けて作品を制作しています。レゴランドで働くレゴ職人の年俸は約410万円です。

第7章 芸能・マスコミ・クリエイティブ系職業

Column

企業戦士 VII

近年、国内でもその重要性が認識されるようになってきたマーケティング職。データを通してヒットの法則を見つけ、効果的なPRによって、モノを売る。そして最終的に「人の心を動かす」――それがマーケティングという職種の最大の魅力なのです。

マーケティング職

「事業を一点に集約せよ！時流はこちらに向いている」

マーケティング職は、サービスや商品をいかに売り込むのか考えるのが仕事です。新商品を企画するには、その根拠となるデータが必要です。社会や経済の動向・流行に常にアンテナを張り、膨大なデータを収集、分析します。市場調査によりターゲットの嗜好を探り、競合他社や世界各国の情勢なども調査し、企画の方向性を決めます。そして商品を企画し、広報、PR、販売促進活動を指揮します。企画職と関連する業務も多く、兼ねていることもあります。マーケティング理論や統計学などを学んでおくと有利です。

平均給料・給与

40万円

初任給：14万円～
生涯賃金：2億7520万円

※生涯賃金は、想定雇用期間43年間と平均給料・ボーナスを掛け合わせた数字となっております。

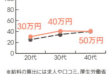
平均給料・給与グラフ

30万円　40万円
　　　　　　　50万円
20代　30代　40代

※給料の算出には求人や口コミ、厚生労働省の労働白書を参考にしております

マーケティング職

市場分析を得意とし、企業の方向性を決める要的ジョブ。市場動向、新商品の分析や企画助言を行うため、経営・企画部と密に動く。スキル「市場アンケート」は顧客から商品の感想などを聞き出す。

chapter
8

その他の職業

>> Laboratory Researcher

研究者

「さあ我がもとに再び集え！ いでよSTAP細胞！」

研究者
プルーフ「博士号」を取得した研究者。将来、教授や准教授へのクラスチェンジが可能。装備「ピペット」は、少量の液体を吸い取ったり、移動したり、計量したりと研究には欠かせない魔道具である。

●研究者の仕事内容

研究所に勤務する研究者は、自然科学や人文科学、社会科学などの各領域から細分化された専門の分野において研究を行います。研究結果は論文にまとめ、学会などで発表します。研究所とは、特定の分野の研究を行ったり、試験や鑑定、分析などを行う施設や組織を指します。国営、独立行政法人、株式会社など、業態はさまざまです。純粋に学問研究をしているところもあれば、新商品の開発を行ったり、薬物犯罪などの鑑定をしたりする施設もあります。研究所には技術スタッフや、事務員なども勤務しています。

※給料の算出には求人や口コミ、厚生労働省の労働白書を参考にしております

●研究者のキャリアモデル

研究所の職員は、就職するといきなり研究員としてスタートを切れる場合もありますが、技術見習いスタッフとしてアシスタントからスタートする場合もあります。キャリアモデルとしては研究員→主任研究員→室長→部長→副所長→所長という階層形式が一般的です。ただし、文部科学省管轄の大学の研究所は、大学のゼミのように教授、准教授、助教、学生などにより構成されています。多くの研究所で女性の登用が進められていますが、いまだ圧倒的に男性の管理職が多いようです。大手の研究所では、所内に保育所を設置したり、正社員待遇で週4日勤務もできたりと、働きやすい環境が整えられつつあります。

研究者の平均給料・給与

22万円

初任給：18万円／生涯賃金：1億4432万円

研究者の生涯賃金は、大学院卒が終身雇用で65歳まで雇用されたと想定して、24歳から65歳までの41年間と平均給料・ボーナスを掛け合わせた数字となっております。

●研究者の仕事の魅力・向いている性格

研究者の仕事の魅力は、好きな研究に打ち込めるという点はもちろんのこと、よほどのことがない限り失職することもなく、安定した給料がもらえるという点にあります。有名な理化学研究所では平均年収が900万円超えで、男女差はありません。民間で有名な野村総合研究所は平均年収1100万円ともいわれています。年収が低めの研究所でも年収400万～600万円となっています。年俸制を採用しているところもあり、一定の成果さえ出せば働き方が自由なところもあります。しかし、中には残業が多く、徹夜で実験をするような労働環境のところもあるようです。女性研究者は育児休暇の取得率が低いというアンケート結果もありました。研究熱心で真面目なことは業務上必要ですが、プライベートとのバランスをうまく調整できる人が向いています。

>> *Journalist*

ジャーナリスト

「正義は、時に他人を傷つける。それでも己の正義を貫く覚悟はありますか?」

ジャーナリスト
権力監視系ジョブ。事実に対する現状や意義、展望を報道する専門家といわれており、別名「現代のジャンヌダルク」と呼ばれることも。スキル「徹底取材」は、公平かつ正確性を保つためには欠かせない。

● ジャーナリストの仕事内容

ジャーナリストとは、さまざまな情報を取材し、報道記事として寄稿する仕事です。国内外の政治、経済、文化など多種多様な分野のトピックスや時事問題に対して、自身の見解や主張を織り交ぜながら論じたり、解説や告発をする記事を発信します。日本におけるジャーナリストは、企業内記者(報道各社直属)と、外部委託のフリージャーナリストの2種類を指します。ほとんどがマスメディアの報道関係に属しており、その人脈を利用して仕事の依頼を受けています。カメラマンと兼業している人も多いです。

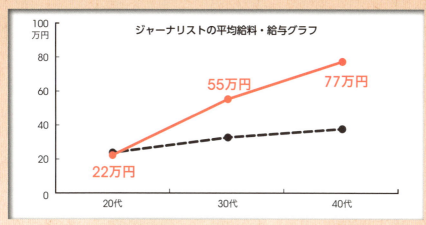

※給料の算出には求人や口コミ、厚生労働省の労働白書を参考にしております

● ジャーナリストのキャリアモデル

新聞記者や報道記者として経験を積み、独立してフリージャーナリストになった場合、基本的には独自取材による記事の販売で収入を得ます。そのため、収入は仕事の依頼によって大きく変動します。1記事当たりの報酬は経費などを差し引いて20万～100万円と仕事によって差があります。危険地域や紛争地域などの取材で、マスメディアが「記事は欲しいが自社の記者は危険で派遣できない」といったケースの場合、フリージャーナリストが取材した映像は5分間ごとに100万～200万円といった高値で買い取る例もあるそうです。人脈を利用し、経験を重ね、キャリアを築いていきます。

ジャーナリストの平均給料・給与

55万円

初任給：24万円 ／ 生涯賃金：3億7840万円

ジャーナリストの生涯賃金は、想定活動期間43年間と平均給料を掛け合わせた数字となっております。

● ジャーナリストになるには？

ジャーナリストになるには資格も学歴も関係ありませんが、社会や政治経済に対する広く深い見識があることが基本となります。記者クラブなど大手新聞社の記者や、有名週刊誌の編集長クラスだった人が独立し、ジャーナリストとして活躍することが多いです。マスメディアで司会やコメンテーターをしているジャーナリストも、ほとんどが共同通信社や、大手5大全国新聞社などの編集部に長く勤めたという経歴があります。報道関係の出身者以外では、作家や弁護士、大学教授などがジャーナリストとして活動していることもあります。得意とするジャンルによって「国際ジャーナリスト」や「医療ジャーナリスト」、「戦場ジャーナリスト」「スポーツジャーナリスト」「モータージャーナリスト」「美容ジャーナリスト」など多くのカテゴリーが存在しています。

>> Pilot

「自由の翼を手に入れたければ、責務を負い覚悟することだ」
パイロット

パイロット
浮遊兵器「飛行機」を乗りこなす操縦系ジョブ。不測の事態に備える冷静な判断力と行動力が必要とされる。クラスチェンジは「自家用操縦士」「旅客機パイロット」「航空自衛隊」など。

●パイロットの仕事内容
旅客や貨物を乗せた航空機を操縦するのがパイロットです。大型旅客機の場合、機長と副操縦士が協力して操縦を行います。機長は飛行についての全責任を負い、ほかの乗務員の指揮監督もします。乗客の人命を預かっているので、ハイジャックなど不測の事態が起きても、落ち着いて対処できる冷静さと判断力が必要になります。旅客機以外には、自衛隊の戦闘パイロット、警察や消防などの官公庁パイロット、海上保安庁や国土交通省のパイロット、遊覧飛行や報道取材で小型機を飛ばすパイロットなどがあります。

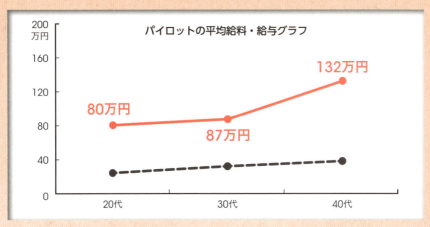

※給料の算出には求人や口コミ、厚生労働省の労働白書を参考にしております

● パイロットになるには？

パイロットになるには、2つの方法があります。一つは、唯一の国立訓練機関である、独立行政法人航空大学校を卒業すること。2年間で旅客機パイロットになるために必要な免許を取得し、卒業時には航空会社が航空大学校の学生だけを対象に実施する採用試験を受けられます。学費は2年間で約150万円。25歳未満で、大学を2年以上修了した者か短大、高等専門学校卒業者が対象です。もう一つは、有資格パイロットとして採用試験を受けること。ライセンス取得には約1500万円かかるといわれており、ローンを組む人もいるそうです。しかし、ライセンスを取ったからといって就職の保証はありません。

パイロットの平均給料・給与

124万円

初任給：20万円～ ／ 生涯賃金：5億9520万円

パイロットの生涯賃金は、30歳で副操縦士になったと想定し、60歳までの30年間と平均給料・ボーナスを掛け合わせた数字となっております。

● 大手と子会社の給料の差は？

パイロットの給料は、基本給と乗務手当からなります。大手航空会社のパイロットは、基本給は地上職とあまり変わらないものの乗務手当が上乗せされると、役職を兼ねた機長ならば年収3000万円以上、そうでなくとも年収2000万円以上となります。副操縦士でも、乗務を開始するとすぐに年収1000万円を超えるそうです。しかし、同じ航空会社グループであっても、新規に立ち上げられた子会社やコミューター会社（不定期運航の地域航空会社）の場合、給与水準は低くなります。子会社では、同じジェット旅客機を飛ばしていながら、副操縦士になったばかりだと年収は400万～500万円といわれており、大手航空会社の3分の1程度にすぎません。ただ、今後航空産業の急拡大期に大量採用されたパイロットの退職が始まるため、パイロットの需要は高まると予想されています。

第8章 その他の職業

≫ Motorman

電車運転士
「ヒューマンエラーを限りなく0にするのが指さし確認だ！」

電車運転士のおもな仕事内容は、電車を運転し、乗客を運ぶことです。正確に安全に運転する必要があります。運ぶのは人間だけとは限らず、貨物を運ぶこともあります。貨物列車の運転士、人間が乗る乗用列車の運転士などについては、それぞれが専門の仕事を任される形になっています。電車運転士になるには、大卒という肩書は必要ありません。現場で働いている人のほとんどは、高卒者といわれています。工業高校や商業高校など、就職支援に力を入れている学校からの採用が主流です。また、鉄道交通科や鉄道サービス学科など、鉄道関係の学科がある専門学校を卒業して採用される人もいます。

電車運転士の平均給料・給与
33万円
初任給：16万円〜／生涯賃金：2億2740万円

電車運転士の生涯賃金は、新卒が終身雇用で65歳まで雇用されたと想定して、22歳から65歳までの43年間と平均給料・ボーナスを掛け合わせた数字となっております。

電車運転士の平均給料・給与グラフ

20代: 24万円／30代: 33.2万円／40代: 39万円

※給料の算出には求人や口コミ、厚生労働省の労働白書を参考にしております。

電車運転士
電車の運転に特化した操作系ジョブ。日本の血脈「鉄道」の花形職業ともいえる。魔法「時を刻む」は、定刻通りに発着する時間操作系魔法。スキル「指さし確認と号令」で、自身の士気と注意力を引き上げお客様の安全を守る。

鉄道会社に入社しても、最初から運転士になれるわけではありません。改札業などの駅内の業務を経験してから、社内試験を受けて車掌となり、一定期間の経験を積みます。そして養成所で訓練を受けて「動力車操縦者運転免許」という運転士の免許を取得することで、電車運転士になれます。そこからさらに3年以上の業務を経験すると、社内で新幹線運転士の募集が行われた際に応募することができます。選抜試験に合格すると、トレーニングを受けて新幹線運転士の免許を取得でき、キャリアアップすることができます。

>> *Train Conductor*

電車車掌

「並びなさい！　乗りなさい！　あなたはどこへでも行けるのです！」

電車の運行を管理し、乗客への案内・誘導などを行う乗務員です。運転士と協力しながら、ダイヤを遵守して安全に電車を運行させます。車掌のおもな仕事は、乗降を確認しながらドアを開閉したり、信号を確認して出発合図を出すほか、車内の空調の調節、車内放送、切符の確認、お客様への案内などになります。また、緊急時の対応、例えば急病人や乗客同士のトラブルに対応したり、事故や災害などの際、乗客を安全に駅まで誘導するのも車掌の役割となります。勤務時間はシフト勤務で、休憩や仮眠を挟みながら、18〜24時間拘束されることもあるそうです。

電車車掌の平均給料・給与

34万円

初任給：17万円〜／生涯賃金：2億3392万円

電車車掌の生涯賃金は、新卒で終身雇用で65歳まで雇用されたと想定して、22歳から65歳までの43年間と平均給料・ボーナスを掛け合わせた数字となっております。

電車車掌の平均給料・給与グラフ

- 20代：24万円
- 30代：34万円
- 40代：43万円

※給料の算出には求人や口コミ、厚生労働省の労働白書を参考にしております。

電車車掌
乗客や荷物の流れを整理したり、安全を確保する「安全魔道士」。宝具「車掌の笛」で、ホームにあるモノ・ヒト・列車のすべてを統率。ベテランの「車内アナウンス」は車内の雰囲気を和ませることも。

車掌になるには鉄道会社に就職する必要があります。入社から数年間は窓口での切符の販売や、改札での案内業務など、駅構内でサービスを行う仕事に従事します。その後、各鉄道会社によって定められている車掌登用のための試験をへて、車掌となります。また、駅員→車掌→運転士というキャリアステップがあり、運転士になるにも試験と訓練・研修をへる必要があります。ただ、ステップアップしても給料は大きく変わらないようです。

第8章　その他の職業

>> Bus Driver

「バスに乗ってただ景色を見るということを最近していますか？」
バス運転手

バスに乗客を乗せて目的地まで安全に運行するのが仕事です。大きく分けて、路線バス運転手と観光バス運転手があります。路線バスは地域住民の足となって定刻に決まったルートを走る「乗合バス」です。公益性が高く、自治体をはじめ、私鉄系やタクシー系など地域に根差した企業が経営している場合がほとんどです。観光バスは旅行などで利用される「貸切バス」です。バスガイドや添乗員が一緒に乗車することもあります。そのほかにも学校や病院、スイミングスクールや自動車教習所、介護施設、温泉旅館などの送迎バスもあります。いずれにしても、安全運転への意識と技術は必須です。

バス運転手の平均給料・給与

32万円

初任給：15万円 ／ 生涯賃金：2億2016万円

バス運転手の生涯賃金は、新卒が終身雇用で65歳まで雇用されたと想定して、22歳から65歳までの43年間と平均給料・ボーナスを掛け合わせた数字となっております。

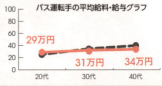

※給料の算出には求人や口コミ、厚生労働省の労働白書を参考にしております

バス運転手
運転士5傑の一人。専用クラスは「バス」。深夜バス、市営バスなどさまざまな職種がある。スキル「経路暗記」はマストスキル。また「定時運行」や「安全優先」など強力な運転術を持っている。

バスの運転手になるには、大型第二種自動車運転免許が必要です。取得費用が高額なため、採用条件は普通自動車免許所持として、入社後に会社負担で免許取得を行う会社もあります。バス業界は中途採用が非常に多い業界ですが、新卒採用で若手を育てる企業も増えています。乗客の命を預かるため、面接も厳しく行われます。安全運転には技術に加えて体力も必要ですし、体調管理も重要と大変ですが、人々に感謝されるやりがいのある仕事です。

>> *Drone Pilot*

ドローン操縦士
「空への自由と引き換えに、大地での不自由を感じている」

ドローンと呼ばれる無人航空機を操作するのが仕事です。手のひらに乗る小型のものから軍事用の大型のもの、バッテリー搭載型やガソリンエンジン型まで、多くの種類が存在します。ドローン操縦士は、フライト撮影（空撮）を行うのが一般的です。カメラを搭載したドローンを操作し、有人飛行機では難しい地形や自然の撮影を行います。具体的には、災害が起きた時に上空から被害確認をしたり、建設会社が構造物の点検や測量などに用いたりします。そのほか、農薬の散布や貨物運搬など、さまざまな分野がドローンの採用を始めており、今後の伸びが期待できます。

ドローン操縦士の平均給料・給与

28万円

初任給：20万円〜　／　生涯賃金：1億9264万円

ドローン操縦士の生涯賃金は、新卒が終身雇用で65歳まで雇用されたと想定して、22歳から65歳までの43年間と平均給料・ボーナスを掛け合わせた数字となっております。

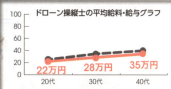

ドローン操縦士の平均給料・給与グラフ

20代	30代	40代
22万円	28万円	35万円

※給料の算出には求人や口コミ、厚生労働省の労働白書を参考にしております

ドローン操縦士

小型遠隔操作機器「ドローン」を駆使する後方支援型ジョブ。スキル「空撮」はドローン操作とカメラワークを併せた高難度技だ。近距離の空を制することから、「近空の王者」と称される。

ドローン操縦士になるために資格は必要ありませんが、民間企業が実施している検定がいくつかあります。なお、プロになるには50時間以上の経験が必要といわれています。活躍中のドローン操縦士には、ドローン製造会社から独立した人や、建築関係に勤める人などがいます。ドローンがさまざまな業種に広まるとともに法整備も進んできました。今後、ドローンの必要性が増し、操縦士が増えるにつれて、公的資格も検討されていくことでしょう。

第8章　その他の職業

≫ *Taxi Driver*

「私に話しかけているのか？」
タクシードライバー

駅のタクシー乗り場で待機したり、利用者がいそうな通りを巡回してお客様を探します。お客様を乗せたら目的地を聞き、そこまで乗せていきます。道を間違えないよう、ルート確認をしておくことも大切です。遠回りしてしまうと、その分を余計に支払わせることになり、悪質だと判断された場合はクレームを受けてしまうでしょう。タクシー運転手のメリットは自分のために時間を使えるところです。お客様を乗せていない時間は自分のために使えます。資格勉強をしている人もいるようです。デメリットは、拘束時間が長いことです。平均では、1日約20時間乗車しているともいわれています。

タクシードライバーの平均給料・給与

25万円

初任給：20万円／生涯賃金：1億7200万円

タクシードライバーの生涯賃金は、新卒が終身雇用で65歳まで雇用されたと想定して、22歳から65歳までの43年間と平均給料・ボーナスを掛け合わせた数字となっております。

タクシードライバーの平均給料・給与グラフ

	20代	30代	40代
	20万円	24万円	31万円

※給料の算出には求人や口コミ、厚生労働省の労働白書を参考にしております

タクシードライバー

運転接客系ジョブの一つ。スキル「裏道」を発動させると、お客様を目的地まで最短時間で運び届けられる。特殊技「秘密の店」を使うと地元の人しか知らない美味しいお店へ案内することもできるという。

タクシー運転手には「普通自動車第二種免許」が必要です。この免許を取るには年齢21歳以上で、普通自動車第一種免許を取得し、運転経験が通年3年以上経過している必要があります。そのため、高校卒業後、すぐにタクシー運転手にはなれません。資格があれば、就職活動ができます。タクシー会社の求人は、自治体の求人案内所やインターネットの求人サイトなどに多く掲載されています。もちろん、タクシー会社のホームページを探すのもよいでしょう。求人数は多いです。

>> Toll Collection Man

高速道路料金所スタッフ
「秒速を超えて切符とおつりをお渡しするぜ」

全国の主要高速道路の料金所に勤務しているスタッフです。仮眠5時間、休憩4時間程度で、日夜勤16時間ほどが平均的勤務時間です。65歳を定年としているところが多く、50代の再雇用先として活用されているそうです。年次有給休暇、健康促進休暇、健康診断、年末年始勤務手当、慶弔金制度など、福利厚生は全国で統一されています。勤務時間が長い割に、労働自体は深夜枠などは特に緩く、睡眠時間が不規則になること以外は、かなり楽な職業ともいわれています。スタッフは正式に高速道路会社の制服を支給され勤務するので、アルバイトではなく契約社員で時給制という雇用形態が多いです。

高速道路料金所スタッフの平均給料・給与
23.6万円
初任給：19万円～　／　生涯賃金：1億6236万円

高速道路料金所スタッフの生涯賃金は、新卒が終身雇用で65歳まで雇用されたと想定して、22歳から65歳までの43年間と平均給料・ボーナスを掛け合わせた数字となっております。

高速道路料金所スタッフの平均給料・給与グラフ
15万円（20代）　20万円（30代）　25万円（40代）

※地域により差があります　※給料の算出には求人や口コミ、厚生労働省の労働白書を参考にしております

高速道路料金所スタッフ
近距離スピード型ジョブ。料金の受け渡しの速さと正確さ丁寧さで、高速道路の快適さが決まる。最近はETCにより自動化されている。

高速道路料金所スタッフになるには、全国のハローワークや主要高速道路会社の採用募集ページなどで求人を探すとよいでしょう。年齢は40代以上、50代前後がもっとも多い職業です。賞与支給の実績がある会社が多く、一部はマイカー通勤が可能となっています。契約社員は6か月契約で、正社員採用も一応可能性があります。給与は時給制、月給制の2パターンがあります。入社したら座学研修、現地実務研修制度なども行われ、社会保険も完備されているので、契約社員でも比較的安定した仕事であるといえるでしょう。

第8章　その他の職業

>> Automaker employee

「人生における命題は『どんな車に乗るか』である」
自動車メーカー社員

自動車メーカー社員
移動を格段に楽にする「自動車」を開発・製造する。トップクラスになると街まで作るほどの力を有し、日本が誇る企業の王者ともいえる。

国産自動車メーカーは世界にその名を誇る大企業であり、平均年収も高く待遇もよいです。トヨタ自動車が業界の王者として君臨し、日産自動車、本田技研工業、スズキ、マツダといったメーカーが名を連ねています。開発、製造、販売など、業種が幅広いのが特徴です。EV（電気自動車）やハイブリッドカーなどのエコカーがシェアを拡大しており、自動運転への注目も高まっています。業界間の提携や改革が進み、今後どうグローバル展開していくかが世界制覇への鍵となります。

平均給料・給与
46万円
初任給：20万円
生涯賃金：3億1648万円
※生涯賃金は、想定雇用期間43年間と平均給料・ボーナスを掛け合わせた数字となっております。

平均給料・給与グラフ
20代 31万円 / 30代 41万円 / 40代 49万円
※給料の算出には上場企業のIR情報を参考にしております。

>> Railway Company employee

「人生のレールが続く限り、私はあなたを送り続けます」
鉄道会社社員

鉄道会社社員
日本の血管＆経済の動脈。人やモノを一度にたくさん運ぶ。鉄道業務のみならず、立地を活かした商業開発など多角経営を行っている。

インフラを担い、社会に貢献している鉄道会社。就労者も非常に多いです。JR、私鉄各社ともに技術の開発とサービスの向上により利便性を高める努力をしており、鉄道周辺事業にも力を入れています。相互乗り入れやICカードの運用、豪華観光列車の設置、駅ナカ・商業施設の開発のほか、不動産業、ホテル経営など、鉄道業界は発展し続けています。新世代の高速鉄道であるリニアも間もなく本格始動することから、さらなる飛躍が期待されます。礼儀や上下関係に厳しい業界です。

平均給料・給与
34万円
初任給：20万円
生涯賃金：2億3392万円
※生涯賃金は、想定雇用期間43年間と平均給料・ボーナスを掛け合わせた数字となっております。

平均給料・給与グラフ
20代 25万円 / 30代 32万円 / 40代 38万円
※給料の算出には上場企業のIR情報を参考にしております。

>> Airline Company employee

「空という空間にアクセントを作ったのは私たちです」
航空会社社員

航空会社社員

領空界の覇王。航空力学を駆使し、人とモノを運ぶ。LCCの参入によって、まさに制空権の群雄割拠時代へ突入しようとしている。

日本には20社以上の民間航空会社がありますが、ANAホールディングス（ANA）とJALが市場を二分し、国内シェアのおよそ80％を占めています。ANAやJALなど従来の航空会社をFCC（フルサービスキャリア）と呼び、近年参入してきた格安航空会社をLCC（ローコストキャリア）と呼びます。LCCの台頭により価格やサービスの競争は激化し、各社生き残りをかけて戦っています。パイロット、CA、グランドスタッフ、マーシャラー、航空管制官など多くの専門職が働いています。

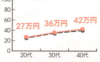

平均給料・給与
38万円
初任給：21万円
生涯賃金：2億6144万円
生涯賃金は、想定雇用期間43年間と平均給料・ボーナスを掛け合わせた数字となっております。

平均給料・給与グラフ
27万円　36万円　42万円
20代　30代　40代
※給料の算出には上場企業のIR情報を参考にしております。

>> Marshaller

「お帰りなさいませ。先に給油にしますか？　それとも洗機？」
マーシャラー

マーシャラー

航空誘導を極めた輸送支援系ジョブ。誘導武具「パドル」を駆使する、別名「しゃもじ使い」。「マーシャリング」は全身全霊で行う。

マーシャラーとは、民間の空港や軍の飛行場などに着陸した航空機や戦闘機を誘導する専門職です。多くは民間の大手航空会社の関連会社で働いています。航空機誘導員、グランドハンドリングとも呼ばれています。多くの乗客と乗務員の安全を担う責任を背負っています。航空機の誘導は一筋縄にはいきません。雨や雪で視野が悪かったり、路面が濡れてブレーキの効きが悪くなったり、さらにはパイロットごとの航空機を移動させるスピードの違いも考慮しなければなりません。

平均給料・給与
35万円
初任給：20万円〜
生涯賃金：2億4080万円
生涯賃金は想定雇用期間43年間と平均給料・ボーナスを掛け合わせた数字となっております。

平均給料・給与グラフ
26万円　38万円
20代　30代　40代
※給料の算出には求人や口コミ、厚生労働省の労働白書を参考にしております

第8章　その他の職業

>> *Veterinarian*

「次の人生を選べるなら私は犬に生まれ変わりたい」
獣医

獣医
ビーストを癒やしたり治療したりする能力を持つ「医師」。ノーズキャッチャー・バルザック・レンズ刀などを駆使し、ビーストたちを治癒させる。

●獣医の仕事内容
獣医とは、病気や怪我などをして動物病院にやってくる動物の診療、健康管理、動物に関する研究を行う仕事です。動物といっても幅が広く、犬・猫・鳥などの一般的なペット、牛・馬・羊などの家畜を扱う獣医、さらに乳業会社や食肉会社、製薬会社で研究をする獣医など、仕事内容には幅があります。また、厚生労働省や農林水産省で働く国家公務員の獣医は、海外からやってくる食品、動物などの病原菌や毒物を国内に流入させないようにすることが仕事です。

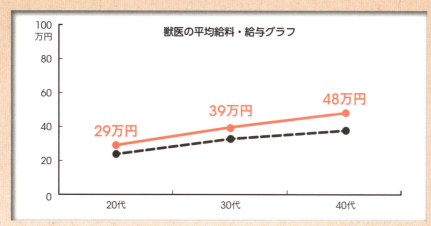

※給料の算出には求人や口コミ、厚生労働省の労働白書を参考にしております

●獣医の仕事の面白さ・向いている性格

病院に来るさまざまな動物に触れ合えることは、動物好きな人にすればとてもうれしいこと。そして、病気や怪我で苦しんでいる動物たちを自分自身の手で救うことができれば、これ以上ないやりがいを感じることができます。動物たちの表情やしぐさから不調の原因を汲み取り、動物と飼い主の気持ちをケアしながら治療に臨んで動物たちに元気な姿を取り戻してもらえれば、大きな感動を味わえます。獣医は動物好きであることはもちろんですが、人と接することが苦手では務まりません。飼い主とのコミュニケーションも必要ですし、スタッフと連携して診療を行っていくからです。

獣医の平均給料・給与

46万円

初任給：24万円／生涯賃金：2億9440万円

獣医の生涯賃金は、終身雇用で65歳まで雇用されたと想定して、25歳から65歳までの40年間と平均給料・ボーナスを掛け合わせた数字となっております。

●獣医のキャリアモデル

まずは6年制の獣医学部に入学する必要があり、ハイレベルな学力が求められます。大学を卒業した後、国家試験を受けて資格を取り、動物病院や農業関係団体、研究機関などに就職します。勤め先によって収入は異なりますが、病院の院長クラスまでいくと月給35万円ほどとなり、技術と経験によって給与がアップしていきます。動物病院の診療は自由に値段を決められる自由診療であるため、開業して人気の病院となれば、かなりの高収入が得られます。動物への愛情、きめ細やかな仕事などを求められる獣医は女性にも人気が高く、獣医全体の約半数が女性といわれています。しかし、診療に当たる場合は緊急手術や時間外診療など多忙で、結婚して子育てをしながら働くにはハードな職場なので、家族の協力が必須です。

>> Chicken Sexer

ひよこ鑑定士

「1時間で1000羽。修業しないと習得できない技術です」

ひよこ鑑定士
特殊な能力でひよこのオスメスを分別する。能力を習得するには相当年数の修業が必要である。別名「ひよこ使い」。集中すると怒濤のひよこラッシュを駆使する。

● ひよこ鑑定士の仕事内容

正式には「初生雛鑑別師」と呼ばれ、養鶏場にてニワトリの雛のオスメス判別を行う、スピードと精度が問われるかなり厳しい職業です。精度は平均1万羽の雛に対して、熟練者で99％を超えます。国内雇用よりも海外で活躍したほうが年収が高いといわれます。日本国内には養成所は一箇所しかなく、鑑定士になるまでに費用が高額なことでも知られています。海外での鑑別士の状況は師弟制度のようなものが多く、語学力は必須、待遇はまちまちで、特に雛鑑別研究生の待遇はあまりよくないようです。

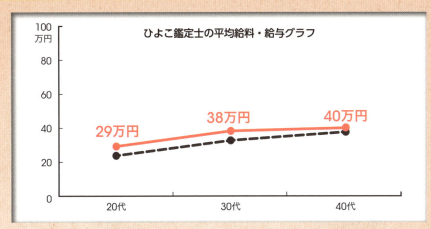

※給料の算出には求人や口コミ、厚生労働省の労働白書を参考にしております

●ひよこ鑑定士になるには？

公益社団法人畜産技術協会が行っている、養成講習を受講する必要があります。受講には受験が必要で、満25歳以下で、高等学校卒業かそれ以上の資格を所有し、身体検査で矯正可の状態で視力1.0以上が必要です。受験後は初等科に入って、雄雌鑑別理論と技術、養鶏全般について勉強することになります。ほかに2か月間の特別研修を受講するコースもありますが、単純に資格は得られず、鑑別研修生として1～2年、ふ化場で鑑別の研修を受講し、高等検査に合格してようやく鑑別士の資格を得ることができます。民間資格ですが、事実上この資格がないと就職は無理でしょう。

ひよこ鑑定士の平均給料・給与

38万円

初任給：29万円～ ／ 生涯賃金：2億6144万円

ひよこ鑑定士の生涯賃金は、終身雇用で65歳まで雇用されたと想定して、22歳から65歳までの43年間と平均給料・ボーナスを掛け合わせた数字となっております。

●ひよこ鑑定士の学校ってどんなところ？

前述したように、日本ではたった1か所、公益社団法人畜産技術協会のみが養成施設として存在しています。養成講習初等科では、通常4～8月の5か月間、理論と実技を習得し、鑑別技術の基礎を学びます。その後ふ化場で、一般作業、雑務をしながら鑑別研修を2～3年ほど行います。その後予備考査で、100羽ずつ計300羽の供試雛鑑別で、平均96％以上の鑑別を30分以内、平均100羽12分以内の割合で行い、平均得点数92.4000点以上、100羽では907.250点以上の正確性で予備考査合格。高等鑑別師の合格基準は、卵用種100羽98％以上、肉用種97％以上の鑑別率が必要で、400羽36分以内に鑑別を終えなければなりません。勉強よりも実務の合格基準が大変厳しい資格として、よく知られています。

>> *Dairy Farmer*

酪農家
「愛情を注げば注ぐほど動物は進化する」

酪農家
テイマー系職業の一つ。雌牛専用職業。牛さんと心を通わせるため頭には「ウシノクラウン」を装備。スキル「搾乳」で牛さんから美味しい牛乳を搾り取る。

●酪農家の仕事内容
酪農家の仕事内容は、簡単にいえば家畜を育てて生乳や乳製品を生産することです。育てられる家畜は地域や働いている牧場などによって違います。牛舎の掃除、牛の健康管理、えさやりなどの作業を毎日行います。乳搾りは、搾乳機を使って、朝晩2回行います。また、最近では牧場や酪農家の仕事場が観光にも用いられるようになってきました。そのため、観光施設化しているところだと、酪農家が牛の乳搾り体験の企画・実施など、その観光プログラムのお手伝いをすることがあります。

※給料の算出には求人や口コミ、厚生労働省の労働白書を参考にしております

●酪農家になるには？
酪農家になるには、学歴も資格も特に必要ありません。学歴は必要ないのですが、農業大学や畜産学部、農業高校などで酪農を勉強した人が多いというのが現状です。まったく勉強していない、勉強したという証明がない場合だと酪農家になるのは少し難しいかもしれません。酪農について専門的に学べる大学というのは北海道に多いです。酪農大学は、酪農学、畜産学、農学、農業経済学など多岐にわたるコースがあり、酪農について総合的に勉強できる場所です。また、農業大学ではなくても高校に似たような学部や学科がある場合、そちらを出ておくのもよさそうです。

酪農家の平均給料・給与
25万円
初任給：10万円〜 ／ 生涯賃金：1億2900万円

酪農家の生涯賃金は、65歳まで雇用されたと想定して、22歳から65歳までの43年間と平均給料を掛け合わせた数字となっております。

●酪農家ってお休みはあるの？
酪農家には基本的に休みはありません……といいたいところですが、休みはあります。週に1日など、サラリーマンに比べると少ない場合がほとんどですが、ないということはありません。ほとんどの酪農家が従業員を雇っています。従業員として働く場合でも、オーナーとして開業する場合でも、1週間に1日は休むものです。人間と同じで牛も生き物。毎日の世話が必要ですが、人間もまた生き物です。働き続けることなどできません。交代で休みを取るため、土日のいずれかに休みが取れるとは限らないのが辛いところではあるでしょう。また、冬には暇になることも多いらしく、最低限の世話さえ終われば業務終了ということもあります。観光地化しているところになると、そうはいきません。たいていは過酷な環境です。

» Pig Tamer

「日本が誇る豚肉は、三元豚・平牧金華豚・白金豚・寿豚・高座豚である」

養豚家

養豚家

「豚使い」。おもに食用豚を育てるジョブ。上級職になると「スモーク
マスター」と呼ばれ、ベーコンを作ることが可能。スキル「サクラの
木チップとイベリコ」は最高峰のスモーク技。

● 養豚家の仕事内容

地方の農家や、専門の敷地を所有し、食用の豚を飼育し、約2年かけて4 ～ 6回子豚を
生ませ、6か月経過の食用豚を出荷する畜産農家が養豚家です。近年、後継者不足で飼
育頭数も減少していますが、豚肉の需用が拡大している現状があり、輸入がその大半を
占めています。鹿児島県や、静岡県など温暖な気候の地方で、養豚所作業員の募集があ
ります。都心部から離れた郊外にあるので、現地に住居を構える必要があります。社会
保険、昇給・賞与の設定もあり、最近は20代でも養豚家を目指す人が増えています。

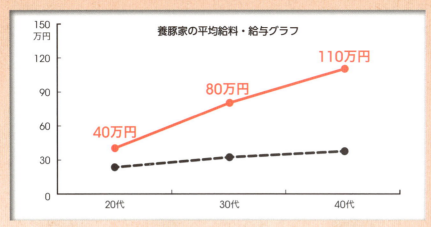

※給料の算出には求人や口コミ、厚生労働省の労働白書を参考にしております

● 養豚家は年収1000万円に届きやすいの？

35歳以上、40歳くらいの経験年数15年以上だと880万円くらいの年収です。中には2000万円を超える養豚家も存在しています。平均的な養豚場では、年に2400頭を出荷しますから、仕上がり具合で、1頭3万円くらいに近づく良質な養豚場なら、2500万～3000万円くらい利益はあるそうです。ただし、それだけの収入がある分、初期投資額もその5倍強必要ですし、夜は遅く（分娩などで）、朝は早朝起床と労働環境はかなり過酷です。病気などが出た場合は、処分も必要ですから、そのための資金の備えなど、意外に自由に使えるお金は少ないようですね。

養豚家の平均給料・給与
70万円
初任給：35万円～／生涯賃金：3億6120万円

養豚家の生涯賃金は、65歳まで雇用されたと想定して、22歳から65歳までの43年間と平均給料を掛け合わせた数字となっております。

● 養豚家になるには？

最初にかなりの諸経費がかかります。主豚舎と呼ばれる母豚をすまわせる施設建設で、約1000万円、分娩用の施設も同額、離乳に関する施設で700万円など、合計数千万円以上も必要です。さらに飼育、肥育に年間数千万円と、初期投資額は1億円近く、年間コストも莫大にかかります。資金は、全農などから借りることになり、ほかには自治体の補助金などが頼りになるでしょう。平均的に、豚の飼育には100頭が基準となるので、販売価格が1頭約2万8000円として、月平均47頭は出荷できる状態でなければなりません。まず、最初の資金をどうやって借り受けるかが最大の課題になるでしょう。口蹄疫のリスクに備える経費もあるので、土地代、施設管理費、光熱費など、養豚家になるには、かなりハードルが高いといわなければならないでしょう。

>> *Tuna Fisherman*

「エビス様は漁業神。ポセイドンは航海神として崇められている」

マグロ漁師

マグロ漁師
マグロテイマー。スキル「一本釣り」で、巨大なマグロを釣る。ブルーオーシャン大間に生息するマグロは数千万円の値が付くことも。一攫千金ジョブの一つともいわれている。

● マグロ漁師の仕事内容
マグロ漁師の仕事は、マグロ漁船に乗ってマグロを捕まえることです。マグロ漁の多くは遠洋漁業になるので、世界の海に向けてマグロ漁船で出発します。1年以上の漁となることもあります。遠洋マグロ漁船の乗組員は、漁労長（船頭）を頂点に、甲板員、通信員、機関員など総勢20～25人。最近では外国人船員も増えています。網引きでとる延縄漁と、釣り竿で1匹ずつ釣る一本釣り漁が有名です。延縄漁では、縄を海に投げ入れる作業と回収する作業を1日に15時間以上行うため、かなりの重労働となります。

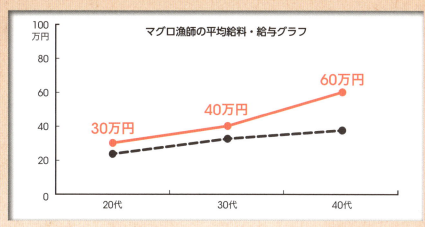

※給料の算出には求人や口コミ、厚生労働省の労働白書を参考にしております

● マグロ漁師になるには？
マグロ漁師になるのに学歴は関係ありません。特に資格なども必要ありませんが、マグロ漁師というのは典型的な肉体労働、長時間労働のため、健康的で力仕事ができる人が求められます。また、海にいる間は漁本番でなくとも船員としての仕事がずっと続くため、体をとことん酷使する覚悟、人生を海にささげる覚悟が必要となります。求人は、全国漁業就業者確保育成センターが主催している就業支援フェアに参加し、探す方法があります。また、インターネットにはなんとマグロ漁師の求人だけを集めたサイトというものがあります。マグロ漁業者協会のサイトなので情報は信用できます。

マグロ漁師の平均給料・給与

43万円

初任給：30万円～／生涯賃金：2億2188万円

マグロ漁師の生涯賃金は、22歳から65歳までの43年間雇われたと想定して、それと平均給料を掛け合わせた数字となっております。

● マグロ漁師の給料をアップさせるには？
マグロ漁師の給料は、等級によって変わります。新人は員級Bにクラス分けされ、給料は月収30万～34万円ほど。そこから一人前に仕事ができるようになれば員級Aというクラスになり、月収40万円ほどの給料になります。そして、「海技士」という資格を取得して航海士になると、一等航海士で月収48万～58万円程度に上がります。新人から始めても5～6年あれば一等航海士となることができます。次に、船長になることができれば、月収70万円も夢ではありません。そして、マグロ漁船を統括している最高責任者である漁労長になれば、月収100万円、年収1000万円以上を得ることができます。学歴や年齢に左右されるものではなく、完全に実力社会というわけです。個人漁師になると年収は0～1億円までと幅広いですが、人の運や実力などにより差がかなりあるようです。

>> Hunter

「ジビエで一番美味なのは鹿肉である」
マタギ

古くから受け継がれている方法を用いて狩猟を行う人のことをマタギ（猟師）と呼びます。個人で行う人もいますが、一般的に集団で狩猟を行うそうです。ちなみにマタギと呼ばれるのはおもに東北地方に住む猟師をいい、特に秋田などの村が有名です。独特の宗教観やルールなどがあり、現在のハンターとは異なる存在だといっていいでしょう。使用する武器は時代とともに変わり、現在のマタギは高性能ライフルを用いて狩猟を行っています。昔は、熊の皮は7万円～、胆になると金と同じくらいの価格で取引されたそうですが、現在は値がつかないそうです。そのため給与は予測で算出しています。

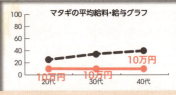

マタギの平均給料・給与
10万円
初任給：5万円～ ／ 生涯賃金：5160万円

マタギの生涯賃金は、22歳から65歳までの43年間活動したと想定して、それと平均給料を掛け合わせた数字となっております。

マタギの平均給料・給与グラフ

※給料の算出には求人や口コミ、厚生労働省の労働白書を参考にしております。

マタギ
害獣駆除専用ジョブ。その中でも熊など大型獣に特化したクラスが「マタギ」と呼ばれる。仕事内容にかなり不明な点も多い。

猟師は、銃砲所持許可証と狩猟免許の資格を取得する必要がありますが、それはマタギも一緒です。資格取得後に猟友会に入ると猟師にはなれます。しかし、マタギになりたいとなると話は別です。マタギになるには、ベテランのマタギに弟子入りしないといけません。狩猟期間が規制によって短いことや、覚えることがたくさんあるなどで、事実上職業とするのは難しいという噂もあります。

>> Cormorant Fisherman

「伝統を未来まで残す！ そして伝統漁法で魅せる！」
鵜飼い

鵜匠とも呼ばれる専門職の方が、「鵜」を使って伝統的な漁を川で行っています。年間の恒例行事を執り行うのがおもな仕事です。2015年3月には、「長良川の鵜飼い漁の技術」が国の重要無形民俗文化財に指定されました。基本的に、世襲制が多いため、一般募集はしていないのが現実です。観光地で行われる場合でも、鵜飼いは、基本的に行政職員であるケースが多いそうです。長良川の鵜飼いは宮内庁所属で、「宮内庁式部職鵜匠」というのが、正式名称。伝統を保護するという観点から、「御料鵜飼」として、国家公務員として働きます。

鵜飼いの平均給料・給与
23万円
初任給：13万円／生涯賃金：1億5824万円

鵜飼いの生涯賃金は、新卒が終身雇用で65歳まで雇用されたと想定して、22歳から65歳までの43年間と平均給料・ボーナスを掛け合わせた数字となっております。

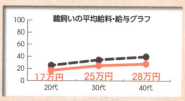

鵜飼いの平均給料・給与グラフ

17万円 (20代) / 25万円 (30代) / 28万円 (40代)

※給料の算出には求人や口コミ、厚生労働省の労働白書を参考にしております

鵜飼い
伝統漁法の一つ。別名「鵜使い・鵜匠」。職業としては神武天皇の時代からある、昔ながらの獣使いである。鵜を使ってとれた鮎は、傷が付かず、新鮮なため天皇陛下への献上品として重んじられた。

1300年の歴史があり、武家や武将たちなどの、接待の席での見世物としてよく催され、職業として保護される代わりに、鮎や高級魚を納入する役割があったそうです。明治時代に廃れましたが、1890（明治23）年から宮内省（当時）の直属となって、観光資源、伝統の継承が保護されています。行政職になるのですが、一般的には、役職はつかず、等級だけのようで、国家公務員の行政俸給表では、それほど高い給与ではありません。

第8章　その他の職業

>> Crabber

カニ漁船漁師

「体感温度マイナス30度、労働時間20時間の世界へようこそ」

カニ漁船に乗って遠い海へカニをとりに行くのがカニ漁船漁師の仕事です。年に2〜3か月の期間だけ仕事をしてそれ以外は休みとなります。ただし、漁に出ているその数か月間は働きっぱなしで、航海時でも実際に漁をする時でも、船員としての仕事や漁師としての仕事があります。それぞれが役割を持って動くことになり、その役割を果たすために日夜働き続けなければなりません。体力は必須で、時には命がけの仕事です。ベーリング海のカニ漁師には年収1億円を稼ぐ人もいますが、3か月の漁で年間30人以上は死亡しているという話もあり、「世界一過酷な仕事」といわれています。

カニ漁船漁師の平均給料・給与

115万円

初任給：30万円〜／生涯賃金：3億8640万円

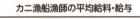

カニ漁船漁師の生涯賃金は、22歳から50歳までの28年間活動したと想定して、それと平均給料を掛け合わせた数字となっております。

カニ漁船漁師の平均給料・給与グラフ

20代 100万円 / 30代 120万円 / 40代 125万円

※歩合によって変動します ※給料の算出には求人や口コミ、厚生労働省の労働白書を参考にしております

カニ漁船漁師

カニ狩り専門の「カニ使い」。極寒の海でカニを捕獲する。かなり危険を伴うジョブのため、報酬は桁違いである。極寒の海「ベーリング海」で働くカニ漁師は、「バイキングの末裔」とも呼ばれる。

カニ漁船漁師の求人は、普通に探してもあまり出てきません。各漁船の求人募集はかなり不定期的です。求人を探すなら、全国漁業就業者確保育成センター主催の就業支援フェアに参加するのが一番の近道でしょう。就業支援フェアと銘打っていますが、各漁船の漁師からしたら貴重な人材確保の場所ともなっているイベントです。そこに参加すると、実際にカニ漁師として仕事をしている人たちと直接面談ができるかもしれません。

>> Rice Farmer

コメ農家

「造化の三神を結びしモノ。それこそがおむすびである！」

コメの栽培、販売を行う仕事です。機械化に加えて、農薬や化学肥料が普及し、ほかの作物と比べて労働時間も短くなりました。その一方で1年に1回しか収穫ができないなど、天候を含めた自然条件の影響が大きく、また、資材に経費がかさむため、専業農家は少なくなっています。近年はコメの流通も変化しており、米穀店以外にスーパーやコンビニ、そして、農家と消費者組合などが直接契約を結んで販売する産直販売が増加しています。インターネットで宣伝して消費者に販売するビジネススタイルも増えてきました。消費者のニーズに応えたコメ作りと販売を行うコメ農家も出てきています。

コメ農家の平均給料・給与
41万円

初任給：12万円／生涯賃金：2億8208万円

コメ農家の生涯賃金は、想定雇用期間43年間と平均給料を掛け合わせた数字となっております。

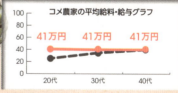
コメ農家の平均給料・給与グラフ
20代：41万円　30代：41万円　40代：41万円

※給料の算出には求人や口コミ、厚生労働省の労働白書を参考にしております

コメ農家

農業の神である瓊々杵尊の末裔であり、回復系アイテム「お米」を精製するジョブ。お米は、神聖な食物「五穀」の一つとされ、古事記ではお米以外にも、粟、小豆、麦、大豆が存在する。

コメ農家の求人募集は、大規模農場を中心に、インターネットで見つけられます。将来的に独立して就農する気でしたら、就農フェアで自治体や農業生産法人の担当者に相談をするか、「全国新規就農相談センター」のサイトなどを見るのがよいでしょう。未経験者がコメ農家になるには、農地の取得や農機の購入、稲作の技術の習得などさまざまなハードルがあります。まずはアルバイトから始めて地域での人脈作りから始めるのもよいかもしれません。

第8章　その他の職業

351

>> Strawberry Farmer

> 「いちご界にキング、クイーンはいるがエンペラーはいない」

いちご農家

いちご農家の仕事は、いちごの栽培と販売です。多くの農家は害虫や鳥、自然災害からいちごを守り、管理をしやすくするためにハウス栽培をしています。栽培したいちごは出荷するほか、いちご狩りを行う農家もあります。品種にもよりますが、そこそこ栽培が難しい作物です。しかし、ノウハウは確立されているので、比較的栽培が容易な品種から手がけていき、「あまおう」「スカイベリー」「きらぴ香」といった高級品種へとステップアップしていけばよいでしょう。ちなみに、いちごだけでなく、ジャガイモやしいたけなど、複数の食物を育てる農家が多いようです。

いちご農家の平均給料・給与

50万円

初任給：15万円／生涯賃金：2億5800万円

いちご農家の生涯賃金は、想定雇用期間43年間と平均給料を掛け合わせた数字となっております。

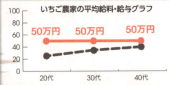

いちご農家の平均給料・給与グラフ

※給料の算出には求人や口コミ、厚生労働省の労働白書を参考にしております

いちご農家

重旨戦士。「いちご」を精製するジョブ。スキル「すりつぶし」を駆使し、回復アイテム「いちごジャム」も作れる。「甘い王」や「空いちご」などの種類によっていちごの甘さが変わるとか。

未経験者がいちご農園を開くのは難しいので、まずはいちご農家でのアルバイトから始めるのがよいでしょう。インターネットの求人サイトに各地の農園が募集を掲載しています。1年を通して仕事があるので、季節を問わず、求人が行われています。農家にもよりますが、アルバイトであっても、苗の世話から土作り、苗の定植、ハウスのビニール張り、収穫にパック詰めから販売まで、一通りの作業に携われます。経験を積めば独立も夢ではありません。

>> *Diver*

海女

「生きていく上でウデ1本と1つの桶があればほかに何もいらない」

アワビ、伊勢海老、ウニ、サザエ、ナマコ、ワカメ、天草などを素潜りで取る漁法の職業です。業態としては、個人営業の漁業であり、漁業権が必要です。伝統的に素潜りで行いますが、近年では専用のスーツがあり、ある程度の経験を積めば漁ができるようになっています。ただし、20代から水圧と低水温に慣れる必要があります。また、一般的に"ふくよか"な女性のほうが、水温に耐えることができるそうです。ベテランになると、冬場に1時間強は漁に出ます。素潜り10年目くらいから、一人前といわれます。漁以外に観光振興目的の海女も多くいます。

海女の平均給料・給与

10万円

初任給：1万円／生涯賃金：5160万円

海女の生涯賃金は、想定活動期間43年間と平均給料を掛け合わせた数字となっております。

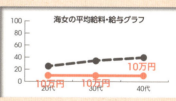

※給料の算出には求人や口コミ、厚生労働省の労働白書を参考にしております

海女

別名「素潜りマスター」。ウニやサザエの天敵。スキル「独特の呼吸法」を若いうちに習得し、海中を自在に移動し、獲物を狩る。マスタークラスになると海中で2分以上ものハンティングを行える。

海女の求人は、全国漁業就業者確保育成センターや漁業組合、海人センターなどの組合や施設で行われています。募集は不定期および少数ですし、離職率は非常に高く厳しい業界です。就業すると集落の住居などを斡旋してもらい、そこを生活の拠点とすることになります。研修期間はありますが、期間が定まっておらず、組合の中で「一人前」と認められたら研修が終わります。操業日数は月平均で10〜20日前後、年間150日前後が多いようです。

第8章 その他の職業

353

>> Mikan Farmer

「柑橘とは、暖かく酸っぱく愛にあふれた果物のことである!」
みかん農家

みかん農家
インド発祥の柑橘女王。みかんの精製に特化したジョブ。マンダリン系譜やオレンジ系譜などに分かれ、柑橘キングダムを作っている。

日本でもっとも多く生産されている果樹、みかんを栽培するのがみかん農家の仕事です。品種は温州(ウンシュウ)ミカンで、その中に多くのブランドみかんが存在しています。ハウス栽培などの普及により、ほぼ一年中みかんが栽培されています。一年を通して農園の除草を頻繁に行い、整枝や剪定をし、季節ごとに肥料を与えます。手作業も多く、手間暇のかかる大変な仕事です。求人募集は、有名産地である和歌山県や静岡県が中心で、期間限定の短期アルバイトなどもあります。

平均給料・給与
31.7万円
初任給:12.5万円
生涯賃金:1億6357万円
※生涯賃金は、想定雇用期間43年間と平均給料を掛け合わせた数字となっております。

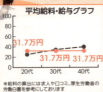

※給料の算出には求人や口コミ、厚生労働省の労働白書を参考にしております。

>> Apple Farmer

「エデンの園のりんごは、どれほど美味しかったのでしょう」
りんご農家

りんご農家
農業系ジョブ。禁断の果実「りんご」を精製していた人々の末裔。スキル「蜜入り」はりんごの魅力を引き出す誘い術である。

りんごを栽培、販売するのが仕事です。世界一生産量の多い品種は日本で生まれた「ふじ」です。そのほか、「つがる」「おうりん」「ジョナゴールド」などが主要品種です。夏から収穫が始まり、秋から冬にかけてりんご収穫の最盛期となります。りんご農家で高年収を得るには、広い農園を持つこと、そして安定して収穫を得られるよう努力を怠らないことなどが必須です。天候に左右されやすく収入が安定しないことから、りんご以外の作物を育てている農家も多くあります。

平均給料・給与
41万円
初任給:12.5万円
生涯賃金:2億1156万円
※生涯賃金は、想定雇用期間43年間と平均給料を掛け合わせた数字となっております。

※給料の算出には求人や口コミ、厚生労働省の労働白書を参考にしております。

▶▶ Tomato Farmer

「外見の美だけにこだわる者は、リコピンの真の力を知らん」
トマト農家

トマト農家

アステカの血を引く緑黄色戦士。回復アイテム「トマト」を精製する。赤い色素「リコピン」を駆使し、美肌効果をもたらすのが得意。

仕事はトマトの栽培と販売です。旬は夏ですが、近年ではビニールハウスなどの施設栽培も盛んで、一年中収穫されています。トマトは、毎年同じ場所で栽培すると成育が悪くなります。いわゆる連作障害です。そのため、毎年植える場所を変えたり、後作に連作障害が出にくくなる野菜（キャベツやブロッコリー、ネギなど）を作付けしたり、土壌を入れ替えたり（天地返し）、消毒したりなど、トマト栽培には工夫と計画性が必要です。トマトは多種多様な品種があり、工夫と手間暇によって味も変わります。

平均給料・給与
42万円
初任給：12万円〜
生涯賃金：2億1672万円

※生涯賃金は、想定雇用期間43年間と平均給料を掛け合わせた数字となっております。

平均給料・給与グラフ
42万円　42万円　42万円
（20代　30代　40代）
※給料の算出には求人や口コミ、厚生労働省の労働白書を参考にしております

▶▶ Melon Farmer

「偉大な思考はメロンを食することから生まれる！」
メロン農家

メロン農家

「メロン」の精製に特化した農業系ジョブ。メロンが「フルーツ界の王様」と呼ばれるため、「王家の産み人」とも呼ばれる。

メロン農家は、メロンを栽培し、販売するのが仕事です。メロンは栽培の難しい作物です。北海道では厳冬期から土作りが始まり、接ぎ木作業など苗を植えるまでにも手間がかかります。湿度に弱く、換気や室温の調整、水分など徹底した管理が欠かせません。手間暇はかかりますが、高単価で売れるため、販売効率のいい作物です。近年では、SNSを活用して、直販で品質の高いメロンを販売し、ブランド化する農家も出てきました。作り手の個性が出る作物だといわれています。

平均給料・給与
65万円
初任給：12万円〜
生涯賃金：3億3540万円

※生涯賃金は、想定雇用期間43年間と平均給料を掛け合わせた数字となっております。

平均給料・給与グラフ
65万円　65万円　65万円
（20代　30代　40代）
※給料の算出には求人や口コミ、厚生労働省の労働白書を参考にしております

第8章　その他の職業

▶▶ Beekeeper

「蜂とともに旅立ち、『秘蜜』の執着地を探そう」

養蜂家

養蜂家
ミツバチを育て、ハチミツ・ローヤルゼリーなどの回復・補助系アイテムを精製するジョブ。スキルは「移動養蜂」「定置養蜂」。

蜂を育てて蜂蜜を採るのが仕事です。春はもっとも蜂が増えるため、養蜂の最盛期となります。秋に再び蜂の数が増えて、第2シーズン到来となります。冬には寒さが厳しいと死ぬミツバチもいますが、死に絶えるわけではないので年間を通して仕事はあります。増えた蜂や、採った蜂蜜を売って収益を出します。最近では蜂蜜の加工まで自分で行う養蜂家は少なくなっていますが、自分で加工したほうが高く売れます。養蜂園に就職するか、養蜂家に弟子入りして養蜂家となります。

平均給料・給与
13万円
初任給：8万円〜
生涯賃金：6708万円
※生涯賃金は、想定雇用期間43年間と平均給料を掛け合わせた数字となっております。

平均給料・給与グラフ
10万円, 15万円, 15万円（20代、30代、40代）
※給料の算出には求人や口コミ、厚生労働省の労働白書を参考にしております

▶▶ Falconer

「鳶の子を鷹にする努力こそ親の使命である」

鷹匠

鷹匠
スカイビーストテイマー。「フクロウ」「タカ」「ワシ」「ハヤブサ」などを相棒とし、害獣駆除などを行う。

鷹匠(たかじょう)とは、鷹を飼いならして鳥や小動物の捕獲や害獣駆除をしている人のことを指します。古くからある職業ですが、現代では収入という観点から見れば、職業として成り立つものではありません。鷹匠に資格はありませんし、狩猟免許とはまた別物です。鷹匠にはそれぞれ流派というものがあります。鷹匠になるには、自分で鷹を購入して、流派が開いている研究会に参加し、入門します。実技などによる検定試験に合格すると、その流派が運営する民間資格を得て、鷹匠になります。

平均給料・給与
11万円
初任給：7万円〜
生涯賃金：8052万円
※生涯賃金は、平均寿命の83歳まで自営業をしたとして、22歳から83歳までの61年間と平均給料を掛け合わせた数字となっております。

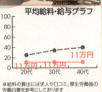

平均給料・給与グラフ
11万円, 11万円, 11万円（20代、30代、40代）
※給料の算出には求人や口コミ、厚生労働省の労働白書を参考にしております

>> Zookeeper
「愛情を注ぎ、苦労をいとわぬ者が、真の獣使いとなる」
動物園飼育員

動物園飼育員
別名「ビーストマスター」。育成したビーストを召喚し見る者に驚きと癒やしを与える。ビーストを自在に操るためには知識と経験値が必要。

公営・民営の動物園において、動物を飼育・管理するのが動物園飼育員です。えさやりや獣舎の掃除をするのも日々の重要な仕事ですが、動物を観察・研究し、その動物を繁殖させて種の保存に努めることも業務に含まれます。動物の世話は1日も欠かせないので、休園日もシフト勤務で、早朝や深夜の勤務となる場合も。特に資格は必要ありませんが、展示動物に関する十分な知識が求められるため、畜産や動物に関わる学校や学科を出ていると採用の際有利になるようです。

平均給料・給与
19.6万円
初任給：16万円
生涯賃金：1億3484万円
生涯賃金は、想定雇用期間43年間と平均給料・ボーナスを掛け合わせた数字となっております。

平均給料・給与グラフ
16万円 19万円 24万円
20代 30代 40代
※給料の算出には求人や口コミ、厚生労働省の労働白書を参考にしております

>> Trimmer
「自分に欠点があるように、ペットにも欠点がある」
トリマー

トリマー
ペットの毛を整える刈り込み系ジョブ。スキル「トリミング」は、ペットの能力を＋補正し、飼い主の力を引き出す「神獣」にする。

トリマーはペットサロンやペットショップ、動物病院などで、おもに犬の体毛の処理であるトリミングや、カット、爪切り、耳掃除、シャンプーなどを行うペット美容の専門家です。医療行為は行いませんが、皮膚病など犬の病気についての知識も多少必要になります。統一した国家資格などはまだありませんが、多くが専門学校や養成スクールなどで知識や技術を学び、修了資格を習得しています。経験と実績を積んで、独立開業する人も多くいます。

平均給料・給与
18万円
初任給：15万円～
生涯賃金：1億2384万円
生涯賃金は、想定雇用期間43年間と平均給料・ボーナスを掛け合わせた数字となっております。

平均給料・給与グラフ
16万円 18万円 19万円
20代 30代 40代
※給料の算出には求人や口コミ、厚生労働省の労働白書を参考にしております

第8章 その他の職業

>> Horse Trainer

競馬調教師
「馬と犬は人の最高の相棒である」

競馬調教師
馬を司るテイマー系ジョブ。フギンとムニンを刻んだ鞭により、知恵と記憶を植え付けられた愛馬は「競走馬」へと変貌する。畜産学部や馬術部の出身者が多い。

●競馬調教師の仕事内容

競馬調教師は、厩舎と呼ばれる施設・組織を管理運営して、競走馬のトレーニングメニューの計画を立て、走りや障害物を飛び越える技術を教え込むのが仕事です。調教や飼育管理のほかに、厩務員、騎手、助手の人事も行います。また、馬主と相談をして、出走計画を考えたり、勝つためにどうすればいいかなどの騎乗法を実際に馬に騎乗する騎手と一緒に考えたりもします。牧場や競り市などに出かけて、次代を担う優秀な馬を見つけるのも競馬調教師の仕事です。

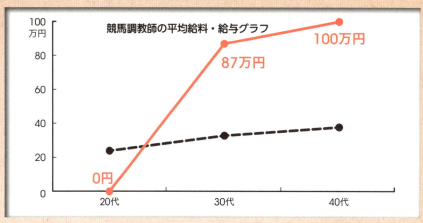

※20代はほぼいません　※給料の算出には求人や口コミ、厚生労働省の労働白書を参考にしております

●競馬調教師になるには？
競馬調教師になるには、調教師免許が必要です。中央競馬（JRA）と地方競馬（NAR）があり、それぞれが主催している調教師試験に合格して免許を取得します。28歳未満は受験できないなど、受験要件があります。また、調教師と呼べるのは、厩舎を管理運営する人のみになるため、馬房という馬を飼育する施設が必要となります。つまり、調教師に

競馬調教師の平均給料・給与
100万円
初任給：87万円〜／生涯賃金：4億8000万円

競馬調教師の生涯賃金は、30歳から70歳までの40年間活動したと想定して、それと平均給料を掛け合わせた数字となっております。

なるためには開業しなければなりません。騎手から調教師になるケースと、厩務員から調教厩務員、調教助手、調教師へとステップアップしていくケースがあります。厩舎の従業員として働き、その後開業するのがセオリーです。

●競馬調教師の開業は大変？
競馬調教師になるのは、かなり大変な道です。調教師として仕事を始めるなら、免許のほかに、馬房が必要となります。馬房は競馬場や、トレーニングセンターといった場所に存在しています。しかし、馬房は主催者（JRAやNAR）から貸与されているものしか使用できず、自分の資金で独自に馬房などの設備を構えて開業することは認められていません。そのため、開業するのはかなり難しいのです。競馬調教師になるためには、調教師の免許を取ってから、すでに開業している調教師のもとで下積みをし、下積み期間に自分から動いて馬主との人脈を確保しておく必要があります。この下積み期間は、開業する時に必要となる管理競走馬を確保しておく準備の期間でもあります。なお、中央競馬では総馬房数が限られているため、調教師には70歳定年制が採られています。

>> *Dog Trainer*

「1万年以上続いている人類の最高のパートナーこそワンちゃんです」

ドッグトレーナー

ドッグトレーナー
テイマー系ジョブの一つ「犬使い」。愛を叩き込むスキル「マンツーマン」でマナーを教える。ワンちゃんとの絆作りも得意。絆ができたワンちゃんは神犬として可愛がられ、癒やし効果を発揮する。

● ドッグトレーナーの仕事内容

ドッグトレーナーの仕事は、家庭で飼われている犬のしつけ・世話を請け負うことで、職業犬を訓練する仕事とは別に考えられることがほとんどです。ドッグトレーナー＝家庭犬訓練士と称されることもあります。また、犬を自分自身でしつけるだけではなくて、飼い主にしつけの指導を行うのもドッグトレーナーの大切な仕事です。ドッグトレーナーを頼らずとも今後自分たちでしつけができるように飼い主にしつけ方を教えることが、この仕事のメインともいえるかもしれません。

※給料の算出には求人や口コミ、厚生労働省の労働白書を参考にしております

● **ドッグトレーナーになるには?**
ドッグトレーナーになるために必須の資格というものはありませんが、ドッグトレーナーを目指すのであれば取っておいて損はない資格というものならあります。民間資格として運営されているドッグトレーナーライセンスです。これは日本ドッグトレーナー協会が運営・実施している認定資格で、D級からA級まであります。また、ドッグトレーナーの養成学校もあります。家庭犬訓練士・職業犬訓練士両方について一気に学ぶことができる学校や、実習がしっかりあり、独立する際に必要になる商学や経営学についても学ぶことができる学校など、各校に特色があります。

ドッグトレーナーの平均給料・給与
21.8万円
初任給:15万円〜／生涯賃金:1億4998万円

ドッグトレーナーの生涯賃金は、22歳から65歳までの43年間雇われたと想定して、それと平均給料・ボーナスを掛け合わせた数字となっております。

● **ドッグトレーナーの種類**
一般的に、ドッグトレーナーといえば家庭犬訓練士を指すことがほとんどですが、犬を訓練する仕事にはほかにもいろいろな種類があります。例えば、麻薬探知犬や捜索犬などの警察犬、盲導犬、聴導犬、介助犬、災害救助犬などの訓練士です。目的によって訓練の内容が異なり、資格が必要なものもあります。訓練所に住み込みで入所する場合もあり、生き物を扱う仕事のため、犬を中心としたスケジュールで生活することになります。いずれも犬との信頼関係が第一で、指導力以前に心から犬が好きでなければこの仕事は務まりません。犬は人の感情を敏感に感じ取る生き物なので、愛情がない人の言うことは聞いてくれないのです。どんな犬でも自分の家族のように愛情を持って接することができる人でないと、ドッグトレーナーにはなれません。

≫ *Garbage man*

ごみ収集作業員
「ゴミを燃やすとみんなの税金も燃えていくんです」

ごみ収集作業員
男性専用クラス。肉体系公務員。別名「掃除屋」と呼ばれ海外ではかなり危険な仕事の一つとされている。肉体と精神両方兼ね備えた屈強な男がなる職である。

● ごみ収集作業員の仕事内容
通常、ごみ収集には産業廃棄物運搬業と一般廃棄物運搬業があります。世間的には、ごみ収集といった場合は、一般廃棄物処理業にともなう運搬業を指すイメージが強いです。一般廃棄物のごみ収集作業員は、正確にはじんかい収集作業員と呼ばれ、民間委託業者に雇用される場合と、自治体の専門業者に雇用される公務員の2種類があります。現在は民間委託が非常に増えており、地方では大半が民間委託となっています。資格は特に必要ありませんが、普通免許取得は必須であることが多いです。

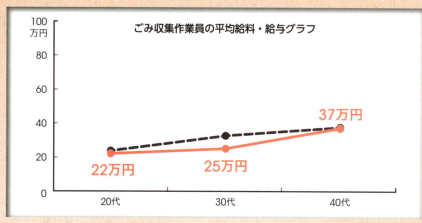

※給料の算出には求人や口コミ、厚生労働省の労働白書を参考にしております

●ごみ収集作業員の求人の探し方

全国自治体の入職は、転職希望や新人採用もかつては多く見受けられました。年齢制限は18歳以上、要普免、学歴採用など、地方公務員の要件を満たしていることが条件となることが多かったようです。現在は、民間委託に移行する自治体が増え、大都市でも民間企業への採用が非常に増えています。全国のハローワークほか、ごみ収集作業員、あるいは一般廃棄物運搬業、じんかい収集作業員でWEB検索をして求人を探すと比較的多く案件が見つかります。経験や年齢制限もなく、希望すれば採用は出やすい業界だといえるでしょう。

ごみ収集作業員の平均給料・給与

24万円

初任給：18万円～／生涯賃金：1億6512万円

ごみ収集作業員の生涯賃金は、新卒が終身雇用で65歳まで雇用されたと想定して、22歳から65歳までの43年間と平均給料・ボーナスを掛け合わせた数字となっております。

●民間と公務員のごみ収集作業員はどのくらいの給料差が出るの？

以前の自治体の地方公務員給与換算では40歳、経験年数15年で40万円くらいの収入が見込めたようです。ただし、事務系の公務員と比べ、昇進試験に該当するものがなく、実務経験から技能主任、技能長あたりまでが昇進の限界のようです。勤務時間は午前8時から午後4時30分と、自治体公務員の場合も民間の場合も同様です。民間の場合は、日給換算で1万1000円あたりからで、月収では25万円前後となるケースもありますが、勤務時間は休憩を入れての実労8時間、朝8時から午後5時までが一般的です。民間では、昼間の時間帯はほかの雑務と兼用としているケースが多く、完全就労ですが、自治体公務員のケースは、中抜けといっていったん帰宅し、就労時間終了後に再び出社するケースもあるようです。

第8章　その他の職業

Housewife

「専業主婦の情報網は諜報機関をも超える！」
専業主婦

専業主婦
家事・育児に徹する同時作業処理型ジョブ。日々子育てと格闘しながら雑務を行う姿は、「聖母ヴァルキリー」と称されることも。大蔵大臣、シェフ、清掃員など、家庭内クラスチェンジが可能である。

●専業主婦の仕事内容
専業主婦の仕事は、家事をすることです。家事といってもさまざまなものがあり、炊事、洗濯、掃除、買い物、家計の管理、子育てとやることは多岐にわたります。炊事は朝、昼、晩と1日に3度もあります。あとは部屋の掃除を適宜行ったり、足りないものを買いに行ったりします。子どもがいる家庭であればさまざまな作業と並行して、子どもの相手もしなければなりません。家のお金を管理する仕事もあります。それ以外にも細かな部分で家全般の業務を行うのが主婦の仕事です。

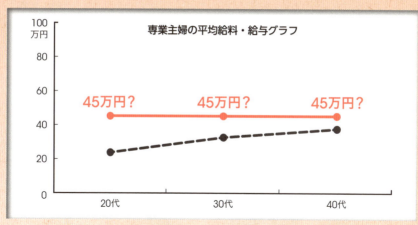

※給料の算出には求人や口コミ、厚生労働省の労働白書を参考にしております

●専業主婦になるためにはどのくらいの年収の配偶者が必要？

専業主婦をするには、やはり相手がお金をしっかりと稼いでいなければいけません。男性の平均年収は、410万円程度。夫婦二人であれば、この年収でも十分生活ができるため、専業主婦になれます。しかし、将来子どもを産み育てる予定ならば、もう少しあると安心です。共働き世帯の年収と同等なら問題ないと思われるため、国税庁のデータから男女の平均給与を合算して推定します。すると、結婚適齢期の20代では、共働き世帯は平均で670万円近くの年収を得ていると推定可能です。よって、専業主婦で安心して生活するなら、年収670万円以上の配偶者が理想的です。

専業主婦の平均給料・給与

45万円？

初任給：18万円？ ／ 生涯賃金：1億0800万円？

子育てのありなしで平均給料・給与を算出。専業主婦の生涯賃金は、子育て期間を20年間と想定して、それと平均給料を掛け合わせた数字となっております。

●専業主婦の仕事を給料換算すると？

専業主婦のおもな仕事を調理（2時間）、洗濯（1時間）、掃除（1時間）、買い物（1時間）、家計管理（30分）と仮定し、仕事内容をそれぞれ、調理（時給1175円）、クリーニング工場（時給910円）、清掃業（時給1200円）、ファミレスの宅配（時給1050円）、経理のバイト（時給1200円）に換算し、算出してみました。すると、日給6110円となるので、30営業日とすると6110円×30で、専業主婦の月収は18万3300円となります。さらに子育てがある場合は16時間労働となり、ベビーシッターの時給（平均1125円）から換算すると、日給1万8000円、月収にすると54万円になります。よって、子育てしている専業主婦の場合は、18万3300円＋54万円で、給料は72万3300円となります。専業主婦の仕事がいかに大変かがわかりますね。

>> Librarian

「1万冊読んだ私でも人生を変えることはできませんでした」
図書館司書

図書館司書
別名「本を統べる者」。図書館にある本を管理したり、本の貸し借りに関する受付業務を行う。スキル「検索システム」は、探している本を一発で探し当てる、「トレジャースキル」の一つ。

● 図書館司書の仕事内容

図書館司書とは、私立・公立の図書館において、資料の整理、書籍の管理、受付業務や図書の貸借業務など、幅広く対応するのが仕事です。公立図書館などでは時々イベントを開催したり、ほかの施設のイベントの企画に協力したりするケースもあります。読み聞かせイベントやおすすめの図書特集など、図書館司書が企画立案を行うことも増えているようです。論文やレポート作成のための資料を探す利用者に対してアドバイスをしたり、参考資料を提示したりするレファレンスサービスを行うこともあります。

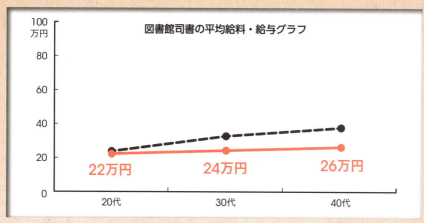

※時給制や契約社員も多いです　※給料の算出には求人や口コミ、厚生労働省の労働白書を参考にしております

●図書館司書の仕事の魅力・向いている性格

図書館司書の仕事の魅力は、とにかく「本」と関わることができるということです。後世にまで読まれる本を保管、管理し、貸し出すということは本好きにはたまらない仕事であるといえます。また、レファレンス業務など、利用者の探している本を見つけたり、困っていることを解決したりといった仕事は達成感があり、司書としての能力を存分に発揮できる場面です。図書館の閉館時間は決まっているので残業が少ない傾向があり、体力仕事ではないため、女性でも働きやすい職場であるといえます。公共性が高く、好きな本に囲まれて仕事ができる環境ということで、人気があります。

図書館司書の平均給料・給与

22万円

初任給：15万円～　／　生涯賃金：1億5136万円

図書館司書の生涯賃金は、新卒が終身雇用で65歳まで雇用されたと想定して、22歳から65歳までの43年間と平均給料・ボーナスを掛け合わせた数字となっております。

●図書館司書のキャリアモデル

市町村立などの自治体の公立図書館で働く職員は、ほぼ公務員です。公務員の場合、月給は自治体によって異なりますが、20万円くらいの給料になります。図書館司書には、アルバイトや派遣社員、市の嘱託職員などもいます。嘱託職員の場合、時給制がほとんどで、時給900～1200円となり、月給だと14万～16万円となります。地方では時給780円など給料は低くなる傾向があります。それでも図書館司書を目指す人は多く、供給過多ともいわれています。職員1人の募集に50人以上の応募があることもあるそうです。公務員の場合、自治体の俸給表に基づき年齢に応じて昇給していきますが、嘱託職員の場合は昇給はほぼ望めません。図書館司書はキャリアアップを図るには不向きな職業ともいえますが、経験を積むほど面白みが出てくる仕事ともいわれています。

>> Interpreter

「私たちは共通の言葉を手に入れました。さあバベルを建てましょう」

通訳

通訳
さまざまな言語のスペシャリスト。神の意思によって引き裂かれた言葉を、一つに統一するジョブでもある。通訳により、世界の認識が一つになった時、バベルの塔が再び建てられるといわれている。

● 通訳の仕事内容

通訳とは、言語の異なる人たちが互いの言葉を理解できない、話すことができない時に、間に入って、その言葉を口頭で翻訳する仕事です。通訳にはおもに2種類の方法があり、一つは取材などでよく使われる、発言者の言葉が途切れるまで待ち、まとめて通訳しながら会話を続ける逐次通訳。もう一つは国際会議やニュースなどで使われる、話し手の言葉を聞くと同時に通訳しながら話す、同時通訳です。同時通訳は非常に高いレベルが要求され、一人で長時間続けることはできないので、交代しながら行われます。

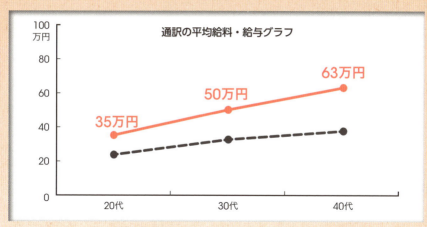

※給料の算出には求人や口コミ、厚生労働省の労働白書を参考にしております

●通訳の仕事の面白さ・向いている性格

母国語はもちろんのこと、ほかの国の言葉も好きで、その国の文化まで知ることを楽しめる人ならば、通訳の仕事を楽しんでこなすことができるでしょう。通訳は人と人をつなぐことなので、初対面の人と会う機会が多く、人付き合いが上手であることも重要です。一度、通訳として同行して気に入られてから、ずっと通訳をしている、といったこともよくあります。スキルを磨いたうえで、発言者の言葉の意味を理解、かつ正しい解釈をし、ニュアンスを間違えずに意味を変えないように翻訳して伝える仕事には高い集中力も必要です。常に語学について勉強することが重要です。

通訳の平均給料・給与

50万円

初任給：3万円〜／生涯賃金：3億4400万円

通訳の生涯賃金は、新卒が終身雇用で65歳まで雇用されたと想定して、22歳から65歳までの43年間と平均給料・ボーナスを掛け合わせた数字となっております。

●通訳のキャリアモデル

英会話ができるだけでは通訳にはなれない、といわれるほど、通訳と会話はまったく違うものです。外語系大学や海外留学などで語学を勉強したうえで、大学の通訳者養成コース、もしくは通訳者養成学校に通う人がほとんどです。そのあと、通訳のエージェントや派遣会社に就職、もしくは登録して仕事を斡旋してもらいます。フリーランスや専属といった方法もありますが、実績がない状態では難しいので、まずは通訳会社への就職が一般的です。通訳は年齢や性別に関係なくできる仕事であることから、女性にも人気の高い職業で、現役通訳者の9割が女性といわれています。通訳は長時間拘束という状況があまりないので、子育てをしていても続けられるうえに、フリーランスで顧客がついていれば、自分の時間に都合を合わせてもらえるようなこともあるでしょう。

>> *Secretary*

秘書職
「失敗の責任は社長に。成功の功績は社員に」

秘書職
庶務管理を得意とする経営者の「補佐」。スキル「スケジュール管理」は一分一秒たりともズレを許さない徹底管理技。「潜在的小悪魔力」を持つ秘書もごくまれにおり、絶大なる権力を持つことも……。

● 秘書職の仕事内容

秘書とは、上司の業務を補佐し、上司が本業の仕事に専念する環境を整えるのが仕事です。社長秘書、役員秘書、議員秘書、病院秘書、弁護士秘書など、いろいろな秘書がいます。秘書は上司のスケジュール管理や調整、出張の際の宿泊先や交通の手配、電話・メールの対応や来客の接遇、文書や資料の作成やコピーなど、事務作業を担当します。上司の身の回りの雑務を引き受けることもあります。また、上司の急病や事故、突然の来客などのアクシデントにも対応し、業務が滞りなく進むよう手配も行います。

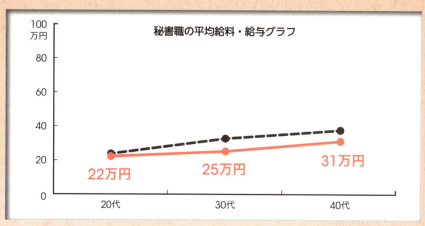

※給料の算出には求人や口コミ、厚生労働省の労働白書を参考にしております

●秘書職の活躍の場・向いている性格
秘書は企業の運営において、欠かせない存在です。おもな活躍の場は、大企業、外資系企業、官庁、研究所、大使館などの多くの業種にわたり、あらゆる分野で秘書としての能力やスキルを活かすことができます。重要なのは、指示された仕事を確実にこなし、上司を補佐することです。どんな事態にも冷静に対処し、的確な行動がとれる人が望ましいです。また、来客と接することも多いので、人当たりが柔らかく社交性のある人も向いています。秘書の仕事は出張や勤務時間外の会議、接待なども多く、不規則になりがちです。大企業ほどチームで秘書業務を行っていたり、フォローする仕組みがあるようです。

秘書職の平均給料・給与

26万円

初任給：18万円〜／生涯賃金：1億7888万円

秘書職の生涯賃金は、新卒が終身雇用で65歳まで雇用されたと想定して、22歳から65歳までの43年間と平均給料・ボーナスを掛け合わせた数字となっております。

●秘書職に男女の年収差はあるの？
秘書は女性のオフィスワークというイメージが昔から強く、実際に現在でも女性秘書の割合が高いです。会社のイメージ戦略の一環として、秘書には若い女性を選ぶという傾向があり、また、女性のほうが几帳面で気配りなどの面で細やかな対応ができる、という点も影響しているようです。議員秘書などは逆に男性のほうが多く、男性8割、女性2割となっています。これは、政治家になるためのステップとして、議員秘書になる男性が多いからでしょう。秘書の平均年収は男性350万円、女性340万円といわれています。平均的にはやや男性のほうが高い傾向があり、女性は200万円未満の年収の人も多くいます。これは、女性秘書はパートやアルバイトなど非正規雇用の人も多く、また、子育てなどで時短勤務を選択している人もいるためだと考えられます。

第8章　その他の職業

>> Poker Player

ポーカー選手
「選択肢を消去していくことが勝利につながる」

ポーカー選手の仕事内容は、さまざまな大会などでポーカー勝負をし、勝って賞金を稼ぐというものです。ポーカーをプロとして職業にしている人は日本ではとても少ないですが、海外ではプロポーカー選手という職業が確立されているようです。ラスベガスなどのカジノでポーカー勝負をし、利益を得ている人もいます。ポーカー選手はポーカーの技術のほか、ポーカーに通じるさまざまな知識を身につけなければ一流にはなれません。例えば、プロのポーカー選手は心理学や数学にも詳しい人が多いとされています。相手がどのような心理状態なのかを見定めるのもポーカーには必要なことだからです。

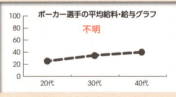

ポーカー選手の平均給料・給与

不明

初任給：1万円〜 ／ 生涯賃金：不明

ポーカー選手の生涯賃金は情報が少ないため不明です。

ポーカー選手の平均給料・給与グラフ

不明

※情報が少なく平均給料は不明です

ポーカー選手
カードゲーム「ポーカー」で戦うジョブ。相手の心を読み、己を信じて戦う孤高の戦士。スキル「ポーカーフェイス」は己の心を隠す特殊スキルである。円卓で戦うため、別名「ラウンダーズ」と呼ばれる。

ポーカー大会によって賞金額は異なりますが、世界大会などになると5000万円以上になることもあります。一般的なものでは、1位で100万〜200万円くらいが多いでしょう。ポーカーは経験を積むことで強くなるので、さまざまな大会に出場し、収入を増やしていくことが可能です。しかし、ポーカー大会には参加料がかかるため注意が必要です。一般的なものだと50万〜100万円、高額なものだと1000万円以上の参加料がかかる大会もあるそうです。

≫ *Japanese Language Teacher*

「あずき色・萌葱色・紅藤色を英語で表現することはできません」

日本語教師

日本語以外を母国語とする外国人向けに日本語を教える専門職です。おもな勤務先は、民間の日本語学校、企業、大学になります。勤務地を国内に限らなければ、中国、ベトナム、メキシコ、タイ、台湾、マレーシアやミャンマーなど、世界中が職場となり得る仕事といえます。深い語学知識や指導力が求められます。国籍や年齢、生活習慣などが異なる生徒と接するため、高いコミュニケーション能力も必要です。日本は文化的にも世界から注目されており、需要は高まる一方です。しかし、海外ではボランティアで働く人も多く、生活を支える仕事とするには人並み以上の努力が必要といえるでしょう。

日本語教師の平均給料・給与

28万円

初任給：18万円～ ／ 生涯賃金：1億9264万円

日本語教師の生涯賃金は、新卒が終身雇用で65歳まで雇用されたと想定して、22歳から65歳までの43年間と平均給料・ボーナスを掛け合わせた数字となっております。

日本語教師の平均給料・給与グラフ

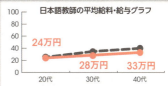

24万円　28万円　33万円
20代　30代　40代

※給料の算出には求人や口コミ、厚生労働省の労働白書を参考にしております

日本語教師

日本語を教える文化系ジョブ。別名「YAMATO伝承者」。外国人に日本語を教えるため、「英語」は必須スキル。語感の鋭さ・人柄・文化への精通など広く深い教養が必要である。

公的機関で教える場合は教員免許が必要で、日本語学校、企業、大学などで採用されるには、大学・大学院を卒業しているか、「日本語教師養成講座420時間修了」「日本語教育能力検定試験合格」が求められます。外国からの留学生や就業者は増えており、教師の数は慢性的に足りていません。国内だけでなく、アジアには日本語教師を求めている国が多くあります。日本語教育振興協会のサイトなどで募集を探してみるとよいでしょう。

>> Copywriter

「一文字一文字を大切にし、時には破壊をするお仕事です」
コピーライター

コピーライターは、商品のセールスコピーや、会社のキャッチコピーなどを考えるのがおもな仕事です。店の名前や会社の名前、有名になってくると映画のキャッチコピーなどを付けることもあります。「コピー」と呼ばれるものであれば、何でもコピーライターの仕事の範疇です。例えば、飲食店からメニューにキャッチコピーを付けてほしいと頼まれることもあります。広告代理店などがおもな就職先ですが、フリーでやっている人も多いです。フリーのコピーライターは、おもにコンペと呼ばれるものに応募して仕事を得ます。最近ではクラウドソーシングも盛んになっています。

コピーライターの平均給料・給与
23.4万円

初任給：10万円～ ／ 生涯賃金：1億6099万円

コピーライターの生涯賃金は、22歳から65歳までの43年間雇われたと想定して、それと平均給料・ボーナスを掛け合わせた数字となっております。

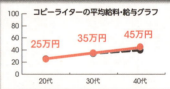

コピーライターの平均給料・給与グラフ
- 20代：25万円
- 30代：35万円
- 40代：45万円

※給料の算出には求人や口コミ、厚生労働省の労働白書を参考にしております

コピーライター
知見・経験をもとに言葉をつなぎ、幾万通りの状況や心情を表現する言霊使い。常に自分自身にも問いかけ続けるジョブ。呪符に込められた短いセンテンスは世の中を動かすこともある。

コピーライターになるのに資格は必要ありません。技能検定なども一切ありません。コピーライターに必要なのは、センスと語彙力です。あとは、売れる言葉とはどんな言葉か、言葉の持つイメージを知識として蓄えておくことも大切です。コピーライターの養成講座に通ってセンスと知識を身につけるという人が多いですが、料金は月々10万～20万円ほどが相場です。いずれにせよ、言葉について勉強をし、センスを磨くしかありません。

≫ School Counselor

「子どもに一番影響を与えるものは、親の精神状態です」
スクールカウンセラー

スクールカウンセラーの仕事内容は、生徒へのカウンセリング、教職員・保護者に対するアドバイスや援助、生徒のカウンセリングなどに関しての情報収集と提供などです。生徒の発達検査など心理検査を行うこともあり、症状や問題行動を未然に防ぐためにストレスチェックなどを実施することもあります。カウンセリングは生徒とカウンセラーのみで成立するものではありません。親や教師と連携をとって問題解決にあたる必要があります。学校外の専門機関と連携をとり、情報収集を行うこともあります。自分の努力で子どもの未来を切り開く仕事といえます。

スクールカウンセラーの平均給料・給与
24万円

初任給:19万円／生涯賃金:1億5360万円

スクールカウンセラーの生涯賃金は、修士卒業から1年の心理臨床業務経験をへた25歳から65歳までの40年間と平均給料・ボーナスを掛け合わせた数字となっております。

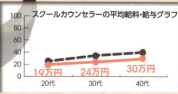

スクールカウンセラーの平均給料・給与グラフ
- 20代: 19万円
- 30代: 24万円
- 40代: 30万円

※給料の算出には求人や口コミ、厚生労働省の労働白書を参考にしております

スクールカウンセラー
カウンセリング三賢者の一人。属性は「学」。生徒の抱えている心理的問題に対して相談にのるジョブ。生徒以外にも教員や保護者の相談にものることが多く、学校に通ずる人々を救済する。

スクールカウンセラーには、臨床心理士などの資格が必要です。基本的な受験資格は、あらかじめ臨床心理士養成に関する指定大学院または専門職大学院の修了とされています。求人はハローワークなどで探せます。職場としては、私立大学や専門学校が多いようです。小学校、中学校、高校からの求人は、都道府県の教育委員会の採用情報に掲載されます。たいていは欠員が出た場合のみ募集されるので、採用情報の掲載は不定期的です。

≫ Educational Company employee

「教えることによって、人はもう一度学ぶことができるのだ」

教育系企業社員

教育系企業社員

進学や資格取得を目的とした教育を提供する。勉強を通じて生きるための知恵や力を授けることもあり、「業界の賢者」と呼ばれる。

教育業界は小・中・高校生など子どもを対象とした進学向けと、社会人を対象としたキャリアアップや自己啓発のための学習の、おもに2分野によって成り立っています。少子化が問題となっていますが、子どもにかける教育費は増加しており、市場規模が極端に縮小することはなさそうです。近年はインターネットが普及したことにより教育業界にもIT化の波が押し寄せ、タブレット端末を使ったプログラムや講座が人気です。また、英会話の必要性から社会人の受講者が増えています。

平均給料・給与
31万円
初任給：21万円
生涯賃金：2億1328万円
※生涯賃金は、想定雇用期間43年間と平均給料・ボーナスを掛け合わせた数字となっております。

平均給料・給与グラフ
20代 23万円
30代 30万円
40代 35万円
※給料の算出には上場企業のIR情報を参考にしております

≫ Translation Coordinator

「翻訳の究極の目的は、バベルの塔を完成させることです」

翻訳コーディネーター

翻訳コーディネーター

翻訳者とクライアントをつなぐ架け橋ジョブ。スキル「英会話」が必須。上級職「通訳」になるための登竜門ともいわれる。

翻訳コーディネーターの仕事は、翻訳ができるまでの一連の仕事、流れをコーディネートすることです。おもに翻訳会社に所属して、翻訳者と依頼者との間の橋渡しをします。仕事はクライアントとの打ち合わせから始まります。どういった目的で、どういった媒体で翻訳された文章が使われるのか、誰を対象とした文章なのかを細かくヒアリングして、クライアントのニーズを把握し、協議を重ねて提案をします。そこで決定したことを翻訳者に伝えて、翻訳してもらいます。

平均給料・給与
33万円
初任給：18万円〜
生涯賃金：2億2740万円
※生涯賃金は、想定雇用期間43年間と平均給料・ボーナスを掛け合わせた数字となっております。

平均給料・給与グラフ
20代 25万円
30代 30万円
40代 40万円
※給料の算出には求人や口コミ、厚生労働省の労働白書を参考にしております

» Writer
「最初に結論を持ってこい！」
ライター

ライター
長い言霊を使う「言霊陰陽師」。WEBライターとしてデジタル分野で活躍することも増えている。上級職になると編集なども手掛ける。

ライターの仕事は文章をまとめ、さまざまな媒体に掲載することです。グルメライター、芸能ライター、ギャンブルライターなど、扱うテーマや掲載する媒体などによってジャンルが分かれています。近年はWEBライターの仕事が増加してきており、ライターへの登竜門としても人気となっています。ある紙媒体の場合、ページ単価はだいたい1万円。WEBの場合は文字数で計算してギャラが支払われ、単価は1文字あたり0.5～1円で、紙媒体よりかなり安く設定されています。

平均給料・給与
21.6万円
初任給：1万円～
生涯賃金：9849万円
※生涯賃金は、22歳から60歳までの38年間活動したと想定して、それに平均給料を掛け合わせた数字となっております。

平均給料・給与グラフ
15万円、20万円、30万円
20代 30代 40代
※給料の算出には求人や口コミ、厚生労働省の労働白書を参考にしております。

» Printing Company employee
『常に人の隣に居続けたモノは、光ではなく"紙"です』
印刷会社社員

印刷会社社員
「紙」に命を吹き込み、きらびやかな世界を魅せる。紙の種類は幅広く、専門書から広告チラシまでさまざま。出版業界と蜜月関係にある。

用紙・塗料を仕入れ、印刷・製本など加工を施した印刷物を納入する印刷会社。企業数としては小規模事業者が大半を占めますが、売上では凸版印刷、大日本印刷が圧倒的なシェアを誇っています。多くの印刷会社が最大手2社の下請けや孫請けになっており、競争と相互依存・分業体制による階層ができあがっているといいます。出版不況に伴い縮小傾向にありますが、特殊な印刷に特化して専門性を高めたり、他事業に展開したりと、各社工夫を重ねて経営努力をしています。

平均給料・給与
31万円
初任給：20万円
生涯賃金：2億1328万円
※生涯賃金は、想定雇用期間43年間に平均給料・ボーナスを掛け合わせた数字となっております。

平均給料・給与グラフ
22万円、28万円、34万円
20代 30代 40代
※給料の算出には上場企業のIR情報を参考にしております。

第8章 その他の職業

≫ Temp Agency employee

「人を焚きつけるものは『情熱』である」
人材派遣会社社員

人材派遣会社社員
扱う商品は「人」。スキル、経験という武器を持つ派遣社員を適材適所に配置し、采配を振るうため、「マンパワーの化身」と呼ばれる。

人材派遣事業は正式には労働者派遣と呼ばれ、労働者派遣法にのっとって開設し運営しなければなりません。人材派遣会社は自社の常勤社員、または登録者の中から、派遣先企業のニーズ（業務内容、レベル、就業条件）に適した人材を選出し、必要な時期に必要な期間、派遣します。派遣社員は間接雇用で、賃金は人材派遣会社から支払われます。自分の希望や価値観、ライフスタイルを最優先できるといったメリットもあり、120万人以上が派遣社員として働いています。

平均給料・給与
29万円
初任給：22万円
生涯賃金：1億9952万円
※給料は、想定雇用期間43年間と平均給料・ボーナスを掛け合わせた数字となっております。

平均給料・給与グラフ
22万円 / 28万円 / 34万円
※給料の算出には上場企業のIR情報を参考にしております

≫ Life Insurance Company employee

「あなたの家族は預かった。安心して仕事へ出よ！」
生命保険会社社員

生命保険会社社員
掛け金と引き換えに、保険という形で守ってくれる。別名「等価交換の騎士」。契りを結べば、被害額を最小限に食い止め補填してくれる。

怪我や病気などのリスクに備えて「安心」を売るのが生命保険会社の仕事です。少子高齢化や人口減少といった課題もありますが、ニーズに応えたさまざまな保険商品を開発して活路を探っています。最近では医療保険やがん保険など「生きるための保険」や、貯蓄型の保険に人気が集まっています。インターネットの普及により消費者の保険に対する知識が深まり、保険商品を比較検討しやすくなりました。そのため競争が激しくなり、企業買収や業務提携などが盛んに行われています。

平均給料・給与
45万円
初任給：22万円
生涯賃金：3億0960万円
※給料は、想定雇用期間43年間と平均給料・ボーナスを掛け合わせた数字となっております。

平均給料・給与グラフ
32万円 / 42万円 / 50万円
※給料の算出には上場企業のIR情報を参考にしております

» Bank Clerk

「貨幣というのは信頼ではなく信用です」

銀行員

銀行員

金融仲介・信用創造・決済を駆使し、お金にまつわる仕事を行う。エンジンオイルである「お金」を回し、業界全体を円滑に動かしていく。

銀行の業務は企業や個人から預金を集めて、それをもとに事業資金や住宅ローンなどのお金が必要な人に融資する金融仲介業務と、振り込みや公共料金などの口座振替を行う決済業務の2つに分かれます。利息や手数料などによって利益を得ています。総資産が100兆円を超える銀行はメガバンクと呼ばれ、証券やクレジットカードなど総合的な金融サービスを提供しています。金銭を取り扱う仕事なので、きちんと数字を管理できる几帳面な人が銀行員に向いています。

平均給料・給与
42万円
初任給：20万円
生涯賃金：2億8896万円

※生涯賃金は、想定雇用期間43年間と平均給料・ボーナスを掛け合わせた数字となっております。

平均給料・給与グラフ
27万円 / 39万円 / 49万円
20代 / 30代 / 40代

※給料の算出には上場企業のIR情報を参考にしております。

» Day Trader

「いい話がある…‥と言われた時の緊迫感がわかるかね？」

デイトレーダー

デイトレーダー

1日に何度も投機を行うジョブ。巨額の利益にも、多額の負債にも動じない精神力を持つ。別名「天国と地獄の狭間にいる男」。

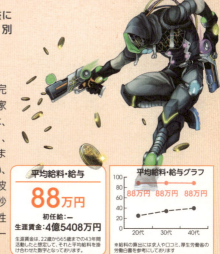

デイトレーダーは、おもに短期間で取引を完結させ、1日に何度も取引を行う個人投資家です。デイトレーダーが対象とする取引は、株式・債券取引をはじめ、外国為替取引（FX）、商品先物取引、株価指数先物取引など、さまざまです。特に値動きが激しい銘柄を扱い、細かい利益を多数繰り返したり、値動きの波にうまく乗って稼ぐのが目的となります。1秒でも目を離すと買い時、売り時を逃す可能性があるため、市場が開いている間はモニターに張り付きます。収入は不安定です。

平均給料・給与
88万円
初任給：ー
生涯賃金：4億5408万円

※生涯賃金は、22歳から65歳までの43年間活動したと想定して、それと平均給料を掛け合わせた数字となっております。

平均給料・給与グラフ
88万円 / 88万円 / 88万円
20代 / 30代 / 40代

※給料の算出には求人や口コミ、厚生労働省の労働白書を参考にしております。

第8章 その他の職業

▶▶ Receptionist

「此処から先へは私を倒さねば進めません」

受付職

受付職

門番系ジョブ。組織全体を熟知しており迅速な対応が可能。スキル「ファーストインプレッション」は企業の第一印象をよくする接客技。

企業の受付で来客対応や案内を行い、担当者へ連絡をしたり、代表電話の取り次ぎを行ったりするのが仕事です。会社によってはロビーでのお茶出しなどの接客対応や、会議室の管理、送迎車の手配などを行うこともあります。アポなしの訪問者や、担当部署がわからない顧客に該当部署を取り次ぐ対応などをしなければならないため、自社の業務内容や部署もきちんと把握しておかなければなりません。清潔感のある外見と、正しい言葉遣いや気配りが求められます。

平均給料・給与
22万円
初任給：16万円〜
生涯賃金：1億5136万円

※生涯賃金は、想定雇用期間43年間と平均給料・ボーナスを掛け合わせた数字となっております。

平均給料・給与グラフ

20代	30代	40代
19万円	23万円	26万円

※給料の算出は求人や口コミ、厚生労働省の労働白書を参考にしております。

▶▶ Freelancer

「社員は会社次第。フリーランスは自分次第」

フリーランス

フリーランス

いろいろな職をへて、自由を勝ち取った傭兵系ジョブ。「ノマド」や「在宅ワーク」などのスキルを覚える。仕事は完全に自己責任。

フリーランスと一口でいっても、さまざまな職種があります。例えば、語学力を活かした翻訳者や通訳、最近ではIT関連のWEBプログラマーやWEBライターなどもフリーランスとして活躍しています。カメラマンやデザイナー、イラストレーターなどクリエイティブな仕事もフリーランスが多いです。副業の制限がないため、複数の仕事をフリーランスとしてやっている人もいます。納期管理やスケジュール調整などの力が必要になります。最大のデメリットは収入が安定しないことです。

平均給料・給与
25万円
初任給：10万円〜
生涯賃金：2億4400万円

※生涯賃金は、平均寿命の83歳まで自営業をしたとして、22歳から83歳までの61年間と平均給料を掛け合わせた数字となっております。

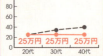

平均給料・給与グラフ

20代	30代	40代
25万円	25万円	25万円

※給料の算出は求人や口コミ、厚生労働省の労働白書を参考にしております。

≫ Export Clerk

「大海原へ船を出せ。世界はこの手の中に」
貿易事務

貿易事務
貿易関連の事務に優れた特殊ジョブ。通関書類作成など特殊文書を担当。「世界」を相手にするため、「英文作成」スキルは必須。

貿易事務は商社や輸出入事業者、海運系企業などで、おもに輸出手続きに必要な書類の作成、データ入力作業、スケジュールの調整や打ち合わせ、ファイリングと管理などの事務作業を行います。そのほか、倉庫手配や船積みの手配、代金回収や税金納付などの作業にも関わります。海外企業とのスムーズな取引を行うため、専門知識を持った貿易事務の存在は欠かせません。語学力のほか、パソコンを使って作業をすることも多いため、デジタル関連のスキルも必要です。

平均給料・給与
26万円
初任給：18万円
生涯賃金：1億7888万円
※生涯賃金は、想定雇用期間43年間と平均給料・ボーナスを掛け合わせた数字となっております。

平均給料・給与グラフ
24万円 27万円 29万円
20代 30代 40代
※給料の算出には求人や口コミ、厚生労働省の労働白書を参考にしております。

≫ Trading Company employee

「己のコンパスに従って人生を旅するのが商社マンの使命」
商社社員

商社社員
貿易や物資の販売に特化した商いをする。魔法の絨毯ではなく、飛行機に乗り世界を渡り歩く。別名「シンドバッドの末裔」。

商社はさまざまなメーカーに原材料を販売します。海外でエネルギー資源や金属資源、食料などを大量に買い付けて、それらを用いて製品を作るメーカーに卸すのが基本のビジネスで、総合商社や専門商社が存在します。現在は自社で開発や製造を行ったり、物流や販売にまで手を伸ばしています。語学力はもちろんのこと、発想力や柔軟性があり、行動力のある人が向いています。商社は営業職によって支えられています。数億円規模の取引となることもあり、責任は重大です。

平均給料・給与
70万円
初任給：24万円
生涯賃金：4億8160万円
※生涯賃金は、想定雇用期間43年間と平均給料・ボーナスを掛け合わせた数字となっております。

平均給料・給与グラフ
44万円 63万円 78万円
20代 30代 40代
※給料の算出には求人や口コミ、厚生労働省の労働白書を参考にしております。

第8章 その他の職業

>> Fermented milk drink Delivery

「笑顔と優しさで地域を癒やすのが私たちの使命です」
乳酸菌飲料配達員

企業や個人宅に乳酸菌飲料や関連商品を届ける仕事です。バイクなどで担当地域を回り、定期的に商品を配達していきます。顧客の新規開拓やモニター募集なども行います。仕事は業務委託の形なので、働く場合は個人事業主になります。最初の3か月は収入補償があり、センターによって額が異なりますが、1日3000〜5000円で、勤務日数で補償されます。それ以降は、自分の頑張り次第で給料が変わります。配達のための車両のレンタル代、子どもをメーカー運営の保育園に入れる場合は保育料金などが別途差し引かれます。もっと稼ぎたい人は青色申告をして、年間103万円以上稼ぐ人もいます。

乳酸菌飲料配達員の平均給料・給与

9万円

初任給：7〜8万円／生涯賃金：6192万円

乳酸菌飲料配達員の生涯賃金は、新卒が終身雇用で65歳まで雇用されたと想定して、22歳から65歳までの43年間と平均給料・ボーナスを掛け合わせた数字となっております。

乳酸菌飲料配達員の平均給料・給与グラフ

※給料の算出には求人や口コミ、厚生労働省の労働白書を参考にしております。

乳酸菌飲料配達員

後方支援に特化した主婦専用クラス。専用バッグから魔法の瓶を取り出し、疲弊した体の回復をはかる。その姿は「母なる大地から生まれた天使」というところであろうか。

乳酸菌飲料配達員の仕事は業務委託なので、給料は個人の頑張りにかかっています。最初の3か月は給料補償がありますが、あとはやる気次第です。給料を上げるには、地道に新規開拓をするのが一つの方法です。1軒1軒、インターホンを押して回っていくのは勇気がいりますが、話を聞いてもらえればまずは成功と考えて、根気よく続けましょう。年収は200万円ぐらいの人もいるようです。

>> Cleaning Master

「威厳と伝統と誇りであなたの思い出を洗います」
クリーニング師

クリーニング工場、個人経営のクリーニング店に勤務する、染み抜き、衣類の洗濯を専門とする職業です。各都道府県の認可が必要で、試験に合格し、事業所には最低一人のクリーニング師が従事していなければなりません。中卒以上の学歴で、各都道府県が実施する、クリーニング師の試験に合格する必要があります。衛生法規、公衆衛生、洗濯物の基礎知識などの学科試験、白ワイシャツのアイロン仕上げ、繊維の識別、シミの識別の実技試験があります。試験合格後は、1年間業務に従事する中で、その期間に研修を受けねばなりません。

クリーニング師の平均給料・給与
22万円
初任給：16万円／生涯賃金：1億5136万円

クリーニング師の生涯賃金は、新卒が終身雇用で65歳まで雇用されたと想定して、22歳から65歳までの43年間と平均給料・ボーナスを掛け合わせた数字となっております。

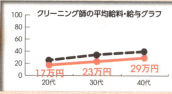

クリーニング師の平均給料・給与グラフ
17万円（20代） 23万円（30代） 29万円（40代）

※場所や条件によって差があります　※給料の算出には求人や口コミ、厚生労働省の労働白書を参考にしております

クリーニング師
別名「アイロンテイマー」。両手にはめたアツアツの鉄のアイロンを駆使し、ワイシャツのシワを伸ばす。シワの一つも許さないビシッとしたシャツ作りのマスター。

繁忙期と、閑散期で月収が異なり、経費も含めた事業収入は、チェーン店やフランチャイズで、1店舗あたり、繁忙期で50万〜70万円ほど、個人経営では15万〜20万円ほどです。閑散期は、夏場と早春の1〜2月で、チェーン店などは20万円前後、個人経営は多くて5万円前後ほどです。新社会人などの増える4〜5月がもっとも忙しく、年間売上の大半を、ここで稼いでいるといっても過言ではありません。

第8章　その他の職業

>> Crime Scene Cleaners

特殊清掃員
「なんでもやるよ。おれたちにまかせてくれ」

住人が孤独死を迎えた自宅などの掃除や、消毒を行う清掃業者です。公共の事業者ではなく、民間の産業廃棄物処理業と、消毒の薬剤取り扱いなどを行う専門業者の副業としてよく知られています。賃貸物件では、原状回復が目的であり、遺体処理や現場検証などが完了した、物件のオーナーが依頼することが多いです。特殊清掃は、比較的アルバイトでも時給は高いのが特徴ですが、地域差が激しく、依頼のない地域では、ひと月数件しかないこともザラにあります。そのため特殊清掃専門の事業者はほぼありません。労働自体は、悪臭を我慢すればそれほど重労働でもなく、数時間で終了します。

特殊清掃員の平均給料・給与
20万円

初任給：7〜15万円 ／ 生涯賃金：1億3760万円

特殊清掃員の生涯賃金は、新卒で終身雇用で65歳まで雇用されたと想定して、22歳から65歳までの43年間と平均給料・ボーナスを掛け合わせた数字となっております。

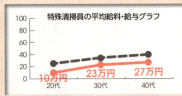

特殊清掃員の平均給料・給与グラフ

20代：10万円 / 30代：23万円 / 40代：27万円

※給料の算出には求人や口コミ、厚生労働省の労働白書を参考にしております。

特殊清掃員
タフな精神を持った人の専用ジョブ。別名「便利屋」。防護服・消毒銃・デッキブラシは必須装備である。

特殊清掃員としての資格は必要ありませんが、後片付けで残された不要なゴミなどは、個人宅の場合は、一般廃棄物処理業の認可、アパートなどの遺品やゴミの処理は産業廃棄物処理業の認可がそれぞれ必要になります。これらは、事業会社が取得する許認可ですので、個人では必要ありません。事業者によっては、衛生管理者の国家資格を取得している場合もあります。ゴミの搬送や処理は、専門の許可を得た事業者以外はできません。

>> Buddist Priest

「自分で自分を、励ましてあげなさい」
お坊さん

新興宗教のようなケースを除き、宗教法人としての法事、法要などの開催、町内会などの親睦会などが収入源となります。そのほか駐車場経営、幼稚園の経営なども。寄付金が多く集まる大きな仏閣所有者や、観光地のお寺を除き、多くは檀家からの寄付金と、法事、法要の寄付金などがいったん宗教法人へ入り、そこから経費などを引いた給与という形で、住職も含めお坊さんの月給は決まるそうです。仕組みは一般的なサラリーマンとあまり大差ありません。給与は当然、個人資産ですから、税金はかかります。

お坊さんの平均給料・給与
21万円

初任給：15万円／生涯賃金：1億4448万円

お坊さんの生涯賃金は、65歳まで活動したと想定して、22歳から65歳までの43年間と平均給料・ボーナスを掛け合わせた数字となっております。

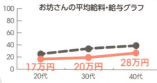

お坊さんの平均給料・給与グラフ
17万円　20万円　28万円
20代　30代　40代

※お布施分は除きます　※給料の算出には求人や口コミ、厚生労働省の労働白書を参考にしております

お坊さん
仏教の戒律を守る神聖職。サラリーマンからクラスチェンジするものもいるようだ。

世俗から隔離され、修行してお坊さんになるイメージが強いですが、ほとんどは宗教会派ごとの仏教系大学へ通って、専門課程を修了後に実家のお寺を継ぐか、得度の制度を利用し、菩提寺の住職から許可をもらって、得度考査に合格してから得度習礼を受講。得度を得て、教師資格試験に合格し、教師教修を受講後に仏門に入るという道があります（宗派によって異なります）。一般的には求人のようなものは存在しません。

第8章　その他の職業

≫ Diver

「作業クリアするまで潜っております」
潜水士

潜水用具を着用して、海や川などの水中で作業をするのが潜水士です。水中で行う作業はさまざまで、魚介類をとる漁業、何らかの構造物を造る建築業、船舶の修理作業、顧客にダイビングを教える娯楽サービス業などがあります。国家資格の潜水士の免許のほかに、行う作業によってさらに別の資格や免許が必要になることがあり、就職先には、潜水企業やダイビングショップ、海上保安庁などがあるようです。どの作業も水中で行うため、常に危険がつきまといます。潜る技術やその他の技術も大切ですが、何より水中で何が起きてもパニックにならずに対応できる冷静さが必要とされます。

潜水士の平均給料・給与

30万円

初任給：18万円〜／生涯賃金：2億0640万円

潜水士の生涯賃金は、22歳から65歳までの43年間雇われたと想定して、それと平均給料・ボーナスを掛け合わせた数字となっております。

潜水士の平均給料・給与グラフ

	20代	30代	40代
25万円		30万円	35万円

※職種によって差があります　※給料の算出には求人や口コミ、厚生労働省の労働白書を参考にしております

潜水士

水遁「潜水」を駆使し水中作業を行う忍者。属性は「水」。上級クラスになると国家機関へ所属し「国家公安忍者」として活躍する。海上保安庁に所属した水忍は「特別警備隊」と呼ばれる。

海上自衛隊や海上保安庁の潜水士は国家公務員なので、年齢や階級に応じて公務員としての給料が規定されていて、そこに手当が加算されます。海上保安庁の場合は、公務員の中でも保安職に分類されるので、事務職よりも給料は高くなるようです。年収は400万〜600万円の人が多いようですね。潜水士というリスクに給料が見合っているか否かは意見が分かれるところですが、どちらも福利厚生は充実しており、安定した生活は望めそうです。

▶▶ Real Estate Company employee

「土地の価値は、そこに住む人間の価値によって変わる！」
不動産会社社員

不動産会社社員

住宅地、畑、道路など、さまざまな「土地」や「建物」を扱う。別名「業界の母」。不動産の価値を算出し、販売、管理、仲介をしている。

不動産業界には、開発用地を取得して住居やオフィスビル、商業施設などを開発するデベロッパーや、物件の売買や賃貸をする販売業者や仲介業者、物件の管理を行う管理会社などがあります。旧財閥系の大手から個人経営の零細企業まで、格差の激しい業界です。少子高齢化による人口減少は不安要素ではありますが、都心の再開発や震災の復興事業など、時代のニーズに対応することで生き残りをかけています。実力重視で、優秀な営業マンが社長に上り詰めることもあります。

平均給料・給与
52万円
初任給：23万円
生涯賃金：3億5776万円
※生涯賃金は、想定雇用期間43年間と平均給料・ボーナスを掛け合わせた数字となっております。

平均給料・給与グラフ
20代：36万円　30代：47万円　40代：56万円
※給料の算出には求人や口コミ、厚生労働省の労働白書を参考にしております

▶▶ Toy Maker employee

「玩具なくして人が人として大成することは絶対にない！」
玩具メーカー社員

玩具メーカー社員

単なる娯楽にとどまらず、教育目的や癒やし効果のある玩具などを開発する。玩具は「あの頃」を思い出させてくれる記憶再生装置でもある。

人形、ミニカー、ブロックなど子ども向けの玩具から、食玩、フィギュア、カードゲーム、アイドル関係など、幅広い年齢層を対象にしたさまざまなジャンルの商品があり、企業によって得意とする分野が異なります。少子化による市場の縮小が喫緊の課題となっています。ゲームやアニメ映画がヒットすると、関連商品が爆発的に売れて業界への追い風となることから、各社次のヒットを虎視眈々と狙っています。玩具メーカーでは、企画・開発職が重要な職種となっています。

平均給料・給与
45万円
初任給：22万円
生涯賃金：3億0960万円
※生涯賃金は、想定雇用期間43年間と平均給料・ボーナスを掛け合わせた数字となっております。

平均給料・給与グラフ
20代：31万円　30代：40万円　40代：48万円
※給料の算出には上場企業のIR情報を参考にしております

第8章　その他の職業

>> Cosmetic Maker employee

「望むのは化粧を施すことではなく、心を豊かにすること」
化粧品メーカー社員

化粧品メーカー社員
世の多くの女性をキレイかつ可憐に変身させる美の化身。トレンドを作り出すことから「業界のミーハー担当」とも呼ばれる。

化粧品業界は景気動向や時代の流行にとても影響されやすい業界です。化粧品から、シャンプー、美容食品といったジャンルがあり、各社得意とする分野があります。化粧品会社のおもな業務としては、化粧品を製造する開発研究や製造、販売戦略や広告プロモーションを行う販売企画、そして店頭などでの商品販売があります。消費者のニーズに合わせて販売スタイルも変化し、従来の店舗販売や訪問販売から、インターネット通販やカタログ販売が増えてきています。

平均給料・給与
33万円
初任給：20万円
生涯賃金：2億2704万円
※生涯賃金は、想定雇用期間43年間と平均給料・ボーナスを掛け合わせた数字となっております。

平均給料・給与グラフ
24万円（20代）　31万円（30代）　37万円（40代）
※給料の算出には上場企業のIR情報を参考にしております。

>> Aroma Therapist

「香りの力は無限大。免疫力も恋愛力も上がります」
アロマセラピスト

アロマセラピスト
現代のウィッチ。薬草や果物から「油」を抽出し、香水などの「状態回復アイテム」を精製する。魔女の作りしアイテムは、人の心を癒やす。

オイルの芳香成分が持っている薬理作用を使って、心の病気などの治療をする、芳香療法であるアロマセラピーを行う専門家です。アロマセラピーの施術を行い、精神的ダメージや身体的疲労を抱えた人を癒やし、リフレッシュさせるのが仕事です。資格は必須ではありませんが、能力の証明や信頼を得るために、アロマセラピストの各種検定を取得する必要はあります。心理学や解剖生理学の知識があると有利でしょう。アロマサロンやアロマ講師として活躍できます。

平均給料・給与
23万円
初任給：12万円～
生涯賃金：1億5824万円
※生涯賃金は、想定雇用期間43年間と平均給料・ボーナスを掛け合わせた数字となっております。

平均給料・給与グラフ
17万円（20代）　23万円（30代）　27万円（40代）
※給料の算出には求人や口コミ、厚生労働省の労働白書を参考にしております。

》 Bridal Coordinator

「結婚とは、苦しみは半分に喜びは倍になるものです」
ブライダルコーディネーター

ブライダルコーディネーター

「婚姻の儀」や「蜜月旅」のプランを作るジョブ。膨大な結婚式のバリエーション知識を持つ。必須スキルは「ホスピタリティー」。

挙式を考えるカップルに、披露宴のアドバイスやパーティーの企画などを提案します。ホテルや結婚式場、式場斡旋専門会社、規模の大きなレストランなどが勤務先で、接客業やホテル管理者業務など、他業種でプランナーとして経験を積み、ブライダルコーディネーターとして転職する人が多いのも特徴です。20～30代が多く活躍しており、40代以降は老舗ホテルや結婚式場の専属として働いているようです。9割近くが女性という職業であり、女性ならではの感性や経験の活かせる仕事です。

平均給料・給与
25万円
初任給：20万円～
生涯賃金：1億7200万円
※生涯賃金は、想定雇用期間43年間と平均給料・ボーナスを掛け合わせた数字となっております。

平均給料・給与グラフ
- 20代：23万円
- 30代：28万円
- 40代：30万円

※給料の算出には求人や口コミ、厚生労働省の労働白書を参考にしております。

》 Table Coordinator

「笑顔でいるなら食事の仕方に定義はありません」
テーブルコーディネーター

テーブルコーディネーター

食卓から食事メニューまでを一つの物語として紡ぐ架け橋。スキル「おもてなしの心」は、飾りだけでなく、心を込めた裏側までも演出する。

テーブルコーディネーターとは、テーブル全体の雰囲気を演出する仕事です。料理を盛り付ける食器やテーブルクロス、ランチョンマット、キャンドル、お花といった装飾物など、食卓を取り囲む空間全体をレイアウトします。自分のセンスが大きく仕事に左右する一方で、さまざまな観点から物事を見て判断する人に向いています。食空間コーディネーター資格試験を受けて資格を取得し、フリーランスで活動するか、教室やスクールを開くという人が多く、子育て中でも自宅で教室を開くこともできます。

平均給料・給与
22万円
初任給：15万円～
生涯賃金：1億5136万円
※生涯賃金は、想定雇用期間43年間と平均給料・ボーナスを掛け合わせた数字となっております。

平均給料・給与グラフ
- 20代：15万円
- 30代：20万円
- 40代：30万円

※給料の算出には求人や口コミ、厚生労働省の労働白書を参考にしております。

第8章 その他の職業

>> *Leisure Industry employee*

「真の富とは余暇をどのように使うかで決まる！」
レジャー系企業社員

レジャー系企業社員
余暇の使い方を教え人々を幸せにする。現実を忘れさせることから「業界の夢使い」とも。さまざまな魔法をかける社員が属している。

遊園地や動物園、水族館など観光を柱とした娯楽施設での仕事が中心です。キャラクターや世界観を楽しむテーマパークのほか、職業体験型施設や目新しいイベントを開催する施設が全国にあります。東京ディズニーランドを運営するオリエンタルランドが売上シェアおよそ50％という独走状態が続いています。景気に左右されやすい業界ですが、新しいアトラクションを導入したり、季節感を出した演出をしたりすることでリピーターを獲得しています。接客が好きな人が向いています。

平均給料・給与
33万円
初任給：21万円
生涯賃金：2億2704万円
※生涯賃金は、想定雇用期間の43年間と平均給料・ボーナスを掛け合わせた数字となっております。

平均給料・給与グラフ
23万円　30万円　36万円
20代　30代　40代
※給料の算出には上場企業のIR情報を参考にしております。

>> *Ninja*

「天に代わってお前に魅せる！　天誅！」
忍者

忍者
現代にエンターテインメントとして蘇った忍び系ジョブ。忍術のほか、音響操作や照明を扱うスキル「裏忍術」の習得も必須である。

現代の忍者は、基本的にテーマパークの従業員です。アトラクションに「忍者」として出演します。殺陣や忍術など刃物や火を扱うほか、バック転などの華麗な体技、芝居をこなす演技力が求められます。また、舞台上での華やかな姿に加えて、舞台の合間には入場チケットを切ったり、お客様を案内したり、ショーの音響や照明の操作など、裏表何役もこなす場合もあります。子どもたちへの手裏剣や忍術指南なども行うため、コミュニケーション能力も必要です。

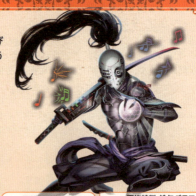

平均給料・給与
20万円
初任給：15万円
生涯賃金：1億3760万円
※生涯賃金は、想定雇用期間43年間と平均給料・ボーナスを掛け合わせた数字となっております。

平均給料・給与グラフ
20万円　25万円　30万円
20代　30代　40代
※給料の算出には求人や口コミ、厚生労働省の労働白書を参考にしております。

❯❯ Vacuum man

「テクノロジーが無臭にする浄化槽を生んだ」
浄化槽清掃員

浄化槽清掃員
インフラ支援系ジョブ。汚水処理のスペシャリスト。熟練になるとスキル「糖尿病患者嗅ぎ分け」を習得することができる。

浄化槽清掃員は、浄化槽の洗浄や保守点検を行うのが仕事です。浄化槽とは、下水道が整備されていない地域において、住宅の敷地内に設けられている汚水処理施設です。専業で行う清掃業務の場合と、産業廃棄物処理業と兼業の2つのケースがあります。ハローワークで求人を見つけることができます。資格として、浄化槽管理士、普通免許の取得を義務付けているところもあります。バキュームカーは消臭機能がついており、車内はほとんど臭いません。肉体労働が多い仕事です。

平均給料・給与
27.6万円
初任給：16万円
生涯賃金：1億8988万円
生涯賃金は、想定雇用期間43年間と平均給料・ボーナスを掛け合わせた数字となっております。

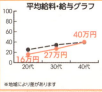
平均給料・給与グラフ
20代 16万円　30代 27万円　40代 40万円
※地域により差があります

❯❯ JARE

「お前、人間だよな？」
南極観測隊員

南極観測隊員
氷に覆われし大陸「南極」に召喚された調査隊。「夏隊」と「冬隊」があり、冬隊は対極地スキル「越冬」を使いこなす。

南極観測隊員の仕事内容は、南極大陸の天文・気象・地質・生物学の観測です。夏隊が約30名、冬隊が約30名の約60名で構成されています。海上自衛隊の砕氷艦（南極観測船）に搭乗して昭和基地へ向かい、暮らし、同じ艦で帰還します。南極地域観測は国際協力のもとに日本が実施する事業であり、1957（昭和32）年の昭和基地建設から継続的に実施されています。国立極地研究所などの政府機関の研究員や職員が中心ですが、大学院生や民間企業から出向で参加する者もいます。

平均給料・給与
36万円
初任給：22万円～
生涯賃金：576万円
生涯賃金は、1度の南極派遣期間約1年4か月に、平均給料を掛け合わせた数字となっております。

平均給料・給与グラフ
20代 26万円　30代 34万円　40代 50万円
※給料の算出は求人や口コミ、厚生労働省の労働白書を参考にしております

第8章　その他の職業

≫ Professional Shogi Player

「王手をかける。それは戦いと同時に、学び合いでもある」

プロ棋士

プロ棋士
軍略遊戯「将棋」での対局を行うジョブ。丘からすべてを見通す軍師の姿になぞらえて「盤上の策謀家」と呼ばれる。

プロ棋士は日本将棋連盟に所属し、順位戦で対局を行い、名人を目指します。リーグ戦のほかにも各タイトル戦やトーナメント戦で対局を行い、対局料や賞金がおもな収入になります。毎日対局があるわけではなく、年間で多くても70局程度です。対局のない日は将棋の研究をしたり、アマチュア向けの将棋イベントで指導対局などを行って収入を得ています。ランキング上位10名の平均年収は3000万円を超えますが、一般的な棋士の平均年収は600万円前後といわれます。

平均給料・給与
50万円
初任給：30万円〜
生涯賃金：3億円

※生涯賃金は、20歳から70歳までの50年間活動したと想定して、それと平均給料を掛け合わせた数字となっております。

平均給料・給与グラフ
	20代	30代	40代
	50万円	50万円	50万円

※給料の算出には求人や口コミ、厚生労働省の労働白書を参考にしております。

≫ Shrine Maiden

「凶を引くというのは、不幸をその瞬間に体験すること。だからそれ以降あなたは幸せになれますよ」

巫女

巫女
神に仕えし未婚の女性が就くことができるジョブ。アメノウズメの末裔。神スキルを駆使して神職の補助や、神事で舞を踊る。

巫女は神社でのお札の販売から作成、祈願の準備、境内や社務所の清掃などを行う仕事です。また、参拝者などに神社の説明をすることもあるので、神社や仏閣についての深い知識が必要となります。また、巫女の中には神職の資格を持っている人もいますが、基本的には資格は必要なく、女性であれば誰でもなれる職業です。年末年始などの繁忙期にはアルバイトとして採用している神社も多数存在します。結婚や出産などで引退してからは事務作業にあたるか、神楽の指導にあたる場合もあります。

平均給料・給与
22万円
初任給：12万円
生涯賃金：2640万円

※生涯賃金は、巫女として働くことが多い20歳から30歳までを想定雇用期間とし、10年間と平均給料を掛け合わせた数字となっております。

平均給料・給与グラフ
	20代	30代	40代
	16万円	20万円	27万円

※給料の算出には求人や口コミ、厚生労働省の労働白書を参考にしております。

392

イタコ

イタコは巫女の一種で、「口寄せ」を行うシャーマニズムという考え方に基づいた信仰習俗的な職です。信仰「習俗」ではありますが、信仰「宗教」ではありません。「口寄せ」とは、死者・祖霊と生者との交感を仲介するもので、祭りや親族の集会などで祖霊の言葉を伝えます。

平均給料・給与
58万円
初任給：0円／生涯賃金：2億9232万円
生涯賃金は、41歳から平均寿命の83歳まで活動したと想定して、42年間と平均給料を掛け合わせた数字となっております。

イタコは口寄せのほか、お祓いや神事・占いによっても収入を得ているようです。恐山で仕事を行うのは年に数日のみで、口寄せの相場は1回3000円といわれています。

イベントプランナー

クライアントの要望に沿って、さまざまなイベントの企画を立案するのがイベントプランナーです。販売促進のイベントや展示会、セミナーなどを提案します。情報収集からパンフレット制作、会場の選定や演出、宣伝・告知など、イベント全体の総合プロデュースを行います。

平均給料・給与
26.6万円
初任給：19万円／生涯賃金：1億8300万円
生涯賃金は、想定雇用期間43年間と平均給料・ボーナスを掛け合わせた数字となっております。

多くは広告代理店やセールスプロモーション会社、イベント企画会社に勤めています。勤務先によって給料は変わります。成果が評価され、独立しフリーで活躍する人もいます。

インテリアデザイナー

インテリアデザイナーの仕事は、クライアントの要望に合わせて、店舗や住宅の内装をデザインすることです。メインは店舗の内装デザインですが、時には内装だけでなく敷地全体をデザインすることもあるようです。現場の工事が始まれば、直接細かい指示を出すこともあります。

平均給料・給与
31万円
初任給：13万円～／生涯賃金：2億1328万円
生涯賃金は、想定雇用期間43年間と平均給料・ボーナスを掛け合わせた数字となっております。

インテリアデザイナーとして仕事をするのに、必要な資格はありません。役立つ資格としては、JDP（日本デザインプランナー協会）認定のインテリアデザイナー資格があります。

宇宙飛行士

ロケットにより打ち上げられ、宇宙空間での作業に従事する飛行士や作業員です。2008年、JAXAでは国際宇宙ステーション（ISS）への長期滞在に対応可能な宇宙飛行士候補者を新規に募集・選抜しましたが、2019年現在まで新たな募集はありません。

平均給料・給与
34万円
初任給：30万円／生涯賃金：2億3392万円
生涯賃金は、想定雇用期間43年間と平均給料・ボーナスを掛け合わせた数字となっております。

年収に換算するとだいたい500万～800万円くらいで、危険手当に該当する諸手当が多くつきます。採用はかなりシビアで、倍率は500倍以上とかなりの難関です。

占い師

タロットカード、手相、水晶、人相学、易学などを利用し、未来予測を有料で行うのが占い師の仕事です。人相学では人付き合いや結婚運、異性運、水晶では将来の運命、手相では直近に身に起こる出来事などを予測します。街頭や店舗ではなく電話で対応する占い師もいます。

占い師の平均給料・給与グラフ
※給料の算出には求人や口コミ、厚生労働省の労働白書を参考にしております

平均給料・給与
10万円
初任給：4～5万円／生涯賃金：5160万円
生涯賃金は、想定雇用期間43年間と平均給料を掛け合わせた数字となっております。

月収で100万円近く稼ぎ、個人事業主として働く占い師もいれば、副業で占う人もいます。若い人向けの比較的経験が浅い占い師の場合は、単価が低い傾向があります。

運転代行

運転代行は、おもに飲酒した客からの依頼で、乗務員2名が随伴車で客のもとに向かい、客は自分の車に乗車し、乗務員（二種免許保持者）が運転をします。客を随伴車に乗せることは白タク行為となるため禁止されています。客を送り届けた後、随伴車で営業所に戻ります。

運転代行の平均給料・給与グラフ
※給料の算出には求人や口コミ、厚生労働省の労働白書を参考にしております

平均給料・給与
19万円
初任給：13万円～／生涯賃金：2億4286万円
生涯賃金は、想定雇用期間43年間と平均給料・ボーナスを掛け合わせた数字となっております。

料金は初乗り平均1500円前後で、歩合制を採用している会社では売上の30～40％ほどが給料としてもらえるようです。勤務時間は夜8時～朝5時ごろまでが一般的です。

駅長

駅での運行管理状況の把握と、人事における最高責任者であり、都内の大きな駅ともなると、皇室関係者の乗車先導などの業務もあります。会社でいえば、取締役で、経営全般の業務責任者です。現場で発生したトラブル報告を受けるなどしますが、駅構内での実務はほぼ行いません。

駅長の平均給料・給与グラフ
※20代、30代は駅職員として算出しております

平均給料・給与
40万円
初任給：40万円／生涯賃金：2億7520万円
生涯賃金は、想定雇用期間43年間と平均給料・ボーナスを掛け合わせた数字となっております。

多くの鉄道会社が、JRにならって等級表を使った評価で、段階的に昇給するようです。コネクションがあったり、推薦を受けて駅長になるパターンが多いそうです。

NPO職員

団体の構成員に対して利益供与の分配を目的としない、社会貢献活動が主体の団体です。人件費を除いて、すべての収益や寄付は、社会貢献活動のための活動資金に充当されます。特定の障害者支援や動物愛護などの団体など、非常に多岐にわたり活動を行っています。

NPO職員の平均給料・給与グラフ
※勤務先により差があります

平均給料・給与
20.5万円
初任給：15～18万円／生涯賃金：1億4104万円
生涯賃金は、想定雇用期間43年間と平均給料・ボーナスを掛け合わせた数字となっております。

手取りは12万～18万円です。団体が活動の範囲で利益を得ても、基本的に活動資金となるため、税金は優遇、給与の支払いはそれに関連して総じて低水準が特徴です。

オークション代行

何らかの理由でネットオークションに出品できない個人の代わりに出品したり、商品数の多い業者が出品をアウトソーシングしたりすることがあり、それを請け負うのがオークション代行です。商品を撮影して画像を加工したり、実際に出品作業や発送したりするのも仕事となります。

平均給料・給与
2万円
初任給：50円〜／生涯賃金：1080万円
生涯賃金は、想定活動期間43年間と平均給料を掛け合わせた数字となっております。

ほとんどはオークション代行会社からの業務委託で出品代行をする、在宅アルバイトです。完全出来高制で、オークションで売れた金額の7〜30％が報酬となります。

害虫駆除

顧客の依頼によってシロアリやゴキブリ、毛虫やハチなど、害虫の発生源を特定し駆除するのが仕事です。害虫の種類や特性に合わせて、殺虫剤や毒物、粘着シートなどを使って駆除します。害虫に関する知識のほか、扱う薬品についての知識や経験も必要となります。

平均給料・給与
23万円
初任給：16万円／生涯賃金：1億5824万円
生涯賃金は、想定雇用期間43年間と平均給料・ボーナスを掛け合わせた数字となっております。

害虫駆除の専門会社に勤めるのが一般的ですが、独立開業も可能です。個人で開業する場合、毒物劇物取扱責任者の資格を取得し、建築物ねずみ昆虫等防除業の登録が必要です。

快眠セラピスト

快眠セラピストは、健康や美容に重大な影響を与える「睡眠」という行為を追究する仕事です。睡眠障害で悩んでいる人などに対してカウンセリングを行い、相談者の眠りがどのようなものか、睡眠に何が影響を与えているかなど原因を突き止めて最適な睡眠方法を模索します。

平均給料・給与
20万円
初任給：15万円〜／生涯賃金：1億3760万円
生涯賃金は、想定雇用期間43年間と平均給料・ボーナスを掛け合わせた数字となっております。

快眠セラピストになるために必須の資格はありませんが、認定資格の「美快眠セラピスト資格」や「睡眠改善インストラクター」「睡眠改善指導者資格」などがあります。

回路設計士

回路設計士の仕事は、パソコン、家電製品、自動車に携帯電話など、あらゆる機械を動かすための回路を設計することです。製品の仕様書をもとに部品を組み合わせて回路を作り、複雑な情報処理ができるようにします。アナログ集積回路と、デジタル集積回路の2種類があります。

平均給料・給与
33万円
初任給：18万円〜／生涯賃金：2億2740万円
生涯賃金は、想定雇用期間43年間と平均給料・ボーナスを掛け合わせた数字となっております。

電子機器の会社や、回路設計関連の下請け会社、アウトソーシング企業などで求人があります。アナログ回路設計よりも、デジタル回路設計のほうが仕事は多いです。

鍵師

鍵師は、鍵の交換や作製、開錠をするのが仕事です。家や車の鍵の紛失、金庫やスーツケースの暗証番号の失念など依頼理由はさまざまで、鍵師は特殊な工具や技術を使って開錠し、トラブルを解決します。最近では防犯、特にピッキング対策の施工依頼が増えているそうです。

鍵師の平均給料・給与グラフ
20代 16万円
30代 23万円
40代 29万円

平均給料・給与
22万円
初任給：16万円／生涯賃金：1億5136万円
生涯賃金は、想定雇用期間43年間と平均給料・ボーナスを掛け合わせた数字となっております。

専門店に勤務した後、経験を積んで独立開業も可能です。日本鍵師協会が実施している「鍵師技能検定」試験に合格すると、「鍵師」や「錠前師」と公式に名乗ることができます。

学芸員

美術館や天文台、科学館などの博物館に勤務し、展示内容やイベントを企画する業務にあたります。館内の顧客対応や案内、解説文の作成、学校や、公民館への出張など、業務の幅が広く、最近では動植物園や水族館など、活躍の幅は広くなっています。

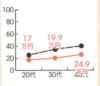

学芸員の平均給料・給与グラフ
20代 17万円
30代 19.9万円
40代 24.9万円

平均給料・給与
19.9万円
初任給：12万円／生涯賃金：1億3691万円
生涯賃金は、想定雇用期間43年間と平均給料・ボーナスを掛け合わせた数字となっております。

博物館、美術館でも、国立、市立と財団運営のものに分かれます。一般的に国営であれば、給与は安定し、比較的定年まで収入は高いところが多いようです。

カツオ漁船漁師

太平洋の漁場において船でカツオの群れを追い、一本釣りや巻き網漁でカツオを獲るのが仕事です。近海漁業では一本釣りが主流で、遠洋漁業では巻き網漁が行われています。どちらも年間合計10か月間は船に乗ります。一本釣りのカツオは身に傷が少ないため、価格が高いです。

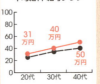

カツオ漁船漁師の平均給料・給与グラフ
20代 31万円
30代 40万円
40代 50万円

平均給料・給与
40万円
初任給：20万円／生涯賃金：2億0640万円
生涯賃金は、想定雇用期間43年間と平均給料を掛け合わせた数字となっております。

漁獲量や所属している水産会社によって給料は異なりますが、中卒や高卒であっても年収500万～800万円はもらえるそうです。中には年収1500万円の人もいます。

革職人

動物の皮革をハンドバッグや靴、ベルトなどの商品に加工するのが、革職人の仕事です。さまざまな動物の皮革の特徴を活かしながら加工するため、知識と技術が必要となります。革加工を学べる学校もありますが、職人がいる店舗や工場に就職してノウハウを学ぶのが一般的です。

革職人の平均給料・給与グラフ
20代 15万円
30代 21万円
40代 26万円

平均給料・給与
21万円
初任給：15万円／生涯賃金：1億4448万円
生涯賃金は、想定雇用期間43年間と平均給料・ボーナスを掛け合わせた数字となっております。

革製品メーカーなどで働く方法もありますが、個人で工房を開いている革職人もいます。製品をデザインし、用途に合わせた革を選定し、染色、加工、縫製までを行います。

神主

神主の仕事は、掃除、参拝者への対応や祈禱、修繕などです。また、祭祀をすることも神主の仕事です。祭祀の前には肉を断ち、身を清めます。雇われ神主の場合は神主にも労働基準法が適用されますが、実家が神社であるという場合は、自営業の役員といった形になるのだそうです。

神主の平均給料・給与グラフ
- 20代: 18万円
- 30代: 25万円
- 40代: 28万円

※給料の算出には求人や口コミ、厚生労働省の労働白書を参考にしております

平均給料・給与
23.6万円
初任給：13万円／生涯賃金：1億2177万円
生涯賃金は、想定雇用期間43年間と平均給料・ボーナスを掛け合わせた数字となっております。

神主になるには、神社本庁が発給している資格が必要です。神職取得課程がある大学で資格を取得するのが一般的ですが、世襲や神社のコネがない限り就職は難しいです。

管理栄養士

管理栄養士は、栄養士としての仕事に加えて、より高度な専門知識が必要とされる仕事ができる国家資格です。病院での食事・栄養指導や、特別な配慮が必要な給食の管理などが業務になります。病院や保育所、高齢者施設、行政機関、食品メーカーなどで働いています。

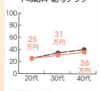

管理栄養士の平均給料・給与グラフ
- 20代: 25万円
- 30代: 31万円
- 40代: 36万円

※給料の算出には求人や口コミ、厚生労働省の労働白書を参考にしております

平均給料・給与
30.6万円
初任給：16万円～／生涯賃金：2億1053万円
生涯賃金は、想定雇用期間43年間と平均給料・ボーナスを掛け合わせた数字となっております。

まず栄養士としての資格を取得してから、管理栄養士の国家試験を受けて合格しなければなりません。公務員や正社員のほか、非常勤やアルバイトでの求人も多くあります。

機械組立工

大小さまざまな機械を組み立てるのが仕事です。船舶や自動車、飛行機などの輸送機械、建設機械、農業機械、旋盤やフライス盤といった工作機械など、多くの機械があります。男性は大型の重量部品の組み立てに、女性は精密機械など小型機械の組み立てに従事することが多いです。

機械組立工の平均給料・給与グラフ
- 20代: 25.6万円
- 30代: 32.9万円
- 40代: 35万円

※給料の算出には求人や口コミ、厚生労働省の労働白書を参考にしております

平均給料・給与
31.7万円
初任給：18万円／生涯賃金：2億1810万円
生涯賃金は、想定雇用期間43年間と平均給料・ボーナスを掛け合わせた数字となっております。

期間限定のアルバイトや契約社員の求人も多く、ハローワークで仕事を探すこともできます。高年収を得るためには正社員での就職を目指しましょう。海外にも仕事はあります。

起業家

起業家といっても、どんな企業・サービスを起こすのかによって仕事内容は変わります。基本的には総合的な仕事の管理や、従業員がいる場合は従業員の労働管理、資産の管理と運用、経営などの業務を行います。資本金1円から株式会社を設立することができます。

起業家の平均給料・給与グラフ
- 20代: 20万円
- 30代: 50万円
- 40代: 70万円

※自営業の成功事例より算出しております

平均給料・給与
50万円
初任給：0円～／生涯賃金：3億4400万円
生涯賃金は、想定活動期間43年間と平均給料・ボーナスを掛け合わせた数字となっております。

数多くの起業家シェアハウスがあり、多くの人に開かれています。これから起業家になる人を支援し、起業家同士の交流と情報交換を目的として運営されています。

第8章 その他の職業

木こり

木こりとは、一般的には各都道府県にある森林組合に所属する林務作業員のことを指します。チェーンソーを使って木を伐採し、工場まで運ぶのがおもな仕事です。作業は危険を伴うため、雨の日は休みになります。人手不足なので健康でやる気があれば採用される可能性が高いです。

木こりの平均給料・給与グラフ

20代 24万円 / 30代 27万円 / 40代 42万円

平均給料・給与　31万円

初任給：18万円／生涯賃金：2億1328万円

生涯賃金は、想定雇用期間43年間と平均給料・ボーナスを掛け合わせた数字となっております。

天候に影響を受けやすい職業のため、収入は安定していません。しかし、独立して自分で伐採した原木を窯で炭焼きにし、高収入を得ている木こりも存在しているようです。

キュウリ農家

キュウリを栽培するのが仕事です。キュウリは播種から80日程度で収穫することができますが、天候に影響されやすく、雨や曇天が続くと収穫量が減ってしまいます。しかし、国が定めた「指定野菜」となっているので、価格が著しく低下した場合、生産者補給金が交付されます。

キュウリ農家の平均給料・給与グラフ

20代 36万円 / 30代 36万円 / 40代 36万円

平均給料・給与　36万円

初任給：12.5万円／生涯賃金：1億8576万円

生涯賃金は、想定雇用期間43年間と平均給料を掛け合わせた数字となっております。

暖かい気候や栽培に向く土壌の条件をクリアした農地が必要のため、未経験からいきなりキュウリ農家になるのは難しいでしょう。収穫期のアルバイトの時給は約700円です。

靴磨き職人

顧客の革靴を磨くのが仕事です。元手がほとんどかからず始められたことから、戦後の復興時には大勢の靴磨き職人が誕生しました。以前は駅前や街頭での営業がほとんどでしたが、現在は技術と話術で顧客を増やし、ホテルや専門店に雇われたり、店舗を構えている職人もいます。

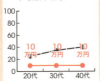

靴磨き職人の平均給料・給与グラフ

20代 10万円 / 30代 10万円 / 40代 10万円

平均給料・給与　10万円

初任給：10万円／生涯賃金：5160万円

生涯賃金は、想定活動期間43年間と平均給料・ボーナスを掛け合わせた数字となっております。

靴磨きの技術や知識はもちろん、コミュニケーション能力も重要となります。政治家からサラリーマンや芸能人まで、革靴を履く人なら誰でも顧客になります。

グランドスタッフ

グランドスタッフのおもな仕事は、「搭乗手続き」と「搭乗案内」です。搭乗手続きは、チェックインカウンターにて航空券の発券・荷物の計量・受け渡しなどをします。搭乗案内は、お客様がどのゲートに行けばいいのかを案内したり、安全な搭乗を促したりします。

グランドスタッフの平均給料・給与グラフ

20代 20万円 / 30代 30万円 / 40代 35万円

平均給料・給与　26万円

初任給：17万円／生涯賃金：1億7888万円

生涯賃金は、想定雇用期間43年間と平均給料・ボーナスを掛け合わせた数字となっております。

特別な資格は必要ありませんが、TOEICや英検など、高い英語力を証明できる資格は必須です。英語で案内したり、英語を読んだりしなければならない場合が多々あります。

経済評論家

経済評論家は、日本国内や世界経済に関しての評論や批評を行います。大学で経済を教えたことがある元大学教授や准教授、大手証券会社の上級アナリスト、シンクタンク研究員の経験者が多いです。講演会などの仕事の依頼があるのは、マスメディアに出て知名度がある人だけです。

経済評論家の平均給料・給与グラフ
※給料の算出には求人や口コミ、厚生労働省の労働白書を参考にしております

平均給料・給与

40万円

初任給：10万円〜／生涯賃金：2億7520万円

生涯賃金は、想定活動期間43年間と平均給料を掛け合わせた数字となっております。

基本的にはフリーランスで、著書の印税、経済新聞や経済誌に寄稿した際の原稿料、セミナーの講師料、テレビの出演料や新聞・雑誌のインタビューの謝礼金などが収入源です。

原発作業員

肉体労働のイメージが強いかもしれませんが、それほど体力を使う作業はなく、ネジの交換や清掃、機器類の点検補修、放射性廃棄物の処理などがおもな仕事です。長時間の労働は健康被害を引き起こす可能性が高いので、1日の稼働時間は短いです。

原発作業員の平均給料・給与グラフ
※給料の算出には求人や口コミ、厚生労働省の労働白書を参考にしております

平均給料・給与

35万円

初任給：30万円／生涯賃金：不明

生涯賃金は、健康状態や環境によって異なるため、算出できません。

一般的に原発作業員の日当は1万5000〜2万5000円程度だといわれています。ただ、会社によっては日当が8000円だったり、3万円以上だったりと、バラつきがあります。

航海士

航海士には、船長、一等航海士、二等航海士、三等航海士があり、船舶職員の一種として、運航のための一般業務を担当します。貨物管理、船体設備整備立案、甲板労務、海図の管理、航路の決定、船体の保守、整備などを行う職業の人です。海技士となる必要があります。

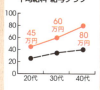

航海士の平均給料・給与グラフ
※業務内容により差があります

平均給料・給与

58万円

初任給：30万円／生涯賃金：3億9904万円

生涯賃金は、想定雇用期間43年間と平均給料・ボーナスを掛け合わせた数字となっております。

陸上の働き口とは異なり、いったん外国就航の大型客船の船員となった場合、滅多なことでは家には帰れませんが、その代わり、月給は平均77万円とかなり高額です。

航空整備士

ヘリコプターを含む航空機の整備を行うための、国家資格取得者が航空整備士です。必要に応じて修理も行います。一等航空整備士と二等航空整備士があり、大型機を扱う一等航空整備士は機種ごとに資格が必要となります。航空会社に入社してから資格を取得するケースもあります。

航空整備士の平均給料・給与グラフ
※給料の算出には求人や口コミ、厚生労働省の労働白書を参考にしております

平均給料・給与

35万円

初任給：18万円／生涯賃金：2億4080万円

生涯賃金は、想定雇用期間43年間と平均給料・ボーナスを掛け合わせた数字となっております。

平均年収はだいたい360万〜730万円となりますが、現在の国内航空会社は、整備の外部委託をしているケースも多く、人件費は5年単位で削減され続けているのが現状です。

第8章 その他の職業

国境なき医師団スタッフ

戦争や自然災害、貧困などさまざまな理由で、満足な医療を受けられずにいる人たちを助けるのが国境なき医師団の仕事です。活動地域の大半は発展途上国で、アフリカやアジア、南米で活動することが多いです。コミュニケーション能力や語学力は必須です。

国境なき医師団スタッフの平均給料・給与グラフ
※給料の算出には求人や口コミ、厚生労働省の労働白書を参考にしております

平均給料・給与
17.2万円
初任給:17.2万円／生涯賃金:8875万円
生涯賃金は、想定活動期間43年間と平均給料を掛け合わせた数字となっております。

国境なき医師団スタッフの給料は参加期間によって異なります。初めて参加する場合、職種にかかわらず、毎月17万1505円が日本の銀行口座に振り込まれます。

自動車組立工

自動車組立工の仕事内容はラインで流れて来る自動車の部品や、材料を組み合わせて自動車を完成させることです。車のエンジンやトランスミッション、車軸などの部品ユニットの組み付けを行い、最後に車体やフレームなどを組み立てて出荷します。集中力や注意力が必要です。

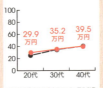

自動車組立工の平均給料・給与グラフ
※給料の算出には求人や口コミ、厚生労働省の労働白書を参考にしております

平均給料・給与
34.8万円
初任給:18万円～／生涯賃金:2億3942万円
生涯賃金は、想定雇用期間43年間と平均給料・ボーナスを掛け合わせた数字となっております。

地元のハローワークや、各自動車メーカーのホームページで求人を探すことができます。高校卒業程度の学歴があれば、自動車整備士のような資格は特に必要ありません。

JICA職員

JICA（ジャイカ）とは独立行政法人国際協力機構のことです。外務省管轄の独立行政法人で、政府主導の開発援助（ODA）の実施機関です。直接的な資金援助ではなく、開発援助計画の策定、現地ボランティアの人材の選定や確保など、開発途上国と先進国の架け橋となっています。

JICA職員の平均給料・給与グラフ
※給料の算出には求人や口コミ、厚生労働省の労働白書を参考にしております

平均給料・給与
34万円
初任給:19.2万円／生涯賃金:2億3392万円
生涯賃金は、想定雇用期間43年間と平均給料・ボーナスを掛け合わせた数字となっております。

平均的に、約40万円前後が常勤職員の手取り額です。在外職員では、60万～90万円くらいの手取り額があります。2～4年のローテーションで異動があります。

シューフィッター

足と靴に関する深い知識を持ち、お客様の足のサイズを正しく計測し、その足の状態に最適な靴を選ぶのがシューフィッターの仕事です。靴のサイズや形状、デザインなどの選び方だけでなく、歩き方についてもアドバイスをし、より安定するようにインソールなどで調整をします。

シューフィッターの平均給料・給与グラフ
※給料の算出には求人や口コミ、厚生労働省の労働白書を参考にしております

平均給料・給与
30万円
初任給:17万円／生涯賃金:億万円
生涯賃金は、想定雇用期間43年間と平均給料・ボーナスを掛け合わせた数字となっております。

百貨店の靴売り場や街の靴屋、アパレルメーカー、靴の製造メーカーなどに勤務しています。靴を取り扱う販売員の平均年収は350万～400万円くらいだといわれています。

樹木医

樹木医とは、樹木の診断及び治療を行い、落枝や倒木を防いで樹木を保護し、樹木に関する知識の普及・指導を行う専門家です。治療対象となる気は天然記念物級の巨木から、道路脇の街路樹までさまざまです。樹木医の知識を活かし、公園緑地の計画や設計に携わることもあります。

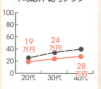

樹木医の平均給料・給与グラフ
20代 22万円／30代 32万円／40代 40万円
※給料の算出には求人や口コミ、厚生労働省の労働白書を参考にしております

平均給料・給与
31万円
初任給：20万円／生涯賃金：2億1328万円
生涯賃金は、想定雇用期間43年間と平均給料・ボーナスを掛け合わせた数字となっております。

樹木医は民間資格で、業務経験7年以上という受験要件があります。多くの樹木医が造園関係の職種や樹木・植物に関する研究職、コンサルタント業務などに携わっています。

商工会議所職員

商工会議所の仕事には、小規模事業者に対しての経営支援とその補助、商工会運営全般に関する業務などがあります。また、小規模事業者の経理や税務支援、個人事業主への経営アドバイスや、地域事業主を対象としたイベントなどの企画も担当しています。

商工会議所職員の平均給料・給与グラフ
20代 19万円／30代 24万円／40代 28万円
※給料の算出は求人や口コミ、厚生労働省の労働白書を参考にしております

平均給料・給与
24.6万円
初任給：16万円～／生涯賃金：1億6924万円
生涯賃金は、想定雇用期間43年間と平均給料・ボーナスを掛け合わせた数字となっております。

商工会議所の職員になるのに、特別な資格が必要ということはありません。地域ごとに試験を受けることによって職員になれます。各地域の商工会議所によって給料が変わります。

小説家

小説家の仕事は、小説を書くことです。作品を書けば誰でも小説家と名乗ることができますが、「書く」という行為は精神的な重労働で、決して簡単な仕事ではありません。基本的には自分のアイデアをもとに執筆しますが、売れない作家は編集者の言いなりになることもあるようです。

小説家の平均給料・給与グラフ
不明
※個人差が大きく平均給料は算出できません

平均給料・給与
不明
初任給：不明／生涯賃金：22億1760万円
生涯賃金は、トップクラスの小説家が30年間活動したと想定して、独自に算出しております。

作家にとっての給料は印税です。売れっ子作家なら印税は10％といわれています。新人賞に応募するか、出版社に原稿を持ち込み編集者の目に留まり、デビューする方法があります。

新幹線運転士

新幹線を運転し、安全に正確に乗客を送り届けるのが仕事です。新幹線は自動運転ではなく、マニュアル運転です。加速から減速、停止位置の調整まで基本的にはすべて手動で行うため、緻密さが求められます。夜間のシフト勤務や泊まり勤務もあるため、体力も必要となります。

新幹線運転士の平均給料・給与グラフ
20代 32万円／30代 46万円／40代 50万円
※給料の算出には求人や口コミ、厚生労働省の労働白書を参考にしております

平均給料・給与
42万円
初任給：32万円／生涯賃金：2億8896万円
生涯賃金は、想定雇用期間43年間と平均給料・ボーナスを掛け合わせた数字となっております。

JR各社に入社後、駅員、車掌、在来線運転士をへて、適性検査を受け新幹線運転士になるのが一般的な流れです。年収は約700万円で、在来線の運転士よりもやや高いです。

第8章 その他の職業

新聞配達員

朝刊と夕刊、朝夕、休日など細かく配達時間が異なる勤務形態もあれば、1日単位での契約もある、新聞販売店で勤務する新聞専門の配達業務です。日本独自のシステムで、新聞社とは直接関係なく、独立起業した個人経営の販売店に勤務することになります。

新聞配達員の平均給料・給与グラフ
※就業場所により差があります

平均給料・給与
17万円
初任給：12万円／生涯賃金：1億1696万円
生涯賃金は、想定雇用期間43年間と平均給料・ボーナスを掛け合わせた数字となっております。

配達地域によっては、新聞1部に関して計算し、配達部数による歩合制の地域もあります。一般的に、朝夕配達兼業が給与が高く、次いで朝刊、夕刊の順になります。

水族館飼育員

水族館で飼育されている生物の世話をするのが仕事です。担当する生物の給餌や体調の管理、水槽の掃除のほか、展示物を作成したり、必要な備品を手作りしたり、来館者の案内などを行うこともあります。また、イルカの調教や魚の採集、調査研究の仕事に携わることもあります。

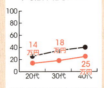
水族館飼育員の平均給料・給与グラフ
※給料の算出には求人や口コミ、厚生労働省の労働白書を参考にしております

平均給料・給与
20万円
初任給：14万円／生涯賃金：1億3760万円
生涯賃金は、想定雇用期間43年間と平均給料・ボーナスを掛け合わせた数字となっております。

給料は施設によって異なります。公立水族館の場合、飼育員は公務員となり平均年収は600万円前後です。民間の場合は200万円と低くなりますが、人気が高い職業です。

青年海外協力隊員

青年海外協力隊は原則2年間現地の人たちと生活を共にしながら、開発途上国の国づくりをサポートするのが仕事です。100種類以上の仕事があります。開発途上国とは先進国に比べて経済発展が遅れているような国のことをいい、70か国ほど候補があります。

青年海外協力隊員の平均給料・給与グラフ
※ボランティアのため手当として算出しております

平均給料・給与
5万円
初任給：2万円／生涯賃金：1140万円
生涯賃金は、想定雇用期間43年間と平均給料・ボーナスを掛け合わせた数字となっております。

青年海外協力隊は仕事ではなく、ボランティアになるため給料がなく、手当や生活費としてお金が支給されます。金額は派遣先や訓練期間・派遣期間によって異なります。

整備士

一般的に「整備士」というと、自動車整備士のような国家資格所有者を指します。交通車両全般の各機械の整備、調整、検査を行います。動力系統、燃料系統、電気系統、電子回路など点検する部分はたくさんあり、国土交通省の自動車整備士試験に合格する必要があります。

整備士の平均給料・給与グラフ
※給料の算出には求人や口コミ、厚生労働省の労働白書を参考にしております

平均給料・給与
29万円
初任給：15～18万円／生涯賃金：1億9952万円
生涯賃金は、想定雇用期間43年間と平均給料・ボーナスを掛け合わせた数字となっております。

自動車整備工場や自動車メーカー系列のディーラー、ガソリンスタンドなどで働いています。熟練者を中途採用する傾向が強く、資格と技術があれば仕事はすぐに見つかります。

せどり

店舗の処分品や値付けが甘い商品を安く仕入れて、別の店舗や個人に高く売り、その差額（利ざや）で収入を得るのがせどり（転売屋）です。最近ではインターネットを使った売買が主流で、書籍だけでなくCD、DVD、ゲームソフト、家電など、多くの商品が対象となっています。

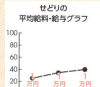

※給料の算出には求人や口コミ、厚生労働省の労働白書を参考にしております

平均給料・給与
1万円

初任給：1万円／生涯賃金：516万円

生涯賃金は、想定活動期間43年間と平均給料を掛け合わせた数字となっております。

せどりは利益が2割以上になる商品を仕入れることが基本です。多く稼ぐには大量に商品を売買しなければなりません。専業では厳しく、副業として行っている人が多いです。

旋盤工

旋盤工の仕事内容は勤務先の金型メーカーや部品メーカーで、旋盤と呼ばれる特殊な機械を使って素材の金属に穴を開けたり、素材の金属の内側や外側を削って加工することです。素材の金属の加工方式によって使用する旋盤が異なり、また旋盤の制御方式もいろいろあります。

※給料の算出には求人や口コミ、厚生労働省の労働白書を参考にしております

平均給料・給与
29.9万円

初任給：18万円／生涯賃金：2億0571万円

生涯賃金は、想定雇用期間43年間と平均給料・ボーナスを掛け合わせた数字となっております。

NC旋盤やNCフライス盤の場合は機械が自動的に加工するので、旋盤工はプログラムの作成と工程のチェックを行います。ハローワークなどで求人を見つけることができます。

葬儀屋

昔ながらの葬儀屋の場合、棺の手配、通夜、お坊さんの手配と、葬儀から納骨までを一社の社員数人で行っていました。現在は、大手セレモニーホールを中心に、葬祭スタッフ、葬祭ディレクター、生花スタッフなど仕事が細分化されているケースが多いです。

※地域により差があります

平均給料・給与
35万円

初任給：25万円／生涯賃金：2億4080万円

生涯賃金は、想定雇用期間43年間と平均給料・ボーナスを掛け合わせた数字となっております。

基本的に24時間無休が原則の斎場や葬儀所ですが、シフト制で8時間労働や所定内残業程度の就業状況のようです。アルバイトの時給は800〜1200円くらいです。

たばこ屋

JT（日本たばこ産業株式会社）から仕入れた、たばこ全般とライター、喫煙具を販売するのがたばこ屋になります。専業でやっているケースもありますが、全国的には減少気味で、商店で別の事業のかたわら、営業されているスタイルが一般的です。

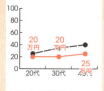

※立地条件により差があります

平均給料・給与
20万円

初任給：20万円／生涯賃金：1億3760万円

生涯賃金は、想定活動期間43年間と平均給料・ボーナスを掛け合わせた数字となっております。

立地条件にもよりますが、自動販売機による多数販売で、外国たばこなどを取り扱う場合は、月収70万円の場合もあります。利益は1割未満で、薄利多売となっています。

第8章　その他の職業

探偵

聞き込み調査や、尾行調査、行方不明調査などを請け負い、成功報酬、あるいは経費をプラスした費用で生計を立てる職業です。総じて20代の人材より、40代後半～50代の男性、女性では30代後半～40代後半が中心の職業です。

平均給料・給与
26.6万円
初任給：18万円／生涯賃金：1億8300万円
生涯賃金は、想定雇用期間43年間と平均給料・ボーナスを掛け合わせた数字となっております。

もっとも多い依頼は浮気調査に該当する、素行調査です。年間1000件以上の依頼を受けている探偵社もあります。素行調査1回の依頼は25万円ほどが相場となっています。

ディスパッチャー

ディスパッチャーとは、航空機の運航管理を行う人のことです。行き先の空港、代替の空港、航空路の気象情報や、機体の状態、乗客や搭載する貨物の重量など、さまざまな情報をまとめて管理し、安全かつ効率的な運航ができるようにフライトプランを作成します。

平均給料・給与
27万円
初任給：18万円～／生涯賃金：1億7712万円
生涯賃金は、想定雇用期間41年間と平均給料・ボーナスを掛け合わせた数字となっております。

運航管理者という国家資格が必要になります。しかし、受験要件に「2年以上の実務経験」があるため、航空会社にまず就職し、運航管理室に配属される必要があります。

添乗員

海外旅行のパックツアーなどに同行し、旅行計画に合わせた交通機関の調整や、施設への対応など、旅行者の安全管理かつ、観光の手助けをする専門職業です。現在は、正社員としての採用は少なく、契約社員、及び派遣社員の雇用が多くなってきています。

平均給料・給与
27万円
初任給：16万円／生涯賃金：1億8576万円
生涯賃金は、想定雇用期間43年間と平均給料・ボーナスを掛け合わせた数字となっております。

海外添乗員は、添乗員派遣会社からの派遣社員が最近では多く、給料は最低1日8000～9000円、最高でも1万7000円前後が多いです。

動物看護師

犬猫や小動物に関する、ペット業界での獣医療現場における、獣医師補助が職務になります。日本では、動物看護師統一認定機構という組織があり、民間資格である動物看護師資格者に対して、一定の審査基準を満たすことで、認定動物看護師の資格を与えています。

平均給料・給与
19.3万円
初任給：14万円／生涯賃金：1億3278万円
生涯賃金は、想定雇用期間43年間と平均給料・ボーナスを掛け合わせた数字となっております。

日本では、法整備が遅れているため、診療行為の一部も認められておらず、雑用という立場が一般的です。手取りは10万円以下や、12万～13万円というのが実態のようです。

豆腐屋

豆腐屋は、豆腐をはじめ、油揚げや厚揚げ、がんもどき、豆乳などの大豆製品を作るのが仕事です。個人の客を相手に販売まで行う小売店は年々減少傾向にあり、スーパーに納品したり、小学校や老人ホームなどの施設に卸したりといった、卸売りを中心に行っている店も多いです。

平均給料・給与
21万円
初任給：15万円／生涯賃金：1億4448万円
生涯賃金は、想定雇用期間43年間と平均給料・ボーナスを掛け合わせた数字となっております。

豆腐屋は世襲制が多く、一家が代々豆腐屋を継いでいるといったパターンが一般的です。豆腐屋で修業後、独立開業する人もいますが、開業資金は最低でも500万円は必要です。

時計職人

時計の修理・修復や補修、部品の交換、メンテナンスなどを行うのが仕事です。中には時計を一からデザインして組み立てる職人もいますが、時計職人のほとんどは修理を専門としています。必須資格はありませんが、「時計修理技能士」の国家資格があると能力の証明になります。

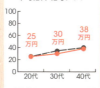

平均給料・給与
31万円
初任給：18万円／生涯賃金：2億1328万円
生涯賃金は、想定雇用期間43年間と平均給料・ボーナスを掛け合わせた数字となっております。

国際機関に認められた天才的な腕を持つフリーの職人は「独立時計師」と呼ばれ、国内には数名しかいません。時計の本場スイスには、年収1億円を稼ぐ時計職人もいます。

納棺師

納棺師の仕事内容は葬儀社からの依頼によって行います。病院や自宅で亡くなった人が火葬されるまでの管理全般をするのが納棺師の仕事です。着替えをさせたり、化粧をして顔色を整えたり、亡くなった人の顔の産毛を剃ったりするのも仕事です。

平均給料・給与
25万円
初任給：15万円／生涯賃金：1億7200万円
生涯賃金は、想定雇用期間43年間と平均給料・ボーナスを掛け合わせた数字となっております。

映画『おくりびと』で有名になった納棺師ですが、実はほかの職業よりも平均年収が低いことがわかっています。しかし絶対になくならない職業でもあります。

パーソナルコーディネーター

モデルや芸能人だけでなく、一般の個人へ向けてファッションのスタイリングを行うのが仕事です。その人に合ったファッションを提案し、手持ちのワードローブの整理、洋服購入の同行、パーソナルカラー診断やコーディネートブックの作成など、さまざまなサービスを提供します。

平均給料・給与
22万円
初任給：3万円〜／生涯賃金：1億5136万円
生涯賃金は、想定雇用期間43年間と平均給料・ボーナスを掛け合わせた数字となっております。

アパレル業界経験者の副業として人気がある職業です。買い物同行3万円という人もいれば、30万円〜という人もいます。登録型になると、時給2000円以上となります。

第8章 その他の職業

半導体エンジニア

半導体エンジニアの仕事は、半導体集積回路を設計することです。多くの電化製品が小型化・高性能化に成功しているのは、チップやLSI（集積回路）に半導体が組み込まれているからです。この半導体を用いて、電子回路が効率よく基板の中に収まるように設計するのが仕事です。

半導体エンジニアの平均給料・給与グラフ
28万円（20代）／33万円（30代）／38万円（40代）
※給料の算出には求人や口コミ、厚生労働省の労働白書を参考にしております

平均給料・給与
33万円
初任給：23万円～／生涯賃金：2億2704万円
生涯賃金は、想定雇用期間43年間と平均給料・ボーナスを掛け合わせた数字となっております。

「システム設計」や「ロジック設計」「回路設計」「レイアウト設計」など、さまざまな半導体設計の仕事があります。最近では外注が基本のため、独立起業している人も多くいます。

非常勤講師

非常勤講師も常勤講師と基本的に同じで、授業を担当します。テストの作成や採点、成績の記録なども行いますが、生徒指導や部活動の指導、校外活動の引率・指導などは行いません。給料は授業1コマに対していくらという形で支払われるところが多いようです。

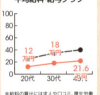

非常勤講師の平均給料・給与グラフ
12万円（20代）／18万円（30代）／21.6万円（40代）
※給料の算出には求人や口コミ、厚生労働省の労働白書を参考にしております

平均給料・給与
17万円
初任給：12万円／生涯賃金：8772万円
生涯賃金は、想定活動期間43年間と平均給料を掛け合わせた数字となっております。

公立高校の給料は授業1コマが2000～3000円程度で、私立だと約3000円です。大学は授業1コマで6000～3万円くらい、時給で4000円前後が多いようです。

プチ大家

ワンルームマンションなど比較的安価な不動産物件の大家になり、家賃収入を得るのが、プチ大家です。サラリーマンなどの副業として、プチ大家をしているケースが一般的です。いわゆる不動産投資なので、物件の価値を見極める能力と、リスクの予測と対策が重要になります。

プチ大家の平均給料・給与グラフ
0円（20代）／8万円（30代）／8万円（40代）
※給料の算出には求人や口コミ、厚生労働省の労働白書を参考にしております

平均給料・給与
8万円
初任給：8万円～／生涯賃金：3168万円
生涯賃金は、マンションの平均耐久年数が33年なので、想定活動期間33年間と平均給料を掛け合わせた数字となっております。

投資対象として不動産を所有している人の数は不明ですが、都心を中心に中古の空き物件が増加していることもあり、プチ大家を始める人が増えているようです。

プラントハンター

プラントハンターは、食料、香料、繊維などに使われるような有用植物や観葉植物など「めずらしい植物」を求めて世界中を探検・冒険するのが仕事です。世界中を飛びまわり、植物を探し、採集する夢のある職業ですが、過酷で命がけの仕事でもあります。

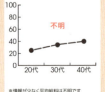

プラントハンターの平均給料・給与グラフ
不明
※情報が少なく平均給料は不明です

平均給料・給与
不明
初任給：不明／生涯賃金：不明
生涯賃金は、情報が少ないため不明です。

植物の採取だけで生計を立てているわけではなく、ハントした植物の輸出入や、その知識と技術をもとに、世界中の企業や貴族からの依頼に応え、空間や庭造りなどで収入を得ています。

プロモデラー

プロモデラーとは、プラモデルの製作を仕事としている人のことです。顧客のリクエストに応じて既存プラモデルを精巧に組み立てる製作代行をしたり、メーカーからの依頼でサンプルや原型製作を請け負ったり、模型趣味雑誌に「作例」と呼ばれる記事を執筆したりします。

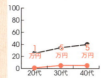

プロモデラーの平均給料・給与グラフ
20代:1万円 / 30代:5万円 / 40代:5万円
※給料の算出には求人や口コミ、厚生労働省の労働白書を参考にしております。

平均給料・給与
4万円
初任給:1万円～ / 生涯賃金:2160万円
生涯賃金は、20歳から65歳まで活動したと想定して、45年間と平均給料を掛け合わせた数字となっております。

製作代行の場合、技術や製作内容によって金額は異なりますが、1万～10万円が相場です。オークションサイトにプラモデルの完成品を出品したことから、本業になった例もあります。

ヘリコプター操縦士

ヘリコプターを操縦し、報道取材、航空撮影、農薬散布、遊覧観光、捜索救助、救急患者の搬送などを行います。航空大学校や民間のパイロット養成学校で「事業用操縦士（回転翼航空機）」の資格を取得し、航空会社や海上保安庁、自衛隊、チャーター会社などに就職します。

ヘリコプター操縦士の平均給料・給与グラフ
20代:24万円 / 30代:32万円 / 40代:50万円
※給料の算出には求人や口コミ、厚生労働省の労働白書を参考にしております。

平均給料・給与
35.3万円
初任給:24万円 / 生涯賃金:2億4286万円
生涯賃金は、想定雇用期間43年間と平均給料・ボーナスを掛け合わせた数字となっております。

ヘリコプター操縦士は深刻な若手不足となっています。80年代に大量採用された操縦士の定年退職に伴いますます人手不足になると予想されるため、採用も増える可能性があります。

便利屋

便利屋（なんでも屋）の仕事内容は、多岐にわたっています。簡単にいうと「日常におけるさまざまな雑用などの代行」です。ペットの散歩代行、掃除や家事代行、引越しの手伝い、ゴキブリや蜂などの害虫駆除、孤独死が発生した家の片付けなどの仕事があります。

便利屋の平均給料・給与グラフ
20代:15万円 / 30代:20万円 / 40代:30万円
※企業により差があります。

平均給料・給与
20万円
初任給:5万円～ / 生涯賃金:1億3760万円
生涯賃金は、想定雇用期間43年間と平均給料・ボーナスを掛け合わせた数字となっております。

便利屋は、事務所は自宅で、電話とそれなりの営業・経営ノウハウさえあればその身ひとつで開業することができます。資本金は1万円以下でも問題ありません。

ボイラー技士

商業ビルや病院、学校、工場内にあるボイラーの操作や点検、管理、調整、検査などを行うのが仕事です。ボイラーの操作や点検は国家資格であるボイラー技士が行わなくてはならないため、ボイラーを設置しているビルや工場で需要があります。特級、1級、2級の免許があります。

ボイラー技士の平均給料・給与グラフ
20代:22.8万円 / 30代:25.7万円 / 40代:32.1万円
※給料の算出には求人や口コミ、厚生労働省の労働白書を参考にしております。

平均給料・給与
27.8万円
初任給:17万円 / 生涯賃金:1億9126万円
生涯賃金は、想定雇用期間43年間と平均給料・ボーナスを掛け合わせた数字となっております。

ボイラー以外の熱源も普及していますが、依然としてボイラーを使用している設備も多く、求人はあります。より上の免許を取ることで、資格手当がアップすることがあります。

第8章 その他の職業

冒険家

冒険家は、スポンサーなどをつのって山に登ったり極地へと足を踏み入れたり海洋を調査したりする仕事です。一般的には行くのが困難だとされている場所や、いまだによくわかっていない場所へと踏み込み調査をします。同時に文筆活動をする人が多いです。

※実質的にはスポンサー収入です

平均給料・給与
20万円
初任給：0円～ ／ 生涯賃金：1億0320万円
生涯賃金は、想定活動期間43年間と平均給料を掛け合わせた数字となっております。

冒険家の収入はほぼスポンサーからです。「こういう冒険をしたいからスポンサーを募集しています」と旅に関係ありそうな企業や団体に協力を仰ぎ、スポンサーを付けます。

牧師

おもに、聖書について勉強をし、聖書に基づいた教えを広めるのが、主たる仕事（布教）ということになります。ほとんどが目立った布教活動もなく、また「お布施」のような募金活動もありません。生活のために、アルバイトやほかの仕事を持っている牧師も存在します。

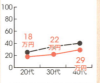

※給料の算出には求人や口コミ、厚生労働省の労働白書を参考にしております

平均給料・給与
22万円
初任給：0～12万円 ／ 生涯賃金：1億1352万円
生涯賃金は、想定活動期間43年間と平均給料・ボーナスを掛け合わせた数字となっております。

税金を支払った後は18万円前後の手取りとなります。教会の運営は教団が援助しているので問題ないですが、生活自体はかなり困窮している例が、よくあるそうです。

保険会社社員

保険会社の仕事といっても、いろいろなものがあります。セールスと呼ばれる営業職はもちろんのこと、保険加入の申し込みをチェックする部署や、医務査定をする部署、会社の収支設計や企業価値などを計算している統計・計算のプロである数理チームなどから成り立っています。

※給料の算出には求人や口コミ、厚生労働省の労働白書を参考にしております

平均給料・給与
45万円
初任給：20万円～ ／ 生涯賃金：3億0960万円
生涯賃金は、想定雇用期間43年間と平均給料・ボーナスを掛け合わせた数字となっております。

営業担当であるセールスレディは、フルコミッション（完全歩合制）で働いていることが多いようです。契約をとることができた時、儲けを分配する形で給料が支払われます。

水先人

水先人（水先案内人）は船長のアドバイザーとして船舶に乗船し、船舶の操縦を指揮して船や港の安全を守る国家資格です。海はどこでも自由に航行できるわけではなく、航路が定められています。水域によってルールも異なるため、ルールを熟知した水先人の案内が必要となります。

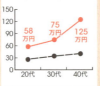

※給料の算出には求人や口コミ、厚生労働省の労働白書を参考にしております

平均給料・給与
86万円
初任給：50万円 ／ 生涯賃金：5億9168万円
生涯賃金は、想定雇用期間43年間と平均給料・ボーナスを掛け合わせた数字となっております。

水先人は個人事業主で、業務量が収入に直結します。東京湾では船舶が多いため、免許3級で800万円、2級で1000万円、1級で2000万円の収入と予想されます。

無線通信士

警察庁や気象庁などの官公庁、民間の無線メーカーや船舶関係の企業などで仕事を行います。就職先にある無線局で、実際に無線を操作して通信を行ったり、電話の通信操作や電波の送受信、場合によっては暗号を送ったり受け取って解析したりするのが仕事内容です。

※企業により差があります

平均給料・給与

37万円

初任給：18万円～／生涯賃金：2億5456万円

生涯賃金は、想定雇用期間43年間と平均給料・ボーナスを掛け合わせた数字となっております。

就職先にはラジオ局や警察、電気系の会社・通信会社が多いです。総合無線通信士という資格を持っていれば、どんな企業でも無線に関する仕事をすることができます。

盲導犬訓練士

全国の盲導犬育成施設において、盲導犬歩行指導員の前段階にあたる職業になります。盲導犬歩行指導員を指す場合が一般的には多いですが、全国の盲導犬協会に属し、盲導犬を貸与するための施設で働くことになります。独立し個人で営業することはできません。

※企業により差があります

平均給料・給与

20万円

初任給：14万円／生涯賃金：1億3760万円

生涯賃金は、想定雇用期間43年間と平均給料・ボーナスを掛け合わせた数字となっております。

手取りは非常に少なく、給与が20万円の場合は、税金を除いて、17万円前後となることが多いです。就業時間は、朝は6時～夕方4時30分くらいが多く、夜勤もあります。

予備校講師

本来は、大学受験に備えるための受験予備校が多かったのですが、現状は中高一貫校などへの編入対策なども多くなっています。おもに難関校受験対策で、学校での学力よりも過去問題や傾向など、受験メインの試験対策が主体のカリキュラムが多いです。

※給料の算出には求人や口コミ、厚生労働省の労働白書を参考にしております

平均給料・給与

27万円

初任給：18万円／生涯賃金：1億3932万円

生涯賃金は、想定雇用期間43年間と平均給料・ボーナスを掛け合わせた数字となっております。

予備校講師は、教科専任が基本ですが、アルバイトとなると、ほかの予備校講師をやりつつ塾講師もやるような複数掛け持ちをする人もいるようです。

レタス農家

レタスを栽培するのが仕事です。高原野菜は栽培できる地域が限られているため比較的収益が高いといわれており、レタスはその中でも代表格です。収穫期の6～10月中頃までは毎朝収穫があるため、基本的に休みはありません。真冬の期間は別の仕事をする兼業農家も多いです。

※給料の算出には求人や口コミ、厚生労働省の労働白書を参考にしております

平均給料・給与

45.7万円

初任給：12.5万円／生涯賃金：2億3581万円

生涯賃金は、想定雇用期間43年間と平均給料を掛け合わせた数字となっております。

長野県にはレタス農家の平均年収が2500万円を超える村もあります。有名産地で農地を取得するには農業委員会などの許可が必要で、誰でも参入できるわけではありません。

Index

英文字行

AIエンジニア	8
CADオペレーター	171
F1レーサー	170
IT企業社員	30
ITコーディネーター	28
JICA職員	400
MR	212
NPO職員	394
WEBアナリスト	24
WEBコーダー	33
WEBディレクター	14
WEBデザイナー	18
WEBプログラマー	12
WEBプロデューサー	16
YouTuber	272

あ行

アイドル	312
アイリスト	108
アクチュアリー	209
アシスタントディレクター	312
アスレティックトレーナー	170
アナウンサー	290
アニメーター	310
アパレルメーカー社員	116
海女	353
アロマセラピスト	388
あん摩マッサージ指圧師	259
石工	158
移植コーディネーター	256
イタコ	393
板前	86
いちご農家	352
一級建築士	202
一般事務職	216
イベントプランナー	393
鋳物師	170
イラストレーター	310
医療事務	248
医療ソーシャルワーカー	259
医療秘書	259
印刷会社社員	377
インスタグラマー	280

インテリア系企業社員	114
インテリアコーディネーター	100
インテリアデザイナー	393
飲料メーカー社員	99
鵜飼い	349
受付職	380
歌い手	282
宇宙飛行士	393
うどん職人	87
占い師	394
運転代行	394
映画会社社員	297
映画監督	295
営業職	34
栄養士	74
駅長	394
エステティシャン	110
演歌歌手	312
演出家	312
オークション代行	395
オートレーサー	170
おでん屋	92
オペラ歌手	311
お坊さん	385
音楽プロデューサー	313
音楽療法士	258
音響技術者	313

か行

カーデザイナー	313
介護・福祉系企業社員	236
外交官	36
介護事務	259
介護福祉士	238
海事代理士	198
海上自衛官	46
海上保安官	54
外食系企業社員	80
害虫駆除	395
快眠セラピスト	395
回路設計士	395
カイロプラクター	260
画家	313
鍵師	396

学芸員	396
型枠大工	171
カツオ漁船漁師	396
学校事務	64
家電量販店社員	114
カニ漁船漁師	350
歌舞伎役者	314
カラーコーディネーター	128
革職人	396
眼科医	228
環境コンサルタント	213
環境計量士	213
玩具メーカー社員	387
看護師	230
看護助手	260
神主	397
管理栄養士	397
官僚	64
機械組立工	397
企画職	70
起業家	397
木こり	398
義肢装具士	260
騎手	171
気象予報士	204
機動隊員	64
脚本家	314
キャディ	171
キャバクラ嬢	129
キャビンアテンダント	104
キャラクターデザイナー	314
キャリアコンサルタント	210
救急救命士	260
給食センター職員	96
キュウリ農家	398
教育系企業社員	376
行司	165
行政書士	192
銀行員	379
靴磨き職人	398
グラフィックデザイナー	314
クラブDJ	274
グランドスタッフ	398
クリーニング師	383

クリエイティブディレクター	315	国税専門官	41	司法書士	186
クレーン運転士	172	国立大学准教授	66	ジャーナリスト	326
ケアマネージャー	240	国立大学職員	66	社会人野球選手	173
経営コンサルタント	208	国連職員	67	社会福祉協議会職員	68
経済評論家	399	コスプレイヤー	278	社会福祉士	242
警察官	50	国会議員	42	社会保険労務士	194
警察事務	64	国会議員秘書	67	市役所職員	61
芸能マネージャー	296	国境なき医師団スタッフ	400	獣医	338
競馬調教師	358	コピーライター	374	臭気判定士	213
警備員	172	ごみ収集作業員	362	柔道整復師	173
刑務官	65	コメ農家	351	柔道選手	173
経理職	266	コンサルティング会社社員	200	シューフィッター	400
競輪選手	162	コンシェルジュ	132	出版社社員	283
ゲーム音楽作曲家	315	コンビニエンスストア社員	130	出版社編集長	298
ゲーム会社社員	304	コンビニエンスストア店長	132	樹木医	401
ゲームプランナー	300			手話通訳士	262
ゲームプログラマー	315	**さ行**		浄化槽清掃員	391
ゲームプロデューサー	315	裁判官	40	小学校教諭	58
外科医	218	裁判所職員	67	証券アナリスト	199
劇団四季団員	276	細胞検査士	261	商工会議所職員	401
化粧品メーカー社員	388	財務専門官	67	商社社員	381
検疫官	65	サウンドプログラマー	316	小説家	401
研究者	324	左官	144	消防士	53
言語聴覚士	261	作業療法士	261	照明技師	317
検察事務官	65	作詞家	316	食育インストラクター	90
検事(検察官)	38	サッカー審判員	164	職業訓練指導員	214
研修医	261	サッカー選手	172	食品メーカー社員	99
建設会社社員	152	雑貨デザイナー	132	ショコラティエ	132
建設コンサルタント	213	茶道家	317	助産師	262
現場監督	146	産業カウンセラー	211	ショップ店員	118
原発作業員	399	産婦人科医	222	書店員	122
航海士	399	歯科医	243	書道家	307
工業デザイナー	316	歯科衛生士	246	新幹線運転士	401
航空会社社員	337	歯科技工士	244	鍼灸師	258
航空管制官	65	歯科助手	262	人材派遣会社社員	378
皇宮護衛官	66	市議会議員	43	人事職	178
航空自衛官	48	指揮者	317	新聞記者	317
航空整備士	399	システムエンジニア	22	新聞社社員	288
高校教師	66	システム監査技術者	33	新聞社主筆	298
広告代理店社員	206	実業団陸上選手	173	新聞配達員	402
高速道路料金所スタッフ	335	自動車学校教官	63	診療情報管理士	262
公認会計士	184	自動車組立工	400	水族館飼育員	402
広報職	136	自動車メーカー社員	336	スクールカウンセラー	375
港湾労働者	172	視能訓練士	257	寿司職人	76

Index

スタントマン	174	中小企業診断士	214	内科医	220
生活相談員	263	調剤薬局事務	263	仲居	133
税関職員	68	調理師	88	ナニー	264
精神科医	229	ツアープランナー	133	南極観測隊員	391
精神保健福祉士	257	通関士	215	二級建築士	215
青年海外協力隊員	402	通信会社社員	31	日本語教師	373
整備士	402	通訳	368	入国警備官	68
生命保険会社社員	378	ディスパッチャー	404	乳酸菌飲料配達員	382
製薬会社社員	256	デイトレーダー	379	庭師	159
声優	281	データサイエンティスト	33	忍者	390
税理士	182	テーブルコーディネーター	389	塗師	319
セキュリティポリス	52	鉄筋工	142	ネイリスト	128
せどり	403	鉄道会社社員	336	ネットワークエンジニア	33
専業主婦	364	テレビ局社員	292	納棺師	405
戦場カメラマン	318	テレビディレクター	318	農協職員	69
潜水士	386	テレビプロデューサー	294		
旋盤工	403	テレホンオペレーター	126	**は行**	
専門看護師	263	電気工事士	150	パーソナルコーディネーター	405
葬儀屋	403	電車運転士	330	バーテンダー	133
総合重機系メーカー社員	147	電車車掌	331	ハードウェアメーカー社員	32
相続診断士	214	添乗員	404	配管工	174
装丁家	316	陶芸家	318	胚培養士	264
ソーシャルメディアプランナー	20	動物園飼育員	357	俳優	299
速記士	191	動物看護師	404	パイロット	328
そば職人	77	豆腐屋	405	バス運転手	332
ソフトウェア会社社員	32	登録販売者	263	バスガイド	102
ソムリエ	82	読者モデル	311	パタンナー	115
		特殊清掃員	384	発破技士	156
た行		時計職人	405	パティシエ	97
大学教授	60	登山家	166	噺家(落語家)	319
大使館職員	68	図書館司書	366	花火師	174
体操審判員	162	塗装屋	174	花屋	124
大道芸人	308	土地家屋調査士	188	バリスタ	93
鷹匠	356	ドッグトレーナー	360	バレーボール選手	175
宝くじ販売員	133	トップアフィリエイター	21	パン職人	134
宝塚女優	309	鳶職	140	半導体エンジニア	406
タクシードライバー	334	土木作業員	138	パン屋	94
宅地建物取引士	214	トマト農家	355	ピアニスト	319
たこやき屋	78	トラック運転手	148	ピアノ調律師	319
殺陣師	318	トリマー	357	ビール醸造家	134
たばこ屋	403	ドローン操縦士	333	ピザ屋	98
ダンサー	169	とんかつ屋	79	美術商	320
探偵	404			非常勤講師	406
治験コーディネーター	229	**な行**		秘書職	370

412

引越し業者	149
百貨店外商部員	134
百貨店社員	130
美容師	106
美容整形外科医	224
美容部員	129
ひよこ鑑定士	340
ファイナンシャルプランナー	196
ファッションデザイナー	115
フィギュアスケーター	163
フードコーディネーター	98
フードファイター	161
福祉住環境コーディネーター	175
プチ大家	406
不動産会社社員	387
不動産鑑定士	189
ブライダルコーディネーター	389
プライベートバンカー	215
フラワーデザイナー	320
プラントハンター	406
フリーランス	380
振付師	306
プロ棋士	392
プロゲーマー	302
プロゴルファー	163
プロサーファー	175
ブロックチェーンエンジニア	10
プロ釣り師	175
プロブロガー	270
プロボウラー	176
プロボクサー	176
プロモデラー	407
プロ野球球団職員	176
プロ野球選手	176
ヘリコプター操縦士	407
弁護士	180
編集者	286
弁理士	190
便利屋	407
保育士	252
ボイラー技士	407
法医学医	264
防衛省専門職員	69
貿易事務	381

冒険家	408
放射線技師	234
宝飾デザイナー	120
ポーカー選手	372
ポータルサイター	26
ボートレーサー	177
ホームヘルパー	264
ホールスタッフ	95
牧師	408
保険外交員	112
保険会社社員	408
保健師	265
ホステス	131
ホスト	131
ボディビルダー	177
ホテルマン	134
翻訳コーディネーター	376

ま行

マーケティング職	322
マーシャラー	337
舞妓	320
マグロ漁師	346
マジシャン	320
麻酔科医	226
マタギ	348
麻薬取締官	69
漫画家	321
マンション管理士	215
みかん農家	354
巫女	392
水先人	408
宮大工	177
無線通信士	409
メイクアップアーティスト	135
メイドカフェ店員	97
メロン農家	355
盲導犬訓練士	409

や行

やきいも屋	84
野球審判員	177
薬剤師	232
野菜ソムリエ	96

郵便局員	62
養護教諭	69
溶接工	154
幼稚園教諭	265
養豚家	344
養蜂家	356
ヨガインストラクター	169
予備校講師	409

ら行

ラーメン屋	85
ライター	377
ライトノベル作家	284
ライバー	268
酪農家	342
ラグビー選手	167
ラジオDJ	321
理学療法士	250
力士	168
陸上自衛官	44
リハビリ助手	265
リフレクソロジスト	127
理容師	135
料理人	72
旅行代理店社員	113
りんご農家	354
臨床検査技師	265
臨床工学技士	255
臨床心理士	254
レースクイーン	299
レコーディングエンジニア	321
レゴ職人	321
レジャー系企業社員	390
レスリング選手	160
レタス農家	409
労働基準監督官	56

わ行

ワイン醸造家	135
和菓子職人	135

●イラスト	akaya	http://akaya9210.tumblr.com/
	akp	http://0k0m0m.wixsite.com/akp0/works
	amatoubun	http://amatoubun.tumblr.com
	bono	https://pixiv.me/bonobo0088
	dosa	https://pixiv.net/member.php?id=94251
	RO-Mai	http://urchi-ro.tumblr.com/
	Maeka	https://twitter.com/kumaekake
	mututu	https://pixiv.me/mututu
	Takebon	https://www.takebonstudio.jp/
	U9	https://touch.pixiv.net/member.php?id=11156039
	アオキユフコ	https://www.facebook.com/yufko
	天野かすた	http://kurimupankastard.wixsite.com/kastamaru
	ありすん	https://arisun.jimdo.com
	有馬かの	http://4oc.kakoku.net/
	あれく	https://www.instagram.com/aureolin24
	イネ	
	色合mdd	http://iroai08.iga-log.com/
	卯月	https://twitter.com/cq_uz
	内海徂	https://twitter.com/aza_uchimi
	大滝ノスケ	https://www.pixiv.net/member.php?id=709798
	かんようこ	https://twitter.com/k3mangayou
	木志田コテツ	http://www7b.biglobe.ne.jp/~alphaville
	キスガエ	http://ksgr.chottu.net
	木下聡志	https://twitter.com/sorajisoraji
	ぐびすけ	
	kurenai odeko	https://twitter.com/BlueLovers10
	紅屋（kouya）	https://twitter.com/kyk428
	桜犬	https://twitter.com/sakurainu_
	ジジ	
	杉野こむら	https://twitter.com/sugino_komura
	たかしふみ	
	高峰	https://t-takamine.tumblr.com
	焚きぎ	http://takigi-bf.tumblr.com
	たけみや	https://pixiv.me/takemiya_09
	タルパ	
	とーえ。	https://pixiv.me/satin0405
	はしこ	http://bluetopaz.xxxxxxxx.jp/
	福市まつ（フクイチマツ）	https://twitter.com/713ichi
	藤 元太郎	https://www.pixiv.net/member.php?id=1819815
	フミフジカ	http://blue-spinel.weebly.com/
	武楽 清	https://pixiv.me/sephiloth06
	べにはあ	https://twitter.com/emihahaha
	むらいっち	http://muraicchi.tumblr.com/
	モ太朗	https://twitter.com/mota_low
	ヤツカ	https://twitter.com/yatsuka_y
	ゆりりえんす	https://twitter.com/yuririensu260
	ヨンビン	
	りーん	https://twitter.com/rea_n_
●ブックデザイン	池上幸一	
●DTP	山本秀一＋山本深雪（G-clef）	
●イラスト協力	サイドランチ　サクシード	
●編集	九内俊彦　阿草祐己　荻田美加　和田奈津子	
●執筆・編集協力	杉井靖和（カレンシーポート）　椎名茂　遠藤太一郎　冨田エリィ 小林正和　小林美姫　齋藤俊樹	

給料BANK（きゅうりょうばんく）

2014年6月にオープンした情報ポータルサイト。さまざまな職業の給料や仕事内容、就労方法など、職業にまつわる情報をRPG風イラストとともに紹介している。著書『日本の給料＆職業図鑑』『日本の給料＆職業図鑑 Plus』『女子の給料＆職業図鑑』『日本の給料＆職業図鑑 業界別ビジネスマン Special』ほか（すべて宝島社）が大好評発売中。
https://kyuryobank.com

山田コンペー（やまだこんぺー）

給料BANK編集長。1980年、北海道札幌市生まれ。北海学園大学法学部卒。ラジオレポーター、俳優、WEBデザイナー、WEBディレクター、企画編集者、WEBコンサルタントとさまざまな職を経験。所属会社の倒産を機に、ポータルサイトの企画、制作、運営を行う「ポータルサイター」として独立。給料BANKのほかに7つのポータルサイトを運営しながら、札幌と東京の2拠点で活動中。

日本の給料&職業図鑑 パーフェクトバイブル

2019年2月22日　第1刷発行

著　者　　給料BANK

発行人　　蓮見清一

発行所　　株式会社宝島社
　　　　　〒102-8388
　　　　　東京都千代田区一番町25番地
　　　　　電話(営業)03-3234-4621
　　　　　　　(編集)03-3239-0928
　　　　　https://tkj.jp

印刷・製本　株式会社リーブルテック

本書の無断転載・複製・放送を禁じます。
乱丁・落丁本はお取り替えいたします。

©Kyuryo BANK 2019　Printed in Japan
ISBN978-4-8002-8907-0